BACH-JAHRBUCH

Im Auftrag der Neuen Bachgesellschaft
herausgegeben von
Peter Wollny

96. Jahrgang 2010

EVANGELISCHE VERLAGSANSTALT
LEIPZIG

VERÖFFENTLICHUNG DER NEUEN BACHGESELLSCHAFT
Internationale Vereinigung, Sitz Leipzig
VEREINSJAHR 2010

Wissenschaftliches Gremium
Pieter Dirksen (Culemborg, NL), Stephen Roe (London),
Christoph Wolff (Cambridge, Mass./Leipzig), Jean-Claude Zehnder (Basel)

Die redaktionelle Arbeit wurde unterstützt
durch das Bach-Archiv Leipzig – Stiftung bürgerlichen Rechts.
Der Druck wurde gefördert durch die Stadt Leipzig.

Das Bach-Jahrbuch ist urheberrechtlich geschützt.
Jede Verwertung außerhalb der engen Grenzen des Urheberrechtsgesetzes
ist ohne Zustimmung unzulässig und strafbar. Dies gilt
insbesondere für Vervielfältigungen, Übersetzungen, Mikroverfilmungen
und die Einspeicherung und Verarbeitung in elektronischen Systemen.

Geschäftsstelle der Neuen Bachgesellschaft: Burgstraße 1–5, 04109 Leipzig
Anschrift für Briefsendungen: PF 10 07 27, 04007 Leipzig

Anschrift des Herausgebers:
PD Dr. Peter Wollny, Bach-Archiv Leipzig, Thomaskirchhof 16, 04109 Leipzig
Anschrift für Briefsendungen: PF 10 13 49, 04013 Leipzig
Redaktionsschluß: 1. August 2010

Evangelische Verlagsanstalt GmbH, Leipzig, 2010
Printed in Germany. H 7405
Notensatz: Frank Litterscheid, Hehlen
Gesamtherstellung: DZA Druckerei zu Altenburg GmbH, Altenburg
ISSN 0084-7682
ISBN 978-3-374-02839-9

INHALT

Werner Breig (Erlangen), „Ueberhaupt ist mit dem Choral nicht zu spaßen". Bemerkungen zum Cantus-firmus-Kanon in Bachs choralgebundenem Orgelwerk 11

George B. Stauffer (New Brunswick, New Jersey), Ein neuer Blick auf Bachs „Handexemplare": Das Beispiel Clavier-Übung III 29

Anatoly P. Milka (St. Petersburg), Zur Datierung der H-Moll-Messe und der Kunst der Fuge 53

Hans-Joachim Schulze (Leipzig), Rätselhafte Auftragswerke Johann Sebastian Bachs. Anmerkungen zu einigen Kantatentexten 69

Tatjana Schabalina (St. Petersburg), Neue Erkenntnisse zur Entstehungsgeschichte der Kantaten BWV 34 und 34a 95

Peter Wollny (Leipzig), Zwei Bach-Funde in Mügeln. C. P. E. Bach, Picander und die Leipziger Kirchenmusik in den 1730er Jahren 111

Michael Maul (Leipzig), Johann Adolph Scheibes Bach-Kritik. Hintergründe und Schauplätze einer musikalischen Kontroverse 153

Konrad Küster (Freiburg i. Br.), Christian Friedrich Fischers Kieler Musiker-Rezitativ von 1751. Ein Bach-Dokument aus dem Umfeld der Mizlerschen Societät 199

Pieter Dirksen (Culemborg, Niederlande), Zur Echtheit der Johann Christoph Bach (1642–1703) zugeschriebenen Clavierwerke 217

Barbara Wiermann (Leipzig), „Sie haben einen sehr guten musikalischen Magen, deßwegen erhalten Sie hierbey starke Speisen". Johann Heinrich Grave und das Sammeln von Musikalien im späten 18. Jahrhundert 249

Kleine Beiträge

Gottfried Simpfendörfer (Lauda-Königshofen), Die Leipziger Pfingstkantate von 1721 – ein Werk von Johann Sebastian Bach? 275

Rashid-S. Pegah (Würzburg), „... welches ich auch alles gesehen". Ein fränkischer Adliger und Bachs Geburtstagskantate für August den Starken (BWV Anh. 9/BC G 14) 280

Peter Ward Jones (Oxford), Zwei unbekannte Bach-Handschriften aus dem Besitz Felix Mendelssohn Bartholdys 283

Matteo Messori (Bologna), Ein 16'-Cembalo mit Pedalcembalo von Zacharias Hildebrandt 287

Neue Bachgesellschaft e.V. Leipzig
Mitglieder der leitenden Gremien 297

ABKÜRZUNGEN

1. Allgemein

Am. B.	= Amalien-Bibliothek (Dauerleihgabe in D-B)
BC	= *Bach Compendium. Analytisch-bibliographisches Repertorium der Werke Johann Sebastian Bachs, von Hans-Joachim Schulze und Christoph Wolff*, Bd. I/1–4, Leipzig 1986–1989
BG	= *J. S. Bachs Werke. Gesamtausgabe der Bachgesellschaft*, Leipzig 1851–1899
BJ	= *Bach-Jahrbuch*
BT	= *Sämtliche von Johann Sebastian Bach vertonte Texte*, hrsg. von Werner Neumann, Leipzig 1974
BuxWV	= Georg Karstädt, *Thematisch-systematisches Verzeichnis der musikalischen Werke von Dietrich Buxtehude. Buxtehude-Werke-Verzeichnis* (*BuxWV*), Wiesbaden 1974
BWV	= Wolfgang Schmieder, *Thematisch-systematisches Verzeichnis der musikalischen Werke von Johann Sebastian Bach. Bach-Werke-Verzeichnis*, Leipzig 1950
BWV[2]	= *Bach-Werke-Verzeichnis* (wie oben); *2. überarbeitete und erweiterte Ausgabe*, Wiesbaden 1990
BWV[2a]	= *Bach-Werke-Verzeichnis. Kleine Ausgabe nach der von Wolfgang Schmieder vorgelegten 2. Ausgabe, hrsg. von Alfred Dürr und Yoshitake Kobayashi, unter Mitarbeit von Kirsten Beißwenger*, Wiesbaden, Leipzig, Paris 1998
BzBF	= *Beiträge zur Bach-Forschung*, Leipzig 1982–1991
CPEB Briefe I, II	= *Carl Philipp Emanuel Bach. Briefe und Dokumente. Kritische Gesamtausgabe*, hrsg. und kommentiert von Ernst Suchalla, 2 Bde., Göttingen 1994 (Veröffentlichungen der Joachim Jungius-Gesellschaft der Wissenschaften. 80.)
CPEB:CW	= *Carl Philipp Emanuel Bach: The Complete Works*, Los Altos 2005 ff.
Dok I–VII	= *Bach-Dokumente, herausgegeben vom Bach-Archiv Leipzig. Supplement zu Johann Sebastian Bach. Neue Ausgabe sämtlicher Werke.* Band I: *Schriftstücke von der Hand Johann Sebastian Bachs. Vorgelegt und erläutert von Werner Neumann und Hans-Joachim Schulze*, Leipzig, Kassel 1963 Band II: *Fremdschriftliche und gedruckte Dokumente zur Lebensgeschichte Johann Sebastian Bachs 1685–1750.*

Vorgelegt und erläutert von Werner Neumann und Hans-Joachim Schulze, Leipzig, Kassel 1969
Band III: *Dokumente zum Nachwirken Johann Sebastian Bachs 1750–1800. Vorgelegt und erläutert von Hans-Joachim Schulze*, Leipzig, Kassel 1972
Band V: *Dokumente zu Leben, Werk und Nachwirken Johann Sebastian Bachs 1685–1800. Neue Dokumente. Nachträge und Berichtigungen zu Band I–III. Vorgelegt und erläutert von Hans-Joachim Schulze unter Mitarbeit von Andreas Glöckner*, Kassel 2007
Band VI: *Ausgewählte Dokumente zum Nachwirken Johann Sebastian Bachs 1801–1850. Herausgegeben und erläutert von Andreas Glöckner, Anselm Hartinger, Karen Lehmann*, Kassel 2007
Band VII: *Johann Nikolaus Forkel. Ueber Johann Sebastian Bachs Leben, Kunst und Kunstwerke (Leipzig 1802). Editionen. Quellen. Materialien. Vorgelegt und erläutert von Christoph Wolff unter Mitarbeit von Michael Maul*, Kassel 2008

Dürr Chr 2	= Alfred Dürr, *Zur Chronologie der Leipziger Vokalwerke J. S. Bachs. Zweite Auflage: Mit Anmerkungen und Nachträgen versehener Nachdruck aus Bach-Jahrbuch 1957*, Kassel 1976 (Musikwissenschaftliche Arbeiten, hrsg. von der Gesellschaft für Musikforschung. 26.)
Dürr K	= Alfred Dürr, *Die Kantaten von Johann Sebastian Bach*, Bd. I/II, Kassel und München 1971, 8. Auflage 2000
Dürr KT	= Alfred Dürr, *Die Kantaten Johann Sebastian Bachs mit ihren Texten*, Kassel und München 1985
Dürr St	= Alfred Dürr, *Studien über die frühen Kantaten Johann Sebastian Bachs*, Leipzig 1951
EDM	= Das Erbe deutscher Musik
Erler III	= Erler, Georg. *Die jüngere Matrikel der Universität Leipzig 1559–1809 als Personen- und Ortsregister bearbeitet und durch Nachträge aus den Promotionslisten ergänzt*, 3 Bde., Leipzig 1909 Band III: *Die Immatrikulationen vom Wintersemester 1709 bis zum Sommersemester 1809*
Fk	= *Verzeichnis der Werke Wilhelm Friedemann Bachs*, in: Martin Falck, *Wilhelm Friedemann Bach. Sein Leben und seine Werke*, Leipzig 1913, ²1919 (Reprint Lindau/B. 1956)
Gerber NTL	= Ernst Ludwig Gerber, *Neues historisch-biographisches Lexikon der Tonkünstler*, Teil 1–4, Leipzig 1812–1814

H	= E. Eugene Helm, *Thematic Catalogue of the Works of Carl Philipp Emanuel Bach*, New Haven und London 1989
Jahrbuch SIM	= *Jahrbuch des Staatlichen Instituts für Musikforschung Preußischer Kulturbesitz Berlin*
Kalendarium ³2008	= *Kalendarium zur Lebensgeschichte Johann Sebastian Bachs. Erweiterte Neuausgabe* herausgegeben von Andreas Glöckner, Leipzig und Stuttgart 2008 (Edition Bach-Archiv Leipzig)
Kobayashi Chr	= Yoshitake Kobayashi, *Zur Chronologie der Spätwerke Johann Sebastian Bachs. Kompositions- und Aufführungstätigkeit von 1736 bis 1750*, in: Bach-Jahrbuch 1988, S. 7–72
KV	= Ludwig Ritter von Köchel, *Chronologisch-thematisches Verzeichnis sämtlicher Tonwerke Wolfgang Amadé Mozarts*, 7. Auflage, bearbeitet von Franz Giegling, Alexander Weinmann und Gerd Sievers, Wiesbaden 1965
LBzBF	= *Leipziger Beiträge zur Bach-Forschung*, Hildesheim 1995 ff.
Mf	= *Die Musikforschung*
MGG	= *Die Musik in Geschichte und Gegenwart. Allgemeine Enzyklopädie der Musik*, hrsg. von Friedrich Blume, Kassel 1949–1979
MGG²	= *Die Musik in Geschichte und Gegenwart. Allgemeine Enzyklopädie der Musik. Begründet von Friedrich Blume. Zweite neubearbeitete Ausgabe*, hrsg. von Ludwig Finscher, Kassel und Stuttgart 1994–2007
NBA	= *Neue Bach-Ausgabe. Johann Sebastian Bach. Neue Ausgabe sämtlicher Werke.* Herausgegeben vom Johann-Sebastian-Bach-Institut Göttingen und vom Bach-Archiv Leipzig, Leipzig, Kassel 1954–2007
NV	= *Verzeichniß des musikalischen Nachlasses des verstorbenen Capellmeisters Carl Philipp Emanuel Bach*, Hamburg 1790. – Faksimileausgaben: 1. *The Catalogue of Carl Philipp Emanuel Bach's Estate*, hrsg. von R. Wade, New York und London 1981; 2. *C.P.E. Bach. Autobiography. Verzeichniß des musikalischen Nachlasses*, Buren 1991 (Facsimiles of Early Biographies. 4.)
RISM A/I	= *Répertoire International des Sources Musicales. Internationales Quellenlexikon der Musik*, Serie A/I: *Einzeldrucke vor 1800*, Kassel 1971 ff.
RISM A/II	= *Répertoire International des Sources Musicales. Internationales Quellenlexikon der Musik*, Serie A/II: *Musikhandschriften nach 1600*

RISM B/VIII	= *Répertoire International des Sources Musicales. Internationales Quellenlexikon der Musik*, Serie B/VIII: *Das deutsche Kirchenlied (DKL)*, 2 Bände, München 1975, 1980
Schulze Bach-Überlieferung	= Hans-Joachim Schulze, *Studien zur Bach-Überlieferung im 18. Jahrhundert*, Leipzig und Dresden 1984
Schulze K	= Hans-Joachim Schulze, *Die Bach-Kantaten. Einführungen zu sämtlichen Kantaten Johann Sebastian Bachs*, Leipzig und Stuttgart 2006 (Edition Bach-Archiv Leipzig)
SIMG	= *Sammelbände der Internationalen Musikgesellschaft*
Spitta I, II	= Philipp Spitta, *Johann Sebastian Bach*, Bd. I, Leipzig 1873; Bd. II, Leipzig 1880
TBSt 1, 2/3, 4/5	= *Tübinger Bach-Studien*, herausgegeben von Walter Gerstenberg. Heft 1: Georg von Dadelsen, *Bemerkungen zur Handschrift Johann Sebastian Bachs, seiner Familie und seines Kreises*, Trossingen 1957 Heft 2/3: Paul Kast, *Die Bach-Handschriften der Berliner Staatsbibliothek*, Trossingen 1958 Heft 4/5: Georg von Dadelsen, *Beiträge zur Chronologie der Werke Johann Sebastian Bachs*, Trossingen 1958
TVWV	= Werner Menke, *Thematisches Verzeichnis der Vokalwerke von Georg Philipp Telemann*, Bd. 1, 2, Frankfurt am Main 1981, 1983
Warb.	= Ernest Warburton, *The Collected Works of J.C. Bach*, Bd. 48/1: Thematic Catalogue, New York 1999
Weiß	= *Katalog der Wasserzeichen in Bachs Originalhandschriften*, von Wisso Weiß, unter musikwissenschaftlicher Mitarbeit von Yoshitake Kobayashi, Bd. 1/2, Kassel und Leipzig 1985 (NBA IX/1)
Wf	= *Neues Verzeichnis der Werke von Johann Christoph Friedrich Bach*, in: Hannsdieter Wohlfarth, *Johann Christoph Friedrich Bach. Ein Komponist im Vorfeld der Klassik*, Bern und München 1971
Wq	= Alfred Wotquenne, *Thematisches Verzeichnis der Werke von Carl Philipp Emanuel Bach*, Leipzig 1905, Reprint Wiesbaden 1968
Zehnder	= Jean-Claude Zehnder, *Die frühen Werke Johann Sebastian Bachs: Stil – Chronologie – Satztechnik*, Basel 2009 (Schola Cantorum Basiliensis Scripta. 1.)

2. Bibliotheken

A-Sd	= Salzburg, Dom-Musikarchiv
A-Wn	= Wien, Österreichische Nationalbibliothek, Musiksammlung
BB, SBB	= Königliche Bibliothek (später Preußische Staatsbibliothek) Berlin. Als Abkürzung für die Signaturen der Bach-Handschriften (*Mus. ms. Bach P* bzw. *St*) dienen *P* und *St* (siehe auch D-B)
B-Bc	= Bruxelles, Conservatoire Royal de Musique, Bibliothèque
B-Br	= Bruxelles, Bibliothèque Royale Albert Ier
CH-Gpu	= Genf, Bibliothèque publique et universitaire
CH-Zz	= Zürich, Zentralbibliothek
D-B	= Staatsbibliothek zu Berlin – Preußischer Kulturbesitz, Musikabteilung mit Mendelssohn-Archiv (siehe auch BB und SBB)
D-Bhm	= Berlin, Universität (vormals Hochschule) der Künste
D-Dlb	= Dresden, Sächsische Landesbibliothek – Staats- und Universitätsbibliothek, Musikabteilung
D-DS	= Darmstadt, Hessische Landes- und Hochschulbibliothek, Musikabteilung
D-EIb	= Eisenach, Bachhaus
D-ERu	= Erlangen, Universitätsbibliothek
D-EU	= Eutin, Eutiner Landesbibliothek
D-Gs	= Göttingen, Niedersächsische Staats- und Universitätsbibliothek
D-LEb	= Leipzig, Bach-Archiv
D-LEm	= Leipzig, Städtische Bibliotheken – Musikbibliothek
D-LEu	= Leipzig, Universitätsbibliothek
D-MÜG	= Mügeln bei Oschatz, Evangelisch-lutherisches Pfarramt St. Johannis, Kantoreiarchiv
D-PL	= Plauen, Stadtkirche St. Johannis, Pfarrarchiv
D-ROu	= Rostock, Universitätsbibliothek, Fachgebiet Musik
D-SWl	= Schwerin, Mecklenburgische Landesbibliothek, Musiksammlung
F-Pn	= Paris, Bibliothèque Nationale
F-Sim	= Strasbourg, Institut de Musicologie de l'Université
GB-Lbl	= London, The British Library
US-NH	= New Haven, CT, Yale University, Music Library
US-PRu	= Princeton, Princeton University Library

US-R	= Rochester, NY, Sibley Music Library, Eastman School of Music, University of Rochester
US-U	= Urbana, IL, University of Illinois at Urbana-Champaign, Music Library
US-Wc	= Washington, DC, Library of Congress, Music Division

„Ueberhaupt ist mit dem Choral nicht zu spaßen"
Bemerkungen zum Cantus-firmus-Kanon
in Bachs choralgebundenem Orgelwerk

Von Werner Breig (Erlangen)

Für Klaus-Jürgen Sachs

I. Die Fragestellung

Das Motto, das dem obigen Titel vorangestellt ist, entstammt einem Brief, den Abraham Mendelssohn Bartholdy am 10. März 1835 an seinen Sohn Felix schrieb. Was er mit dem Wort „spaßen" umschreiben wollte, erfahren wir aus der Fortsetzung: „Das höchste Ziel ist, daß das Volk ihn [den Choral] unter Begleitung der Orgel rein singe, – alles andere erscheint mir unkirchlich."[1] Die Praxis Johann Sebastian Bachs erschien ihm nicht ganz unbedenklich, da er eine „Abneigung gegen figurirte Choräle" empfand. Akzeptabel war für ihn immerhin die Choralbehandlung im Eingangssatz der Matthäus-Passion, da der Choral hier innerhalb der außerordentlich kunstvollen Gesamtarchitektur „das Hauptgebäude ist und die einzelne Stimme nur eine Verzierung".[2] Diese Äußerung eines interessierten Laien über ein musikalisches Kernstück des Kultus, zu dem er selbst erst im Erwachsenenalter gestoßen war,[3] konvergiert in gewisser Weise mit der eines Kenners wie Philipp Spitta, der im zweiten Band seiner Bach-Monographie über Bachs Choralkantaten schrieb, Bach sei damit

zu strengeren, kirchlichen Grundsätzen zurückgekehrt. Die Choralmelodie ist etwas heiliges und unantastbares. Die Kirchenmusik soll sich um dieselbe als festen Punkt krystalisiren, aber sie soll nicht selbst in die Bewegung des Gestaltungsprocesses hineingezogen werden.[4]

Ein großer Teil von Bachs choralgebundenen Kompositionen befriedigt solche Ansprüche; man denke an die großangelegten Kantaten-Eingangssätze der von Spitta, wie aus dem zitierten Passus zu ersehen, so hoch geschätzten Choralkantaten des zweiten Jahrgangs von 1724/25 (die von Spitta irrtümlich in

---

[1] Zitiert nach *Briefe aus den Jahren 1833 bis 1847 von Felix Mendelssohn Bartholdy*, hrsg. von P. und C. Mendelssohn Bartholdy, Leipzig 1863, S. 84.
[2] Ebenda.
[3] Er war 1822 im Alter von 45 Jahren zum Protestantismus übergetreten.
[4] Spitta II, S. 576 f.

Bachs Spätzeit datiert wurden), ferner an den Typus des in erster Linie als Kantatenschluß fungierenden „Bach-Chorals" und den Grundtypus des Orgelbüchlein-Chorals, in dem die Liedmelodie durchgehend in der Oberstimme erklingt. Solche Bearbeitungsformen lassen, so kunstvoll sie auch sind, die Verbindung mit der ursprünglichen Erscheinungsweise des Kirchenliedes durchaus noch erkennen.

Was bedeutet unter diesem Kriterium die Anwendung der Technik des Kanons auf die Choralbearbeitung? Zweifellos bringt der Kanon einen Zuwachs an kompositorischer Kunstentfaltung und über das im engeren Sinne Musikalische hinausgehende Bedeutungstiefe.[5] Dennoch hätte ein Beurteiler wie Abraham Mendelssohn in diesen wohl mehr das Gekünstelte als die Kunst gesehen, da die Verbindung zum ursprünglichen ‚Sitz im Leben', also dem Gemeindegesang verlorenzugehen droht. Der Cantus firmus wird hier zu Material, das nicht nur einer kunstvollen Bearbeitung unterzogen wird, sondern oft genug um des Kanons willen modifiziert – negativ ausgedrückt: verfälscht – wird.

Vielleicht hängt es damit zusammen, daß in Bachs Choralbearbeitungen die im engeren Sinne kanonische Schreibweise quantitativ keine große Rolle spielt. Unter den reichlich 200 Choralbearbeitungen für Orgel, die die letzte Auflage des BWV verzeichnet, finden sich nicht mehr als zwölf Werke, die auf dem Kanon-Prinzip beruhen.[6]

Diese kanonischen Bearbeitungen verteilen sich – auch das dürfte charakteristisch sein – nicht gleichmäßig auf das aus verschiedenen Quellen auf uns gekommene Repertoire, sondern konzentrieren sich (mit Ausnahme eines frühen Einzelstückes) – in drei von Bach selbst zusammengestellten Werkgruppen, nämlich dem Weimarer Orgelbüchlein, dem 1739 gedruckten dritten Teil der Clavier-Übung und den in den 1740er Jahren entstandenen Canonischen Veränderungen. Dies scheint darauf hinzudeuten, daß die kanonische Schreibweise für Bach keine Technik war, die beiläufig angewendet werden konnte. Die folgenden Beobachtungen an den Choralkanons[7] sollen einige Merkmale ihrer Struktur und ihres Verhältnisses zum „Urbild", dem Choral, beschreiben.

---

[5] Dieser Aspekt hat, besonders seit Arnold Scherings Aufsatz von 1926 (*Bach und das Symbol. Insbesondere die Symbolik des Kanons*, BJ 1925, S. 40–63), in der Literatur über Bachs Kanons eine zentrale Rolle gespielt, ist aber nicht das Hauptthema der vorliegenden Studie.

[6] Diese statistische Betrachtungsweise soll nur einen groben Eindruck von den quantitativen Verhältnissen vermitteln; sie ist notwendigerweise ungenau, da sie weder die mehrsätzigen Choralbearbeitungen noch die mit dem Repertoire verbundenen Authentizitätsprobleme berücksichtigt.

[7] Als „Choralkanons" oder „Cantus-firmus-Kanons" sollen die Sätze gelten, in denen nicht zu einem Cantus firmus Gegenstimmen hinzutreten, die unter sich kanonisch

II. Das Orgelbüchlein und ein früher Kanon-Vorläufer

Unter den 45 ausgeführten Chorälen des Weimarer Orgelbüchleins befinden sich acht – meist durch eine Beischrift ausdrücklich als solche gekennzeichnete[8] – Kanons. Angesichts der relativ großen Zahl von Kanons und der Verschiedenheit der Textinhalte dürfte die Motivation zur Kanontechnik kaum an bestimmten Choraltexten festzumachen sein, zumal das Zehn-Gebote-Lied (BWV 635), das am ehesten als Kandidat für eine kanonische Bearbeitung gelten könnte, nicht zu den Kanons gehört.

Ein Urteil über den Stellenwert der Kanons im Orgelbüchlein hängt von ihrer Einordnung in die Chronologie der Werkentstehung ab. Heinz-Harald Löhlein hat im Vorwort der von ihm herausgegebenen Faksimile-Ausgabe,[9] basierend auf Anregungen von Georg von Dadelsen,[10] eine Chronologie aufgestellt, der zufolge die Weimarer Eintragungen der de-tempore-Choräle in die Handschrift in drei Phasen stattgefunden hätten, die von Advent 1713 bis Pfingsten 1714, Advent 1714 bis Ostern 1715 und Weihnachten 1715 bis zur Passionszeit 1716 reichten; die Choräle ohne de-tempore-Bestimmung wären den Entstehungsjahren 1714 und 1715 zuzuordnen.[11] Die weitere Diskussion um die Entstehung des Orgelbüchleins[12] hat allerdings Zweifel an der Richtigkeit von Löhleins

---

sind, sondern in denen der Cantus-firmus-Vortrag in zwei kanonisch geführten Stimmen erfolgt. Die Technik des Gegenstimmen-Kanons, wie wir sie aus Orgelchorälen von Samuel Scheidt und Matthias Weckmann kennen, kommt bei Bach nur in den Variationen 1–4 (nach der Anordnung des Drucks gezählt) der Canonischen Veränderungen vor.

[8] Die Beischrift „Canon" oder „in Canone" mit folgender Angabe des Einsatzintervalls fehlt nur in drei Stücken, und zwar in BWV 600, 608 und 624. Die einfachste Erklärung dafür wäre, daß Bach in den beiden frühesten Stücken dieser Gruppe, BWV 608 und 600, der Kanon-Eigenschaft noch keine prinzipielle Bedeutung beimaß und erst die folgenden Stücke – diese aber konsequent – als Kanons bezeichnete. Daß BWV 624 („Hilf Gott, daß mir's gelinge") ohne Kanonbezeichnung bleibt, dürfte daran liegen, daß es kein einheitliches Kanonintervall gibt (in den Zeilen 5 und 6 wechselt das Einsatzintervall von der Quinte zur Quarte).

[9] *Johann Sebastian Bach, Orgelbüchlein BWV 599–644. Faksimile des Autographs*, hrsg. von H.-H. Löhlein, Leipzig und Kassel 1981 (Faksimile-Reihe Bachscher Werke und Schriftstücke. 17.; Documenta musicologica. II/11.), besonders S. 10.

[10] TBSt 1, S. 76.

[11] Auf der Basis dieser Chronologie hat der Verfasser vor längerer Zeit einen Überblick über die Bearbeitungstechniken des Orgelbüchleins und die Einordnung der kanonischen Bearbeitungen in das Gesamtrepertoire versucht; siehe W. Breig, *Zum geschichtlichen Hintergrund und zur Kompositionsgeschichte von Bachs „Orgel-Büchlein"*, in: Bach's Orgel-Büchlein in nieuw perspectief, Utrecht 1988 (Kerkmuziek & Liturgie), S. 7–18.

[12] Es möge an dieser Stelle genügen, auf Sven Hiemkes Monographie zu verweisen, in

Chronologie aufkommen lassen, die sich in mehreren, untereinander stark divergierenden chronologischen Gegenentwürfen niederschlagen. Da der letzte dieser Versuche[13] sich wieder an die Chronologie von Dadelsens und Löhleins annähert, scheint es gerechtfertigt, sich wenigstens hypothetisch auf diese Chronologie zu beziehen.

Daß für Bach der Typus des Choralkanons schon vor der Komposition des Orgelbüchleins nicht fremd war, zeigt die (in der Überlieferung der Neumeister-Sammlung mit einem Praeludium verbundene) Bearbeitung von „Ach Gott und Herr" BWV 714. Dabei handelt es sich offensichtlich um ein sehr frühes Stück; Jean-Claude Zehnder hat es in den „Stilbereich um 1704" eingeordnet.[14] Die Gestalt des Cantus firmus scheint geradezu zur kanonischen Behandlung einzuladen, die auch für den größten Teil des Stückes nicht auf Schwierigkeiten stößt. Erst die vorletzte Choralzeile läßt die bis dahin reibungslos funktionierende Nachahmung in der Oktave und im Abstand eines Takts nicht zu, weshalb der Komponist die Gestalt der Melodie (ursprünglich cis' – h' – d" – cis") in der Nachahmung kurzerhand in h' – ais' – h' – cis" verwandelt – eine Bedenkenlosigkeit, die Bach sich schon im Orgelbüchlein nicht mehr gestattet hätte.

Als biographischer Hintergrund der Kanons im Orgelbüchlein wird meist – sicherlich mit Recht – ein künstlerischer Austausch zwischen Bach und seinem Freund, Kollegen und Vetter[15] Johann Gottfried Walther angenommen, der als Komponist von Choralbearbeitungen selbst großes Interesse am Kanon hatte, so daß der Austausch zeitweise anscheinend die Form eines freundschaftlichen Wettstreits im Komponieren von Kanons annahm.

Geht man von Löhleins Chronologie aus, so gehört in die erste Kompositionsphase nur ein Kanon, nämlich „In dulci jubilo" BWV 608. Zugrunde liegt eine einfache Dur-Melodie, die eine kanonische Bearbeitung leicht zuläßt; auch von Walther ist sie als Kanon bearbeitet worden.[16] Beide Kompositionen beginnen als Oktavkanon im Abstand eines Taktes, wobei Walther mit der

---

der die Geschichte der Hypothesen zur Chronologie nachgezeichnet ist: S. Hiemke, *Johann Sebastian Bach – Orgelbüchlein*, Kassel 2007, S. 36–48.

[13] L. Berben, *Orgel-Büchlein*, in: Bachs Klavier- und Orgelwerke, hrsg. von S. Rampe, Laaber 2008 (Bach-Handbuch. 4/1.), S. 511–513.

[14] Zehnder, S. 137f.

[15] Nach der Generationenfolge wäre Walther, obwohl einige Monate älter als Bach, genaugenommen dessen Neffe zweiten Grades, da Bachs Mutter und Walthers Großvater Geschwister waren. (Vgl. die genealogische Tafel bei W. Breig, *Bach und Walther*, in: Der junge Bach. „weil er nicht aufzuhalten". Erste Thüringer Landesausstellung. Begleitbuch, hrsg. von R. Emans, Erfurt 2000, S. 309–321 (speziell S. 309f.).

[16] Neuausgabe in: *Johann Gottfried Walther. Sämtliche Orgelwerke*, hrsg. von K. Beckmann, Wiesbaden 1998, Bd. III, S. 72f.

Unterstimme beginnt, die die Funktion einer Vorimitation hat, während Bach den Diskant zuerst einsetzen läßt und somit die Grundform des Orgelbüchlein-Chorals wahrt. Bach hat die Walthersche Komposition (sollte sie als erste vorgelegen haben) dadurch übertrumpft, daß er mit Ausnahme der beiden letzten Zeilen auch die Gegenstimmen in die kanonische Bearbeitung einbezogen hat. Trotz der anspruchsvollen Konstruktion erweckt das Ganze nicht den Eindruck der Kompliziertheit, besonders da die liedmäßige Viertakt-Periodik gewahrt ist.

Der größte Teil der Kanons – es sind nicht weniger als sechs – fällt in die zweite Kompositionsphase. Wohl der erste von ihnen[17] ist der als Urschrift eingetragene Satz über die Melodie „Gott, durch deine Güte oder Gottes Sohn ist kommen" BWV 600. Der Verlauf des Anfangs der beiden Kanonstimmen

Beispiel 1

läßt erkennen, daß dieser Choral sich keineswegs zur kanonischen Bearbeitung anbietet, sondern sich im Gegenteil dagegen sträubt. Da Johann Gottfried Walther diesen Cantus firmus ebenfalls kanonisch bearbeitet hat,[18] ist wieder der Vergleich zwischen den Lösungen der beiden Weimarer Organisten möglich.[19] Walther hat die Schwierigkeit der kanonischen Bearbeitung dadurch gelöst, daß er die Zeileneinsätze so weit auseinandergezogen hat, wie es nötig war, um dissonante Reibungen zu vermeiden, wodurch seine Bearbeitung auf eine Länge von 45 Takten kommt. Bach dagegen hat sich die Aufgabe offenbar so gestellt, daß das bisher in den Orgelbüchlein-Chorälen geltende Prinzip, den Choral ohne Zeilenpausen durchzuführen, auch unter den Bedingungen des Kanons beibehalten wird, so daß sein Satz mit T. 26 schließt. Das führt zwangsläufig zu den intervallischen Kollisionen, die im Notenbeispiel durch Pfeile

---

[17] Vgl. oben (Fußnote 8) die Erwägungen über die Bezeichnung als Kanon im Titel.
[18] Neuausgabe in *J. G. Walther. Sämtliche Orgelwerke* (wie Fußnote 16), Bd. II, S. 133.
[19] Daß beide Stücke im 3/2-Takt stehen, könnte dafür sprechen, daß sie nicht unabhängig voneinander entstanden, sondern aus gemeinsamen Kanonstudien hervorgegangen sind.

markiert sind. Die beiden nicht kanonischen Stimmen reagieren auf diese Dissonanzen, indem sie sie in Septakkorde einbeziehen, ohne daß daraus aber eine „normale" Harmonisierung entsteht (so wird das c' der unteren Kanonstimme in T. 5 zur Septime eines zwischendominantischen Akkordes, der auf g-Moll zielt; doch die nach den Stimmführungsregeln eigentlich nötige Auflösung der Septime kann allenfalls im Alt in der höheren Oktave gefunden werden. Es entsteht fast der Eindruck, als solle in diesem Stück gezeigt werden, daß über jede Choralmelodie eine kanonische Bearbeitung geschrieben werden kann.

Härten dieser Art sind nicht das Kennzeichen aller Orgelbüchlein-Kanons; beherrschend ist der Eindruck, daß Bach möglichst viele Arten erkunden wollte, in denen der Grundtypus des Orgelbüchleins mit dem Kanonprinzip verbunden werden kann. So sind alle Stimmlagen in die kanonische Arbeit einbezogen; in einem Fall („O Lamm Gottes unschuldig" BWV 618) ist sogar eine Mittelstimme – der Tenor – zum Träger des Cantus firmus geworden).

Daß dieses Experimentieren mit den Möglichkeiten des Kanons in die zweite Phase der Werkentstehung fällt, dürfte daraus zu erklären sein, daß Bach allmählich die Erfahrung machte, wie schwierig es war, auf so engem Raum und unter festgelegten Grundbedingungen jedem einzelnen Werk sein eigenes Gesicht zu geben. Die Anwendung des Kanonprinzips erweiterte die Möglichkeiten der Gestaltung und gestattete es zugleich, die für den Orgelbüchlein-Typus essentielle Beschränkung des Umfangs beizubehalten.

III. Der dritte Teil der Clavier-Übung

In Bachs Choralbearbeitungen der Weimarer Zeit blieb die Technik des Kanons auf die Kleinform des Orgelbüchlein-Chorals beschränkt. So groß der Reichtum an Formen und Satztechniken ist, den Bach in den großformatigen Weimarer Orgelchorälen entfaltet, die er später in Leipzig überarbeitete und in die Sammelhandschrift *P 271* eintrug, so kommt doch der Kanon in ihnen nicht vor.

Dagegen enthält der 1739 veröffentlichte III. Teil der Clavier-Übung unter den sechs Pedaliter-Chorälen des Katechismus-Teils zwei Stücke, die als Kanons geformt sind; es sind die Kompositionen über „Dies sind die heilgen zehen Gebot" BWV 678 und „Vater unser im Himmelreich" BWV 682. Die beiden Kanons sind zusammen mit der sechsstimmigen Doppelpedal-Bearbeitung von „Aus tiefer Not schrei ich zu dir" BWV 686 die nach ihrer Spieldauer längsten Choralbearbeitungen des III. Teils der Clavier-Übung.

Beide Stücke sind fünfstimmig und stellen einem zweistimmigen Kanongerüst einen dreistimmigen Gegenstimmensatz gegenüber. Dennoch liegen beiden

Kompositionen verschiedene Konzeptionen zugrunde[20]: In BWV 678 beruhen die Gegenstimmen auf einem vom Cantus firmus unabhängigen Motivbündel,[21] in BWV 682 wird ein Ritornell eingeführt, das von der ersten Choralzeile abgeleitet ist. Und – was für die Gestaltung des kanonischen Cantus firmus wichtig ist – in BWV 678 sind die beiden Kanonstimmen auf einem Manual zusammengefaßt und werden von der linken Hand gespielt, während die rechte Hand die Gegenstimmen zu spielen hat.

Zu den Bedingungen für die Cantus-firmus-Zubereitung in „Dies sind die heilgen zehen Gebot" gehört also neben der intervallischen Verträglichkeit der beiden im Oktavabstand verlaufenden Choralstimmen ihre Ausführbarkeit mit einer Hand, was in der Praxis bedeutet, daß ihr Abstand höchstens eine Oktave betragen darf.

Das folgende Notenbeispiel versucht zu zeigen, wie sich das Stimmenverhältnis räumlich und zeitlich von Zeile zu Zeile verändert, damit das Kanongerüst diese beiden Bedingungen erfüllt. Dabei wird eine Entwurfsarbeit fingiert, wie sie hätte stattfinden können, wenn Bach seine Versuchsfolge niedergeschrieben hätte. Das bedeutet nicht, daß es eine solche Skizze gegeben hat. Veranschaulicht werden sollen vielmehr die satz- und grifftechnischen Notwendigkeiten, die zur endgültigen Lösung geführt haben. Der Einfachheit halber wird davon ausgegangen, daß zunächst versucht wird, eine für eine Choralzeile passende Lösung auf die nächste zu übertragen, daß die Analogie-Lösung dann gestrichen und durch eine andere ersetzt wird (siehe Beispiel 2).

Zeile I beginnt mit der Unterstimme, der die Oberstimme im Abstand von zwei Takten folgt. Die entsprechende Gestaltung in Zeile II führt zu einem zu großen Abstand beim Einsatz der Oberstimme; der Beginn mit der Oberstimme vermeidet dieses Problem. Die analoge Fortsetzung in Zeile III führt zu einer Quintparallele; sie läßt sich nur vermeiden, wenn die Einsätze einen Takt weiter auseinandergezogen werden. Zeile IV muß wegen des Stimmenabstandes wieder mit der Unterstimme beginnen (was wir vorausgesetzt haben); doch entsteht beim zweiten Ton der nachfolgenden Stimme eine Dissonanz, die sich auch durch Auseinanderziehen der Einsätze nicht vermeiden läßt. Das einzige Mittel, das Abhilfe schafft, ist die Aufteilung der Zeile in zwei Halb-

---

[20] Darin dokumentiert sich Bachs Bemühen, jedem der großen Choralsätze von Clavier-Übung III eigenes Gepräge zu geben; vgl. dazu W. Breig, *Bachs „Orgel-Missa" und der III. Teil der „Clavierübung"*, in: Messe und Parodie bei Johann Sebastian Bach, hrsg. von P. Tenhaef und W. Werbeck, Frankfurt a. M. 2004 (Greifswalder Beiträge zur Musikwissenschaft. 12.), S. 197–213.

[21] Das mag wohl Albert Schweitzer dazu verleitet haben, in den Gegenstimmen „musikalische Unordnung" als Bild für die moralische Unordnung zu sehen, die vor der Erlassung der Zehn Gebote herrschte (A. Schweitzer, *J. S. Bach*, Leipzig 1908, S. 453).

18 Werner Breig

Beispiel 2

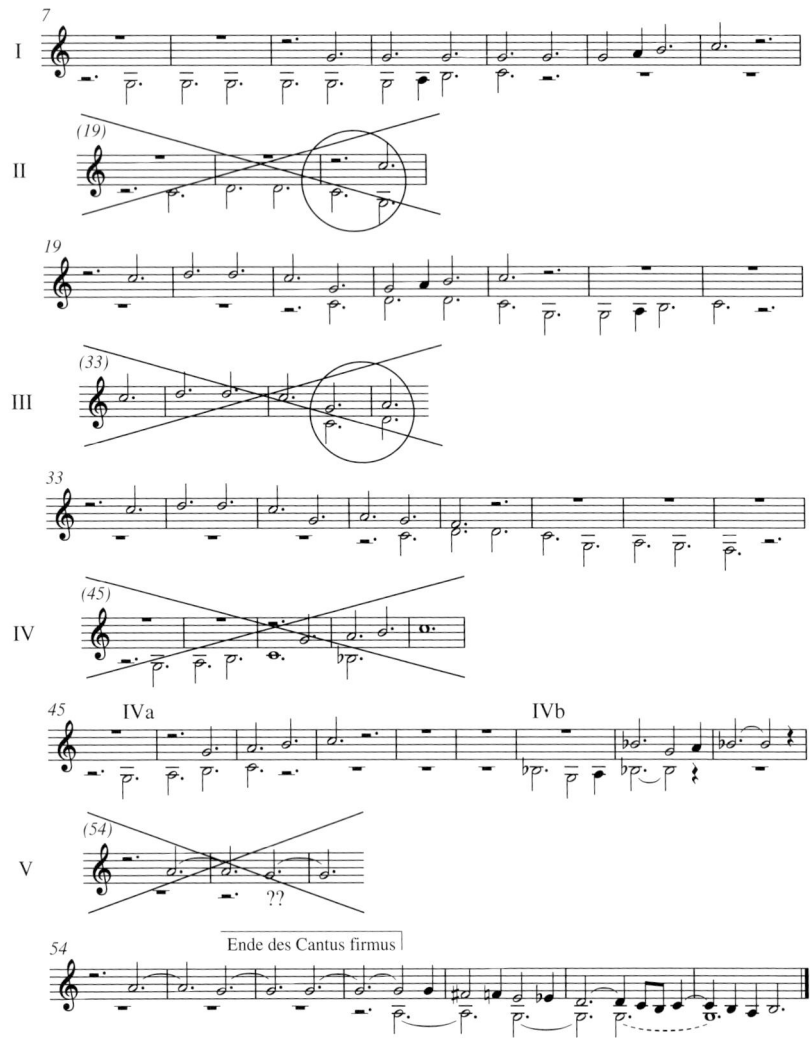

zeilen.[22] – Die letzte Zeile bietet die Schwierigkeit, daß ein konsonanter Einsatz von a gegen g' nicht möglich ist. Bachs Lösung ist hier, daß die zweite Stimme in T. 57 dissonant einsetzt und die Oberstimme sich anschließend in choralunabhängiger Führung in eine Konsonanz auflöst.

---

[22] Vgl. dazu aber weiter unten die Bemerkungen im Zusammenhang mit der Kantate BWV 77.

Exkurs: Reflexe aus der Kantate BWV 77 im Orgelchoral BWV 678?

Bach hat bekanntlich schon anderthalb Jahrzehnte vor der Entstehung des III. Teils der Clavier-Übung den Choral „Dies sind die heilgen zehen Gebot" in kanonähnlicher Form bearbeitet. Im Eingangschor der Kantate „Du sollt Gott, deinen Herren, lieben" BWV 77 erhält der gesungene Text, der die Forderung nach Gottes- und Menschenliebe nebeneinanderstellt, einen instrumentalen Kommentar in Gestalt der Melodie des Zehn-Gebote-Liedes, die vom instrumentalen Baß in langen Notenwerten vom Ton G aus gespielt wird und zudem mehrfach von verschiedenen Stufen aus – teils vorimitierend, teils nachahmend – in der Tromba da tirarsi in Diskantlage erklingt.[23] Die Motivation für diese Kombination dürfte darin zu sehen sein, daß die Parallelstelle zum gesungenen Text im Matthäus-Evangelium als Erklärung anfügt: „In diesen zwei Geboten hanget das ganze Gesetz und die Propheten". Für Bachs Hörer, die sowohl mit solchen Konkordanzen als auch mit dem Kirchenlied-Repertoire vertraut waren, war die Anspielung zweifellos verständlich.[24]
Kantatensatz und Orgelchoral haben gemeinsam, daß in ihnen die in zwei Stimmen erklingende Choralmelodie „Dies sind die heilgen zehen Gebot" für einen umfangreichen Satz eine Art konstruktive Klammer bildet. Das legt es für einen späteren Betrachter nahe, die beiden Kompositionen zusammen zu sehen. Ob es indessen für Bach selbst, als er Clavier-Übung III schrieb, von Bedeutung war, daß er mit der Aufgabe der kanonischen (oder quasi-kanonischen[25]) Behandlung des Liedes „Dies sind die heilgen zehen Gebot" anderthalb Jahrzehnte vorher schon einmal befaßt war, dürfte keineswegs feststehen – obwohl es Versuche gegeben hat, dies zu belegen.
Philipp Spitta fand es auffällig, daß Bach die Zeile „hoch auf dem Berg Sinai" im Kantatensatz in zwei Stücke „zerschlägt". Er sah darin ein „Spiel jener Künstlerlaune, welche besonders die Nordländer so gern schalten ließen".[26]

---

[23] Eine instruktive Übersicht über das Cantus-firmus-Schema des Eingangschores findet sich bei G. von Dadelsen, *Bachs Kantate 77*, in: ders., Über Bach und andere, Laaber 1983, S. 185–193, speziell S. 186 f.

[24] Der Bezug zwischen Evangelium und Kirchenlied war im Kantatentext von Johann Oswald Knauer schon insofern vorgedacht, als die beiden letzten Strophen des Zehn-Gebote-Liedes als Schlußchoral vorgesehen waren. Bach hat stattdessen einen anderen Choral gewählt; vgl. P. Wollny, *Johann Christoph Friedrich Bach und die Teilung des väterlichen Erbes*, BJ 2001, S. 55–70, speziell S. 62 und 70. Die instrumentale Einführung von „Dies sind die heilgen zehen Gebot" stellt vielleicht eine Art von Ersatz für den vom Librettisten vorgesehenen Werkschluß dar.

[25] Daß die Bezeichnung als Kanon für das Konstruktionsprinzip des Kantatensatzes nur in einem weiten Sinne zutrifft, hat schon Spitta konstatiert (Spitta II, S. 262).

[26] Ebenda, S. 263. – Wenn Spitta von den „Nordländern" spricht, denkt er wohl an Buxtehude, von dem er ein Parallelbeispiel aus der Orgelbearbeitung des „Te deum laudamus" (BuxWV 218) anführt.

Und daß „Bach in dem Orgelchoral der ‚Clavierübung' dasselbe Verfahren beobachtet", läßt, wie er meint, darauf „schließen [...], daß er sich bei der Composition desselben an den Choralchor erinnert habe".[27] Diese Annahme ist aus zwei Gründen unnötig. Erstens gibt es im Orgelchoral für die Auseinanderziehung der Zeile – wie gezeigt – einen eigenen Grund, der in den Anforderungen des Kanons liegt. Und zweitens war es für Bach offenbar nicht ausgemacht, ob die Textzeile „hoch auf dem Berg Sinai" musikalisch durch eine Zäsur in der Mitte geteilt wird. Im Orgelbüchlein-Choral über das Zehn-Gebote-Lied (BWV 635) ist die Zeile ohne Zäsur komponiert, doch in dem vierstimmigen Choralsatz BWV 298 steht auf „Berg" eine Zwischenkadenz mit Fermate. Wenn Bach also in dem Kantatensatz BWV 77/1 und im Orgelchoral BWV 678 die Zeile in zwei Abschnitten durchführt, dann nicht als Resultat einer Künstlerlaune und als Zerschlagen von eigentlich Zusammengehörigem, sondern im ersten Fall als Wahl zwischen zwei möglichen Versionen und im zweiten zur Ermöglichung des Kanons.[28]

In anderer Weise, und zwar nach der Methode der Gematrie, versuchte ein zeitgenössischer Bach-Deuter, eine Verbindung zwischen dem Eingangschor der Kantate BWV 77 und dem Orgelchoral BWV 678 herzustellen. Er verwandelte die Buchstaben des Kantatentext-Anfangs – in Bachs Orthographie „Du solt Gott, deinen Herren, lieben" – nach der Ordnung des Alphabets in Zahlen, ermittelte als deren Summe 315 und fand diese Summe als Zahl der Pedaltöne in BWV 678 wieder.[29] Diese Zahlenkorrespondenz zwischen Kantate und Orgelchoral schien ihm darauf hinzudeuten, daß „Bach das funda-

---

[27] Ebenda.
[28] Vgl. zu dieser Frage auch von Dadelsen (wie Fußnote 23), S. 191. – Nachtrag: Helmut Lauterwasser machte mich freundlicherweise darauf aufmerksam, daß im Gothaer Gesangbuch von 1715 (RISM B VIII/DKL: 1715-09/ChB Witt 1715) in dem Lied „Dies sind die heilgen zehn Geboth" (Nr. 222, S. 132 f.) in der vorletzten Zeile die Teile „hoch auf dem Berg" und „Sinai" durch eine Fermate auf „Berg" getrennt sind. Angesichts des Einflusses des sehr verbreiteten Gothaer Cantionale wäre es denkbar, daß die Choralbehandlung in BWV 77, 298 und 678 direkt oder indirekt auf diese Vorlage zurückgeht. Auch in Johann Gottfried Walthers Bearbeitung (in der Edition von Klaus Beckmann, wie Fußnote 18, auf S. 84 f.) ist die „Berg Sinai"-Zeile geteilt; die früheste Quelle dieses Stückes ist die Walther-Handschrift im Gemeente-Museum Den Haag, die nach den Untersuchungen von Kirsten Beißwenger (*Zur Chronologie der Notenhandschriften Johann Gottfried Walthers*, in: Acht kleine Präludien und Studien über BACH – Georg von Dadelsen zum 70. Geburtstag, Wiesbaden 1992, S. 11–39) nicht vor 1717, also nach dem Erscheinen des Gothaer Cantionale, begonnen wurde. Für sichere Aussagen zu dieser Frage bedürfte es freilich einer breiteren Materialbasis.
[29] A. Clement, *Musik und Text im Orgelwerk von Johann Sebastian Bach – Das Beispiel von BWV 678 und 679*, in: Musik als Text. Kongreßbericht Freiburg 1993, Kassel 1998, Bd. 2, S. 279–282 (speziell S. 280).

mentale Gesetz [...] mit Hilfe der Gematrie zum Fundament seines Choralvorspiels genommen" hat.[30]

„Ist ein Zufall hier wahrscheinlich?"[31] Auf diese rhetorische Frage ist zu entgegnen, daß die Kategorie des Zufalls hier keinen Platz hat, wohl aber die des Irrtums. Der Verfasser hat zwar richtig gerechnet, aber falsch buchstabiert. Denn sein Ausgangstext ist dadurch zustandegekommen, daß in der Neuen Bach-Ausgabe deutsche Texte „unter Beibehaltung alter Wort- und Lautformen in moderner Rechtschreibung wiedergegeben" werden.[32] Das hat im vorliegenden Fall dazu geführt, daß in Bachs Wort „solt" zwar nicht das moderne „s" an vorletzter Stelle eingeschoben, wohl aber das „l" verdoppelt wurde. In dieser teilmodernisierten Form „sollt", die auch in die letzte Fassung des BWV übernommen ist, wurde der Text von Clement seiner Berechnung zugrundegelegt. Hätte Bach Wert darauf gelegt, daß das Pedal in BWV 678 ebensoviele Noten zu spielen hat, wie die Summe der Buchstabenzahlen des Satzes „Du solt Gott, deinen Herren, lieben" beträgt, dann hätte der Pedalpart elf Töne weniger. – Die Frage, was solche Rechnungen besagen, wenn ihre Voraussetzungen nicht falsifizierbar sind, sei offengelassen.

Auch im Orgelchoral „Vater unser im Himmelreich" BWV 682 steht ein Kanongerüst aus zwei Stimmen im Oktavabstand einem dreistimmigen Gegenstimmensatz gegenüber. Während aber das Zehn-Gebote-Lied für die beiden Kanonstimmen ein gemeinsames Manual vorsieht, koppelt Bach im Vaterunser-Lied jede der Cantus-firmus-Stimmen mit einer freien Stimme. Dies ist – wenn auch im Sinne der „Diversifizierung" zu verstehen – spieltechnisch bedingt, denn beide Kanonstimmen mit einer Hand zu spielen, ist wegen des Verlaufs von Zeile 3 nicht möglich, da hier zwischen den Stimmen zu große Abstände entstehen, gleich welche Stimme beginnt. Dieses Problem wird durch die andere Stimmen- und Manualdisposition vermieden. Die Unterscheidbarkeit von Choral- und Gegenstimmen ist auch hier gewährleistet, und zwar durch den unterschiedlichen rhythmischen Verlauf der Stimmen; die ruhige Bewegung der Choralstimmen, die nur selten kleinere Werte als Viertel haben, hebt sich deutlich von der rhythmischen Kompliziertheit der Gegenstimmen mit ihren Sechzehnteltriolen und ihren lombardischen Rhythmen ab.

Für die Koordination der Kanonstimmen ist es von Bedeutung, daß das Stück im 3/4-Takt steht. Dreiviertel-Gliederung kommt auch in „Dies sind die heil-

---

[30] A. Clement, *Der dritte Teil der Clavierübung von Johann Sebastian Bach*, Middelburg 1999, S. 133.
[31] Ebenda.
[32] *Editionsrichtlinien Musik*, hrsg. von B. R. Appel und J. Veit unter Mitarbeit von A. Landgraf, Kassel 2000, S. 12.

gen zehen Gebot" (6/4-Takt) und in „Jesus Christus, unser Heiland" vor, aber in beiden Fällen umfaßt die 3/4-Einheit eine Cantus-firmus-Note, so daß das Fortschreiten des Chorals in gleichen Notenwerten erfolgt. Hier dagegen kommen auf einen (langsamen) dreizeitigen Takt zwei Cantus-firmus-Noten, so daß a priori zwei rhythmische Formen möglich sind, nämlich ♩ ♩ und ♩ ♩, von denen die erste die deutlich vorherrschende ist, ohne daß die zweite als unregelmäßig empfunden würde. Daß hier kein Normalfall in Form von gleichlangen Notenwerten geschaffen ist, erleichtert es, eine weitere Variante des rhythmischen Fortganges einzuführen, nämlich Augmentation, bei der zwei Noten nicht einen, sondern zwei Takte einnehmen. Wie in BWV 678 gilt das Prinzip, daß die Kanonstimmen völlig identisch sind, daß also die rhythmische Form der anführenden Stimme in der zweiten getreu aufgenommen wird (was für den Kompositionsprozeß bedeutet, daß eine rhythmische Form, die für den Conseguente gebraucht wird, schon im Guida angelegt sein muß).

Das folgende Beispiel zeigt, wie auf dieser Basis die choralführenden Stimmen kanongerecht eingerichtet sind. (Die rhythmische Augmentation ist durch Klammern gekennzeichnet.)

Beispiel 3

Da die Kanonstimmen auf die beiden Hände verteilt sind, wird die Reihenfolge von Guida und Conseguente in einer Choralzeile nicht mehr von Griffproblemen gelenkt, sondern kann frei gestaltet werden. Bach hat sie so geregelt, daß abwechselnd die obere und die untere Stimme als erste einsetzen. Der Zeitabstand zwischen den Einsätzen beträgt im Normalfall zwei Takte; nur in Zeile IV ist der Abstand auf einen Takt verkürzt, offenbar um das Zusammentreffen der Fortschreitungen fis" – e" und h – ais zu vermeiden. Die einfachste rhythmische Form Halbe – Viertel herrscht nur in Zeile II ausschließlich. Die erste Zeile ist eine Verbindung der Halbe-Viertel-Formel mit der Augmentation, die aus Gründen des Zusammenklanges nötig war. Eine bemerkenswert vielgestaltige rhythmische Form hat Zeile III. Die Augmentation von g" – fis" in der Oberstimme war aus Gründen des Zusammenklanges nötig. Der Sinn der Achtelbewegung im ersten Volltakt erschließt sich erst bei der Nachahmung in T. 43. Da der zum Choral gehörige Ton e' in der reinen Choralfassung zur Oberterz springt, darf er eigentlich nicht dissonieren. Durch seine Einbindung in die chromatisierte Sekundbewegung kann er in T. 43 auf der Zählzeit 3 als Durchgangsnote gelten. Da diese Variante in T. 43 gebraucht wird, mußte sie schon in T. 41 eingeführt werden. Schließlich fällt der singuläre Rhythmus in T. 45–46 (Oberstimme) auf; er vermeidet, daß die Harmonie einen Takt lang auf einem Dominantakkord stehenbleibt. – Der weitere Verlauf bedarf kaum der Kommentierung. Daß in den letzten beiden Zeilen dreimal jeweils auf einem dritten Taktviertel Septimen- bzw. Sekundverhältnisse zwischen den Kanonstimmen entstehen, fällt im Kontext der stark septakkordhaltigen Harmonik des Ganzen kaum auf.

*

Verfolgt man die Maßnahmen, die nötig sind, um die Cantus firmi in Kanonform zu bringen, so wie es hier versucht wurde, so zeigt sich, daß beide Choralvorlagen sich nur mit erheblichem Aufwand an Überlegungen in die Form eines Kanongerüstes fügen lassen. Anders als im Orgelbüchlein hat Bach die Schwierigkeiten, die er zu bewältigen hatte, nicht in den Vordergrund gestellt. Während in einigen Chorälen des Orgelbüchleins der Sieg des kompositorischen Könnens über die widerstrebende Materie mitzuerleben und zu bewundern ist, fügen sich in der Clavier-Übung die Choralmelodien scheinbar mühelos der Einbindung in einen Kanon. Ohne die Choralzeilen jemals so weit auseinanderzurücken, daß Kollisionen ausgeschlossen werden (wie Johann Gottfried Walther es verschiedentlich tut), findet Bach stets Mittel, die Probleme aufzulösen. In beiden Sätzen macht das Resultat den Eindruck der Einfachheit und Mühelosigkeit. Der Oktavabstand bleibt stets gewahrt, und die beiden Stimmen sind miteinander völlig identisch. So bringen die Kanongerüste ein solches Maß an Ruhe und Geordnetheit in die Kompositionen, daß Charakterisierungen wie „Abgeklärtheit" oder „Klassizität" sich gleichsam von selbst aufdrängen.

Diese Eigenschaft der kanonischen Struktur muß im Verhältnis zu der extremen Bewegtheit und Expressivität der Gegenstimmen, besonders der manualiter zu spielenden, verstanden werden. Sie entfernen sich von dem, was der Choral in seiner ursprünglichen Existenzweise, nämlich als Gemeindechoral, ist, extrem weit. Wenn Bach diesen geradezu ausschweifenden Gegenstimmen den Choral in kanonischer Form entgegenstellt, dann nicht um einer Kompliziertheit eine weitere an die Seite zu stellen, sondern um ein Element von Ruhe und Sicherheit zu etablieren. Gerade in der Form, die alle Kompliziertheiten verbirgt, bildet die Zweiheit der Cantus-firmus-Verläufe ein wirksameres Element der Sicherheit, als es ein einfacher Cantus firmus sein könnte. Bildet ein einfacher Cantus firmus einen roten Faden, so bildet der verdoppelte eine eigene Struktur.

IV. Die Canonischen Veränderungen

In einem Abriß der Geschichte der Bearbeitungen des Chorals „Vom Himmel hoch, da komm ich her" hat Michael Kube vor einigen Jahren festgestellt, „daß die einzelnen Zeilen des Cantus firmus für Kombinationen im kontrapunktischen Satz geradezu prädestiniert erscheinen".[33] Dies gilt mit einer Ausnahme: Der Choral eignet sich nicht zur Bearbeitung in der Form eines Cantus-firmus-Kanons. Der Versuch dazu scheitert bereits an der ersten Zeile, die sich in keiner der in erster Linie in Frage kommenden Kombinationen (Oktave oder Quinte als intervallischer, eine oder zwei Halbe als zeitlicher Einsatzabstand) kanonisch darstellen läßt:

---

[33] M. Kube, *Satztyp und Kontrapunkt – Einige Anmerkungen (nicht nur) zu Bachs Choralbearbeitungen über „Vom Himmel hoch, da komm ich her"*, in: Bachs Musik für Tasteninstrumente – Bericht über das 4. Dortmunder Bach-Symposion 2002, hrsg. von M. Geck, S. 309–322 (Zitat: S. 320).

Beispiel 4

a) Oktavkanon nach 2 Vierteln   b) Oktavkanon nach 4 Vierteln

c) Quintkanon nach 2 Vierteln   d) Quintkanon nach 4 Vierteln

Dagegen fügt sich die Melodie fast ohne Schwierigkeiten einer kanonischen Behandlung, wenn man sie mit ihrer Umkehrung kombiniert; nur in der dritten Zeile ist eine Augmentation erforderlich, die die Zeile um einen Takt verlängert:

Beispiel 5

Variatio 5. L'altra Sorte del' Canone all' rovescio

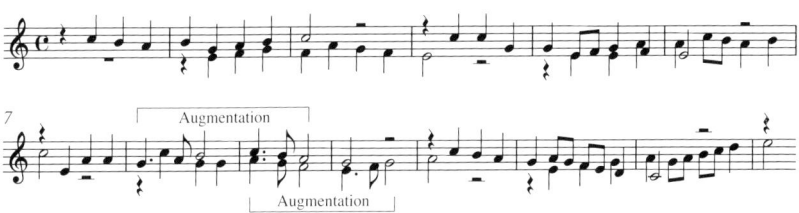

Es zeigt sich also: Bachs exzeptionelles Verhalten zur Choralumkehrung hängt damit zusammen, daß die gewählte Choralvorlage für das normale Verfahren nicht geeignet war.

Nun ist die Choralumkehrung ein Verfahren, das Bach in seinen vorangehenden kanonischen Choralbearbeitungen sonst niemals angewendet hat. Seine Bedenken dagegen lagen vermutlich auf der Linie der Ablehnung des „Spaßens" durch Abraham Mendelssohn: Der Choral behält zwar durch die Versetzung auf andere Stufen oder durch rhythmische Modifikationen, auch durch Kolorierung immer noch bis zu einem gewissen Grade sein Gesicht, aber durch die Umkehrung verliert er es.

Bach hat zwar von der Choralumkehrung in Vorimitationen und Begleitstimmen reichlichen Gebrauch gemacht (erinnert sei nur an die dritte der großen Kyrie-Bearbeitungen oder an die Manualiter-Berabeitung von „Aus tiefer Not schrei ich zu dir" aus Clavier-Übung III), aber im eigentlichen Cantus-firmus-Vortrag, bei der die Vorstellung entstehen soll, daß der Choral als Choral gleichsam beschworen wird, behält er seine intervallische Normalform.

Wenn man davon ausgeht, daß Bachs sonstiger Verzicht auf die Choralumkehrung prinzipieller Art war, so bleibt die Frage, warum er sich diesem Problem in diesem Falle überhaupt aussetzte, d. h. warum er für die Canonischen Veränderungen als Thema einen Choral wählte, der in dieser Hinsicht schwer zu behandeln war.

Eine Antwort auf diese Frage läßt sich aus der Entstehungsgeschichte der Canonischen Veränderungen gewinnen. Zwar ist dieses Werk in Bachs Biographie mit seinem Eintritt in die „Correspondirende Societät der musikalischen Wissenschaften" von Lorenz Mizler verbunden, es war aber offensichtlich nicht von Anfang an für diesen Anlaß bestimmt.[34]

Am Anfang der Werkgeschichte stehen die Sätze, die im Druck als Variatio 1–3 gezählt und zusammen auf zwei Seiten wiedergegeben sind. Von den kanonischen Stimmen ist nur jeweils die anführende ausgeschrieben, während die nachfolgende durch die Angabe von Imitationsintervall und Einsatzstelle und zusätzlich durch die Notierung des Anfangs bezeichnet ist. Es ist die Notationsweise, die für Stammbuch- und Widmungskanons üblich war, in denen man dem Empfänger ein musikalisches Rätsel aufgeben wollte, weshalb man auch von „Rätselnotation" beziehungsweise „enigmatischer Notation" spricht. Es ist nicht ausgeschlossen, dass die dreisätzige Kanongruppe, die den Druck einleitet, anfangs eine private Widmungsgabe war; als Anlaß ließe sich die Taufe von Bachs Enkel Johann August Bach, dem ältesten Sohn von Carl Philipp Emanuel, denken, bei dem Johann Sebastian Bach Pate war.[35] Daß die Taufe am 10. Dezember 1745 stattfand, also in der Adventszeit, könnte Bach dazu angeregt haben, das Weihnachtslied „Vom Himmel hoch da komm ich her" als Thema zu wählen.

Erst die Erweiterung dieser Kanonfolge zu einem fünfsätzigen Werk steht im Zeichen der Aufnahme in die Societät. Offenbar war es Bach wichtig, seine Kanonkunst in größerem Umfang zu präsentieren und auch die – eigens von ihm so benannte „altra sorte di Canone" einzubeziehen. Bach hatte mit den drei kurzen Kanons einen geeigneten Anfang, auf dem er aufzubauen gedachte – dies aber um den Preis, daß die „altra sorte" nur in der Sonderform des Kanons „al rovescio",[36] also in der Form des Umkehrungskanons möglich war. So wäre denn der Typus von Bach nicht frei gewählt worden, sondern

---

[34] Zur Entstehungsgeschichte vgl. G. Butler, *Bach's Clavier-Übung III: The Making of a Print – With a Companion Study of the Canonic Variations on „Vom Himmel hoch", BWV 769*, Durham und London 1990; ders., *J. S. Bachs Kanonische Veränderungen über „Vom Himmel hoch" (BWV 769) – Ein Schlußstrich unter die Debatte um die Frage der „Fassung letzter Hand"*, BJ 2000, S. 9–34.

[35] Butler, Bach's Clavier-Übung III (wie Fußnote 34), S. 103 f.

[36] Der Originaldruck schreibt fälschlich „roverscio".

ein erzwungenes Resultat der entstehungsgeschichtlichen Situation gewesen. Es war ein Zuwachs an musikalischer Gelehrsamkeit, mit dem das Stück gut zur Neigung des späten Bach zur Beschäftigung mit kontrapunktischen Problemen paßte. Wie immer es sich damit verhalten mag, Bach versuchte immerhin am Ende der Umkehrungsvariation die richtige Form des Chorals herauszustellen:

Beispiel 6

Nachdem die Unterstimme die Schlußzeile (1. und 2. Takt des Beispiels) in der Umkehrungsform mit der Tonartseptime h (!) schließen ließ, hat, als Kanonbeantwortung nach der Disposition des Stückes, die Oberstimme sozusagen das letzte Wort mit der ‚richtigen' Form der Schlußzeile. Darauf beschränkt sich der Komponist aber nicht, sondern er läßt die Originalgestalt im Pedal anschließend noch einmal in der tiefsten Oktave hören und bekrönt die Stretta, in der alle vier Zeilen, teils auch in Umkehrung, zitiert werden, durch die originale Form in der höchstmöglichen Lage, dazu noch von der Unterterz begleitet. Bachs letztes Wort zum Thema „Choral und Kanon" reflektiert noch einmal eines der Probleme dieser Kombination.

Ein neuer Blick auf Bachs „Handexemplare"
Das Beispiel Clavier-Übung III

Von George B. Stauffer (New Brunswick, New Jersey)

Je mehr die Originalausgaben der Werke Bachs Gegenstand analytischer Überprüfung werden, desto deutlicher wird, daß die Vorstellung von einem einzigen Handexemplar für jedes Werk, das sämtliche nach der Veröffentlichung vom Komponisten vorgenommenen Korrekturen und Zusätze enthielt und als zukünftiges Referenzwerk in seiner persönlichen Bibliothek aufbewahrt wurde, angesichts der Komplexität der textkritischen Probleme nicht hinreichend ist. Selbst die beiden am besten verbürgten Handexemplare – die der Goldberg-Variationen (1741) und der Schübler-Choräle (um 1748), die unbezweifelbar von Bach eigenhändig emendiert wurden – werfen Fragen auf, die alles andere als leicht zu beantworten sind. Das Handexemplar der Goldberg-Variationen[1] zum Beispiel, das erst 1975 auftauchte, enthält sorgfältig in den gedruckten Text eingetragene Korrekturen und Zusätze, außerdem eine bis dahin unbekannte Folge von vierzehn Kanons über den Baß der Aria – all dies in der Hand des Komponisten.[2] Ein besseres Handexemplar könnte man sich nicht wünschen – ein Exemplar des Drucks, in dem Bach den musikalischen Text eines an sich schon ausgezeichnet redigierten Werks zu einem noch höheren Grad der Perfektion erhob und zugleich einen persönlichen Vorrat an Kanons für die Verwendung in Stammbüchern und für andere Widmungszwecke anlegte.[3] Die handschriftlichen Emendationen sind weitgehend mit roter Tinte ausgeführt; dies weist auf die Verwendung als Korrekturvorlage für andere Druckexemplare oder für die Revision der Kupferplatten zur Vorberei-

---

[1] F-Pn, Ms. *17669*.
[2] Zuerst beschrieben bei C. Wolff, *Bach's Handexemplar of the Goldberg Variations: A New Source*, in: Journal of the American Musicological Society 29 (1976), S. 224–241; Wiederabdruck: *The Handexemplar of the Goldberg Variations*, in: ders., Bach. Essays on his Life and Music, Cambridge/Mass. und London 1991, S. 162–177.
[3] Kanon 11 fungiert mit dem Titel „Canone doppio sopr' il Soggetto" BWV 1077 als Teil von Bachs Eintrag in das Stammbuch des Leipziger Theologiestudenten Johann Gottlieb Fulde (15. Oktober 1747). Kanon 13 erscheint als „Canon triplex a 6 Voc" BWV 1076 auf dem berühmten Bach-Porträt von G. E. Haußmann aus dem Jahre 1746 und wurde 1747 als gedruckte Mitgliedsgabe den Mitgliedern von Lorenz Christoph Mizlers Correspondierender Societät der Musicalischen Wissenschaften präsentiert. Siehe NBA V/2 Krit. Bericht (W. Emery und C. Wolff, 1981), S. 121–122, sowie Wolff (Fußnote 2), S. 231–233.

tung einer zweiten Auflage.[4] Doch wenn dies der Fall ist, warum erscheinen die neuen, verbesserten Lesarten dann nicht in anderen erhaltenen Exemplaren des Drucks? Andererseits: Wenn Bach sein Exemplar als privates Dokument nur für den eigenen Gebrauch ansah, warum ergänzte er aufführungspraktische Details – Ornamente und Tempoangaben zum Beispiel –, die er als der wohl beste Klavierspieler seiner Zeit gar nicht benötigt hätte?

Ähnliche Rätsel gibt das Handexemplar der Schübler-Choräle auf.[5] Hier fügte Bach eine Reihe von Korrekturen und Zusätzen ausschließlich mit schwarzer statt roter Tinte ein. Außerdem sind die Änderungen nicht – wie in dem Handexemplar der Goldberg-Variationen – sauber eingetragen, sondern zeigen Anzeichen von Eile und sogar Ungeduld. Falsche Noten sind grob ausgestrichen oder überkritzelt anstatt zur Bewahrung des originalen Druckbilds sorgfältig radiert und emendiert worden zu sein.[6] Da die Änderungen zum einen ausschließlich mit schwarzer Tinte ausgeführt sind, zum anderen anscheinend sehr hastig eingetragen wurden, drittens häufig Aufführungsanweisungen betreffen, die Bach selbst nicht benötigt hätte (Zuweisung einzelner Stimmen an Manual oder Pedal, Bezeichnung von Registerlagen usw.) und viertens nicht in anderen erhaltenen Exemplaren auftauchen, dürfte es sich bei dem Handexemplar der Schübler-Choräle nicht – wie bei dem der Goldberg-Variationen – um ein Referenzexemplar gehandelt haben. Eher sieht es aus wie eine unter Zeitdruck eingerichtete „praktische Ausgabe", die vielleicht für einen der Söhne, Schüler oder Kollegen Bachs zum unmittelbaren Gebrauch vorgesehen war.[7] Obwohl es sich genau wie bei den Goldberg-Variationen um

---

[4] Wolff (wie Fußnote 2), S. 226–227.

[5] US-PRu, Scheide Collection, ohne Signatur. Nachdem es seit Mitte des 19. Jahrhunderts verschollen war, tauchte das Handexemplar der Schübler-Choräle 1975 wieder auf und wurde von William H. Scheide für seine Privatsammlung erworben. Zu diesem Zeitpunkt wurde es von Christoph Wolff ausgewertet (siehe Wolff, *Bach's Handexemplar der Schübler-Choräle*, BJ 1977, S. 120–129; englische Fassung: *Bach's Personal Copy of the Schübler Chorales*, in: J. S. Bach as Organist: His Instruments, Music, and Performance Practices, hrsg. von G. B. Stauffer und E. May, Bloomington, Indiana, 1986, S. 121–132; Wiederabdruck in: Wolff, *Bach. Essays on his Life and Music* (wie Fußnote 2), S. 178–186.

[6] Siehe die Abbildung in NBA IV/1 (H.-H. Löhlein, 1987), S. XXX.

[7] Johann Christoph Altnickols Bewerbung um die Organistenstelle der Naumburger Wenzelskirche im Sommer 1748 könnte ein solcher Anlaß gewesen sein. Bach schrieb für Altnickol, der kurz nach dem erfolgreichen Abschluß seiner Bewerbung Bachs Tochter Elisabeth Juliana Friederika heiratete, ein Zeugnis (Dok I, Nr. 82) sowie Briefe an den Stadtrat und den Oberbürgermeister (Dok I, Nr. 47 und 48). Wenn die Schübler-Choräle tatsächlich zu diesem Zeitpunkt bereits erschienen waren (das Erscheinungsdatum ist nicht gesichert, wird derzeit aber mit um 1748 angegeben – siehe NBA IV/1 Krit. Bericht, S. 152–156), könnte Bach Altnickol das annotierte Exemplar für sein Naumburger Probespiel geliehen haben, wobei er davon ausge-

ein „gesichertes" Handexemplar handelt, scheint Bach seine Kopie der Schübler-Choräle anders behandelt zu haben, da sie einem anderen Zweck diente.
Die anhaltende Diskussion über die Originalausgabe von Clavier-Übung I (1731 als opus 1) hat weitere Aspekte in die Handexemplar-Kontroverse eingebracht. Walter Emery hatte zunächst ein in der British Library[8] aufbewahrtes Exemplar als Bachs Handexemplar identifiziert, wobei er zur Begründung angab, daß diese eine größere Zahl von Korrekturen und Zusätzen enthalte als irgendein anderes Exemplar und daß die Änderungen von der Hand des Komponisten zu stammen schienen.[9] Richard D. P. Jones, der Herausgeber von Clavier-Übung I in der Neuen Bach-Ausgabe, stimmte Emery zu[10] und benutzte das Londoner Exemplar als Hauptquelle für seine Ausgabe. Bald nach Erscheinen von Jones' Ausgabe wies Christoph Wolff jedoch darauf hin, daß drei weitere Exemplare des Originaldrucks[11] wichtige handschriftliche Varianten enthalten – Varianten, die Jones nicht ernsthaft in Betracht gezogen hatte, da sie in dem Londoner Exemplar nicht enthalten waren.[12] Wolff plädierte dafür, die Anzahl der Hauptquellen für Clavier-Übung I zu erweitern und nicht nur die von Bach selbst emendierten Originaldrucke zu berücksichtigen, sondern auch diejenigen, die seine Schüler oder andere unmittelbar unter seiner Aufsicht arbeitende Schreiber korrigiert hatten.[13] Nach Wolffs Ansicht stellen auch diese eine Art von „Handexemplaren" dar.
Als Reaktion auf Wolffs Studie veröffentlichte Jones einen Nachtrag zur Neuen Bach-Ausgabe,[14] in dem er die angesprochenen Punkte aufgriff und Variantfassungen verschiedener Partitensätze vorstellte, darunter insbesondere die Gigue aus Partita 3 und die Sarabande aus Partita 5. In jüngerer Zeit hat Andrew Talle sich erneut mit der Originalausgabe von Clavier-Übung I befaßt

---

gangen sein muß, daß er es anschließend wieder zurückerhalten würde (das Handexemplar befand sich in Bachs Nachlaß und wurde von seinem Sohn Carl Philipp Emanuel geerbt; siehe Wolff, Bachs Handexemplar der Schübler-Choräle (wie Fußnote 5), S. 124–125. Zur Bewertung des Erstdrucks der Schübler-Choräle siehe auch BJ 2008, S. 301–304 (H.-J. Schulze).

[8] GB-Lbl, *Hirsch III. 37.*
[9] W. Emery, *Bach's Keyboard Partitas: A Set of Composer's Corrections?*, in: The Musical Times 93 (1952), S. 495–499.
[10] NBA V/1 Krit. Bericht (R. Jones, 1978), S. 25–26.
[11] D-B, *DMS 224 676 (1) Rara*; US-Wc, *LM3. 3B2 Case*; und US-U, *xq 786.41/B 12 cu.*
[12] C. Wolff, *Textkritische Bemerkungen zum Originaldruck der Bachschen Partiten*, BJ 1979, S. 65–74.
[13] Allerdings scheinen die mit roter Tinte geschriebenen Tempo-Angaben in dem Exemplar US-Wc von Bachs Hand zu stammen. Siehe Wolff, Textkritische Bemerkungen (wie Fußnote 12), S. 68.
[14] NBA V/1 Krit. Bericht, Nachtrag (1997).

und noch ein weiteres Exemplar angeführt,[15] das Bachs engstem Umkreis zuzurechnen ist. Talle konnte nachweisen, daß C. P. E. Bach dieses Exemplar aus dem Nachlaß seines Vaters geerbt hatte, daß es sich mithin zur Zeit von J. S. Bachs Tod in dessen Bibliothek befunden haben muß.[16] Angesichts dieser Funde hat das Herausgeberkollegium der NBA vor kurzem angekündigt, daß Clavier-Übung I im Rahmen der NBA[rev] in einer vollständig überarbeiteten Ausgabe erscheinen wird.

Die Untersuchungen von Wolff und Talle lassen vermuten, daß der Umgang mit emendierten Druckexemplaren zu Bachs Zeit flexibel gehandhabt wurde, wobei einige für Referenzzwecke, andere für den Unterricht und noch andere zu Widmungszwecken eingerichtet wurden; somit verblieben stets mehrere Exemplare in Bachs persönlicher Bibliothek, während andere verkauft oder anderweitig hergegeben wurden. Wolff und Talle weisen auf die in den Druckexemplaren der Goldberg-Variationen, der Schübler-Choräle und von Clavier-Übung I beobachteten Varianten hin und schlagen nicht nur vor, daß es besser wäre, von „einem" und nicht von „dem" Handexemplar eines bestimmten Werkes zu sprechen, sondern daß es wohl ratsam sei, den Begriff Handexemplar überhaupt fallenzulassen, da es alles andere als sicher ist, daß Bach diese korrigierten Exemplare für seinen persönlichen Gebrauch zurückbehielt. Vielleicht ist es an der Zeit, eine neue Terminologie einzuführen und diese Art von Quellen als „Druckexemplare mit Bachs Korrekturen" zu bezeichnen, wenn die Eintragungen autograph sind, und als „unter Bachs Aufsicht korrigiertes Druckexemplar", wenn die Eintragungen zwar nicht autograph sind, aber die Lesarten auf ihn zurückzugehen scheinen.

*

Das Beispiel von Clavier-Übung III, die Bach 1739 im Eigenverlag herausgab, bestätigt die Notwendigkeit, unsere Vorstellung eines einzigen Handexemplars zu revidieren. Ein Handexemplar für dieses Werk zu identifizieren, erschien zunächst unproblematisch. Carl Philipp Emanuel Bach, der wichtigste Bewahrer des Andenkens und des Schaffens seines Vater in der zweiten Hälfte des 18. Jahrhunderts, bezeichnete das gedruckte Exemplar von Clavier-Übung III, das er 1774 Johann Nikolaus Forkel verkaufte, explizit als dasjenige, das sein Vater „ehedem selbst für sich hatte".[17] Dieser Druck, der nach dem Tod des Vaters von C. P. E. Bach in Berlin mit dem handkorrigierten Exemplar der

---

[15] A-Wn, Sammlung Hoboken, *J. S. Bach 56*.
[16] A. Talle, *A Print of Clavierübung I from J. S. Bach's Personal Library*, in: About Bach, hrsg. von G. G. Butler, G. B. Stauffer und M. D. Greer, Urbana 2008, S. 157–168, speziell S. 161.
[17] Siehe C. P. E. Bachs Brief an Forkel vom 9. August 1774 (Dok III, Nr. 792).

Schübler-Choräle in einem Band vereint wurde,[18] schien damit untadelige Referenzen aufzuweisen.
In seiner bahnbrechenden Studie über die Originalausgaben von Bachs Werken hat Georg Kinsky das in der Staatsbibliothek zu Berlin unter der Signatur *DMS 224676 (3)* aufbewahrte Exemplar von Clavier-Übung III als das von C. P. E. Bach an Forkel verkaufte identifiziert.[19] Kinsky vermutete, daß das Exemplar von Georg Poelchau, dem großen Sammler von Bach-Handschriften und -drucken, erworben wurde, dessen Sammlung 1841 von der Königlichen Bibliothek übernommen wurde.[20] Manfred Teßmer, der Herausgeber von Clavier-Übung III in der Neuen Bach-Ausgabe, übernahm Kinskys Einschätzung und bewertete *DMS 224676 (3)* im Kritischen Bericht NBA IV/4 als das über C. P. E. Bach, Forkel und Poelchau überlieferte Exemplar.[21]
Christoph Wolff akzeptierte in seiner Diskussion der Handexemplar-Problematik zunächst Teßmers Einschätzung von Clavier-Übung III,[22] nach weiteren Untersuchungen kam er jedoch zu der Erkenntnis, daß es sich bei der von C. P. E. Bach an Forkel verkauften Kopie um ein anderes Exemplar handeln mußte, nämlich um D-LEm, *PM 1403*.[23] Wolffs Schlußfolgerung basierte auf der Tatsache, daß *PM 1403* sich vormals im Besitz von Friedrich Conrad Griepenkerl befand, dem Herausgeber der Peters-Ausgabe des gesamten Bachschen Orgelwerks; von ihm wissen wir, daß er das fragliche Exemplar 1819 aus Forkels Nachlaß erwarb. Außerdem bemerkte Wolff, daß *PM 1403* von der Hand Griepenkerls eine Notiz in verblaßter Tinte aufweist, die besagt, daß dieses Exemplar einst mit der korrigierten Fassung der Schübler-Choräle zusammengebunden war und daß das Vorsatzblatt des Einbands aus dem

---

[18] In einem weiteren Brief an Forkel (26. August 1774), in dem er den Verkauf bestätigte, schrieb C. P. E. Bach: „Bey dem einen finden Sie die 6 gestochenen Choräle hinten mit gebunden. Die dabey geschriebene Anmerckungen sind von der Hand des seeligen Authors" (Dok III, Nr. 793). Ein Vermerk in Forkels Nachlaßkatalog von 1819 bestätigt die gemeinsame Überlieferung der beiden Drucke: „3 Thl. [der Clavier-Übung] best. in versch. Vorspielen über die Gesänge für die Orgel in 4. angebunden 6 Choräle für die Orgel mit 2 Clav. u. Pedal"; siehe NBA IV/4 Krit. Bericht (M. Teßmer, 1974), S. 16. Daß die buchbinderische Vereinigung der beiden Hefte nach Bachs Tod in Berlin vorgenommen wurde, konnte Christoph Wolff nachweisen; siehe Wolff, Bachs Handexemplar der Schübler-Choräle (wie Fußnote 5), S. 125.

[19] G. Kinsky, *Die Originalausgaben der Werke Johann Sebastian Bachs*, Wien 1937 (Reprint: Hilversum 1968), S. 46–47 und 60–61.

[20] Kinsky, S. 47.

[21] NBA IV/4 (1969) Krit. Bericht (1974), S. 16–17.

[22] Wolff, Bach's Handexemplar of the Goldberg Variations (wie Fußnote 2), S. 225.

[23] Wolff, Bachs Handexemplar der Schübler-Choräle, S. 124 f. Eine vollständige Wiedergabe des Exemplars D-LEm, *PM 1403* findet sich in: *Johann Sebastian Bach: Clavier-Übung Teil I–IV. Faksimile-Ausgabe*, Leipzig 1984.

18. Jahrhundert ein preußisches Wasserzeichen enthält,[24] was die Annahme stützt, C. P. E. Bach habe dieses Exemplar nach dem Tod des Vaters in Berlin einbinden lassen. Wolffs Argumente sind überzeugend, und es scheint keinen Grund für Zweifel an der Behauptung zu geben, daß es sich bei dem Leipziger Exemplar tatsächlich um jenes handelt, das C. P. E. Bach aus dem Nachlaß seines Vaters übernommen hatte.

Eigentlich jedoch sind beide Ansichten problematisch – sowohl die, daß *DMS 224676 (3)* das vom Komponisten persönlich korrigierte Handexemplar von Clavier-Übung III sei, als auch die, daß diese Rolle *PM 1403* zukam. Denn keine der beiden Quellen enthält irgendwelche Anmerkungen von Bachs Hand noch sonstige Einträge, die über die üblichen Korrekturen und Ergänzungen hinausgehen, wie sie sich auch in anderen Exemplaren des Originaldrucks finden. Während seiner Editionsarbeiten für die NBA machte Teßmer eine Gruppe von 65 Korrekturen aus, die auf die eine oder andere Weise in den überlieferten Kopien des Drucks von 1739 erscheinen.[25] Von den achtzehn untersuchten Exemplaren enthielten zwei keinerlei Korrekturen. Acht Exemplare weisen 64 der 65 Korrekturen und Ergänzungen auf; diese sind von Hand eingefügt. Teßmer bezeichnete diese Kategorie von Änderungen als „Korr I". Drei Exemplare enthalten siebzehn der 65 Korrekturen und Ergänzungen, die im Zuge der Vorbereitung einer zweiten Auflage direkt auf die gestochenen Kupferplatten übertragen wurden; diese Kategorie nannte er „Korr II". Fünf Exemplare schließlich enthalten die siebzehn Plattenkorrekturen aus Korr II sowie vierzehn weitere, von Hand eingetragene Korrekturen und Ergänzungen aus der Gruppe der 65; diese vierzehn Korrekturen bezeichnete Teßmer als „Korr III".[26] Aus diesen Beobachtungen schloß er,

---

[24] a) Gekrönter Doppeladler mit Brustschild, b) Monogramm F[ridericus] R[ex]. Siehe Wolff, Bachs Handexemplar der Schübler-Choräle (wie Fußnote 5), S. 125.

[25] NBA IV/4 Krit. Bericht, S. 14–16.

[26] Unter den überlieferten Druckexemplaren nennt Teßmer als Quelle A 18 auch das Exemplar US-R, *Vault M11. B118C 1739*, das er aber nicht weiter untersucht und bewertet zu haben scheint. Eine Untersuchung erweist, daß es die Korrekturschichten Korr II und Korr III enthält und daß der Possessorenvermerk „C. P. Gm. 1765" im Krit. Bericht, S. 19, nicht korrekt ist. Wie bereits Gerhard Herz (*Bach Sources in America/Bach Quellen in Amerika*, Kassel 1984, S. 284) bemerkt hat, lautet dieser in Wirklichkeit „E. L. G. 1765" und signalisiert damit, daß das Exemplar sich im Besitz vom Ernst Ludwig Gerber befand, dem bekannten Musiklexikographen und Sohn des Bach-Schülers Heinrich Nikolaus Gerber. Das Exemplar in der Sibley Library enthält Gerbers analytische Anmerkungen sowie auch Aufführungsdaten für verschiedene Stücke. (Die Fuge in Es-Dur BWV 552/2 spielte er zwischen 1799 und 1814 mindestens vier Mal und das Pedaliter-Vorspiel „Christ, unser Herr, zum Jordan kam" BWV 684 noch am 28. August 1818, als er bereits 72 Jahre alt war. Weniger als ein Jahr später verstarb er. Ein Faksimile der ersten Seite der Fuge in Es-Dur findet sich in der in Fußnote 32 nachgewiesenen neuen Ausgabe von Leu-

daß Bach oder ein Gehilfe die Platten und gedruckten Exemplare nach einer Korrekturliste von 65 Fehlern emendierte oder aber nach einem Exemplar, das die 65 Änderungen enthielt.

DMS 224676 (3) enthält die 31 Korrekturen von Korr I und Korr III, doch gibt es – wie Kinsky bereits angemerkt hat[27] – keinerlei Hinweis darauf, daß die handschriftlichen Änderungen von der Hand Bachs stammen. *PM 1403* enthält nur die 17 auf den Platten eingetragenen Änderungen von Korr II, mithin also weniger Änderungen als selbst *DMS 224676 (3)*, und keine von diesen wurde handschriftlich eingetragen. Das unvollständige Erscheinungsbild der Korrekturen und das Fehlen von eigenhändigen Vermerken des Komponisten läßt es demnach fraglich erscheinen, daß dieses Exemplar jemals als persönliches Handexemplar im üblichen Sinne gedient hat – d. h. als Druck, in dem Bach selbst besondere Korrekturen, Ergänzungen oder nachträgliche kompositorische Einfälle vermerkte. Wäre es möglich, daß es sich bei *PM 1403* ganz einfach um ein unverkauftes Exemplar des Drucks handelte, das sich zum Zeitpunkt seines Todes noch in Bachs Besitz befand?

Eine Antwort – verbunden allerdings mit weiteren Fragen – liefert ein Exemplar des Originaldrucks von Clavier-Übung III, das unter der Signatur *(Ex) M3.1 B2C5 1739q* im Hauptbestand der Princeton University Library aufbewahrt wird. Das Exemplar, das der Bibliothek im Jahr 1959 von William H. Scheide geschenkt wurde, enthält weder einen Possessorenvermerk noch sonst irgendwelche Verkaufsnotizen, sondern lediglich ein auf die Innenseite des frühen Ledereinbands geklebtes Etikett der Princeton University Library. Beiliegende Dokumente bestätigen, daß Scheide den Druck am 12. Mai 1959 auf einer Versteigerung der Firma Sotheby's erwarb[28] und daß der Vorbesitzer Baron Dr. Hendrik Otto Raimond van Tuyll van Serooskerken aus Utrecht war.[29] Der frühere Provenienzgang ist ungeklärt. Obwohl der Verbleib des

---

pold, Bd. 8, Abbildung 22). Ich danke dem Bibliothekar der Sondersammlung und Archivar an der Sibley Library David Peter Coppen für die Genehmigung, dieses Exemplar einzusehen.

[27] Kinsky, S. 47: „Das Exemplar enthält jedoch keine Verbesserungen oder sonstige Eintragungen von des Komponisten Hand."

[28] Das Exemplar ist im die Auktion vom 11.–12. Mai 1959 begleitenden Katalog der Firma Sotheby's, London, S. 63 (Losnummer 393) beschrieben.

[29] Weitere von van Tuyll van Serooskerken (geb. 1915) auf der Sotheby-Auktion veräußerte Bachiana umfassen die Rustsche Abschrift des Orgel-Büchleins (D-B, *N. Mus. Ms. 10117*; siehe NBA IV/1, Krit. Bericht, S. 51), die Einzeldrucke der Partiten II und V aus Clavier-Übung I (US-PRu, Scheide Collection, *(Ex) M3.1 B2C5. 1727q* und *(Ex) M3.1 B2C5 1730q*; siehe NBA V/1, Krit. Bericht, S. 12 und 15), sowie ein Exemplar des Originaldrucks von Clavier-Übung IV („Goldberg-Variationen"; US-PRu, *(Ex) M3.1 B2C5 1742q*; siehe NBA V/2 Krit. Bericht, S. 99).

Exemplars seit geraumer Zeit bekannt ist,[30] wurde er für die NBA nicht herangezogen[31] und scheint auch bisher nicht genauer untersucht worden zu sein. Eine im Zusammenhang mit den Editionsarbeiten für eine neue amerikanische Ausgabe von Bachs gesamtem Orgelschaffen[32] vorgenommene Kollationierung des Notentexts zeigt, daß das Princetoner Exemplar eine große Zahl handschriftlicher Korrekturen und Zusätze enthält, von denen die meisten mit roter Tinte eingetragen wurden. Obwohl diese Vermerke sich auf Noten, Pausen, Bindebögen und andere musikalische Symbole beschränken, findet sich bei den Zeichen, an denen sich individuelle Züge überhaupt erkennen lassen, eine starke Ähnlichkeit mit Bachs Handschrift. So sind – wie ein Vergleich mit dem Londoner Autograph des Wohltemperierten Klaviers II von etwa 1740 zeigt – die Viertelpausen, die Ziffer 3 (die in dem ersten Manualiter-Vorspiel „Allein Gott in der Höh sei Ehr" BWV 675 den Triolen beigefügt ist) und die ungewöhnliche „halbmondförmige" Ganznote typisch für Bachs Handschrift der späten 1730er und frühen 1740er Jahre (siehe Abbildung 1).[33] Auch in seinem allgemeinen Erscheinungsbild – sauber ausgeführte, detaillierte und mit Umsicht ausgewählte Korrekturen in roter Tinte[34] – gleicht das Princetoner Exemplar dem von Bach korrigierten Exemplar der Goldberg-Variationen.

Das Exemplar der Princeton University enthält, handschriftlich eingetragen, die 65 Änderungen der Korrekturliste. Doch es weist zusätzlich weitere neunzehn Korrekturen, Zusätze und kosmetische Verbesserungen auf. Einige von diesen tauchen hier und da auch in anderen Exemplaren des Originaldrucks auf, die meisten sind jedoch singulär. Wie die Emendationen der Korrekturliste betreffen sie allerdings nur kleine, recht pedantische Aspekte der Notation wie etwa das Einfügen fehlender Pausen, Haltebögen und Akzidenzien, das Ergänzen von Notenhälsen oder -fähnchen oder die Korrektur beziehungsweise Verdeutlichung von Tonhöhen und Notenwerten.[35]

---

[30] Erwähnt unter anderem bei C. Wolff, *Die Originaldrucke Johann Sebastian Bachs*, in: Die Nürnberger Musikverleger und die Familie Bach, mit der Faksimile-Ausgabe des Erstdrucks der Kanonischen Veränderungen über „Vom Himmel hoch" von Johann Sebastian Bach, Zirndorf 1973, S. 19 („Verzeichnis"), sowie bei Herz (wie Fußnote 26), S. 284.

[31] Mit Hinweis auf den Sotheby-Katalog von 1959 erscheint er in NBA IV/4 Krit. Bericht unter den „Exemplaren unbekannten Verbleibs" als Quelle A 22.

[32] *Johann Sebastian Bach. The Complete Organ Works*, hrsg. von Q. Faulkner, G. B. Stauffer und C. Wolff, Colfax/North Carolina: Wayne Leupold Editions, 2010 ff.

[33] Ich bin Peter Wollny zu Dank verpflichtet, der die Eintragungen untersucht und die Ähnlichkeit mit Bachs Handschrift bestätigt hat.

[34] Siehe besonders die farbigen Faksimiles des Princetoner Exemplars in der Leupold-Ausgabe (siehe Fußnote 32), Bd. 8 (Clavier-Übung III; 2010), Abb. 6, 8, 10 und 12.

[35] Eine vollständige Liste der Emendationen findet sich im Kritischen Bericht von Bd. 8 der in Fußnote 32 genannten Ausgabe.

Ein neuer Blick auf Bachs „Handexemplare" 37

Fuga 13 in Fis-Dur BWV 882/2,
T. 9–10

„Dies sind die heiligen zehn Gebot"
BWV 678, T. 12

Präludium 14 in fis-Moll BWV 883/1,
T. 2

„Allein Gott in der Höh sei Ehr"
BWV 675, T. 10

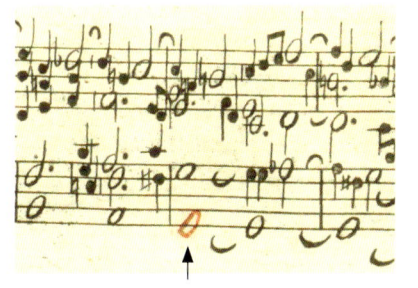

Fuga 7 in Es-Dur BWV 876/2,
T. 18–19

„Kyrie, Gott heiliger Geist" BWV 671,
T. 58

Wohltemperiertes Klavier II,
Londoner Autograph
(GB-Lbl, *Add. MS 35021*), um 1740

Clavier-Übung III,
Originaldruck, Exemplar:
US-PRu, (*Ex*) *M3.1 B2C5 1739q*

Abb. 1.

Trotz ihrer relativen Geringfügigkeit können die zusätzlichen Änderungen in dem Princetoner Exemplar zur Klärung einer Reihe von Details des Notentexts beitragen. In T. 43 der Pedaliter-Fassung von „Aus tiefer Not schrei ich zu dir" BWV 686 zum Beispiel ist die letzte Note der Altstimme in der Originalausgabe eine Viertelnote – eindeutig ein Fehler, da die Stimme damit eine Viertelnote zu früh endet (Beispiel 1). Dieses Problem wird in der Korrekturliste nicht berücksichtigt und frühe Benutzer des Drucks hatten zu dessen Lösung offensichtlich ihre eigenen Entscheidungen zu treffen. In vier der überlieferten Exemplare wurde die Viertelnote in eine Halbenote umgewandelt (Beispiel 1 a); in einem weiteren wurde die Viertelnote beibehalten und durch eine weitere Viertelnote g' ergänzt (Beispiel 1 b); und in noch einem anderen Exemplar wurde die Viertelnote ebenfalls beibehalten und der Takt mit einer Viertelnote e' vervollständigt, die durch einen Haltebogen mit der Note e' im nachfolgenden Takt verbunden ist (Beispiel 1 c).[36] All dies sind musikalisch sinnvolle Lesarten; das Princetoner Exemplar bestätigt jedoch die Variante mit der Halbenote (Beispiel 1 a).

Beispiel 1. „Aus tiefer Not schrei ich zu dir" BWV 686
Unkorrigierter Druck   Korrigierte Fassungen der Altstimme

An anderer Stelle, in der zweiten Hälfte von T. 61 von Duetto IV in a-Moll BWV 805, wurde die Achtelnote d ausradiert und durch ein sauber mit roter Tinte geschriebenes e ersetzt, woraus sich eine deutliche Parallele zu T. 59 ergibt und eine Lesart entsteht, die in modernen Ausgaben bisher noch nicht aufgetaucht ist (Beispiel 2). Eine rote Hilfslinie in dem Princetoner Exemplar bestätigt ebenfalls, daß in der Pedaliter-Fassung von „Dies sind die heiligen zehn Gebot" BWV 678 die Tonhöhe der letzten Note im Pedal in T. 50 ein C und nicht ein D ist, wie es die meisten modernen Ausgaben haben (Beispiel 3).[37]

---

[36] Einzelheiten finden sich in NBA IV/4 Krit. Bericht, S. 43.

[37] Das D stammt aus dem nur zum Teil korrigierten Druckexemplars, das Griepenkerl in den 1840er Jahren für die Peters-Ausgabe heranzog – ironischerweise *PM 1403*. Die das C bestätigende Hilfslinie ist in den Korrekturstadien von Korr I und Korr III berücksichtigt; C findet sich auch in Teßmers NBA-Band. Trotzdem ist es hilfreich,

Beispiel 2. Duetto IV BWV 805
Unkorrigierter Druck

Exemplar US-PRu, (*Ex*) *M3.1 B2C5 1739q*

Beispiel 3. „Dies sind die heiligen zehn Gebot" BWV 678
Unkorrigierter Druck

Exemplar US-PRu, (*Ex*) *M3.1 B2C5 1739q*

zusätzliche Bestätigung für die Lesartenvariante C zu haben, da die Variante D in den auf Griepenkerls Ausgabe zurückgehenden modernen Editionen so weit verbreitet ist.

Die Verwendung von roter Tinte, das Vorhandensein sämtlicher 65 Emendationen der Korrekturliste, die musikalische Validität der zusätzlichen neunzehn Änderungen und die Ähnlichkeit mit der Handschrift Bachs erlauben die Schlußfolgerung, daß es sich bei US-PRu, (Ex) M3.1 B2C5 1739q um ein Exemplar des Originaldrucks von Clavier-Übung III mit Zusätzen von der Hand des Komponisten handelt, die, nach dem flüssigen Duktus der Handschrift zu urteilen, wahrscheinlich vor 1748 eingetragen wurden. Betrachten wir den Vorgang in seiner Gesamtheit, so erkennen wir, daß Bach den komplexen und kontrapunktisch dichten gestochenen Text mit großer Akribie emendierte und somit der Perfektion annäherte. Zugleich ist es interessant zu beobachten, daß Bach sich in diesem Fall eher mit Aspekten der Notation als mit Anweisungen zur Aufführung beschäftigt zu haben scheint. Während er fehlende Haltebögen, Pausen, Akzidenzien, Hilfslinien und andere, die res facta der Musik betreffende Zeichen ergänzte und sich sogar die Zeit nahm, ein schwach gedrucktes b, eine Pause sowie eine Fermate kosmetisch zu verbessern, ignorierte er Staccato-Punkte, Legatobögen, Registerlagen und andere spielpraktische Details, die in einer Reihe von Stücken zu fehlen scheinen.[38] Er mag bei der Herstellung dieses sauber korrigierten Exemplars der Meinung gewesen sein, daß – entsprechend der improvisatorischen Spieltradition der Zeit – Aufführungsanweisungen fakultativ waren, während Notationsfehler einen unverzeihlichen Affront gegenüber der perfekten Harmonie des göttlichen Universums darstellten.

Die Verwendung von roter Tinte deutet darauf hin, daß Bach beabsichtigte, das Exemplar als Referenzexemplar zu verwenden, um dort vermerkte Korrekturen handschriftlich in andere Druckexemplare zu übertragen oder um die in seinem Besitz befindlichen Kupferplatten zu emendieren – ein schwieriges Unterfangen, das nur zum Teil ausgeführt wurde. Der Umstand, daß in anderen Exemplaren nur 65 der 84 Korrekturen auftauchen, deutet an, daß Bach seine Korrekturen in mehreren Stadien in das Princetoner Exemplar eingetragen haben könnte; diese Vermutung wird untermauert durch das Vorhandensein einiger Emendationen in schwarzer oder rötlich-schwarzer Tinte. Vielleicht korrigierte er zunächst eine Reihe von Exemplaren der Clavier-Übung III anhand einer Zusammenstellung von Errata, die die 65 Korrekturen und Zusätze der Korrekturliste enthielt (ähnlich der von C. P. E. Bach für die Kunst

---

[38] Zum Beispiel Staccato-Punkte im Präludium in Es-Dur BWV 552/2, in der Fughetta über „Allein Gott in der Höh sei Ehr" BWV 677 und im Duetto III in G-Dur BWV 804; Bindebögen im Präludium in Es-Dur und in „Dies sind die heiligen zehn Gebot" BWV 678; sowie Registerlagen für das Pedal in den großen Bearbeitungen von „Christ, unser Herr, zum Jordan kam" BWV 684 und „Jesus Christus unser Heiland" BWV 688.

der Fuge angefertigten Aufstellung[39]), bevor er die gesamte Gruppe in das Princetoner Exemplar übertrug und dort um weitere Einträge ergänzte.

Es gibt noch weitere Hinweise darauf, daß das Princetoner Exemplar für Bach von besonderer Bedeutung war. Der elegant bossierte braune Ledereinband (Abbildung 2) mit seinen ornamentierten Rändern und eingepaßter Raute scheint noch zu seinen Lebzeiten angefertigt worden zu sein. Das Nachsatzblatt des Einbands enthält ein sächsisches Wasserzeichen – Gekröntes Posthornwappen mit angehängter Vierermarke, darunter die Buchstaben I C H[40] –, das in Ausgaben und Aufführungsmaterialien von Werken Wilhelm Friedemann und Carl Philipp Emanuel Bachs aus der Zeit um 1748/49 auftaucht.[41] Es ist kaum anzunehmen, daß Bach das Exemplar für seinen eigenen Gebrauch hätte binden lassen. Wäre es möglich, daß er dies für einen seiner Söhne tat – vielleicht für Johann Christian, der in den drei letzten Lebensjahren seines Vaters Exemplare von wenigstens zwei weiteren Drucken sowie „3. *Clavire* nebst *Pedal*" erhielt?[42] Oder ließ Bach das Exemplar als Geschenk für einen besonderen Freund binden,[43] wie er es mit der Erstausgabe von Clavier-Übung I tat?[44]

---

[39] In *P 200*, Beilage 3, auf der Rückseite von Bl. 4 der unvollständigen „Fuga a 3 Soggetti"; siehe NBA VIII/2 Krit. Bericht (K. Hofmann, 1996), S. 59–60.

[40] NBA IX/1 (W. Weiß/Y. Kobayashi, 1989), Nr. 94 und Nachtrag 1. Die Buchstaben I C H deuten auf den Papiermacher Johann Christian Hertel († 1748) aus Kirchberg (Kreis Zwickau).

[41] Dieselbe Papiersorte wurde von W. F. Bach für die Erstausgabe seiner Cembalosonate in Es-Dur (Halle 1748, der Druck erfolgte aber anscheinend in Leipzig) sowie von Johann Christian Bach für seine um 1748/49 angefertigte Abschrift der Cembalosonate in B-Dur Wq 62/1 seines Bruders Carl Philipp Emanuel verwendet. Außerdem taucht dieses Papier in einer Reihe von Leipziger Aufführungsstimmen zu C. P. E. Bachs Magnificat in D-Dur Wq 215 auf, die wohl ebenfalls 1749 angefertigt wurden. Für diese Angaben danke ich Peter Wollny.

[42] 1748 erhielt Johann Christian ein Exemplar von Partita III der Clavier-Übung I (A-Wn, Hoboken-Sammlung, mit dem Besitzervermerk „p.p. J. C. B. 1748"), außerdem besaß er ein Exemplar des Musikalischen Opfers (D-LEm, *III. 6. 17*, mit dem Vermerk „J. C. Bach:"). Nach der Spezifikation von Bachs Nachlaß erhielt er die „3. *Clavire* nebst *Pedal* […] von dem *Defuncto* seelig bey Lebzeiten"; vgl. Dok II, Nr. 627 (speziell S. 504).

[43] Hans-Joachim Schulze hat in einem brieflichen Austausch die Vermutung geäußert, daß, sollte das Princetoner Exemplar von Bach als Geschenk für einen Freund oder Förderer gebunden worden sein, dieses vermutlich ein Vorsatzblatt mit einer handschriftlichen Widmung enthielt, das von einem späteren Besitzer entfernt wurde.

[44] NBA V/1 Krit. Bericht, S. 23–24 (siehe unter Quellen G 3 und G 6).

Abb. 2. Clavier-Übung III, Originaldruck,
Exemplar: US-PRu, (Ex) M3.1 B2C5 1739q, Einband

Die Tatsache, daß eines der bossierten Muster auf dem Einband des Princetoner Exemplars einem der Muster auf dem Ledereinband von Anna Magdalena Bachs Clavier-Büchlein von 1725 entspricht (Abbildung 3),[45] untermauert die Überlegung, daß Bach das Princetoner Exemplar von Clavier-Übung III als Präsentationsexemplar oder als Geschenk binden und verzieren ließ, und

---

[45] Ich danke Christoph Wolff für diese Beobachtung. Mary Oleskiewicz untersuchte und photographierte freundlicherweise den Einband des Clavier-Büchleins von Anna Magdalena Bach (*P 225*). Ein dritter Ledereinband aus dem Bachschen Umkreis, das mit „Naumbourg 1751" datierte Exemplar von Georg Friedrich Kauffmanns „Harmonischer Seelenlust" samt handschriftlichem Anhang mit 25 Orgelchorälen (einschließlich siebzehn Sätzen aus dem Orgelbüchlein) aus dem Besitz von Bachs Schüler Johann Gottfried Müthel (D-B, *Mus O. 12172 Rara*), weist einen schwarzgepunkteten braunen Ledereinband mit ornamentaler Zierleiste und eingepaßter Raute auf, der dem Princetoner Exemplar recht ähnlich sieht. Das Prägemuster ist jedoch ein anderes – eine Lilie im Halbkreis. Ein weiteres vielversprechendes Vergleichsobjekt – das in Leder gebundene Exemplar von Clavier-Übung I, das Bach anscheinend 1731 Friedrich Heinrich Graff zueignete (D-LEm, *III.6.13*) – ist zur Zeit leider nicht zugänglich. Vgl. NBA V/1 Krit. Bericht, S. 23.

Abb. 3. CUS-PRu, *(Ex) M3.1 B2C5 1739q*, Einband (Detail)
Klavierbüchlein für Anna Magdalena Bach 1725 (*P 225*), Einband (Detail)

zwar von demselben Buchbinder, den er fünfzehn Jahre zuvor auch für Anna Magdalenas Notenbüchlein beauftragt hatte. C. P. E. Bachs Bemerkung, daß es ein anderes Exemplar – *PM 1403* – war, das sein Vater „ehedem für sich selbst hatte", impliziert, daß der repräsentative Band den Bachschen Haushalt noch vor 1750 verließ.

Die Situation wird noch komplexer, wenn wir einen genaueren Blick auf ein Exemplar des Originaldrucks von Clavier-Übung III werfen, das sich einst im Besitz von Alfred Cortot (1877–1962) befand und heute unter der Signatur *K 10 a 42* in der British Library aufbewahrt wird.[46] Wie *DMS 224676 (3)* enthält auch *K 10 a 42* die siebzehn Plattenkorrekturen von Korr II sowie die vierzehn handschriftlichen Korrekturen von Korr III. Außerdem aber finden sich weitere 34 Korrekturen und Zusätze, die handschriftlich mit schwarzer Tinte eingetragen wurden. Zwölf von ihnen stimmen mit Änderungen von Korr I überein, 22 weitere aber gehen über die Korrekturliste hinaus und betreffen neue Lesarten.

Viele der 22 neuen Änderungen beziehen sich auf dieselbe Art von minutiösen Notationsdetails wie die zusätzlichen Änderungen in dem Princetoner Exemplar – die Ergänzung von fehlenden Akzidenzien, Haltebögen, Pausen und Verlängerungspunkten. In der Tat tauchen sechs der 22 neuen Änderungen von *K 10 a 42* auch in dem Princetoner Exemplar auf, was auf eine Verbindung zwischen den beiden deutet.[47] Es wäre schwer vorstellbar, daß jemand anderes als Bach sich um derartige minutiöse Details der Notation gekümmert haben sollte.

Die verbleibenden Änderungen in *K 10 a 42* – also diejenigen, die in keiner der anderen Quellen auftauchen – beziehen sich auf kompositorische oder aufführungspraktische Belange. Die kompositorischen Änderungen bieten kennenswerte musikalische Alternativen zum Text des Originaldrucks. In der Pedaliter-Fassung von „Christe, aller Welt Trost" BWV 670 zum Beispiel ist die Altstimme in T. 22 von g' – a' – h' – b' nach g' – a' – b' – h' verändert, was eine natürlichere aufsteigende chromatische Linie und eine überzeugendere harmonische Fortschreitung zum nächsten Takt liefert ($V^7 \rightarrow i$; siehe Beispiel 4). Ein anderes Beispiel ist die Pedaliter-Fassung von „Christ, unser Herr, zum Jordan kam" BWV 684, wo die vier ersten Noten in der linken Hand von T. 30 von e – c – f – c nach e – c – f – As verändert wurden,[48] eine Lesart, die die Verdopplung des c mit dem Alt vermeidet und den Ein-

---

[46] Über die Vorbesitzer von *K 10 a 42* ist nichts bekannt. Vgl. NBA IV/4 Krit. Bericht, S. 18 (Quelle A 9).

[47] Die in den beiden Quellen enthaltenen handschriftlichen Änderungen sind im Krit. Bericht von Bd. 8 der Leupold-Ausgabe (siehe Fußnote 32) beschrieben.

[48] In *K 10 a 42* lautet die letzte Note A (im Zusammenhang mit der „dorischen" Notation des Stückes); gemeint ist aber eindeutig As.

satz des cantus firmus mit dem Ton g auf der dritten Zählzeit im Pedal wesentlich überzeugender erscheinen läßt (siehe Beispiel 5). In beiden Fällen wurde das ursprüngliche Druckbild sorgfältig ausradiert und die neue Fassung sorgfältig darüber eingetragen, um eine saubere korrigierte Version des Notentexts zu schaffen. Auch hier fragt man sich, wer außer Bach selbst sich mit solchen kontrapunktischen Feinheiten auseinandergesetzt und diese so sorgfältig in den Notentext eingetragen hätte.

Beispiel 4. „Christ, aller Welt Trost" BWV 670
Unkorrigierter Druck

Exemplar GB-Lbl, *K 10 a 42*

Beispiel 5. „Christ, unser Herr, zum Jordan kam" BWV 684
Unkorrigierter Druck

Exemplar GB-Lbl, *K 10 a 42*

An anderer Stelle fügte der Schreiber der Änderungen in *K 10 a 42* Verzierungen zur Ausschmückung von Melodien und Akkorden ein (in der Pedaliter-Fassung von „Allein Gott in der Höh sei Ehr" BWV 676 und der Fuge in Es-Dur BWV 552/2), ergänzte Pedalanweisungen, um das Einsetzen des Pedals hervorzuheben (in der Pedaliter-Fassung von „Christ, unser Herr, zum Jordan kam" BWV 684), und vermerkte „Choral forte", um Manualaufteilung und Registrierung zu klären (in den Pedaliter-Vertonungen von „Kyrie, Gott Vater in Ewigkeit" BWV 669 und „Christ, aller Welt Trost" BWV 670), sowie „Choral", um in zwei Werken mit besonders dichter fünf- und sechsstimmiger kontrapunktischer Faktur das Einsetzen des cantus firmus anzuzeigen (in den Pedaliter-Vertonungen von „Vater unser im Himmelreich" BWV 682 und „Aus tiefer Not schrei ich zu dir" BWV 686).

Im Rahmen seiner Editionsarbeiten für die NBA vermerkte Teßmer die Korrekturen und Zusätze in *K 10 a 42*, war sich jedoch nicht sicher, wie er diese deuten sollte.[49] Einerseits bestätigte er die musikalische Gültigkeit einer Großzahl dieser Änderungen – vor allem die Korrektur der fehlenden Akzidenzien – und verwendete sogar eine Reihe der offensichtlich korrekten Lesarten, wobei er vermutete, daß der Schreiber Zugang zu einer inzwischen verschollenen autographen Quelle gehabt haben muß. Andere Änderungen hingegen – insbesondere die Verzierungen – betrachtete er als „entbehrlich" und „wohl kaum authentisch" und hielt sie für das mögliche Ergebnis einer „Kontamination". Zugleich aber bemerkte er, daß Anweisungen wie „Pedal" und „Choral forte" in einer Handschrift eingefügt waren, die derjenigen Bachs sehr ähnlich war. Letztlich aber kam er zu keinem eindeutigen Schluß.[50]

In den 36 Jahren, die seit dem Abschluß von Teßmers Arbeiten vergangen sind, ist Bachs Handschrift gründlichst untersucht worden, vor allem von Yoshitake Kobayashi in dessen Studie „Die Notenschrift Johann Sebastian Bachs: Dokumentation ihrer Entwicklung",[51] die die Entwicklung der Handschrift des

---

[49] NBA IV/4 Krit. Bericht, S. 18 und S. 35–46, wo *K 10a 42* als Quelle A 9 bezeichnet ist.

[50] Ebenda, S. 18: „Eine sorgfältige Prüfung hat jedoch ergeben, daß sie keinesfalls mit Sicherheit als autographe Zusätze anzusehen sind, daß sich aber andererseits Bachs Urheberschaft nicht völlig ausschließen läßt."

[51] NBA IX/2 (1989).

Komponisten durch sein ganzes Leben verfolgt. Betrachtet man erneut die handschriftlichen Einträge in *K 10 a 42*, so fällt die deutliche Ähnlichkeit der eingefügten Wörter und Bezeichnungen mit Bachs später Handschrift auf – speziell mit den Belegen aus der Zeit zwischen 1747 und 1749, als seine Schriftzüge steif, grob und unzusammenhängend wurden (d. h. die einzelnen Buchstaben wurden meist separat voneinander niedergeschrieben). In der Tat zeigt ein Vergleich der Einträge in *K 10 a 42* mit ihren Gegenstücken in Schriftzeugnissen Bachs aus dem Zeitraum 1747–1749 eine große Ähnlichkeit (Abbildung 4) und legt die Vermutung nahe, daß beide von ein und derselben Person geschrieben wurden.[52] Die ähnliche Handschrift, die Art der Einträge, die musikalische Validität der Lesarten und die Überschneidung der Korrekturliste von Korr I mit dem Princetoner Exemplar führen also zu der Erkenntnis, daß *K 10 a 42* ein zweites von Bach mit handschriftlichen Korrekturen und Zusätzen versehenes Exemplar des Originaldrucks darstellt.

Vergleicht man *K 10 a 42* mit dem Princetoner Druck, so fällt auf, daß die Änderungen in *K 10 a 42* weniger systematisch sind. Offenbar hat Bach für seine Einträge nicht die Korrekturliste herangezogen. Vielmehr scheint er ohne Vorlage gearbeitet und seine Korrekturen und Zusätze mehr oder weniger willkürlich eingefügt zu haben. Einige waren alt und reflektierten die Korrekturliste und das Princetoner Exemplar. Andere waren neu und repräsentierten singuläre Lesarten. Aus irgendeinem Grund scheint Bach *K 10 a 42* auch nicht mit dem Princetoner Exemplar verglichen zu haben. Stattdessen verließ er sich wohl auf sein Gedächtnis, wobei er frühere Änderungen allerdings nur zum Teil erinnerte. Besonders auffällig an *K 10 a 42* ist – im Gegensatz zu dem Princetoner Exemplar – eine besondere Sorgfalt bezüglich aufführungspraktischer Details. *K 10 a 42* enthält singuläre Pedalangaben, Registrieranweisungen („Choral forte") und Verzierungen, darunter eine auffällig betonte „doppelt cadence und mordant" (um Bachs Terminologie aus dem Clavier-Büchlein für Wilhelm Friedemann Bach zu verwenden) in Gegenbewegung in der Schlußkadenz der Fuge in Es-Dur BWV 552/2 (Beispiel 6).[53] Diese besonderen Ergänzungen lassen vermuten, daß Bach *K 10 a 42* für jemanden annotierte, der das Stück zu spielen beabsichtige.

---

[52] Siehe auch die Faksimile-Abbildungen von *K 10 a 42* in der Leupold-Ausgabe, Bd. 8 (siehe Fußnote 32), Abbildungen 5, 9, 11 und 20. Auch hier danke ich Peter Wollny, der die Einträge in *K 10 a 42* geprüft und deren Ähnlichkeit mit Bachs später Handschrift bestätigt hat.

[53] Jegliche Zweifel, daß die zweite „doppelt cadence und mordant" von Bachs Hand stammt, werden durch einen Vergleich mit dem gleichen Ornament in der autographen Fassung (*P 271*) der Kanonischen Veränderungen über „Vom Himmel hoch, da komm ich her" BWV 769 aus der Zeit um 1747/48 zerstreut. Siehe besonders die Variation „Canto fermo in canone". Hier stimmt die Handschrift exakt überein.

48 George B. Stauffer

Kunst der Fuge, Fuga à 3 Soggetti,
T. 233 (*P 200, Beilage 3*),
geschrieben zwischen August 1748 und
Oktober 1749

„Christ, unser Herr, zum Jordan kam"
BWV 684, T. 23 b

H-Moll-Messe, Benedictus, T. 32 (*P 180*),
geschrieben zwischen August 1748
und Oktober 1749

Präludium in Es-Dur BWV 552/1, T. 183

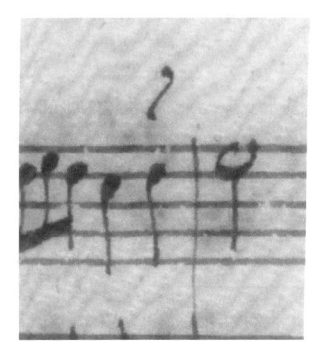

Kanonische Veränderungen BWV 769
(*P 271*), Canto fermo in canone, T. 18,
geschrieben zwischen 1747 und
August 1748

„Allein Gott in der Höh sei Ehr"
BWV 676, T. 34

Ein neuer Blick auf Bachs „Handexemplare" 49

Kanonische Veränderungen BWV 769
(*P 271*), Canon per augmentationem, T. 1

„Christ, unser Herr, zum Jordan kam"
BWV 684, T. 23 b

Johannes-Passion BWV 245, Fassung IV
(*St 111*), Violino-1-Stimme, Überschrift
des Chorals „Petrus, der nicht denkt
zurück", geschrieben April 1749

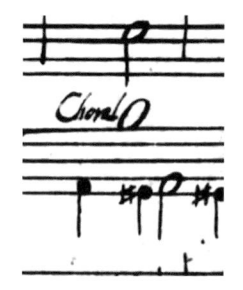

„Aus tiefer Not schrei ich zu dir"
BWV 686, T. 9

Ausschnitte aus Bach-Autographen
(Datierung nach NBA IX/2)

Clavier-Übung III, Originaldruck,
Exemplar GB-Lbl,
K 10 a 42, handschriftliche Nachträge

Abbildung 4.

Beispiel 6: Fuge in Es-Dur BWV 552/2
Exemplar GB-Lbl, *K 10 a 42*

Fügt man alle diese Beobachtungen zusammen, so ergibt sich die Hypothese, daß Bach das Princetoner Exemplar von Clavier-Übung III mit roter Tinte sorgfältig annotierte, vielleicht weil er es als Referenzexemplar für die Korrektur der gestochenen Kupferplatten oder anderer Exemplare des Drucks nutzen wollte, ähnlich dem „Handexemplar" der Goldberg-Variationen. Nach seiner kräftigen, sicheren Handschrift zu urteilen, führte er diese Korrekturarbeiten wohl noch vor 1748 aus. Dann jedoch ließ er das Princetoner Exemplar vermutlich aus konkretem Anlaß in einen bossierten Ledereinband binden und verwendete es als Geschenk oder Widmungsexemplar. Dies scheint er – wie das Wasserzeichen des Nachsatzblattes andeutet – um das Jahr 1748 getan zu haben. Wenig später, aber immer noch um 1748 (nach den Schriftformen zu urteilen), annotierte er ein zweites Exemplar der Ausgabe (*K 10 a 42*) für den praktischen Gebrauch durch einen Organisten, ganz ähnlich wie das „Handexemplar" der Schübler-Choräle. Auch dieses Exemplar verließ den Bachschen Haushalt, und so enthielt Bachs persönliche Bibliothek zum Zeitpunkt seines Todes nur ein teilkorrigiertes Standardexemplar des Drucks (*PM 1403*).

Doch dieses Bild ist zu geordnet. Die tatsächliche Situation könnte viel willkürlicher gewesen sein, besonders da der vollständige Satz von Änderungen im Princetoner Exemplar, der dort so sauber mit roter Tinte vermerkt ist, nicht systematisch in andere Exemplare des Drucks übertragen worden zu sein scheint. Das Vorhandensein von zwei Exemplaren des Originaldrucks von Clavier-Übung III mit handschriftlichen Korrekturen Bachs ähnelt dem Fall von Clavier-Übung I mit ihren zahlreichen Exemplaren, die eigenhändige Korrekturen des Komponisten aufweisen oder aber solche, die unter seiner Aufsicht ausgeführt wurden. Das Princetoner Exemplar und *K 10 a 42* veranschaulichen erneut die Notwendigkeit, für Originaldrucke mit Annotationen von der Hand Bachs den Begriff „korrigiertes Exemplar" anstelle von „Handexemplar" zu verwenden. „Handexemplar" impliziert eine Exklusivität und einen geordneten Korrekturprozeß, der in der alltäglichen Verkaufsroutine von Drucken in Bachs Haushalt in dieser Form vielleicht gar nicht stattfand.

*

Schließlich müssen wir auch eingestehen, daß unser Einblick in die von Bach korrigierten Drucke wesentlich durch die fragmentarische Überlieferung des relevanten Materials beschränkt wird, denn es ist durchaus möglich, daß etwa 90 % der ursprünglichen Druckauflagen verloren sind. Auch wenn wir nicht die genaue Auflagenhöhe von Bachs Drucken kennen, können wir aus dem Fall des Musikalischen Opfers auf beachtliche Verluste schließen. Am 10. Juli 1747 bestellte Bach bei Johann Gottlob Immanuel Breitkopf in Leipzig für das Musikalische Opfer 200 im Buchdruckverfahren hergestellte Titelumschläge,[54] die die separat bei Johann Georg Schübler in Zella gestochenen Notenblätter ergänzen sollten.[55] Nachdem im Oktober 1748 eine erste Auflage von 100 gestochenen Exemplaren des Notenteils vergriffen war, ließ Bach eine zweite Auflage – vermutlich weitere 100 Stück zur Ergänzung der noch vorhandenen Titelumschläge – für die kommende Neujahrsmesse drucken.[56] Von den 200 Exemplaren existieren heute nur noch siebzehn[57] – ungefähr 8,5 % der ursprünglichen Auflage. Angesichts der geringen Anzahl noch vorhandener Exemplare besteht kein Grund zu der Annahme, daß die Überlieferungsrate für die anderen Drucke wesentlich höher ist:

Werk	Erhaltene Exemplare
Clavier-Übung I (Opus 1, 1731)	24[58]
Clavier-Übung II (1735)	16 (1. Auflage: 5; 2. Auflage: 11)[59]
Clavier-Übung III (1739)	21[60]
Clavier-Übung IV („Goldberg-Variationen"; 1741)	18[61]
Musikalisches Opfer (1747)	17
Canonische Veränderungen über „Vom Himmel hoch" (1748)	17[62]
Sechs Choräle verschiedener Art („Schübler-Choräle"; ca. 1748)	6[63]
Die Kunst der Fuge (1751; 1752)	23 (1. Auflage: 5; 2. Auflage: 18)[64]

Insgesamt ist unser Wissen bezüglich der Druckexemplare mit Bachs Emendationen und Zusätzen und deren Rolle bei der Korrektur und Verbreitung der Originaldrucke infolge der schlechten Überlieferungssituation ausgesprochen beschränkt. Ob es normalerweise für jede Ausgabe ein besonderes korrigiertes Exemplar gab oder, was wahrscheinlicher sein dürfte, gleich mehrere, und

---

[54] Dok II, Nr. 556
[55] NBA VIII/1 Krit. Bericht (C. Wolff, 1976), S. 107–108.
[56] Brief an Johann Elias Bach vom 6. Oktober 1748 (Dok I, Nr. 49). Es gibt keinen Nachweis dafür, daß Bach weitere Titelblätter bei Breitkopf in Auftrag gab.
[57] NBA VIII/1 Krit. Bericht.
[58] NBA V/1 Krit. Bericht, S. 17–32.
[59] NBA V/2 Krit. Bericht, S. 15–34.
[60] Die in NBA IV/4 Krit. Bericht identifizierten neunzehn Exemplare sowie das Princetoner Exemplar und ein Berliner Exemplar in Privatbesitz; siehe H. G. Hoke, Bach-Fund in der DDR, in: Beiträge zur Musikwissenschaft 31 (1989), S. 212–213.
[61] NBA V/2 Krit. Bericht, S. 91–99.
[62] Wolff, Die Originaldrucke Johann Sebastian Bachs (wie Fußnote 30), S. 20.
[63] NBA IV/1 Krit. Bericht, S. 127–137.
[64] NBA VIII/2 Krit. Bericht, S. 13–20.

welche Rolle diese Exemplare bei der Zusammenstellung von Errata, als Lehrmaterial sowie als Geschenk-, Widmungs- oder Verkaufsexemplare spielten, ist heute wohl nicht mehr zu beantworten. Auch wenn die Provenienz und genaue Zweckbestimmung des Princetoner Drucks und von *K 10 a 42* offenbleiben müssen, können wir immerhin dankbar sein für die auf diesem Weg überlieferten Verbesserungen des Notentexts eines der wichtigsten Spätwerke Bachs.[65]

Übersetzung: *Stephanie Wollny*

---

[65] Die in dem Princetoner Exemplar und in *K 10 a 42* enthaltenen Korrekturen und Zusätze sind in der Neuausgabe von Clavier-Übung III im Rahmen der Leupold-Ausgabe, Bd. 8 (siehe Fußnote 32), berücksichtigt.

Zur Datierung der H-Moll-Messe und der Kunst der Fuge[1]

Von Anatoly P. Milka (St. Petersburg)

Die gängige Meinung bezüglich der Vollendungsdaten der H-Moll-Messe BWV 232 und der Kunst der Fuge BWV 1080 basiert auf der Annahme, daß diese beiden großen Werke innerhalb des kurzen Zeitraums von etwa August 1748 bis Oktober 1749 fertiggestellt wurden.[2] Aus diesem Grund kommt der Frage, welche der Kompositionen Bachs letztes Werk war, besondere Bedeutung zu. Auf den ersten Blick scheint es, als gebe der Nekrolog hier eine eindeutige Antwort: „Die Kunst der Fuge. Diese ist das letzte Werk des Verfassers [...]".[3] In den 1980er Jahren jedoch etablierte sich eine abweichende Ansicht: „Nunmehr ist nicht die Kunst der Fuge, sondern die h-Moll-Messe als Bachs Opus ultimum anzusehen."[4] Diese Ansicht wurde im Laufe der Zeit nicht nur sehr populär, sondern galt schließlich gar als unbestreitbar. 1990 veröffentlichte die Stuttgarter Bach-Akademie die Schrift *Johann Sebastian Bach. Messe h-Moll. „Opus ultimum" BWV 232*,[5] deren programmatischer Titel deutlich machte, daß die Diskussion dieses Sachverhalts als abgeschlossen galt.

Die zentrale Aussage von Yoshitake Kobayashis Bewertung der H-Moll-Messe als Bachs opus ultimum und seiner Datierung der spätesten Bach-Autographe lautet: „Spätestens ab Ende Oktober 1749, als Bach eine Quittung im Zusammenhang mit dem Nathanischen Legat von seinem Sohn Johann Christian schreiben ließ [...] leistete er, vermutlich bedingt durch die Behinderung des Sehvermögens, keine Schreibarbeit mehr."[6] Seither sind allerdings neue Dokumente aufgetaucht, die sich mit dieser Feststellung nur schwer vereinbaren lassen. Robert L. Marshall wies darauf hin, daß J.C. Bach mit Ausnahme des Datums die autographe Quittung von 1748 genau kopierte.[7] Allerdings ist lediglich die obere Hälfte des auf Oktober 1749 datierten Dokuments erhalten.

---

[1] Der Autor dankt Peter Wollny für eine eingehende Diskussion der im vorliegenden Beitrag angesprochenen Probleme.
[2] Kobayashi Chr, S. 62.
[3] Dok III, Nr. 666 (S. 86).
[4] Kobayashi Chr, S. 62.
[5] *Johann Sebastian Bach. Messe h-moll. „Opus ultimum" BWV 232. Vorträge der Meisterkurse und Sommerakademien J. S. Bach 1980, 1983 und 1989*, Kassel 1990.
[6] Kobayashi Chr, S. 25.
[7] R. L. Marshall, *The Nathan Bequest: Payment Receipts in the Hand of Johann Sebastian Bach, 1746 to 1748 (With a Fragment for the Year 1749 in the Hand of His*

Aus diesem Grund ist nicht gesichert, daß es von J.C. Bach nicht nur geschrieben, sondern auch signiert wurde. Die heute verschollene Unterschrift hätte ohne weiteres auch von der Hand des Vaters stammen können, wie wir aus einem weiteren, zwei Monate später entstandenen Dokument ersehen können – einem Empfehlungsschreiben für Bachs Schüler Johann Nathanael Bammler. Wie bei der Quittung für eine Zahlung aus dem Nathanischen Legat stammt der Haupttext des Bammler-Zeugnisses von fremder Hand, die Unterschrift aber von J.S. Bach. Das Schreiben wurde 1997 von Peter Wollny entdeckt und veröffentlicht;[8] für das hier diskutierte Problem sind die Schlußfolgerungen Wollnys von Bedeutung: „Das zweite Eilenburger Zeugnis für Bammler dokumentiert nun jedoch, daß Bach auch nach Oktober 1749 noch selbst schrieb. [...] Hieraus folgt, daß das späteste Stadium der Handschrift Bachs bis mindestens Mitte Dezember 1749 ausgedehnt werden muß."[9] Christoph Wolff entwarf daraufhin folgendes Bild von Bachs letzter Periode: „Wir dürfen vermuten, daß die letzten von Bachs Hand stammenden Partituren – die Teile 2 bis 4 der *h-Moll-Messe* und die unvollendete Quadrupelfuge aus der *Kunst der Fuge* – spätestens in den ersten Wochen des Jahres 1750 entstanden sind."[10]

Wolff bezeichnet das „Et incarnatus est" als den spätesten Teil der H-Moll-Messe.[11] Das Zeugnis vom 11. Dezember 1749 ist – als der späteste datierte Beleg von Bachs Handschrift – für das hier untersuchte Problem ein wichtiger Fixpunkt; denn wir können anhand dieses Dokuments versuchen, andere offenkundig späte, aber nicht datierte Handschriften chronologisch genauer einzuordnen. Zunächst wenden wir uns jedoch kurz den Veränderungen in Bachs Handschrift zu, die für das Jahr 1749 zu verzeichnen sind.

Diese Veränderungen werden gewöhnlich gedeutet als eine Folge von Bachs abnehmender Sehfähigkeit, die es ihm angeblich unmöglich machte, die Kunst der Fuge zu vollenden.[12] Die einschlägigen Lehrbücher der forensischen Gra-

---

Son), http://memory.loc.gov/ammem/collections/moldenhauer/2428108.pdf (Zugriff: 20. August 2010).

[8] P. Wollny, *Neue Bach-Funde*, BJ 1997, S. 41.
[9] Ebenda, S. 42.
[10] C. Wolff, *Johann Sebastian Bach*, Frankfurt/Main 2000, S. 488.
[11] C. Wolff, *„Et incarnatus" and „Crucifixus": The earliest and the latest settings of Bach's B-Minor Mass*, in: Eighteenth-Century Music in Theory and Practice. Essays in Honor of Alfred Mann, hrsg. von M. A. Parker, Stuyvesant, New York 1994, S. 1–17; ders., Johann Sebastian Bach (wie Fußnote 10), S. 480.
[12] Zum Beispiel: „Die überlieferten Handschriften zeigen, daß sich vom Herbst 1748 an seine Handschrift und wohl auch sein Augenlicht verschlechterten." Oder auch: „Die schlechter werdende Qualität der Handschrift ließe sich durch seine nachlassende Sehkraft erklären [...]" (P. Williams, *The Life of Bach*, Cambridge 2004, S. 190f.). Einige Wissenschaftler ziehen eine Verbindung zwischen Bachs veränder-

phologie und andere graphologische Studien beschreiben, wie sich die Handschrift einer Person unter dem Einfluß verschiedener Krankheiten, toxischer Substanzen oder besonderer Bedingungen beim Schreiben verändert.[13] Dies eröffnet uns einen neuen Zugang zum Verständnis von Bachs spätester Handschrift. Die Autographe des Jahres 1749 zeigen demnach nicht die typischen Merkmale, die durch eine Erkrankung der Augen hervorgerufen werden (Myopie, seniler Katarakt, Glaukom usw.), denn diese Leiden haben keine Auswirkung auf die dynamische Stereotypie einer Handschrift. Allerdings zeigen die erhaltenen Autographe Bachs aus den Jahren 1748–1749 Merkmale, die durch eine abnorme Durchblutung des Hirns ausgelöst werden. Wir haben es hier also nicht mit einem ophthalmologischen sondern mit einem gerontologischen Problem zu tun.

Die wesentlichen Stadien bei einer durch zerebrale Durchblutungsstörungen bedingten Veränderung einer Handschrift sind gewöhnlich die folgenden: Eines der ersten Charakteristika in diesem Prozeß ist ein Rückgang der Verbindungen zwischen den einzelnen Buchstaben und ihren Bestandteilen. Schreitet die Krankheit weiter fort, so reduziert sich nach und nach das Empfinden für den Kontakt des Schreibgeräts mit dem Papier. Dies zwingt den Schreiber, den Stift unbewußt fester niederzudrücken als zuvor. Später erscheinen die Buchstaben in unterschiedlichen Neigungswinkeln, und schließlich weicht die schwungvolle Ausführung kurviger Elemente einer eher eckigen und unbeholfenen Schrift.[14] Dies ist häufig begleitet von der unter-

---

ter Schrift und fortgeschrittener Altersdiabetes: „[…] die Schriftschwankungen, die von Kobayashi zunächst auf Müdigkeit zurückgeführt werden, Frühzeichen einer diabetischen Stoffwechselstörung sind, während die unaufhaltsam sich verschlechternde Schrift zu den Spätfolgen einer diabetischen Erkrankung gehören könnte" (D. Kranemann, *Johann Sebastian Bachs Krankheit und Todesursache – Versuch einer Deutung*, BJ 1990, S. 62 f.).

[13] Судебно-почерковедческая экспертиза (Forensische medizinisch-graphologische Untersuchung), Moskau 1971, S. 144–150; R. Klaiber und R. Ludewig, *Zur schriftpsychologischen und medizinischen Interpretation der Autographen von Johann Sebastian Bach*, in: Zeitschrift für Schriftpsychologie und Schriftvergleichung 64 (2000), S. 2–21; G. Schmidt, I. Kästner und R. Ludewig, *Medizinisch-graphologischer Beitrag zum Einfluß der visuellen und kinästhetischen Kontrolle auf die Schreibhandlung*, in: Zeitschrift für Menschenkunde 59 (1995), S. 219–244; T. Perrez, *Graphologische Aspekte der morbiden und prämorbiden Parkinsonschrift*, in: Zeitschrift für Menschenkunde 59 (1995), S. 245–256; R. Ludewig, *Zur Interpretation ausgewählter Schriftveränderungen – Graphomotorische Reaktionen auf Befindlichkeiten, Krankheiten, Arzneimittel, Drogen, Alkohol und Gifte*, in: Zeitschrift für Menschenkunde 63 (1999), S. 2–16.

[14] In diesem Stadium hätte ein solcher Schreiber es als beschwerlich empfunden, aus schlingenförmigen Linien bestehende Buchstaben und Schriftzeichen (zum Beispiel Violinschlüssel, die Zahl 8, den Buchstaben B usw.) mit einem einzigen Federstrich

schiedlichen Positionierung der einzelnen Buchstaben in Bezug auf die Schreiblinie.

Im Gegensatz zu anderen Krankheiten (z.B. Diabetes, Bluthochdruck, Geschwüre, usw.), die in einer Zickzacklinie (nicht linear, sinusförmig) fortschreiten können – unterbrochen von zeitweiligen oder regelmäßigen Phasen der Besserung und Verschärfung – schreiten Durchblutungsstörungen des Gehirns ohne Behandlung exponentiell fort, also ohne das Oszillieren zwischen Perioden der Besserung und Verschlechterung. Im Frühstadium entwickelt sich die Krankheit sehr langsam und meist unbemerkt (dies reflektiert auch die Dynamik der sich ändernden Handschrift), doch im letzten Stadium der Exponentialkurve nimmt sie einen schnellen Verlauf. Diese Dynamik korrespondiert mit der Veränderung der Handschrift. Es gibt keinerlei Information darüber, daß Bach sich vor seiner fatalen Augenoperation irgendeiner anderen Therapie unterzogen hätte. Daraus ist zu schließen, daß der klinische Verlauf seiner Krankheit sich wahrscheinlich exponentiell entwickelte und nicht in Zickzackform, d.h. ohne einen Wechsel zwischen besseren und schlechteren Stadien.

Allerdings verändert sich eine Handschrift auch durch die speziellen Bedingungen des Schreibprozesses, etwa durch Erhitztheit, Irritation und, bedingt durch diese, eine Beschleunigung der Schreibgeschwindigkeit; oder andererseits durch deren Verlangsamung, weil dem Schreiber an einer kalligraphischen Ausführung liegt oder er die Handschrift einer anderen Person nachahmen will. Ähnliche Auswirkungen haben besondere Bedingungen wie etwa eine zum Schreiben ungeeignete Oberfläche, das Schreiben an der Unterkante beziehungsweise der unteren Ecke eines Blattes oder aber mit einer unbequemen Position der Hand. Hier zeigt sich die Neigung zu einer veränderten Kursivschrift besonders, sowie auch bei Schriftzeugnissen, in denen ein Schreiber sowohl die deutsche Frakturschrift (für Wörter in deutscher Sprache) als auch die lateinische Handschrift (für lateinische, französische oder englische Wörter) verwendet.

In deutschen Texten hebt sich der lateinische Teil gewöhnlich von den deutschen Passagen ab – zugleich verwendet der Schreiber häufig vergrößerte lateinische Buchstaben[15] oder reduziert das Maß an Verbindungen innerhalb

---

auszuführen. Diese Beschwerlichkeit wird auf die fehlende Ausgewogenheit zwischen gebeugten und gestreckten Handbewegungen beim Schreibprozeß zurückgeführt, da letztere geschwächt sind. Aus diesem Grund versucht der Schreiber häufig, diese Buchstaben und Zeichen in zwei oder sogar drei separaten Bewegungen auszuführen.

[15] Siehe zum Beispiel die Titelseite von *P 610* (1723), Johann Christoph Bachs Brief an den Rat der Stadt Schweinfurt vom 4. Oktober 1686 (vgl. BJ 1999, S. 198 f.), und die Protokollnotiz von Theodor Benedikt Bormann zu Bachs Arrestierung (Dok II, Nr. 84, S. 65 und vor S. 81).

der Wörter und Buchstaben, oder aber beides. Unter normalen Bedingung zeigt der Schreiber eines Dokuments bei lateinischer Schrift ein niedrigeres Maß an Verbindungen als bei deutscher.[16] Wir sehen dies an Bachs frühen Autographen ebenso wie in den spätesten. So liegt das Maß an Verbundenheit in dem lateinischen Textteil der Besoldungsquittung von 26. Mai 1706 bei etwa 50%, während es im deutschen Teil wesentlich höher ist (80%). In dem Brief für Nathanael Bammler (12. April 1749) ist das Maß an Verbundenheit im lateinischen Teil ebenfalls 50%, im deutschen Teil liegt es aber nur bei 66%. Noch niedriger liegt dieser Index in den Überschriften und in rein lateinischen Texten, die keine deutschen Passagen enthalten. Die Titelseite der Kantate „O holder Tag" BWV 210 (1741?)[17] zum Beispiel liegt bei 38%.

Wenn die hier skizzierten Umstände nicht berücksichtigt würden, würde das Ergebnis unserer Analyse die tatsächliche Situation nur inakkurat wiedergeben. So konstatiert Reinhard Ludewig in seinem lesenswerten Buch,[18] in dem er zwei Briefe J.S. Bachs vergleicht (den an Johann Elias Bach vom 6. Oktober 1748 und das Zeugnis für Nathanael Bammler vom 12. April 1749) und die dort enthaltenen charakteristischen Handschriften analysiert, für den ersten, daß sich „in dieser Zeit ein gravierender Vitaleinbruch ereignet hat",[19] während sich im zweiten „das vitale Leben" zurückzöge.[20]

Tatsächlich erscheint der erste Brief aus *ästhetischer* Sicht weniger attraktiv als der zweite, die Dynamik der Handschrift jedoch ist ausgesprochen sicher und gefestigt und zeigt noch keinerlei Anzeichen eines Zusammenbruchs (zumindest im Vergleich mit dem zweiten Schreiben). Allerdings gibt es in dem ersten Schreiben deutliche Zeichen einer hastigen Ausführung – eine Reduzierung oder vielmehr Vereinfachung der Buchstaben und ihrer einzelnen Bestandteile, vergrößerter Abstand zwischen den Wörtern, usw.[21] Übrigens erwähnt Bach selbst diesen Umstand in seinem Brief; er beginnt mit den Worten: „Ich werde wegen Kürtze der Zeit mit wenigem viel sagen […]".[22]

---

[16] Dabei handelt es sich allerdings eher um eine Tendenz als um eine Regel.
[17] *St 76*; siehe BJ 2001 (M. Maul), S. 22.
[18] R. Ludewig, *Johann Sebastian Bach im Spiegel der Medizin*, Leipzig 2000.
[19] Ebenda, S. 41.
[20] Ebenda.
[21] Ludewig interpretiert diese Veränderungen als Zeichen von nervösen Störungen und Irritation. Doch im Inhalt und Tonfall des Briefes sind diese Stimmungen nicht enthalten (Ludewig, ebenda).
[22] Diesem Beispiel ähnlich ist der Zusatz „Nach der Copulation", der gemeinsam mit einem Choral in den Originalstimmen der Trauungskantate BWV 195 (*St 12*) hinzugefügt wurde. Die Schriftzüge weisen Anzeichen von Eile auf, wobei Bach für seine Anweisungen gelegentlich Abbreviaturen verwendete. Aus ästhetischer Sicht sehen sie daher unschön aus und vermitteln den Eindruck, sie seien zu einer späteren Zeit eingetragen, als dies tatsächlich der Fall ist.

Im Gegensatz zum ersten Brief weist der zweite (vom 12. April 1749) Merkmale auf, die in Bachs Handschrift früher noch nicht zu finden waren. Konzentrieren wir unsere Aufmerksamkeit auf drei von ihnen: den Druck der Schreibfeder, das Maß der Verbundenheit und die Positionierung der Buchstaben und ihrer Bestandteile in Bezug auf horizontale und vertikale Koordinaten. Hier (in dem Schreiben vom 12. April 1749) finden sich Anzeichen einer unsicheren Beherrschung des Federdrucks und abweichende Buchstabenformen; diese sind zum einen in unterschiedlichen Schreibwinkeln ausgeführt und zum anderen in Bezug auf die horizontale Schreiblinie unterschiedlich positioniert. Beide Merkmale sind in früheren Dokumenten noch nicht zu erkennen und deuten auf das beginnende Unvermögen hin, zwischen Stift und Papier den richtigen Kontakt herzustellen. Damit sind sie Zeichen des nächsten progressiven Stadiums in Bachs zerebraler Durchblutungsstörung. Aufgrund dieses Umstands können wir Ludewigs Behauptung (derzufolge das zweite Schreiben bezeuge, wie sich „das vitale Leben zurückzöge"[23]) nicht in vollem Maße bestätigen.

In seiner Studie über Bachs späte Handschrift bemerkte Georg von Dadelsen zu Recht – und dies ist für das hier diskutierte Problem von Bedeutung – den Aspekt der abnehmenden Verbundenheit zwischen den einzelnen Buchstaben sowie auch zwischen ihren Bestandteilen: „Buchstaben werden mehr und mehr einzeln für sich gesetzt und nicht mehr ligaturmäßig zum Wort verbunden."[24] Natürlich war dies nur eine von vielen Auswirkungen von Bachs Krankheit auf die Qualität seiner Handschrift. Als Beleg führt von Dadelsen den am 15. Oktober 1747 geschriebenen Kanon BWV 1077 an. In der Tat ist das Maß an Verbundenheit in diesem Text recht niedrig (17%). Aus folgendem Grund können wir dies jedoch nicht als Indikator für Bachs Handschrift in diesem Zeitraum nehmen: Zunächst ist zu berücksichtigen, daß sämtliche Textteile dieses Kanonblatts in lateinischer Sprache abgefaßt sind. Es wurde bereits darauf hingewiesen, daß Passagen in lateinischer Schrift im Vergleich zu der alten deutschen Frakturschrift häufig ein niedrigeres Maß an Verbundenheit aufweisen. Zudem ist dieses Phänomen oft eher durch die Funktion eines Texts bedingt als durch Alter und Krankheit. Im Fall von BWV 1077 war das niedrige Maß an Verbindungen von Bach beabsichtigt, da er so die Wichtigkeit jedes einzelnen Wortes im Text herausstellen und ihm zusätzlichen Symbolwert verleihen wollte. Dieser symbolische Wert wurde sodann noch weiter

---

[23] Alfred Dürr hat vermutet, daß in Bachs Krankheit Phasen der Besserung und Verschlechterung abwechselten: „Entweder hat Bach die *Kunst der Fuge* schon relativ früh vor seiner letzten Krankheit aus der Hand gelegt […], oder aber er war in seinem Alter einmal vorübergehend krank – BWV 195, 245! – und hat danach in wieder gebesserter Gesundheit geschrieben" (A. Dürr, *Neue Forschungen zu Bachs Kunst der Fuge*, in: Mf 32 (1979), S. 153–158, speziell S. 158).

[24] TBSt 4/5, S. 116.

vertieft sowohl durch die Wahl der lateinischen Sprache als auch durch die Verlangsamung der Schreibgeschwindigkeit, die sich aus dem Bemühen um eine besondere kalligraphische Qualität ergab (und natürlich auch ein niedrigeres Maß an Verbundenheit bewirkte).

Bei der Analyse von Bachs späten Autographen (vor allem ab 1749) sind die besonderen Schreibbedingungen zu berücksichtigen. Alfred Dürr hielt die Zusätze zu den Aufführungsstimmen von BWV 195 und 245 für die spätesten Belege von Bachs Handschrift: „Nirgends findet sich jene zittrig-klobige Spätschrift, wie sie an Kantate 195, an den spätesten Eintragungen zur *Johannes-Passion* und gelegentlich auch an den spätesten Teilen der *h-Moll-Messe* zu beobachten sind [...]."[25]

In der Tat enthalten diese Quellen zahlreiche Merkmale von Bachs später Handschrift. Zugleich ist jedoch hinzuzufügen, das die Handschrift dieser Einträge vergleichsweise proportional ist und die einzelnen Bestandteile der Buchstaben gleich ausgerichtet sind (vertikal und etwas nach rechts geneigt). Verglichen mit der Handschrift im Symbolum Nicenum der H-Moll-Messe ist festgestellt worden, daß der Duktus der Handschrift sowohl „zittrig-klobig" als auch disproportional ist. Die Buchstaben und ihre Bestandteile sind in Größe und Neigungsgrad uneinheitlich (vertikal und etwas nach rechts oder links geneigt). Die Handschrift der Textzusätze taucht in ähnlicher Qualität auch in den spätesten Zusätzen zu BWV 69, 195, 245 (siehe zum Beispiel den Zusatz „Finis 1. partis" in einer der Violino-I-Stimmen sowie die kantige Ausführung des Violinschlüssels im untersten System)[26] und sogar in BWV 1077 (Datierung „Lipsiae, d. 15. Octobr: 1747.") auf. Es wäre allerdings nicht korrekt, die Merkmale dieser Eintragungen als Basis für die Bewertung des Zustands von Bachs Handschrift zu diesem Zeitpunkt heranzuziehen, da die genauen Bedingungen für ihre Ausführung denkbar schlecht waren – am untersten Rand eines Blattes oder in dessen unterer Ecke.[27] Die Situation würde noch erschwert, wenn der Schreibprozeß auf einem Einzelblatt oder dem Seitenrand eines Buches erfolgte. Die oben skizzierten Umstände erlauben die Vermutung, daß diese Zusätze wahrscheinlich in zeitlicher Nähe zu den Schriftzügen im Symbolum Nicenum (keinesfalls aber später als diese) eingetragen wurden.

Ein etwas anderes Bild ergibt sich, wenn wir uns den Zusätzen zuwenden, die Bach auf den Titelseiten der Chorstimmen und in den Vorsätzen der Instrumentalstimmen der doppelchörigen Motette „Lieber Herr Gott, wecke uns auf" des

---

[25] Dürr (wie Fußnote 23), S. 158.
[26] Vgl. NBA II/4 Krit. Bericht (A. Mendel, 1974), S. 32.
[27] Dieselben Schriftzeichen – „Finis" (Continuo-Stimme, S. 108) – erscheinen auf der Mitte der Seite, wo ihre Ausführung wesentlich leichter war, proportional korrekt und mit einer leichten Neigung nach rechts. Siehe auch die Eintragung „Wird mit gemacht" auf derselben Seite.

Eisenacher Organisten Johann Christoph Bach (1642–1703) eintrug.[28] Christoph Wolff beschreibt diese als „allerspäteste Beispiele von Bachs Handschrift, [sie] zeigen auch besonders deutlich, wie beschwerlich das Schreiben für den kranken alten Mann war: Die Buchstabenschrift wirkt mühsam, die Zeichen sind ungleich, steif, unproportional groß und oft unzusammenhängend."[29]
Die spätesten Ergänzungen zum Aufführungsmaterial von BWV 69, 195 und 245 sowie Bachs Zusätze in der Motette „Lieber Herr Gott, wecke uns auf" scheinen alle in denselben recht engen Zeitraum,[30] wohl nach der Vollendung der H-Moll-Messe, zu gehören. In der Motette jedoch zeigt Bachs Handschrift weitere Veränderungen. Hier zeigt sich eine abnehmende Verbundenheit nicht nur zwischen den Buchstaben, sondern auch zwischen deren einzelnen Elementen. Der Buchstabe „B" zum Beispiel wurde in den Wörtern „Bach" (auf der Titelseite) und „Basson" (Überschrift der Fagottstimme) in drei separaten Strichen ausgeführt.[31] Dasselbe Bild ergibt sich bei der Ziffer „8", die ebenfalls in drei Strichen ausgeführt wurde.[32] Die Buchstaben „O", „g" und „a" in dem Wort „Organo" (Überschrift einer Orgelstimme) sind jeweils in zwei separaten Zügen als zwei nicht miteinander verbundene Elemente ausgeführt. Diese nachträglichen Änderungen von Bachs Handschrift in der Motette suggerieren, daß Bachs Zusätze an dieser Stelle einige Zeit später erfolgten als in BWV 69, 195 und 245.
Leider lassen sich die Beispiele von Bachs spätester Handschrift nur vermutungsweise datieren – als allgemein akzeptiert gilt der Zeitraum zweite Hälfte Dezember 1749 bis Anfang 1750. Die Datierung basiert auf Analysen von Bachs Handschrift aus der Zeit in Verbindung mit biographischen Daten. Aus diesem Grund kommt Bachs Zeugnis für Johann Nathanael Bammler vom 11. Dezember 1749 besondere Bedeutung zu, da es sich hier um das einzige – und dazu noch datierte – Autograph vom Ende des Jahres 1749 handelt.
Um die Entwicklung von Bachs Handschrift nachzuvollziehen wäre ein Vergleich seiner sämtlichen datierten Unterschriften besonders vielversprechend. Von Bach sind zahlreiche datierte Unterschriften überliefert; wir vergleichen allerdings nur einige davon, um die allgemeineren Aspekte der Entwicklung seiner Handschrift aufzuzeigen (Abb. 1).

---

[28] D-B, SA *5142–5144*.
[29] C. Wolff, *Johann Sebastian Bach*, Frankfurt/Main 2000, S. 493.
[30] Diesen Eindruck machen sie aufgrund der Ähnlichkeit ihrer Schriftmerkmale und der ähnlichen Tintenfarbe.
[31] Nur wenig früher können wir solche Merkmale („B" ausgeführt in zwei Strichen) in Bachs Unterschriften aus dem Jahr 1749 (siehe Abb. 1d und 1e) und im Autograph der H-Moll-Messe (verschiedene „B" auf dem Titelblatt) beobachten.
[32] Etwas frühere Beispiele der mit zwei Strichen ausgeführten „8" finden sich im Autograph der H-Moll-Messe (Titelseite und Untertitel des Osanna, *P 180*, S. 169).

Zur Datierung der H-Moll-Messe und der Kunst der Fuge 61

Unabhängig von dem Umstand, daß sie alle unter unterschiedlichen Bedingungen (die Merkmale in Abb. 1e zum Beispiel lassen vermuten, daß der Schreiber hier aufrecht stehend und über den Tisch gelehnt schrieb), mit unterschiedlicher Geschwindigkeit und mit Federn von wechselnder Qualität ausgeführt wurden, finden sich hier die Hauptstadien von Bachs Handschrift in den Jahren 1748–1749. Das erste Beispiel (Abb. 1a) zeigt, daß im Sommer 1748 die Schreibprobleme noch in der Zukunft lagen; der Schreiber hat noch Kontrolle über den Kontakt zwischen Feder und Papier sowie über den Federdruck; fein geschwungene Kurven (etwa in dem Buchstaben „S") und schlingenförmige Linien (z. B. in der Ligatur von langem s und t) werden fließend ausgeführt. Doch in der letzten Unterschrift (Abb. 1e) bemerken wir eine Verminderung der Schreibgeschwindigkeit und der Kontrolle des Kontakts zwischen Feder und Papier, einen zunehmenden Druck und das Auftauchen klobiger und eigenwilliger Kurven (z. B. in den Buchstaben S, o, e, a). Wenden wir unsere Aufmerksamkeit der Ausführung des Buchstaben „B" in dem Namenszug „Bach" zu. In den ersten drei Beispielen (1a–c) ist dieser Buchstabe in einem einzigen Zug ausgeführt, während der Schreiber im vierten Beispiel (1d) zwei und im fünften (1e) zwei oder gar drei separate Züge ausführt (wie im Fall der Motette „Lieber Herr Gott, wecke uns auf" von J.C. Bach, auf die bereits weiter oben hingewiesen wurde). In dieser Zeit schlich sich im Schreibprozeß die Unausgewogenheit zwischen gebeugten und gestreckten Bewegungen ein; so ergaben sich auch Schwierigkeiten beim Schreiben schlingenförmiger Linien, zum Beispiel in der Ligatur „ſt". Zuletzt (1e) vermied Bach dieses Zeichen, das er früher fast immer in dem Wort „Sebaſt:" verwendet hatte; nun benutzte er stattdessen eine leichter ausführbare Variante: „st".

a) 31. Juli 1748

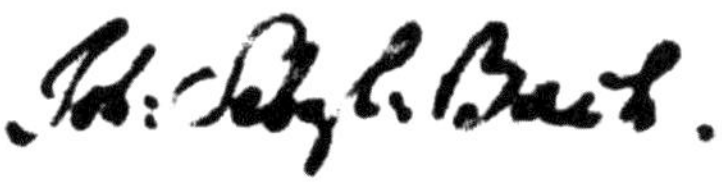

b) 2. November 1748

c) 12. April 1749

d) 6. Mai 1749

e) 11. Dezember 1749

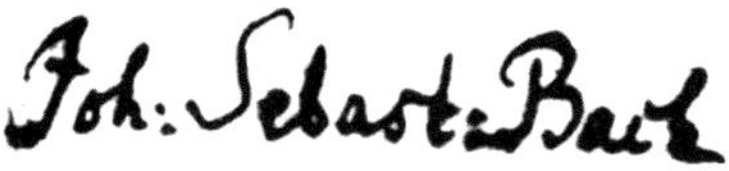

Abb. 1. J. S. Bachs Unterschriften aus den Jahren 1748–1749

Hier sehen wir also fünf datierte Beispiele, die die Verschlechterung von Bachs Handschrift ab August 1748, als die Krankheit sein dynamisches Schriftbild noch nicht beeinträchtigte, und bis zum Ende des Jahres 1749, wenig mehr als ein halbes Jahr vor seinem Tod. Der zeitliche Abstand zwischen den beiden jeweils nächstliegenden Beispielen liegt zwischen einem und sieben Monaten. Dies zeigt, daß die Veränderungen in Bachs Handschrift der Zeit progressiv waren; damit reflektieren sie denselben fortschreitenden Prozeß wie den der Verschlechterung seiner Hirndurchblutung.[33] Der signifikanteste Unterschied betrifft den Zeitraum, in dem das letzte Beispiel (1e) entstand. Bei derart raschen Veränderungen einer Handschrift wie im Jahr 1749 hielten sich bestimmte Merkmale nur eine kurze Zeit, daher können Bachs Autographe aus diesem Zeitraum relativ präzise datiert werden.

Bachs datierte Unterschrift vom 11. Dezember 1749 (siehe Abbildung 1e) erlaubt uns, diese mit einem anderen Autograph zu vergleichen. Es handelt sich um den Vermerk „Duo Voces Articuli 2", den der Komponist im spätesten Stadium der Arbeiten an der H-Moll-Messe einfügte:[34]

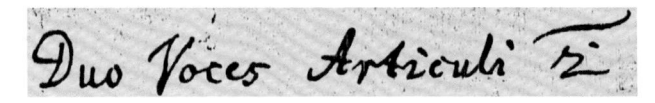

Abb. 2.

Ein Vergleich dieser Autographe zeigt, daß sie identische Schriftmerkmale aufweisen. Wenn wir berücksichtigen, daß die Veränderung von Bachs Handschrift in der zweiten Hälfte von 1749 besonders rasch voranschritt, so wird deutlich, daß die beiden Eintragungen innerhalb kurzer Zeit vorgenommen worden sein müssen – wahrscheinlich beide noch im Dezember 1749.

*

Während Bach an der H-Moll-Messe arbeitete, befand sich die dritte vollständige Fassung der Kunst der Fuge in J. H. Schüblers Kupferstecherwerk-

---

[33] Häufig sind dies die Symptome eines sich ankündigenden Schlaganfalls. Ein ähnliches Bild bot sich bei einer Untersuchung der Handschriften von Christoph Willibald Gluck (1714–1787). Seine Autographe aus den Jahren 1786 und 1787 zeigen dieselben Merkmale wie die Handschrift Bachs in dessen letztem Lebensjahr (vor allem die Ausführung von Kurven und schlingenförmigen Linien sowie die unsichere Plazierung von Buchstaben usw.). In der Tat verstarb auch er an den Folgen eines Schlaganfalls.

[34] Der Vermerk bezeugt das letzte Bearbeitungsstadium des „Et incarnatus". Christoph Wolff schreibt: „Zusammen mit dem ‚Et incarnatus est' stellt das Agnus Dei nicht nur den letzten Schritt bei der Vollendung der gesamten Komposition dar, sondern auch Bachs letzte größere Anstrengung in Bezug auf sein Vokalschaffen insgesamt." Vgl. C. Wolff, *Bach: Essays on His Life and Music*, Cambridge Mass. 1991, S. 332.

statt, wo sie vollständig für den Druck auf Platten graviert wurde.[35] In diesem Zeitraum überprüfte und korrigierte der Komponist sämtliche Probedrucke[36] – und zwar vor der Abreise seines Sohnes Johann Christoph Friedrich nach Bückeburg. Dieses Mal plante Bach die vierte, endgültige Fassung der Kunst der Fuge, die die Quadrupelfuge enthalten sollte. J. C. F. Bach reiste noch vor der Vollendung dieser Fassung nach Bückeburg. Johann Sebastian setzte die Arbeit 1750 ohne seinen Sohn fort.

Ein wesentliches Ereignis in diesem Prozeß war die letzte Umstellung der aus vier Sätzen bestehenden Kanongruppe. Bezüglich der von Bach intendierten Plazierung dieser Gruppe bestehen unterschiedliche Meinungen: Vor der Quadrupelfuge (C. Wolff, W. Wiemer, E. Bergel u. a.)[37] oder nach ihr (G. Butler, P. Dirksen, F. Sprondel)[38]. Keine Meinungsverschiedenheiten gibt es bezüglich der Reihenfolge der Kanons innerhalb der Gruppe; allgemein wird folgende Ordnung angenommen: Oktavkanon – Dezimenkanon – Duodezimenkanon – Augmentationskanon.[39]

---

[35] Für diese Arbeit erhielt J. H. Schübler 2,7 Taler, das waren nach Auskunft der „Specification" ein Viertel mehr als der Preis für einen goldenen Ring und fast so viel, wie ein Spinett kostete (Dok II, Nr. 627). Es ist unwahrscheinlich, daß er dieses Honorar für das Stechen lediglich des Augmentationskanons erhielt, oder selbst für die Hälfte der Kunst der Fuge. Eine Analyse der autographen Quellen der Kunst der Fuge, ihres Originaldrucks und zugehöriger Dokumente, der biographischen Umstände sowie des Kompositionsprozesses und der Äußerungen C. P. E. Bachs zu diesem Thema erlaubt die Schlußfolgerung, daß es insgesamt vier abgeschlossene Fassungen der Kunst der Fuge gab. Alle vier spiegeln sich in *P 200* und in den beiden Originalausgaben aus den Jahren 1751 und 1752. Einzelheiten hierzu finden sich in meinem Buch „*Искуство фуги*" *И. С. Баха: К реконструкции и интерпретации*, (J. S. Bachs Kunst der Fuge: Zur Rekonstruktion und Interpretation), St. Petersburg 2009, S. 111–191 und 426–429.
[36] Gemäß dem bekannten Vermerk im Augmentationskanon bezüglich der „Probe Platte" (*P 200*, Beilage 1).
[37] Wolff (wie Fußnote 10), S. 477; W. Wiemer, *Die wiederhergestellte Ordnung in Johann Sebastian Bachs Kunst der Fuge*, Wiesbaden 1977, S. 54 und 56; E. Bergel, *Bachs letzte Fuge*, Bonn 1985, S. 156–158.
[38] G. Butler, *Ordering Problems in J. S. Bach's Art of Fugue Resolved*, in: The Musical Quarterly 69 (1983), S. 44–61, hier S. 57; P. Dirksen, *Studien zur Kunst der Fuge von Johann Sebastian Bach*, Wilhelmshaven 1994 (Veröffentlichungen zur Musikforschung. 12.), S. 95; F. Sprondel, *Das rätselhafte Spätwerk: Musikalisches Opfer, Kunst der Fuge, Kanons*, in: Bach Handbuch, hrsg. von K. Küster, Kassel 1999, S. 969f.
[39] Wiemers Studie (siehe Fußnote 37) favorisiert die Reihenfolge Oktavkanon – Duodezimenkanon – Dezimenkanon – Augmentationskanon. Dies wurde von Christoph Wolff und Alfred Dürr kritisiert; siehe Wolff, *Zur Kunst der Fuge*, in: Musica 33 (1979), S. 288f., und Dürr (wie Fußnote 23), S. 157. Zunächst könnte man annehmen, daß diese seltsame Anordnung der Kanons das Resultat eines gewöhnlichen

Wenn wir allerdings die interne Logik von Bachs Komposition berücksichtigen sowie auch seine Praxis, in seine Werke kanonische Reihen einzubauen,[40] sehen wir gleich, daß die einzig sinnvolle Position die am Ende ist. Daraus ergibt sich allerdings die wichtige Frage, ob diese Anordnung wirklich der letzten Absicht des Komponisten entsprach.

Schließlich hatte Bach sich schon einmal gezwungen gesehen, die ursprüngliche Abfolge einer Kanonreihe zu ändern – und zwar 1747 infolge von Problemen mit der Plazierung der *Canones diversi super Thema Regium* im Musikalischen Opfer.[41] Die Untersuchung von *P 200* und der Beilagen 1–3 zeigt, daß eine Umstellung dieser Art auch in der Kunst der Fuge stattgefunden haben könnte – und zwar ebenfalls bedingt durch Probleme der Anordnung in der Druckfassung.

Richard Koprowski wies auf die (zunächst) ungewöhnliche Position des Augmentationskanons innerhalb der Reihe von vier Kanons hin, wobei er das recto-verso-Problem in der Originalausgabe untersuchte: „Auf einer der Seiten, für die Bach selbst die Abklatschvorlage vorbereitete (S. 49), wurde das letzte System absichtlich nur zur Hälfte beschrieben, um das Umwenden zu erleichtern. Doch in ihrer endgültigen Position innerhalb des Drucks ist dies eine Versoseite und der freigelassene Raum hat daher keine Funktion."[42] Koprowski sah in diesem Umstand „Anhaltspunkte für eine Verschiebung."[43] Spuren dieser Umstellung finden sich im Autograph (*P 200*, Beilage 1). Es handelt sich um die beiden Varianten – oder vielmehr Stadien – der sekundären Paginierung. Die erste findet sich in der unteren rechten Ecke (33, [*34*], 35), die zweite in der oberen linken (26, 27, 28).

---

doch sehr unglücklichen Druckfehlers war: Dem Werkregister von Wiemers Buch zufolge weist die Kanongruppe folgende Reihenfolge auf: BWV 1080/15, /16, /17, /14; dies würde der allgemein akzeptierten Ordnung entsprechen. In der zweiten Auflage seines Buches unterstreicht der Autor jedoch seine Auffassung durch die Korrektur seiner Angaben (BWV 1080/15, /17, /16, /14).

[40] Vgl. Musikalisches Opfer BWV 1079, Vierzehn Kanons BWV 1087, Einige canonische Veränderungen BWV 769. Hier ist die Kanonreihe von J. Zarlino zu ergänzen, die J. S. Bach um einen Augmentationskanon erweiterte und vervollständigte (siehe W. Werbeck, *Bach und der Kontrapunkt. Neue Manuskript-Funde*, BJ 2003, S. 67–95, speziell S. 69 und 87 f.).

[41] Siehe A. Milka, *Über den Autor der Umstellung der Kanons im Musikalischen Opfer Johann Sebastian Bachs*, in: BzBF 9/10 (1991), S. 129–137, speziell S. 134. Weitere Einzelheiten bei A. Milka, *„Музыкальное приношение" И. С. Баха: К реконструкции и интерпретации* (J. S. Bachs Musikalisches Opfer: Zur Rekonstruktion und Interpretation), Moskau 1999.

[42] R. Koprowski, *Bach „Fingerprints" in the Engraving of the Original Edition*, in: Current Musicology 19 (1975), S. 61–67, speziell S. 66.

[43] Ebenda.

Wolfgang Wiemer ist der Meinung, daß die letztgenannten Ziffern sich auf eine Paginierung für die Blätter der von Bach eigenhändig hergestellten Abklatschvorlage (1–30) beziehen und rekonstruiert deren Anordnung. Nach dieser Hypothese endet der Augmentationskanon mit den Seitenzahlen 26, 27 und 28. Leider teilt Wiemer uns nichts über die andere Paginierung (33, [34], 35) mit, noch widmet er sich der Frage ihrer kausalen Beziehung zu der alternativen Zahlenfolge.

Gregory Butler weist auf die Schwächen in Wiemers Hypothese hin und interpretiert die Ziffern 26, 27 und 28 auf eine andere Weise: Er hält sie für Teile einer Behelfspaginierung für den zweiten Teil der Kunst der Fuge, die seiner Meinung nach mit Contrapunctus 8 beginnt. Nach Butlers Hypothese[44] geht diese Paginierung auf Bach zurück, der in der Abklatschvorlage für die Quadrupelfuge sechs Seiten reservierte. Butler untermauert seinen Vorschlag, indem er die Zahl der Takte in dieser Fuge berechnet. Glücklicherweise entspricht seine Berechnung des benötigten Raumes genau diesen sechs reservierten Seiten. Es wäre in der Tat recht überzeugend, wenn diese beiden Berechnungen (sechs Seiten für den Stich und eine Satzlänge von 279 Takten für die Fuge) sich gleichermaßen auf J. S. Bach beziehen ließen. Doch die Zahl der in der Fuge enthaltenen Takte war eine *von Bach* abhängige Quantität, während die Anzahl der für das Stechen benötigten Seiten *nicht von Bach* bestimmt wurde – und auch nicht von Schübler, sondern von dem Schreibstil des Kopisten, der die Abklatschvorlage herstellte.[45]

Versuchen wir zu bestimmen, wie viele Notenseiten man für die 279 Takte der Quadrupelfuge in Bachs Handschrift benötigt – und nicht in der von Kopist F (siehe Fußnote 45). In der recht kompakten Handschrift des Komponisten, wie sie etwa in Contrapunctus 11 zu finden ist, nehmen 184 Takte de facto fünf Seiten ein. Für eine Fuge mit 279 Takten (im 4/4-Takt) benötigte Bach mithin – sofern er im selben Stil schrieb – 7,6 Seiten und nicht, wie Butler vorschlägt, 6,0. Außerdem sind die von Butler veranschlagten 40 Takte für die Vollendung der Quadrupelfuge (die eine siebentaktige Verknüpfung aller vier Themen umfaßt) keinesfalls ausreichend. Dies ist der Grund, warum zahlreiche Rekonstruktionsversuche dieser Fuge deutlich länger sind[46] (zum Beispiel Helmut Walcha mit 310 Takten, Michael Ferguson mit 324 Takten, Zoltan Göncz mit 350 Takten, Erich Bergel mit 381 Takten und Ferrucio Busoni mit

---

[44] Für Einzelheiten siehe Butler (wie Fußnote 38), S. 50.

[45] Nach Koprowskis Klassifizierung handelte es sich um „Kopist F". Siehe Koprowski (wie Fußnote 42), S. 64 f.

[46] Auf mathematischer Berechnung basierende Angaben sind gewöhnlich kürzer. Vincent Dequevauviller und Herbert Kellner zum Beispiel nehmen an, daß die Länge der Fuge 276 Takte betragen müßte. Vgl. V. Dequevauviller, *L'art de la fugue, un „problème algebrique"*, Paris 1998; H. A. Kellner, *Die Kunst der Fuga: How incomplete is the fuga a 3 sogetti?*, Darmstadt 2002.

414 Takten[47]). Wenn also Bach den genauen Plan für die zweite Hälfte der Kunst der Fuge kannte,[48] hätte er für die Abklatschvorlage der Quadrupelfuge – selbst für 279 Takte – nicht sechs Seiten (nach Butlers Schema die Seiten 45–50) reservieren müssen, sondern 26 % mehr.

In seiner Diskussion des Problems der Behelfspaginierung konzentriert sich Butler – ebenso wie Wiemer – auf die Ziffern 26, 27 und 28. Doch Beilage 1 zu *P 200* hat noch eine weitere, ebenfalls untergeordnete Paginierung – 33, [34] und 35. Diese wurde bedauerlicherweise weder von Butler noch von Wiemer berücksichtigt. Es wäre allerdings durchaus hilfreich, nicht nur die beiden Paginierungen zu untersuchen, sondern auch ihre kausale Verknüpfung zu analysieren. Vielleicht klärt sich dann, warum diese untergeordnete Paginierung überhaupt in diesen zwei Varianten eingeführt wurde.

Eine der beiden Reihen (33, [34], 35) läßt sich aufgrund des Handschriftenbefunds vermutlich J.C.F. Bach[49] zuordnen, die andere seinem Vater.[50] Die erste Ziffernfolge gehört höchstwahrscheinlich zur ersten Anordnung der Kanons (Oktavenkanon – Dezimenkanon – Duodezimenkanon – Augmentationskanon), die Bach für seine Druckfassung der Kunst der Fuge vorsah. Diese Anordnung wird in der folgenden Aufstellung veranschaulicht (der Augmentationskanon ist hier auf den Seiten 33, 34 und 35 plaziert):

Behelfspaginierung	Satz
25–26	
27–28	Canon alla Ottava
29–30	Canon alla Decima
31–32	Canon alla Duodecima
33–34, 35	Canon per Augmentationem in Contrario Motu

In diesem Fall muß die Reihe der Kanons auf S. 27 mit dem „Canon alla Ottava" beginnen. Während der Anfertigung der Abklatschvorlage stellte sich

---

[47] Vgl. *Johann Sebastian Bach. Die Kunst der Fuge. Übertragung für Orgel von Helmut Walcha. Anhang: Weiterführung und Beendigung der Schlußfuge*, Frankfurt 1967, S. 129–132; *Bach-Ferguson. Contrapunctus XIV: A Completion of J. S. Bach's Unfinished Quadruple Fugue from The Art of Fugue*, Saint Paul/Minnesota 1990; Z. Göncz, *Reconstruction of the final Contrapunctus of the Art of Fugue*, in: International Journal of Musicology 5 (1995), S. 25–93, und 6 (1996), S. 109–119; E. Bergel, *Bachs letzte Fuge*, Bonn 1985, S. 196–259; F. Busoni, *Choral-Vorspiel und Fuge über ein bachsches Fragment*, Berlin 1912, S. 8–21.

[48] Es gibt allerdings wohl kaum einen Grund, dies anzunehmen; vgl. Dürr (wie Fußnote 23), S. 157.

[49] Vgl. NBA VIII/2 Krit. Bericht (K. Hofmann, 1996), S. 49. Nach Hofmann ist die Ziffer 33 allerdings „mutmaßlich autograph".

[50] Ebenda („autographe Zählung 26., 27., 28. in groß und sehr klobig geschriebenen Ziffern").

jedoch heraus, daß die Quadrupelfuge eine Seite kürzer wurde als Bach geplant hatte.[51] Die Reihe der Kanons muß also auf S. 26 und nicht auf S. 27 begonnen haben. Doch die Verschiebung der gesamten Gruppe um eine Seite barg die Gefahr, beim Spiel in jedem Kanon eine Seite umblättern zu müssen.[52] Bach löste dieses Problem, indem er den Augmentationskanon an die erste Stelle setzte und zudem die Kanons auf S. 26 beginnen ließ:

Behelfs-paginierung	Satz		Ursprüngliche Paginierung
21–22	Quadrupelfuge		56–57
23–24			58–59
25–26	(Schluß)	Canon	60–61
27–28	per Augmentationem in Contrario Motu		62–63
29–30	Canon alla Ottava		64–65
31–32	Canon alla Decima		66–67
33–34	Canon alla Duodecima		68–69
(35)	leere Seite		(70)

Aus diesem Grund wurde die Behelfspaginierung 33, [34], 35 später zu 26, 27, 28 geändert. Damit ist bewiesen, daß es Bachs Idee war, den Augmentationskanon in der Reihe der Kanons an erster Stelle zu plazieren und daß dies nicht das Resultat eines Mißverständnisses zwischen C. P. E. Bach und dem Notenstecher war, wie vielfach angenommen wurde.
Diese Umstellung war das letzte Arbeitsstadium an der Kunst der Fuge. Sie wurde durchgeführt, nachdem J. C. F. Bach Leipzig verlassen hatte, also im Jahr 1750. Daraus ergibt sich, daß die Ziffern 26, 27 und 28 die letzten Eintragungen J. S. Bachs auf dem Notenpapier darstellen.[53]

---

[51] Dies geschah wahrscheinlich aufgrund des unterschiedlichen Schreibstils von Bach und den anderen Schreibern. Wie leicht nachzuvollziehen ist, verwenden alle von Bach selbst geschriebenen Abklatschvorlagen größere Notenzeichen als die der anderen Schreiber.

[52] Dieses Problem wird in der Literatur verschiedentlich angesprochen; vgl. Koprowski (wie Fußnote 42), S. 66; Wiemer (wie Fußnote 37), S. 15; Dürr (wie Fußnote 23), S. 157; und Butler (wie Fußnote 38), S. 50 f.

[53] J. C. F. Bach wußte nicht von dieser letzten Umstellung. Eine Analyse von C. P. E. Bachs Ankündigungen der Kunst der Fuge zeigt, daß seine Kenntnis des Sachverhalts sich im Laufe der Zeit änderte. Eine Untersuchung der Kontakte zwischen Mitgliedern der Bach-Familie nach dem Tod des Vaters und ein Vergleich mit C. P. E. Bachs Verlautbarungen zeigt, daß dieser um die Mitte des Jahres 1751 in Bückeburg

68 Anatoly P. Milka

Abb. 3. Behelfspaginierung nach der letzten Umstellung

Diese Schlußfolgerung wird vom Handschriftenbefund unterstützt. Die typischen Merkmale von Bachs spätestem Schriftstadium zeigen sich in diesen letzten Ziffern 26, 27 und 28 und nicht in der Unterschrift vom 11. Dezember 1749 oder in dem Vermerk „Duo Voces Articuli 2:". Hier finden sich erneut – doch wiederum verschlechtert – der unzureichende Kontakt mit dem Papier, die in Bezug auf die Notenlinien unterschiedlich positionierten Buchstaben, der klobige Duktus beim Ausführen von kurvigen Linien, usw.
Es gibt mithin Grund zu der Annahme, daß das ungefähre Datum der Vollendung der H-Moll-Messe der letzte Monat des Jahres 1749 (wahrscheinlich die Monatsmitte) ist, während die Kunst der Fuge innerhalb der ersten drei Monate des Jahres 1750 abgeschlossen wurde. Sollte dies der Fall sein, so war Bachs opus ultimum die Kunst der Fuge, wie es ja auch im Nekrolog behauptet wird.

---

von seinem Bruder Johann Christoph Friedrich wohl über den genauen Stand der Dinge bezüglich der Kunst der Fuge informiert wurde – d.h. über das Stadium, in dem die Arbeiten sich in den letzten Dezembertagen des Jahres 1749 befanden. Diese für ihn neue Information reflektierte C.P.E. Bach später in seinen letzten Zusätzen zum Nekrolog (siehe den Absatz über die Kunst der Fuge).

Rätselhafte Auftragswerke Johann Sebastian Bachs
Anmerkungen zu einigen Kantatentexten

Von Hans-Joachim Schulze (Leipzig)

I.

Als mutmaßlich früheste erhaltene Kantate Johann Sebastian Bachs gilt allgemein „Nach dir, Herr, verlanget mich" (BWV 150/BC B 24). Angesichts stilistischer Besonderheiten und eines scheinbar rückwärtsgewandten kompositorischen Profils blieb allerdings bis heute strittig, ob das nur abschriftlich überlieferte Werk schon in Bachs Arnstädter Zeit um 1706/07 entstanden sein könnte, eher in das Mühlhäuser Interregnum 1707/08 gehört oder gar in die ersten Weimarer Jahre ab Sommer 1708 zu verlegen wäre.[1]

Das Libretto der Kantate läßt Teile von Psalm 25 mit drei frei gedichteten, etwas hölzern wirkenden Textstrophen aus der Feder eines unbekannten Verfassers in folgender Weise alternieren:

1.
Sinfonia

2.
Nach dir, Herr, verlanget mich. Mein Gott,
ich hoffe auf dich. Laß mich nicht zuschanden werden,
daß sich meine Feinde nicht freuen über mich.

---

[1] An neueren Beiträgen zu Überlieferungs- und Stilfragen seien erwähnt: A. Glöckner, *Zur Echtheit und Datierung der Kantate BWV 150 „Nach dir, Herr, verlanget mich"*, BJ 1988, S. 195–203; NBA I/41 Krit. Bericht (A. Glöckner, 2000); *Der junge Bach. „weil er nicht aufzuhalten". Erste Thüringer Landesausstellung. Begleitbuch*, hrsg. von R. Emans, Erfurt 2000, S. 253 (K. Hofmann), 303, 305 (A. Dürr); M. Rathey, *Zur Datierung einiger Vokalwerke Bachs in den Jahren 1707 und 1708*, BJ 2006, S. 66–92; Zehnder, besonders S. 184–198; K. Küster, *Der junge Bach*, Stuttgart 1996, besonders S. 181; *Die Welt der Bach-Kantaten*, hrsg. von C. Wolff und T. Koopman, Bd. I, Stuttgart, Weimar und Kassel 1996, besonders S. 114f. (H.-J. Schulze); *Das Frühwerk Johann Sebastian Bachs. Kolloquium, veranstaltet vom Institut für Musikwissenschaft der Universität Rostock 11.–13. September 1990*, hrsg. von K. Heller und H.-J. Schulze, Köln 1995; *J. S. Bach. Kantate 150*, hrsg. von K. Hofmann, Stuttgart 1977 (Stuttgarter Bach-Ausgaben, HE 31.150/01), Nachwort. Eine noch ungedruckte Untersuchung von J. Rifkin aus dem Jahre 2004 (*Bachs erste Kantate*) behandelt auch die Echtheitsfrage, allerdings ohne Erkenntnisse zu Textfragen.

3.
Doch bin und bleibe ich vergnügt,
Obgleich hier zeitlich toben
Kreuz, Sturm und andre Proben,
Tod, Höll und was sich fügt.
Ob Unfall schlägt den treuen Knecht,
Recht ist und bleibet ewig Recht.

4.
*Leite mich in deiner Wahrheit und lehre mich;
denn du bist der Gott, der mir hilft,
täglich harre ich dein.*

5.
Zedern müssen von den Winden
Oft viel Ungemach empfinden
Oftmals werden sie verkehrt.
Rat und Tat auf Gott gestellet,
Achtet nicht, was widerbellet,
Denn sein Wort ganz anders lehrt.

6.
*Meine Augen sehen stets zu dem Herrn;
denn er wird meinen Fuß aus dem Netze ziehen.*

7.
Meine Tage in dem Leide
Endet Gott dennoch zur Freude:
Christen auf den Dornenwegen
Führen Himmels Kraft und Segen.
Bleibet Gott mein treuer Schutz,
Achte ich nicht Menschentrutz;
Christus, der uns steht zur Seiten,
Hilft mir täglich sieghaft streiten.

Ein aufmerksamer Leser dieses Textes, Johan de Wael aus Belgien, wies Anfang 2005 darauf hin, daß in Satz 7 die Anfangsbuchstaben der letzten vier Verse die Folge *B-A-C-H* ergeben, während der vollständige Satz 3 in gleicher Weise das Wort *Doktor* erkennen läßt. Eine auf diese Mitteilung folgende Diskussion führte zu keinerlei praktikablen Ergebnissen, da die Teilnehmer sich hauptsächlich mit einer möglichen Beziehung zwischen dem vermeintlichen Schlußsignet des Kantatentextes und dem B-A-C-H-Thema in Bachs Kunst der Fuge beschäftigten.[2]

---

[2] 12. 1. 2005: http://www.bach-cantatas.com/BWV150-D4.htm (Zugriff: 6. 8. 2010).

Die Lösung des Rätsels bereitete jedoch keine übergroßen Schwierigkeiten. Erforderlich wurden lediglich einige wenige Emendationen der bislang gültigen Gestalt des Textes.

Bei Satz 5 war in Vers 1 (zu T. 5) – in Übereinstimmung mit der Hauptquelle, Christian Friedrich Penzels Abschrift aus dem Jahre 1755 (*P 1044*) – den „Zedern" ihre historische Schreibweise „Cedern" zurückzugeben:

Cedern müssen von den Winden.

Ebenfalls bei Satz 5 mußte in Vers 3 (zu T. 15) das – offenkundig durch einen Abschreibfehler entstandene – sinnwidrige, aber bisher unbemerkt gebliebene „Oftmals" in das der Standfestigkeit dieser Bäume[3] zukommende „Niemals" korrigiert werden:

Niemals werden sie verkehrt.[4]

Bei Satz 7 war in Vers 4 (zu T. 28) das unpräzise, zu „Himmels Kraft und Segen" kaum passende „Führen" vermutungsweise durch „Kühren" (alte Schreibweise, hier im Sinne von „wählen" verwendet)[5] zu ersetzen:

Küren Himmels Kraft und Segen.

Die mittels dieser kleinen Eingriffe berichtigten frei gedichteten Strophen liefern damit das Akrostichon *Doktor Conrad Meckbach* und weisen so auf eine der wichtigsten Mühlhäuser Persönlichkeiten zur Zeit des jungen Johann Sebastian Bach. War Meckbach doch derjenige, der am 24. Mai 1707 in der Zusammenkunft der „Eingepfarrten" als deren Vorsitzender den Vorschlag unterbreitete, ob nicht bei der Neubesetzung der Organistenstelle an Divi Blasii „vor andern auff den N. Pachen von Arnstadt, so neülich auff Ostern die probe gespielet, *reflexion* zu machen", und der dreizehn Monate später protokollieren lassen mußte „Weil er – Bach – nicht auffzuhalten, müste mann wohl in seine dimißion consentiren".[6]

Sollte – wie das Akrostichon annehmen läßt – die Kantate während Johann Sebastian Bachs Aufenthalt in Mühlhausen (Juli 1707 bis Juli 1708) entstanden sein, wäre nach einem Anlaß zu suchen, der den Auftrag zur Schaffung

---

[3] Vgl. *Universal Lexicon aller Wissenschafften und Künste* (J. H. Zedler), Bd. 5, Leipzig und Halle 1733 (Reprint Graz 1999), Sp. 1776–1778 (Art. *Cedrus*).

[4] Verkehren = „umwerfen, daher zerstören"; vgl. *Deutsches Wörterbuch* (J. und W. Grimm), Bd. 12, 1. Abteilung, Leipzig 1956, Sp. 631.

[5] Auch „Kriegen" wäre denkbar und entspräche biblischer Tradition (vgl. Jesaja 40,31b sowie Satz 3 der „Kreuzstabkantate" BWV 56/BC A 146).

[6] Vgl. Dok II, Nr. 19 und 36, sowie die Abbildungen in: Der junge Bach. „weil er nicht aufzuhalten" (wie Fußnote 1), S. 263 und 269.

der Widmungskomposition ausgelöst hätte. Leider liefert die Biographie des Geehrten[7] hierfür kaum Anhaltspunkte.

Nach Angabe des gedruckten Lebenslaufs wurde Conrad Meckbach am 19. April 1637 als Sohn des Kaufmanns Johann Meckbach und seiner Frau Martha geb. Vockerodt in Mühlhausen geboren und zwei Tage später getauft. Nach dem Besuch des Gymnasiums seiner Vaterstadt bezog er 1657 die Universität Gießen und studierte dort bis April 1659 vor allem juristische Fächer sowie französische Sprache. Von einem Wechsel an die Universität Straßburg wurde ihm abgeraten; statt dessen wählte er als neuen Studienort Leipzig, reiste 1663 wegen Erkrankung seines Vaters nach Hause, verzichtete danach auf den geplanten Wechsel an die Universität Wittenberg und ging wieder nach Gießen, wo er sein Studium mit einer am 18. Juni 1663 öffentlich verteidigten Disputation abschloß. Der Grad eines Licentiaten wurde ihm am 1. Dezember 1664 verliehen, wenig später erfolgte die Ernennung zum Advocaten und am 14. März 1667 wieder in Gießen die Promotion zum Dr. jur. Im folgenden Jahr wurde Meckbach Syndikus der Freien Reichsstadt Mühlhausen und hatte in dieser Funktion zahlreiche auswärtige Kommissionen wahrzunehmen, wobei Reisen ihn sowohl nach Norddeutschland als auch nach Wien an den Kaiserlichen Hof führten. Aus seiner am 12. September 1671 in Dresden mit Maria Elisabeth, der am 1. Juni 1645 in Dresden geborenen Tochter des dortigen Bürgermeisters und Brückenvorstehers Paul Zincke (1608–1678), geschlossenen Ehe gingen mehrere Kinder hervor, von denen der am 6. April 1674 in Mühlhausen getaufte und im Februar 1731 in Meiningen verstorbene Sohn Paul Friedemann als Pate Wilhelm Friedemann Bachs (Weimar, 24. November 1710)[8] einen festen Platz in der Bach-Biographik einnimmt. 1676 wurde Conrad Meckbach Mitglied des Mühlhäuser Rates und 1679 Regierender Bürgermeister; die letztgenannte Stelle bekleidete er insgesamt zwölf Mal.[9] Als ältester Bürgermeister starb Meckbach am 4. September 1712 in Mühlhausen; bei der Trauerfeier in der Kirche Divi Blasii predigte der Superintendent Johann Adolph Frohne (1652–1713). Beigesetzt wurde Meckbach in der Mühlhäuser Kreuzkirche.

Dort war auch seine bereits am 21. Januar 1709 verstorbene Gattin zur letzten Ruhe gebettet worden. Über die am 27. Januar ausgerichtete Trauerfeier für Maria Elisabeth Meckbach sowie die Gedächtnispredigt am 24. Februar (Sonntag Reminiscere) – beides Veranstaltungen, die durch übergroße winterliche Kälte beeinträchtigt wurden und ge-

---

[7] Bestandteil der gedruckten Funeralien (Exemplar: Herzog August Bibliothek Wolfenbüttel). Vgl. *Katalog der fürstlich Stolberg-Stolberg'schen Leichenpredigten-Sammlung*, Bd. III, Leipzig 1930, S. 45, Nr. 16364. Für die Überlassung einer Kopie sowie zahlreiche Anregungen bin ich Peter Wollny zu großem Dank verpflichtet.

[8] Dok II, Nr. 51. Vgl. außerdem die auf ihn als den „jüngeren Herr D: Meckbachen" zielende Notiz J. S. Bachs aus dem Jahre 1708 (Dok I, Anh. I, 1).

[9] 1682 wurde „Herr Kunrath Mekbach" durch J. S. Bachs Amtsvorgänger Johann Georg Ahle aus solchem Anlaß eine „Aria à 9. vel 13." „Wer gnädig wird beschützet" dediziert. Vgl. *Der junge Bach. „weil er nicht aufzuhalten"* (wie Fußnote 1), S. 262. „Kunrath Mekbachen" ist auch eine von Johann Arnold Vokkerod besorgte „Glükwünschende Abend-Musik" zum 8. Januar 1679 gewidmet.

kürzt werden mußten –, liegen in den gedruckten Funeralien[10] relativ ausführliche Beschreibungen vor. Am 27. Januar führte der Trauerzug, an dem „die ganze *freqvenz des Gymnasii*, samt beygehenden neun Schuhl-*Collegen*" teilnahm, in die Kreuzkirche, wo Pastor Georg Christian Eilmar (1665–1715) die Trauerrede hielt, „darauf nach vorgängigem submissen *præambulo* von dem Organisten *D. Blasii* die von ietzt hochgemeldten Herrn *D.* Eilmarn abgefassete Trauer-Arie[11] mit 2. *Hautbois*, 2. *Violi*nen / 2. *Viol*en / *Fagott, Violon*, und *Organo musici*ret / und die Handlung in besagter Kirche beschlossen wurde." Einen Monat später wurde in der Hauptkirche Divi Blasii nach „vorhergehenden einem kurzen und *doucen præambulo* das Lied Freu dich sehr o meine Seele etc. mit Einspielung der Orgel gesungen", weitere Lieder der Kälte wegen weggelassen „und nur der *componir*te Leichen-Text: Die auf den HERREN harren kriegen neue Krafft / u. s. w. mit 2. *Violdigamben* / 2. *Violen a braccio,* 2. *Fleutes douces, Fagott, Violon* und *Organo musici*ret". Nach der von Johann Adolph Frohne gehaltenen Trauer- und Gedächtnispredigt wurde „die oben gedachte von Herrn *D.* Eilmarn abgefassete Arie abgesungen / die *Collecte* und Seegen … gesprochen / und so dann die von mehr besagten Herrn *D.* Eilmarn *stylisi*rte Beschluß-Arie mit 2. *Hautbois*, 2. *Fleutes douces, Fagott* und *Organo musici*ret / und damit beschlossen."

Die vorstehend angedeuteten musikalischen Aktivitäten von 1709 gehören zwar offensichtlich in den Wirkungsbereich von Johann Sebastian Bachs Amtsnachfolger Johann Friedrich Bach (um 1682–1730)[12] und tragen insoweit nichts zur exakten Datierung der Kantate „Nach dir, Herr, verlanget mich" bei, liefern jedoch kennenswerte Hinweise auf deren Umfeld. Dies betrifft einerseits die eigentümlichen Instrumentalbesetzungen[13] mit ihrer geflissentlichen Nennung des – auch in der Kantate „Nach dir, Herr, verlanget mich" explizit eingesetzten – Fagotts,[14] andererseits das Auftreten Georg Christian Eilmars als Textdichter. Zu prüfen bleibt künftig, ob dieser etwa auch als Autor der frei

---

[10] Katalog (wie Fußnote 7), Bd. IV/2, Leipzig 1935, S. 799, Nr. 16363.
[11] Textbeginn: „Mein Hertz! du beugest mich" (4 Strophen zu je 9 Versen), überschrieben „Die blutigen Trähnen / des zertheilten Hertzens / an dem *solennen* Beerdigungs-Tage / zur Traur-Arie mitleidigst aufgefasset / durch *D.* Georg Christian Eilmar. *Ps. CXVI.*15. Der Tod seiner Heiligen ist wehrt gehalten vor dem HERRN."
[12] Zu erinnern ist hier gleichwohl an J. S. Bachs Lieferung einer (seither verschollenen) Kantate für die am 4. Februar 1709 – mithin in zeitlicher Nähe zu den geschilderten Darbietungen – fällige Ratswahl in Mühlhausen (Dok II, Nr. 43). Conrad Meckbach übernahm zu diesem Zeitpunkt erneut das Amt des Regierenden Bügermeisters (Küster, wie Fußnote 1, S. 181).
[13] Unverkennbar ist deren Nähe zum Actus tragicus BWV 106 / BC B 18. Vgl. außerdem H.-W. Boresch, *Besetzung und Instrumentation. Studien zur kompositorischen Praxis Johann Sebastian Bachs*, Kassel 1993, S. 107 ff., sowie die bei A. Rolf, *Die Besetzung des sechsten Brandenburgischen Konzerts*, BJ 1998, S. 171–181, behandelten Beispiele.
[14] Hierzu insbesondere U. Prinz, *Johann Sebastian Bachs Instrumentarium. Originalquellen, Besetzung, Verwendung*, Kassel und Stuttgart 2005, S. 390 ff. Allem An-

gedichteten Textstrophen der Bach-Kantate einschließlich des eingefügten Akrostichons in Frage kommt. Des weiteren wäre zu überlegen, in welchem Maße der ein trotziges „Recht muß doch Recht bleiben" hervorkehrende Gestus des Kantatentextes eine Reaktion auf Anfeindungen und Verleumdungen darstellt, denen Conrad Meckbach sich nach Angabe seines gedruckten Lebenslaufes allzu häufig ausgesetzt sah. In diesem Sinne ließe die Kantate sich erwartungsgemäß nicht als Teil einer zu etablierenden „regulirten Kirchen Music" verstehen, sondern wie andere Mühlhäuser Kompositionen als Auftragswerk, und ihr Zweck wäre bevorzugt mit „tröstendem Zuspruch" zu umschreiben.[15] Über das mögliche Wann und Wo einer Aufführung bleibt gleichfalls nachzudenken. Insbesondere aber sollte die endgültige Ansiedelung der Kantate in Mühlhausen einen – ungeachtet der etwas problematischen handschriftlichen Überlieferung[16] – gerechteren Blick auf ihre musikalischen Meriten ermöglichen, ihren kompositorischen Vorsprung gegenüber Werken der Zeitgenossen verdeutlichen helfen sowie die Aufmerksamkeit auf Gemeinsamkeiten und Unterschiede mit den Schwesterwerken „Aus der Tiefen rufe ich, Herr, zu dir" sowie „Gott ist mein König" lenken.

II.

Im Unterschied zu dem vorgenannten Werk stellt sich bei der weltlichen Kantate „Schwingt freudig euch empor" BWV 36c/BC G 35 weder das Echtheits- noch das Datierungsproblem, wohl aber die Frage nach dem Anlaß und damit nach dem Empfänger der Huldigung. Zwar liegt in zwei gleichlautenden Notizen des Sammlers Georg Poelchau (1773–1836) ein – vielleicht auf einen Poelchau noch vorliegenden Originalumschlag der autographen Partitur zurückgehender – Hinweis auf die Bestimmung zur „Geburtstagsfeier

---

schein nach stand zur fraglichen Zeit in Mühlhausen ein besonders befähigter Fagottist zur Verfügung.

[15] Zum Problem ihrer Deutung vgl. auch M. Petzoldt, *Bachstätten aufsuchen*, Leipzig 1992, S. 19, 136 f., sowie ders., *Bach-Kommentar. Theologisch-musikwissenschaftliche Kommentierung der geistlichen Vokalwerke Johann Sebastian Bachs*, Bd. II, Kassel 2007, S. 814–820.

[16] Die eigenartige, jedoch überaus planvolle Gestaltung der ersten Seite von Penzels Partiturabschrift *P 1044* (vgl. die Abbildung in NBA I/41, S. VIII) sowie gewisse Schreibversehen (einschließlich der oben an zweiter Stelle genannten Textverderbnis) stützen die Annahme, daß es sich bei Penzels verschollener Vorlage um eine Partitur gehandelt hat. Wenn diese Quelle – samt ihrem von Penzel sorgfältig mitkopierten Possessorenvermerk von 1753 – ein vor 1710 anzusetzendes Mühlhäuser Werk enthielt und noch über vier Jahrzehnte später in Leipzig greifbar war, so kann der Überlieferungsweg praktisch allein über J. S. Bach geführt haben.

des Rectors Geßner" vor,[17] doch kann es sich bei der hieraus zu erschließenden Darbietung (1731, 1732 oder 1734[18] jeweils am 9. April) lediglich um eine Wiederaufführung gehandelt haben. Die allererste Aufführung ist dagegen 1725 anzusetzen, wobei das relativ seltene und hinsichtlich seines Auftretens zeitlich eng einzugrenzende Wasserzeichen im Papier der Partitur vorzugsweise auf die Monate April und Mai deutet.[19] Weitere Kriterien könnten – wenn überhaupt – dem Text der Kantate entnommen werden. Hier finden sich die folgenden Anhaltspunkte.

Inhaltliche Andeutungen	Textbeleg (Satznummer in Parenthese)
Geburtstag	„Der Tag, der dich vordem gebar" (5)
	„Wie die Jahre sich verneuen" (9)
Vorgerücktes Alter	„Silberschmuck des Alters" (4)
Lebenserwartung	„dein Leben" (8)
	„Wie die Jahre sich verneuen" (9)
	„Dein künftig Glück und Heil" (9)
	„Deines Lebens Heiligtum" (9)
Herausgehobene Stellung	„hochverdienter Mann" (4)
	„mit höchsten Ehren" (4)
	„und weil du unsre Brust als Licht und Führer leiten mußt" (4)
Beachtung außerhalb der Region	„da man deinen Preis, den unser Helicon am besten weiß, auch außer dessen Grenzen sieht" (9)
(Langjährige) Lehrtätigkeit	„in unausgesetzten Lehren" (4)
	„ein Herz …, das Dankbarkeit und Pflicht zu seinem Lehrer zieht" (1)
	„der teuren Lehrer Ruhm" (2)
	„Ein Herz, das seinen Lehrer liebt" (3)

---

[17] D-B, *P 43* (Titelblatt) sowie *Mus. ms. theor. K 41* (Katalog Poelchau 1832), Bl. 17r, Nr. 41b. Vgl. NBA I/39 Krit. Bericht (W. Neumann, 1977), S. 17, 43; K. Engler, *Georg Poelchau und seine Musikaliensammlung. Ein Beitrag zur Überlieferung Bachscher Musik in der ersten Hälfte des 19. Jahrhunderts*, Diss. Tübingen 1970 (Druck 1984), S. 32, 79 f. Daß Poelchau eine vorgefundene Formulierung wortwörtlich übernommen hätte, ist nicht anzunehmen.

[18] 1733 dürfte wegen der Trauer nach dem Tod Kurfürst Friedrich Augusts I. (1. Februar) als Möglichkeit ausfallen. Allerdings fiel Gesners Geburtstag 1732 in die Karwoche, 1734 immerhin in das „tempus clausum" zwischen Invocavit und Ostersonntag. Insofern wäre 1731 als Aufführungsjahr zu bevorzugen.

[19] Dürr Chr 2, S. 130 (Wasserzeichen RS). Ausschließlich Papier mit diesem Zeichen verwendende Partituren sind nur im Mai 1725 nachzuweisen. Einen frühen Beleg für das RS-Zeichen liefert der Taufzettel für Christian Gottlieb Bach (14. April 1725, vgl. Dok V, Nr. A 92b).

	„O teurer Lehrer" (6)
	„der Lehrer Preis" (7)
Gebotene Zurückhaltung	„Doch, haltet ein" (1)
	„Ein Herz in zärtlichem Empfinden" (2)
	„Die Liebe führt mit sanften Schritten" (3)
	„wird dies behutsam sich bewegen" (3)
	„Auch mit gedämpften, schwachen Stimmen" (7)

Die relativ unspezifischen Formulierungen, die eine Nutzung des Werkes als Repertoirestück begünstigten, lassen Deutungen in verschiedene Richtungen zu. Carl Hermann Bitter wollte den „Helicon" für die Universität reserviert wissen und wandte sich demgemäß nachdrücklich gegen die Annahme einer Bestimmung für den schulischen Bereich.[20] Poelchaus Notiz – sofern authentisch – belegt jedoch zumindest eine Wiederaufführung in ebendiesem Bereich, wobei allerdings offenbleiben muß, ob dem damals kaum vierzigjährigen Leipziger Thomasschulrektor Johann Matthias Gesner (1691–1761) die textliche Anspielung auf den „Silberschmuck des Alters" zugemutet worden ist, oder aber in den – nicht erhaltenen – Aufführungsstimmen durch ein neutrales Vokabular ersetzt wurde. Bei der ursprünglichen Huldigung im Jahre 1725 dürfte der Text präziser auf den Kandidaten zugeschnitten gewesen sein, doch läßt sich dies in Unkenntnis einer geeigneten Person bislang nicht überprüfen.

Die Suche nach einem solchen Kandidaten wird auch dadurch erschwert, daß der Text unserer Kantate – im Unterschied zu verwandten Vorlagen[21] – weder den Namen des zu Ehrenden noch auch Anspielungen auf die Initiatoren der Huldigung aufweist, sondern einen engen Kreis durchschreitet, sich insgesamt als wenig inspiriert präsentiert und manche Metapher gleichsam einer Zerreißprobe aussetzt. Dabei erweisen sich nicht einmal alle Bestandteile als kompatibel: Der „Silberschmuck des Alters" und das „unausgesetzte Lehren" zielen auf eine ältere Person, das „künftig Glück und Heil" auf eine deutlich jüngere. Die angestrebte Zurückhaltung nebst einer permanenten Zärtelei lassen auf einen gesundheitlich und vielleicht auch nervlich labilen Empfänger schließen. Ungeachtet seiner merklichen Selbstbeschränkung ist der Text als Ganzes nicht ungeschickt aufgebaut und sogar mit einem gewissen Hang zur

---

[20] C. H. Bitter, *Johann Sebastian Bach. Zweite umgearbeitete und vermehrte Auflage*, Dresden 1880/Berlin 1881, Bd. I, S. 273 f., Bd. IV, S. 135.

[21] Vgl. die Kantaten zur Verabschiedung des Rektors Gesner vom 4. Oktober 1734 (BJ 1988, S. 213–216) und zur Begrüßung des Rektors Johann August Ernesti vom 21. November 1734 (BT, S. 414 f.). Nachweise einer kompositorischen Beteiligung J. S. Bachs sind bislang nicht erbracht worden. Vgl. auch die nicht fehlerfrei tradierte, aber wohl einen wahren Kern enthaltende Anekdote über eine von „Krebs" komponierte „Serenate" auf den Geburtstag des Rektors Johann August Ernesti; BzBf 6 (1988), S. 78 f. (K. Lehmann).

Symmetrie um die auftrumpfende Arie „Der Tag, der dich vordem gebar" gruppiert. Freilich ließe sich der letztgenannte, in einem Bibelzitat[22] kulminierende Satz eher als Huldigung für einen Territorialherrscher denn als Geburtstagsgratulation für einen Lehrer begreifen.

Angesichts solcher Unsicherheiten verbieten sich weitergehende Mutmaßungen über die Initiatoren der Huldigung (Schüler, Studenten?), die Finanzierung des Unternehmens, die Ausführenden sowie Ort und Zeit der Darbietung. Lediglich über einige in der einschlägigen Literatur genannte Kandidaten bleibt nachzudenken, wobei vorab festzustellen ist, daß keiner von den derzeit bekannten allen Prämissen gerecht wird. Der Gesuchte müßte ein Lebensalter von annähernd sechzig Jahren vorzuweisen haben, in leitender Stellung tätig sein, auf eine langjährige Lehrtätigkeit zurückblicken und seinen Geburtstag im Frühjahr (April bis Juni oder Juli) feiern können. Ohne Abstriche an den genannten Komponenten ist jedoch eine solche Persönlichkeit in Leipzig für das Jahr 1725 weder im universitären noch im schulischen Bereich nachzuweisen beziehungsweise eindeutig zu identifizieren.[23]

Erwogen wurde gelegentlich, daß die Huldigung dem überaus angesehenen Johann Burkhard Mencke (1674–1732) und dessen 50. Geburtstag gegolten haben könnte.[24] Mencke vollendete am 8. April 1725 allerdings sein 51. Lebensjahr, was freilich kein Hinderungsgrund zu sein brauchte, denn die Bevorzugung „runder" Jahreszahlen hielt sich in jener Zeit augenscheinlich in Grenzen. Bezüglich des Lebensalters und des mehrfach erwähnten „Silberschmuckes" wären jedoch Bedenken anzumelden. Überdies läge die Annahme nahe, daß für ein Loblied auf Mencke in erster Linie dessen Protegé Johann Christoph Gottsched zuständig gewesen wäre.[25] Der Text unserer Kantate

---

[22] „Es werde Licht!" (Gen. 1,3).
[23] Überprüft wurden die von C. E. Sicul (*Annales Lipsienses*, Bd. IV, Leipzig 1726–1731) im „Jahr-Gedächtniß des Itzt-Lebenden Leipzigs 1726 | E. Löbliche Universität und Deren Verwandte" (S. 1–21) sowie im „Lections-Catalog Mai 1726" (S. 101 ff.) mitgeteilten Personenverzeichnisse, desgleichen *Das Anno 1720 florirende Leipzig* (Adreßbuch), S. 20–27 („Zweyte Abtheilung. Von einer Hochlöbl. Universität und deren Dependentien."). Der Gesichtspunkt einer Ernennung oder eines anderweitigen Avancements konnte vernachlässigt werden; im Kantatentext ist hiervon keine Rede. Daß die an der Leipziger Universität üblicherweise am Tage Georgii nach Ostern (23. April) stattfindende Wahl eines neuen Rektors für das bevorstehende Sommersemester besonders gut in den chronologischen Rahmen gepaßt hätte, sei nicht verschwiegen; der Geburtstag des 1725 neugewählten Amtsinhabers Augustin Friedrich Walther fällt jedoch in den Oktober.
[24] NBA I/39 Krit. Bericht, S. 34.
[25] Gottsched widmete Mencke zu dessen „wahrem" 50. Geburtstag ein Glückwunschgedicht „Im Nahmen der Teutsch-übenden Poetischen Gesellschafft in Leipzig 1724. den 8 April" (Wiederabdruck in: *Herrn D. Johann Valentin Pietschen, … Gesamlete*

weist jedoch keine Qualitäten auf, die auf Gottsched als Autor schließen lassen.
Ein anderer ernstzunehmender Kandidat ist der alte Rektor der Thomana Johann Heinrich Ernesti (1652–1729).[26] „Silberschmuck" und „unausgesetztes Lehren" treffen ohne Abstriche auf ihn zu. Freilich fiel 1725 sein Geburtstag (12. März)[27] in die Zeit des „tempus clausum", was allenfalls die Bitte um Zurückhaltung („haltet ein", „auch mit gedämpften, schwachen Stimmen") motivieren könnte.[28] Warum diesem im Dienst ergrauten Pädagogen, der mehr und mehr die Zügel schleifen ließ und dem Verfall der schulischen Disziplin tatenlos zusah, anläßlich seines 73. Geburtstages eine aufwendige musikalische Gratulation dargebracht worden sein sollte, konnte bislang niemand erklären. Für die Richtigkeit der Annahme könnte zumindest sprechen, daß Ernesti 1729 starb und die oben erwähnte Wiederaufführung zu Ehren des Amtsnachfolgers Johann Matthias Gesner ohne die Gefahr einer Kollision stattfinden konnte. Nicht nur die Wiederaufführung, sondern auch die Erstaufführung hätten insoweit einem Schulrektor gegolten.
Ein weiterer Vorschlag betrifft Johann Christian Hebenstreit (1686–1756), der seit 1724 als Konrektor der Thomasschule tätig war.[29] Sein Geburtstag (27. April) fügt sich gut in den anvisierten Zeitrahmen, doch treffen auf Hebenstreit „Silberschmuck" und „höchste Ehren" ganz gewiß nicht zu, und auch eine besondere Würdigung für einen dem Rektor nachgeordneten Lehrer

---

Poetische Schrifften ... Mit einer ... Zugabe einiger Gedichte von Johann Christoph Gottsched, A. M., Leipzig 1725, S. 252–258).

[26] Vermutung von A. M. M. Dekker, in: *Mens en Melodie* 34 (1979), hier S. 11, Fußnote 6.

[27] Zu dieser Zeit ist bei J. S. Bach eine Verwendung von Papier mit dem Wasserzeichen RS noch nicht belegt (vgl. Fußnote 19).

[28] Eine kurfürstliche Ausnahmegenehmigung für eine von den „jeziger Zeit auf Unserer Universitaet zu Leipzig studierenden Dänen" geplante Geburtstagsmusik im März 1757 formuliert die Forderung, daß „hierbey alles stille und ordentlich zugehen, insonderheit aber bey jeziger heiligen Fasten Zeit ein öffentlicher Aufzug, oder sonst etwas dergleichen nicht gestattet werden möge". Vgl. R. Otto, *Wer darf komponieren? Eine Beschwerde des Universitätsmusikdirektors Johann Gottlieb Görner gegen Thomaskantor Johann Friedrich Doles im Urteil Leipziger Professoren im Jahr 1757*, in: Das Daedalus-Prinzip. Ein Diskurs zur Montage und Demontage von Ideologien. Steffen Dietzsch zum 65. Geburtstag, hrsg. von L. Kais, Berlin 2009, S. 345–368, hier S. 356 f.

[29] Zuschrift von Nobaki Ebata, Tokyo, 22. Januar 2010. Bemerkt zu werden verdient immerhin, daß Bachs Weimarer „Vetter und Gevatter" Johann Gottfried Walther im Jahre 1729 dem nach Ansbach wechselnden Weimarer Konrektor Johann Matthias Gesner eine Abschiedskantate widmete; vgl. BJ 1933, S. 96, sowie *Johann Gottfried Walther, Briefe*, hrsg. von K. Beckmann und H.-J. Schulze, Leipzig 1987, S. 138 f.

müßte – etwa im Blick auf die Eifersucht der Kollegen – als zumindest unüblich gelten.
Ein nahezu „paßgenauer" Kandidat wäre noch in Ludwig Christian Crell (1671–1733) zu sehen, zumal dessen Geburtstag (28. Mai) gut mit dem Papierbefund der Partitur unserer Kantate sowie der in die angrenzenden Wochen zu datierenden Kirchenkantaten zusammenstimmen würde. Crell war im August 1723 an der Leipziger Geburtstagsfeier für Herzog Friedrich II. von Sachsen-Gotha beteiligt, bei der Georg Grosch eine Lobrede gehalten und Johann Sebastian Bach „mit einer vortreflichen Music … über besondere zu solchem Ende gedruckte Lateinische Oden" aufgewartet hatte.[30] Von Crell stammte zumindest das gedruckte Einladungsprogramm für diese akademische Veranstaltung, ob außerdem die „besonderen lateinischen Oden", bleibt ungewiß. Auch anderweitig trat Crell als Dichter von Oden, die zur Komposition bestimmt waren, in Erscheinung.[31] Daß freilich der Leipziger Thomaskantor mit der Schaffung einer Huldigungsmusik ausgerechnet für den Rektor der konkurrierenden Nikolaischule beauftragt worden sein könnte, will nicht recht einleuchten, zumal jener nach den Worten von Georg Grosch „ganz und gar Pietist" war („qui totus est Pietista").[32]
So bleibt insgesamt festzuhalten, daß die Verfolgung einer textbezogenen Indizienkette letzten Endes in eine Sackgasse geführt hat. Daher wird die Kantate „Schwingt freudig euch empor" ihr Geheimnis auch weiterhin bewahren, bis neue Quellen oder die Entdeckung eines bislang unbeachteten „Dunkelsterns" für eine akzeptable Aufklärung sorgen.

III.

Der geringe Fortschritt hinsichtlich der Enttarnung der Huldigungskantate „Schwingt freudig euch empor" ist möglicherweise die Folge einer zu engherzigen Auslegung scheinbar unzweideutiger verbaler Anspielungen. Bei einem weiteren „unsicheren Kantonisten", dessen Text das Gemeinte noch weit weniger deutlich hervortreten läßt – es geht um die vieldiskutierte Kantate „Non sa che sia dolore" BWV 209/BC G 50 – scheint sich daher eine gewisse Großzügigkeit im Umgang mit den vorgefundenen Formulierungen von vornherein anzubieten.
Anhaltspunkte unterschiedlicher Art enthalten die folgenden Textstellen.[33]

---

[30] Dok II, Nr. 156.
[31] A. Schering, *Musikgeschichte Leipzigs*, Bd. III, Leipzig 1941, S. 115f.
[32] BJ 2004, S. 219, 220 (E. Koch). Vgl. auch O. Kaemmel, *Geschichte des Leipziger Schulwesens*, Leipzig und Berlin 1909, S. 172, 205, 267, 285, 296 sowie zur Chronologie BJ 2004, S. 112f. (M. Maul).
[33] Nach BJ 1990 (K. Hofmann), S. 24, nebst der dort wiedergegebenen Übersetzung.

Non sa che sia dolore	Nicht weiß, was Schmerz sei,
Chi dall'amico suo parte	Wer von seinem Freunde scheidet
e non more. (2)	und nicht stirbt.
Va dunque a' cenni del cielo,	Geh also auf die Zeichen des Himmels,
Adempi or di Minerva il zelo. (2)	Genüge nun Minervas Eifer!
La patria goderai,	Der Heimat wirst du dich erfreuen,
A dover la servirai.	Nach Gebühr ihr dienen.
Varchi or di sponda in sponda,	Du fährst nun von Ufer zu Ufer,
Propizi vedi il vento e l'onda. (3)	Günstig siehst du Wind und Welle.
Tuo saver al tempo e l'età contrasta,	Dein Wissen steht in Gegensatz zu dem der Zeit und deinem Alter,
Virtù e valor solo a vincer basta	Tugend und Wert allein genügen zu obsiegen,
Ma chi gran ti farà più che non fusti?	Doch wer wird größer dich machen, als du gewesen bist?
Anspaca, piena di tanti augusti. (4)	Ansbach, voll so vieler Erhabener.
Qual nocchier, placato il vento,	Wie der Steuermann, wenn der Wind sich gelegt hat,
Più non teme o si scolora,	Nicht mehr sich fürchtet noch erblaßt,
Ma contento in su la prora	Sondern zufrieden auf dem Bug
Va cantando in faccia al mar. (5)	Singt im Angesicht des Meeres.

Das zweifellos wichtigste Stichwort liefert Satz 4 mit dem Hinweis auf Ansbach. Dies lenkt den Blick auf ein weites Feld unterschiedlicher Beziehungen, die in unserem Zusammenhang allerdings nur eben angedeutet werden können. Am weitesten in die Vergangenheit zurück reicht das Stammbuch des Hamburger Vorsängers an St. Jacob und Lehrers an der Johannisschule Christoph Schellhammer (1575–1637)[34] mit einem am 27. April 1597 in Ansbach eingetragenen Rätselkanon des Kapellmeisters Teodoro Riccio, den ein Nachbesitzer, wahrscheinlich der Leipziger Philosophieprofessor Friedrich Mentz (1673–1749), dem Thomaskantor bei Gelegenheit zur Auflösung vorgelegt hat.[35] Aus Bachs Weimarer Jahren verdient neben dem Geiger Johann Georg Pisendel und seinem für März 1709 bezeugten Besuch der bis 1729 zunächst als Sopranist und später als Altist in der Hofkapelle tätige Johann Philipp Weichardt (*1699) erwähnt zu werden, der anschließend nach Ansbach ging und dort noch 1746 als Hofratsregistrator und Mitglied der Hofkapelle nach-

---

[34] Daten nach J. Mattheson, *Versuch einer Ehren-Pforte*, Hamburg 1740, S. 326–328, sowie *Biographisches Lexikon für Schleswig-Holstein und Lübeck*, Bd. 6, 1982, S. 259.

[35] H. Schieckel, *Johann Sebastian Bachs Auflösung eines Kanons von Teodoro Riccio*, BJ 1982, S. 125–128.

weisbar ist.[36] Der aus Nürnberg gebürtige Thomanerpräfekt Maximilian Nagel (1712–1748), der nach Aussage des Thomasschulrektors Johann August Ernesti[37] bei Bachs Aufführungen „nie was anders gethan als die Violine gestrichen" habe, wirkte von 1743 bis zu seinem frühen Tod als Kammermusikus und Lautenist in der Ansbacher Hofkapelle. Dort war bis etwa 1741 auch Johann Georg Voigt d. Ä. aus Celle (um 1689–1766) tätig, dessen Sohn Johann Georg Voigt d. J. (1728–1765) nach eigener Aussage „in die 3 Jahre" den Unterricht Bachs genossen haben will.[38] Zu erinnern ist schließlich an Johann Matthias Gesner, der, in Weimar als Gefolgsmann des Herzogs Wilhelm Ernst (1662–1728) geltend, von dessen Nachfolger Herzog Ernst August aus seinen Stellen verdrängt worden war und für kurze Zeit als Rektor des Ansbacher Gymnasiums tätig wurde, ehe er als Rektor der Leipziger Thomasschule sich wieder in Bachs Nähe einfand, außerdem an Bachs Schüler Lorenz Christoph Mizler (1711–1778) aus dem mittelfränkischen Heidenheim, der zur Zeit Gesners und anderer Rektoren das Gymnasium zu Ansbach besucht hatte.

Die beiden zuletzt genannten Namen, Gesner und Mizler, stehen auch im Zentrum der jüngsten Zusammenfassung und kritischen Durchleuchtung älterer Auffassungen zur Entstehungsgeschichte unserer Kantate und insbesondere zur Person des Widmungsempfängers.[39] Entgegen den Annahmen älterer Autoren, die zunächst an einen unbekannten Italiener und an eine in die Heimat führende Seereise dachten, später eine Abschiedskantate für Johann Matthias Gesner für möglich hielten, möchte Klaus Hofmann die textlichen Andeutungen auf einen jungen Gelehrten beziehen und mit der Person Lorenz Christoph Mizlers verknüpfen. Mizler, der von 1731 an in Leipzig, Altdorf und Wittenberg eine Art Studium generale absolvierte und sich nur gelegentlich eine Pause gönnte, um in die fränkische Heimat zu reisen, könnte in der Tat ein Anwärter sein; erhebliche Bedenken bleiben gleichwohl bestehen.[40]

Nachstehend soll versucht werden, den Widmungsempfänger auf einem anderen Weg dingfest zu machen und zugleich Kriterien für eine verläßliche Datierung der Kantate zu gewinnen. Dabei wird – Klaus Hofmann und anderen folgend – davon ausgegangen, daß im Text der Kantate so manches metaphorisch gemeint ist, daß also weder die in Satz 2 apostrophierte „tröstende Mutter" noch die im Schlußsatz angedeutete Seefahrt wörtlich zu verstehen sind. Doch auch der von Hofmann favorisierte „junge Gelehrte" braucht nicht

---

[36] Vgl. J. G. Walther, *Musicalisches Lexicon*, Leipzig 1732, sowie L. C. Mizler, *Musikalische Bibliothek*, Bd. III, Teil 2, Leipzig 1746, S. 366 f.: *Nachricht von der Hofcapelle Sr. Hochfürstl. Durchl. des Marggrafens zu Anspach, in Franken*.

[37] Dok II, Nr. 383 (13. 9. 1736), hier S. 275.

[38] Dok III, Nr. 641.

[39] K. Hofmann, *Alte und neue Überlegungen zu der Kantate „Non sa che sia dolore"* BWV 209, BJ 1990, S. 7–25.

[40] Ebenda, S. 22–24.

buchstäblich genommen zu werden; die Zeit kannte ein solennes Vivat beziehungsweise ein abendliches Ständchen sowohl für einen beliebten Professor als auch für einen bewährten Studenten.[41]

Als Beleg für die letztgenannte Feststellung sei eine Dichtung angeführt, auf die Hermann von Hase 1913 aufmerksam gemacht hat.[42] Der 1738 bei Breitkopf in Leipzig gedruckte Sammelband *Der Deutschen Gesellschaft in Leipzig Oden und Cantaten in vier Büchern*[43] enthält (S. 436–439) den Text zu einer umfangreichen „Cantate Auf Herrn Johann Wilhelm Fischers Abzug von der Universität Leipzig. Im Jahre 1727." Verfasser dieses Librettos (Beginn: „Lachet und schwärmet") ist eines der aktivsten Mitglieder der Deutschen Gesellschaft, der Merseburger Konrektor Balthasar Hoffmann (1697–1789); den Komponisten wird man in Leipzig im Kreise der Johann Gottlieb Görner, Georg Balthasar Schott, Carl Gotthelf Gerlach zu suchen haben. Bei dem Gefeierten handelte es sich um einen gebürtigen Hamburger, der 1727 noch nicht einmal sein Studium abgeschlossen hatte, sondern lediglich den Studienort zu wechseln beabsichtigte. Johann Wilhelm Fischer (1704–1757) hatte sich nach dem Besuch des Hamburger Johanneums am 26. Juli 1724 in Leipzig immatrikuliert und ging nunmehr nach Kiel (Inskription 25. Juni 1727). Seine Lebensstellung fand er 1733 in seiner Heimatstadt als Pastor der alten, im 18. Jahrhundert nur noch als Nebenkirche zu St. Petri fungierenden Klosterkirche St. Johannis.[44] Inwieweit Fischer in seiner Amtszeit mit musikalischen Angelegenheiten zu tun hatte, wissen wir nicht; erlebt haben könnte er einige Festmusiken aus der Feder Georg Philipp Telemanns, die ausnahmsweise in St. Johannis dargeboten wurden.[45] Mehr oder weniger regelmäßiges Orgelspiel ist für diese Kirche immerhin belegt,[46] zumal sie über eine vorzügliche Arp-Schnitger-Orgel aus dem Jahre 1680

---

[41] E. Kelter, *Jenaer Studentenleben zur Zeit des Renommisten von Zachariae. Nach Stammbuchbildern aus dem Besitze des Hamburgischen Museums für Kunst und Gewerbe geschildert von –*, Hamburg 1908 (5. Beiheft zum Jahrbuch der Hamburgischen Wissenschaftlichen Anstalten XXV, 1908), S. 41.

[42] BJ 1913, S. 122 f.

[43] Exemplare: D-LEu, *8° B.S.T. 243* und *PR 3930/1*.

[44] Daten nach W. Jensen, *Die hamburgische Kirche und ihre Geistlichen seit der Reformation*, Hamburg 1958, S. 205, sowie H. Bruhn, *Die Kandidaten der hamburgischen Kirche von 1654 bis 1825. Album Candidatorum*, Hamburg 1963, S. 199.

[45] TVWV 13:12 (24. April 1742), vgl. W. Menke, *Das Vokalwerk Georg Philipp Telemann's. Überlieferung und Zeitfolge*, Kassel 1942, Anh. S. 28, sowie J. Neubacher, *Georg Philipp Telemanns Hamburger Kirchenmusik und ihre Aufführungsbedingungen (1721–1767). Organisationsstrukturen, Musiker, Besetzungspraktiken*, Hildesheim 2009 (Magdeburger Telemann-Studien. XX.), S. 338 f.; TVWV 13:16 (8. Dezember 1745), Menke, a. a. O., S. 32, Neubacher, a. a. O., S. 351–353.

[46] Neubacher (wie Fußnote 45), S. 182, 184, 190.

verfügte.[47] 1816, dreizehn Jahre vor dem endgültigen Abriß der Kirche, ist das Instrument nach Cappel verkauft worden und zählt heute zu den besterhaltenen Werken des Meisters.[48]

Huldigungsmusiken der vorerwähnten Art – sofern sie von Studenten initiiert wurden – konnten von unterschiedlichen Gruppierungen veranlaßt werden. Üblicherweise waren es Landsleute des zu Ehrenden, also Landsmannschaften oder „Nationen",[49] im Falle der Bach-Kantate „Entfernet euch, ihr heitern Sterne" zum Geburtstag Friedrich Augusts I. am 12. Mai 1727 waren es die auf kurfürstliche Kosten versorgten Studenten, die sogenannten Konviktoristen.[50] Eine landsmannschaftliche Veranstaltung kann auch hinter der Darbietung der Kantate „Non sa che sia dolore" vermutet werden, doch dürfte ein Nachweis nicht leicht zu führen sein.

In Hinsicht auf den möglichen Zeitpunkt der Aufführung hat die jüngere Forschung wichtige Belege beibringen können.[51] Dies betrifft weniger den Textbeginn mit seinem Rückbezug auf das schon länger zurückliegende „Non sà che sia dolore chi da la Donna sua parte, e non more" aus der Feder des Giovanni Battista Guarini (1538–1612) als vielmehr zwei Zitate aus aktuellen Operntexten der Zeit. 1981 wies Reinhard Strohm darauf hin, daß Satz 5 der Bach-Kantate mit Ausnahme des ersten Verses dem Libretto der Oper „Semiramide riconosciuta" von Pietro Metastasio (1698–1782) entstammt, einem Text, der zuerst 1729 von Leonardo Vinci für Rom und von Nicola Porpora für Venedig in Musik gesetzt worden ist. 1987 bemerkte Wolfgang Osthoff ergänzend, daß auch der Schluß von Satz 3 Metastasio zitiert: „Varca il mar di sponda in sponda … Sorger vede il vento e l'onda" („Galatea", Neapel 1722).

Wird – als Arbeitshypothese – die Möglichkeit vernachlässigt, daß dem unbekannten Librettisten beziehungsweise Kompilator von „Non sa che sia dolore" die Metastasio-Texte in Gestalt einer Werkausgabe oder aber in musi-

---

[47] Disposition in *Friederich Erhard Niedtens Musicalischer Handleitung Anderer Theil. Die Zweyte Auflage / … mit … einem Anhang von mehr als 60. Orgel-Wercken versehen durch J. Mattheson*, Hamburg 1721, Anh. S. 180.

[48] G. Fock, *Arp Schnitger und seine Schule. Ein Beitrag zur Geschichte des Orgelbaues im Nord- und Ostseeküstengebiet*, Kassel 1974, S. 33 f., 115 f.

[49] Die oben (Fußnote 28) erwähnte Aufführung von 1757 war von der „Dänischen Nation" veranlaßt worden. Vgl. auch (zu einem Ständchen der Landsmannschaft) Kelter (wie Fußnote 41), S. 64 f., sowie die von T. Schabalina verzeichneten Titel einschlägiger Leipziger Textdrucke zu Aufführungen aus Anlaß von Magisterpromotionen im Februar 1723 (BJ 2008, S. 37–39).

[50] Dok II, Nr. 219 und 220. Vgl. außerdem BJ 1985, S. 166–168 (H.-J. Schulze) sowie BJ 2008, S. 38 f. (T. Schabalina).

[51] Einzelheiten und Literaturnachweise bei Hofmann (wie Fußnote 39), S. 14 f.

kalischer Form als Einzelarien vorlagen,[52] so liegt die Vermutung nahe, daß die Einbeziehung der Arientexte auf Opernbesuche oder zumindest auf den Zugang zu Operntextbüchern zurückzuführen ist. Der vielfach in Musik gesetzte Semiramide-Text Metastasios erlebte in Leipzig am 6. und 9. Mai 1746 Aufführungen, als das Ensemble Mingottis mit der einschlägigen Komposition von Johann Adolf Hasse (1699–1783) gastierte.[53] Exakt ein halbes Jahr später bot Johann Georg Schürer (1720–1786) in Dresden erstmals die „Galatea"; Wiederholungen reichten bis zum Beginn des Folgejahres und damit in die unmittelbare Nähe einer Dresdner Aufführung von Johann Adolf Hasses „Semiramide".[54]

Die sich anbietenden Datierungsmöglichkeiten[55] sowie die im Kantatentext vorfindbaren Andeutungen zusammenfassend, wäre also eine Person zu suchen, die aus Franken oder eher noch aus Ansbach stammte, sich der Wissenschaft verschrieben und das (vermutlich mehrjährige) Studium mit Erfolg abgeschlossen hatte, nicht durch „blaublütige" Herkunft sondern durch eigene Leistungen aufgefallen war und frühestens Ende 1746 „in patriam", also nach Ansbach zurückzureisen vorhatte. Nicht die verhaßte Brotarbeit als „Informator" (Hauslehrer) wartete dort, sondern die verdiente Förderung durch einflußreiche Persönlichkeiten, ein rascher beruflicher Aufstieg. An einen gebürtigen Italiener („Muttersprachler") ist sicherlich nicht zu denken; dieser hätte an den Unzulänglichkeiten des mit Mühe und Not zusammengezimmerten Kantatentextes wohl Anstoß genommen. Eher käme ein Deutscher in Frage, der das Italienische zumindest wohlwollend zu würdigen vermochte, vielleicht auch selbst sich an der Erlernung dieser Sprache versucht hatte. Überdies mochte sowohl diesem selbst als auch den Initiatoren der Huldigung bewußt sein, daß in Ansbach die kurzzeitige Vorliebe für französische Sprache

---

[52] Zu dergleichen Abschriften aus dem Leipziger Repertoire vgl. BJ 1981, S. 81 (A. Glöckner) sowie BzBf 8 (1990), passim (ders.).

[53] E. H. Müller, *Die Mingottischen Opernunternehmungen 1732–1756*, Dresden 1915, S. 44 und CXLIV, sowie ders., *Angelo und Pietro Mingotti. Ein Beitrag zur Geschichte der Oper im XVIII. Jahrhundert*, Dresden 1917, S. 51. Das von Müller benutzte Textbuch in der Sächsischen Landesbibliothek Dresden (*Lit. Ital. D 382*) gehört zu den Kriegsverlusten. Titel nach Müller: *La Semiramide riconnosciuta, drama in musica da rappresentarsi nel nuovo Teatro alla Cavallerizza nella Fiera di Jubilate dell'anno 1746 in Lipsia*.

[54] R. Haas, *Johann Georg Schürer (1720–1786). Ein Beitrag zur Geschichte der Musik in Dresden*, in: Neues Archiv für Sächsische Geschichte und Altertumskunde 36 (1915), S. 257–277, hier S. 261 (nach *Dresdnische Merckwürdigkeiten*, 1747, S. 81); M. Fürstenau, *Zur Geschichte der Musik und des Theaters am Hofe zu Dresden. Zweiter Theil*, Dresden 1862, S. 245 f.

[55] So schon von K. Küster, in: *Bach Handbuch*, Kassel und Stuttgart 1999, S. 421–423, behandelt, allerdings ohne personale Schlußfolgerungen.

und Kultur[56] mittlerweile durch eine neuerliche Hinwendung zum Italienischen abgelöst worden war[57] (viel später, unter Markgraf Alexander, sollte noch eine „Anglomanie" folgen[58]).
Eine Zusammenschau aller von 1729 bis 1750 an der Universität Leipzig mit Angabe des Herkunftsortes Ansbach nachweisbaren Studenten und die Gegenüberstellung ihrer Namen mit verschiedenen Nachschlagewerken, an deren Spitze Johann August Vockes *Geburts- und Todten-Almanach Ansbachischer Gelehrten, Schriftsteller und Künstler,*[59] erbrachte zunächst eine kleine Reihe von Verdachtsfällen, die aufgrund der bereits angedeuteten Kriterien jedoch nach und nach ausgeschlossen werden konnten. Genannt seien von diesen:

1. Johann Peter Uz (*3.10.1720 und †12.5.1796 in Ansbach), der bekannte Literat. Uz hatte am 13.4.1739 die Universität Halle/S. bezogen und wechselte im Sommersemester 1743 an die Universität Leipzig, mußte aber noch im August gegen seinen Willen die Heimreise antreten.[60] Angeblich bot ihm seine Heimatstadt sogleich eine Anstellung als Justizsekretär, doch erhielt er diese unbesoldete Position in Wirklichkeit erst 1748. Von einer großzügigen Förderung bei der Rückkehr nach Ansbach kann insoweit keine Rede sein, und auch ein Freundeskreis, der eine Abschiedsveranstaltung hätte arrangieren können, konnte sich in Leipzig nicht herausbilden.

2. Johann Andreas Fürst (*7.8.1709 in Ansbach, †7.5.1746). Fürst hatte sein Studium in Jena begonnen (1728) und war drei Jahre später nach Leipzig gewechselt (Inskription 25.5.1731). 1732 reiste er „nach Hause", erlangte aber nur die Stelle eines Hofmeisters bei dem Premierminister Freiherrn von Seckendorff. Eine vorzeigbare Anstellung erhielt er erst 1737 als Rektor in Schwabach.[61]

---

[56] Vertreten von der Markgräfin Christiane Charlotte (Witwe des 1723 verstorbenen Markgrafen Wilhelm Friedrich).
[57] Vgl. etwa das Wirken von Leopold Retty als Hofbaumeister. Einzelheiten bei G. Schmidt, *Die Musik am Hofe der Markgrafen von Brandenburg-Ansbach*, Kassel und Basel 1956, sowie zur älteren Zeit bei N. Dubowy, *Markgraf Georg Friedrich, Pistocchi, Torelli: Fakten und Interpretationen zu Ansbachs „Italienischer Periode"*, in: Italienische Musiker und Musikpflege an deutschen Höfen der Barockzeit. 9. Arolser Barockfestspiele 1994. Tagungsbericht, hrsg. von F. Brusniak, Köln 1995 (Arolser Beiträge zur Musikforschung. 3.), S. 73–95.
[58] A. Störkel, *Christian Friedrich Carl Alexander. Der letzte Markgraf von Ansbach-Bayreuth*, Ansbach 1995, S. 205.
[59] 2 Bde., Augsburg 1796 und 1797 (Reprint Neustadt/Aisch 2001).
[60] *Briefwechsel zwischen Gleim und Uz*, hrsg. und erläutert von Carl Schüddekopf, Tübingen 1899 (Bibliothek des litterarischen Vereins in Stuttgart. CCXVIII.), S. 115, 210.
[61] Vocke (wie Fußnote 59), Bd. I, S. 327, Bd. II, S. 90 f.; M. Simon, *Ansbachisches Pfarrerbuch*, Nürnberg 1957 (Einzelarbeiten aus der Kirchengeschichte Bayerns. XXVIII.), S. 138 f.

3. Johann Knebel († 1735) studierte an den Universitäten Altdorf (1726), Halle/S. (1728) und angeblich Leipzig, ging dann „nach Haus" und wurde Prediger in Ansbach.

Zum Glück findet sich bei Vocke[62] doch noch ein Kandidat, auf den alle gewünschten Kriterien zutreffen. Das Kalendarium verzeichnet ihn unter dem 30. Dezember, seinem Geburtstag:

30. Beck, Lorenz Albrecht. 1723. (aus Ansbach) Hof- Regierungs- und Justitzrath allda, genoß des öffentlichen und besondern Unterrichts auf dem Gymnasium seiner Vaterstadt, studirte von 1743 an 3½ Jahr zu Leipzig, kehrte 1746 zurück, und wurde 1747 Justizrath und 1752 Hof- und Regierungsrath.
1. *Dissert. de cura famae, viro bono digno praes. Jo. Fridr. Christio. Lips.* 1746.
Rabe J. J. Leichpredigt auf ihn. und dessen Gattin. On. Fol. 1768.

Unter dem 2. Oktober findet sich der Todestag:

Beck, Lorenz Albrecht. † 1768. alt 45 Jahre

Vockes Angaben lassen sich zumindest anhand gedruckter Quellen verifizieren beziehungsweise weiter präzisieren. Zu Inskription, Baccalaureat und Magisterpromotion vermerkt die Leipziger Matrikel:

Beck, Laurent. Albert. al Beckius o. Becquius Onoldin. B. i. 24. V. 1743, b. a. im Dec. 1744, m. 16. II. 1747.[63]

Der Abschluß der Ausbildung ist mithin erst Anfang 1747 anzusetzen; Vockes Angabe 1746 stützte sich möglicherweise auf ein Druckexemplar von Becks Dissertation.

Ausführlicher berichtet der Tertius der Leipziger Thomasschule, Abraham Kriegel, in seinen Annalen *Nützliche Nachrichten von denen Bemühungen derer Gelehrten, und andern Begebenheiten in Leipzig, Im Jahre 1747. Gedruckt bey Johann Christian Langenheim*:

den 16 Febr, war die solenne Magister-Promotion, zu welcher der Decanus der philos. Fac. Herr Johann Ehrhard Kapp, *Prof. Eloqu. P. O.* durch eine Schrift von 2½ Bogen invitiret, … (S. 235)
…, worauf die neuen Magistri oder Doctores der Philosophie und der freyen Künste in folgender Ordnung gesetzet werden:
[1 Matthesius 2 Achenwall 3 Gebhard 4] Laurent. Albertus Beck, aus Anspach. [5 Walther 6 Böcker 7 Kirstein]
Obige sieben sind bereits durch Diplomata creiret worden. (S. 237)

---
[62] Vocke (wie Fußnote 59), Bd. II, S. 423 sowie S. 207.
[63] Erler III, S. 17.

4. Herr Laurentius Albert[64] Beck, hat zu Anspach, als einer Mutter vieler Gelehrten, *a.* 1723 das Licht der Welt erblicket, allwo sein Herr Vater ein Secretair und bald ein Rath bey dem Durchl. Fürsten worden; die Fr. Mutter aber ist Christiana Philippina, eine Tochter Herrn Joh. Jac. Becks, obersten Predigers zu S. Johannis. So bald er in das öffentliche Gymnasium daselbst gegangen, darinne er 9 Jahre unter den geschickten Lehrern,[65] Steinmann, Strebeln, Gereth, deren Treue und Gelehrsameit er rühmet, gesessen. Er hörete auch daselbst Theophilum Christ, einen Bruder des hiesigen ber. Professoris. Nachdem sein Herr Vater aus der Zeitlichkeit gegangen, so hat er sich nach Leipzig begeben, und das academische Bürgerrecht unter dem *Rector Magnif.* Herrn Professor Menzen, *a.* 1743 erhalten. Er besuchte die Lehrstunden des hiesigen Christs, und hörte Hebenstreiten, in der Chaldäischen, Syr. Sprache und in dem Rabbinischen, und erhebet diesen Lehrer sehr hoch. In der gantzen Jurisprudentz war er ein Zuhörer Schöns, Sigels, Menckens, Joachims und Zollers. Er war beständig in den Vorlesungen Christs, damit er einen Vorschmack von der allgemeinen Historie, der griech. Philosophie, und von den alten Röm. Gebräuchen bekäme. Nichts weniger hat er nebst der Geometrie die Französische, Italiänische und Engländische, wie die Griechische Sprache gelernet. Solchergestalt hat er den ersten philosophischen Lorbeer zeitlich erhalten. Hierauf vertheidigte er unter Maßgebung Hrn. Prof. Christs, eine öffentliche Disput. *de cura famae*, und verlangte den academischen Lebenslauff zu vollenden, die Magister-Würde; welche auch demselben durch ein Diploma willig beygeleget worden. (S. 242 f.)

Kriegels nicht ganz wortgetreue aber brauchbare Übersetzung nach dem „offiziellen" lateinischen Original[66] gibt einen guten Überblick über die akademische Karriere des Lorenz Albrecht Beck, verrät allerdings nichts von dessen bevorstehender Anstellung in Ansbach. Daß diese noch 1747 erfolgt sein muß, läßt sich den Hof- und Staatskalendern entnehmen. Der im Vorgriff auf 1747 erschienene nennt Becks Namen noch nicht, erwartungsgemäß und pünktlich wird Beck hingegen 1748 als Mitglied des Justizratskollegiums aufgeführt.[67]

---

[64] Nach Ansbacher Quellen (Taufbuch, Eintragung vom 31. 12. 1723, Urkunde vom 8. April 1760 im Stadtarchiv, Vockes *Almanach*) lautet der zweite Vorname Albrecht (freundliche Auskunft von Herrn Stadtarchivar Werner Bürger, Ansbach). Die Leipziger Unterlagen verwenden ebenso konsequent Albert (vermutlich im Blick auf die Latinisierung zu „Albertus"). An der Identität ist gleichwohl nicht zu zweifeln. Auch der Vater hatte Albrecht als Vornamen.

[65] Aus Umfangsgründen wird auf die Mitteilung von Einzelheiten zu den nachstehend aufgeführten Personen – Becks Lehrern und Kommilitonen – verzichtet.

[66] *Gradvs ordinvm xxvii philosophiae candidatis qvi magistri creantvr … d. xvi. febr. a. c. n. mdccxxxxvii*, Leipzig 1747 (Exemplar: D-LEu, *Univ.* 380e [Bd.] *1747–1775*), S. xiv–xvi: Lavrentivs Albertvs Becqvivs Onoldibaco Francvs.

[67] D-ERu, *Hoch-Fürstlich-Brandenburg-Onolzbachischer Address- und Schreib-Calender*, Jahrgang 1747 und 1748 (*Hist. 611 k*). Freundliche Mitteilung von Anneliese Stumpf, Universitätsbibliothek Erlangen.

Nach dem vorstehend Dargelegten wird Lorenz Albrecht Beck (1723–1768) aus Ansbach, jedenfalls bis zum Beweis des Gegenteils, als derjenige gelten müssen, dem ein Freundeskreis – vermutlich von aus Franken stammenden Studenten[68] – bald nach dem 16. Februar 1747 zum Abschied die Kantate „Non sa che sia dolore" dargebracht hat. Wer für den recht und schlecht zusammengestellten italienischen Text verantwortlich war, bleibt allerdings weiter unbekannt, desgleichen das Wann und Wie der Auftragserteilung an den Thomaskantor oder auch die Frage einer möglichen Demarche des Universitätsmusikdirektors Johann Gottlieb Görner.[69] Ob der sprachlich etwas problematische Kantatentext im Druck vervielfältigt wurde, wissen wir ebensowenig, und auch der Verbleib der Aufführungsstimmen läßt sich nicht mehr klären. Vermutlich wurden letztere den Ausführenden beziehungsweise dem Widmungsempfänger überlassen und sind mittlerweile verlorengegangen. Die Partitur wird Johann Sebastian Bach zurückbehalten haben; möglicherweise lag sie noch Anfang der 1770er Jahre vor[70] und diente als Vorlage einer Abschrift, die Johann Nikolaus Forkel sich für seine Sammlung von Bachiana anfertigen ließ. Ob der Thomaskantor alle Sätze der Kantate ad hoc neu komponiert oder aber teilweise auf älteres Gut zurückgegriffen hat, ließe sich nur nach Wiederauffindung seiner Partitur beurteilen. Gleiches gilt für die Frage, ob er – etwa für die abschließende Arie – Unterstützung aus seinem Schülerkreis erhalten hat, beispielsweise von seinem nachmaligen Schwiegersohn und „lieben ecolier" Johann Christoph Altnickol. Hier haben Stiluntersuchungen einzusetzen, um unsere Beobachtungen an Texten zu ergänzen, zu präzisieren oder auch zu widerlegen.

Epilog: Mögliche Mäzene – die Freiherren von Lyncker

Über die dienstlichen Obliegenheiten Lorenz Albrecht Becks in Ansbach wissen wir derzeit nichts, und vielleicht war seine Tätigkeit im Justizratskollegium in Wahrheit wie bei vielen seiner Zeitgenossen eine Sinekure.[71] Von Belang ist jedoch die Frage, wie er zu so schnellem Aufstieg in Ansbach

---

[68] Auf Freundschaften läßt eine gedruckte Sammlung von teilweise gereimten lateinischen Glückwünschen schließen, die unter dem 26. 3. 1746 Johann Erdmann Walther anläßlich der Verteidigung seiner Arbeit *De aquilae iuventa* dargebracht wurden (Exemplar: D-LEu, *Fam. nob. et civ. 864 (K) 24*). Vertreten sind hier Johann Christoph Kind, Johann Friedrich Walther als Bruder, Johann Sigismund Steinbrenner sowie Beck, der sein Gedicht mit *Haec amicitiae caussa scripsit Lavrent. Albertvs Beqvivs Onoldisbacensis Phil. Baccal.* zeichnete.
[69] Vgl. hierzu den in Fußnote 28 zitierten Aufsatz von R. Otto.
[70] NBA I/41 Krit. Bericht, S. 38, 40.
[71] H. Liermann, *Die rechtsgelehrten Beamten der fränkischen Fürstentümer Ansbach*

gelangen konnte. Hier richtet sich der Blick auf seinen Vorgesetzten, nach Angabe des *Address- und Schreib-Calenders* von 1748 „Ernst Christian Frey-Herr von Lyncker." Dessen Sohn studierte seit dem 13. Juni 1746 in Leipzig und könnte dem Vater seinen Kommilitonen Beck als für die Neubesetzung einer Stelle besonders geeignet empfohlen haben.[72] Diese Mutmaßung – mehr ist es derzeit nicht – rechtfertigt eine Beschäftigung mit der Familiengeschichte derer von Lyncker, ihren Weg von Jena über Wien, Ansbach und Leipzig nach Weimar und ihre Kontakte mit der Bach-Familie.

Stammvater des hier zu betrachtenden Zweiges der in Hessen, Thüringen, Schlesien und Brandenburg ansässigen Familie von Lyncker ist der berühmte Rechtsgelehrte und Reichshofrat Nicolaus Christoph von Lyncker (*2.4.1643 in Marburg, †28.5.1726 in Wien). Dessen 1676 geschlossener Ehe mit Margaretha Barbara Widmarkter (*21.12.1653 in Eisenach, †13.1.1695 in Jena) entstammten mehrere Söhne, unter ihnen Baron Wilhelm Ferdinand (getauft 4.2.1687 in Jena, †26.10.1713 in Weimar), der am 24. November 1710 bei der Taufe Wilhelm Friedemann Bachs als namengebender Pate in Erscheinung trat.[73] Wieso er von dem Weimarer Hoforganisten Johann Sebastian Bach zu Gevatter gebeten worden ist, entzieht sich unserer Kenntnis; möglicherweise war er wie der gleichfalls frühverstorbene Page Jagemann Schüler Johann Sebastian Bachs.[74]

Ein älterer Bruder Wilhelm Ferdinands war Ernst Christian von Lyncker (*27.3.1685 [in Jena?], †8.12.1750 in Ansbach),[75] nachmals in Ansbach der bereits erwähnte Vorgesetzte von Lorenz Albrecht Beck. Nach Angabe seines Enkels[76] besaß er ein bedeutendes Vermögen, kann also durchaus als Mäzen in Erscheinung getreten sein. Von 1720 bis mindestens 1730 hatte er als Geheimer Legationsrat in Wien in den Diensten des Herzogs Eberhard Ludwig

---

 und Bayreuth im 18. Jahrhundert. Ein Beitrag zur Geschichte des deutschen Beamtentums, in: Jahrbuch für fränkische Landesforschung 8/9, 1943, S. 255 ff.

[72] Die Praxis, unerfahrene junge Leute in die Stelle eines Rates zu lenken, wurde schon von den Zeitgenossen gerügt, vgl. *Vertraute Briefe über das Fürstenthum Baireuth*, Bd. 1, Berlin und Baireuth 1794, S. 79, zitiert nach F. Pöhlau, *Staat und Wirtschaft in Ansbach-Bayreuth im Zeitalter Friedrichs des Großen*, Erlangen 1934, S. 287.

[73] Dok II, Nr. 51.

[74] Dok II, Nr. 53.

[75] *Gothaisches genealogisches Taschenbuch der freiherrlichen Häuser auf das Jahr 1859. Neunter Jahrgang*, Gotha [1859], S. 472, 474; F. W. Strieder, *Grundlage zu einer Hessischen Gelehrten- und Schriftsteller-Geschichte*, Bd. 8, Kassel 1788, besonders S. 191 f.

[76] C. W. H. Freiherr von Lyncker, *Ich diente am Weimarer Hof. Aufzeichnungen aus der Goethezeit. Zum ersten Mal vollständig hrsg. mit Anmerkungen und einem biographischen Nachwort von J. Lauchner*, Köln, Weimar und Wien 1997, S. 19 (Textstelle erst nachträglich gestrichen).

von Württemberg gestanden[77] und war danach in Brandenburg-preußische Dienste getreten. In Wien war er in der Ära des Kaisers Karl VI. gleichzeitig mit seinem Vater Nicolaus Christoph tätig, der ihm die Stelle als Gesandter verschafft haben könnte. An dessen 82. Geburtstag (2.4.1725) heiratete er in Wien Wilhelmina Friederica Freiin von Seckendorff-Aberdar. Aus dieser Ehe gingen neben mehreren Töchtern sechs Söhne hervor, die später teils in Bayreuth, Schlesien und Preußen tätig wurden, teils auch in Thüringen. Musikgeschichtlich von Belang ist Ernst Christians für 1742 belegte erfolgreiche Vermittlung in Erbschaftsstreitigkeiten am württembergischen Hof.[78]

Der vierte Sohn Ernst Christians war Heinrich Ferdinand Christian von Lyncker (*28.7.1732 in Ansbach,[79] †3.9.1811 in Arnstadt), der nach dem Studium an der Universität Halle zunächst Hofrat im thüringischen Hildburghausen wurde, sodann als fürstlich Schwarzburgischer Kanzler in den Diensten des Sondershäuser Hofes stand und zuletzt als Sondershäuser Konsistorialpräsident in Arnstadt tätig war. Als Student in Halle erhielt er den ehrenvollen Auftrag, auf den Geburtstag Friedrichs II. am 24. Januar 1758 anläßlich eines von diesem errungenen militärischen Sieges eine Rede zu halten.[80] Der Festakt wurde von Wilhelm Friedemann Bach mit der Aufführung der Kantate „O Himmel, schone" (Fk 90) umrahmt.[81]

Der älteste Sohn Ernst Christians war Carl Friedrich Ernst (*8.2.1727 [in Wien?],[82] †17.3.1801 in Weimar[83]). Wie erwähnt, studierte dieser seit 1746 in Leipzig. Ob er hier in Beziehung zu Johann Sebastian Bach trat oder etwa gar dessen Unterricht genoß, wissen wir nicht. Carl Friedrich Ernst von Lyncker begann anschließend eine Laufbahn als Kammerjunker und später Regierungsrat am Hofe des 1729 bis 1757 regierenden „wilden Markgrafen" Carl Wilhelm Friedrich in Ansbach und zog sich danach auf seine Güter zurück. Deren ständig schwindender Ertrag brachte ihn in erhebliche Schwierig-

---

[77] *Neues Württembergisches Dienerbuch*, bearb. von Walther Pfeilsticker. Erster Band. *Hof – Regierung – Verwaltung*, Stuttgart 1957, § 1381.

[78] E. Krüger, *Die Musikaliensammlungen des Erbprinzen Friedrich Ludwig von Württemberg-Stuttgart und der Herzogin Luise Friederike von Mecklenburg-Schwerin in der Universitätsbibliothek Rostock*, Beeskow 2006, Bd. 1, S. 89.

[79] Datum nach Vocke (wie Fußnote 59). Das üblicherweise genannte Geburtsjahr 1728 kann nicht zutreffen.

[80] *Rede bey Gelegenheit des hohen Geburtsfestes des … HERRN Friederichs des Grossen, … welches den 24. Jan. 1758 feyerlichst begangen worden, im Namen sämtlicher hier studirender Schlesier gehalten von Heinr. Ferd. Christ. Freyherrn v. Lynker* (Exemplar: D-LEu, Dt. Gesch. 84815/5).

[81] M. Falck, *Wilhelm Friedemann Bach. Sein Leben und seine Werke*, Leipzig 1913, ²1919 (Reprint Lindau/B. 1956), S. 164 f.

[82] Datum nach dem Taschenbuch (vgl. Fußnote 75).

[83] Aufzeichnungen (wie Fußnote 76), S. 266.

keiten, die auch durch eine von Herzogin Anna Amalia veranlaßte Berufung als Landschaftsdirektor an den Weimarer Hof (1763)[84] nicht dauerhaft zu beheben waren. Hier wurde er zunächst Vizepräsident und 1775 Präsident des Oberkonsistoriums, bekleidete also ein Amt, das traditionell mit Juristen besetzt war. Als Präsident hatte er 1776 die Verhandlungen um die Berufung Johann Gottfried Herders zum Generalsuperintendenten zu führen.[85] Auf diese Weise wurde er Herders Vorgesetzter und zugleich dessen Gegenspieler im Oberkonsistorium. Immer wieder gelang es ihm hier, durch Mehrheitsentscheidungen die Reformversuche Herders zu unterbinden. Besserung schien in Sicht, als Herzog Carl August am 3. Mai 1789 Herder mitteilte, er wolle seine Schulden bezahlen sowie „Ihm zum Vice Consistorial Presidenten mit der Versicherung ernennen, daß er nach Abgang von Lynckern die würkliche Presidentenstelle erhalten solle."[86] Doch dieser „Abgang" ließ auf sich warten, und so formulierte Herder gelegentlich ein Epigramm „An das Krucifix im Konsistorium" mit der Schlußzeile „Vater, vergib! denn die wissen ja nie, was sie thun." Herders Witwe Caroline geb. Flachsland klagte später, daß der arme Vater jede Session habe wahrnehmen müssen, ohne je einen Vertreter entsenden zu können. Wörtlich heißt es in den Lebenserinnerungen der Caroline: „Da der alte Präsident, ungeachtet er fast blind war, zu jeder Session kam, so mußte Herder unter ihm, einem grämlichen Greisen, das Präsidium führen, und war so gänzlich gelähmt. Und dieses dauerte zwölf Jahre."[87] Erst im Juni 1801 konnte Herder die versprochene Nachfolge antreten, doch war ihm nur eine kurze Amtszeit als Präsident beschieden; er selbst starb bereits im Dezember 1803.

---

[84] W. Bode, *Das vorgoethische Weimar*, Berlin 1908, S. 49, 73. Von Lyncker wurde als Vertreter der Landstände berufen. Zur Politik Anna Amalias gegenüber den Landständen vgl. J. Berger, *Anna Amalia von Sachsen-Weimar-Eisenach (1739–1807). Denk- und Handlungsräume einer ‚aufgeklärten' Herzogin*, Heidelberg 2003, S. 260.

[85] F. Peucer, *Herder's Berufung nach Weimar*, in: Weimarisches Herder-Album, Jena 1845, S. 47–64.

[86] B. Suphan, *Goethe und Herder von 1789–1795*, in: Preußische Jahrbücher 43 (1879), S. 85–100, 142–183, hier S. 95 f.

[87] *Erinnerungen aus dem Leben Joh. Gottfrieds von Herder. Gesammelt und beschrieben von Maria Carolina von Herder, geb. Flachsland. Hrsg. durch Johann Georg Müller, Doctor der Theologie und Professor in Schaffhausen*, Teil 1–3, in: Johann Gottfried von Herder's sämmtliche Werke. Zur Philosophie und Geschichte. Zwanzigster (bzw. Ein und Zwei und zwanzigster) Theil, Stuttgart und Tübingen 1830. 21. Teil, S. 222 ff. „Fragmente zu Herders Lebensgeschichte in Weimar", hier S. 232, 22. Teil, S. 13 ff. „Herders Amtsgeschäfte und ihre Führung", hier S. 32. Nach R. Haym, *Herder nach seinem Leben und seinen Werken*, Bd. 2, Berlin 1885, S. 9 f. und 437, liefert die Druckfassung von 1830 eine gegenüber der Handschrift gekürzte Version.

Carolines bissige Charakteristik, die sich vermutlich auf manche Klage Herders berufen kann, ist von der Goethe- und vor allem von der Herder-Forschung oftmals unreflektiert übernommen und unbesehen fortgeschrieben worden. Ob eine exakte Untersuchung der Arbeit des Weimarer Oberkonsistoriums im letzten Viertel des 18. Jahrhunderts eine Änderung bewirken könnte, muß dahingestellt bleiben. Große Verluste an einschlägigen Akten[88] scheinen einem solchen Plan entgegenzustehen.

Gleichwohl bereitet es nicht allzuviel Mühe, ein differenzierteres Bild von Carl Friedrich Ernst von Lyncker zu gewinnen. Glücklicherweise hat dessen Sohn – also der Urenkel des eingangs genannten Reichshofrats Nicolaus Christoph – Carl Wilhelm Heinrich von Lyncker auf Flurstedt und Kötschau (*18.1.1767, †1843), Patenkind der Charlotte von Stein, später Hauptmann und Kammerrat in Rudolstadt, 1809 Landrat des Kreises Jena, seit 1815 Oberst, Aufzeichnungen über seine am Weimarer Hof verbrachten Jugendjahre[89] hinterlassen, die nicht nur allgemein ein kennenswertes Kulturbild aus der Goethe-Zeit liefern, sondern auch speziell dem Vater Gerechtigkeit widerfahren lassen. Ergänzt werden diese Memoiren durch mündliche Mitteilungen an einen Zeitgenossen, nach denen jener auch Kommandeur des Tempelherren-Ordens und Oberer der Rosenkreuzer war sowie eine besondere Affinität zum Theater und zu anderen künstlerischen Aktivitäten entwickelte. Wörtlich heißt es hier:

Das Haus des Ober-Konsistorial-Präsidenten v. Lynker war ein Haupt-Stapelplatz des literarischen, vorzugsweise des dramatischen Lebens jener Weimarischen Kunst-Epoche. Zur Zeit der Herzogin Anna Amalia hatte sich unter Anführung Herrn v. Lynker's eine namhafte Gesellschaft junger Herren und Damen von Adel gebildet, welche sich das Lynker'sche Frei-Korps nannte und von deren Lustbarkeiten auf den v. Lynker'schen Rittergütern zu Kötschau und Flurstedt viel Merkwürdiges erzählt wird.[90]

Nach dem Brand des Weimarer Schlosses (1774) wurde unter Goethes Leitung anderweitig Theater gespielt; zur Verfügung standen zwei verschiedene Bühnen, eine französische und eine deutsche: „Auf der Französischen Bühne glänzte besonders der nachmalige Ober-Konsistorial-Präsident v. Lynker in fein comischen Alten, was man damals Mantelrollen nannte."[91] Nachweisbar

---

[88] I. Braecklein, *Zur Tätigkeit Johann Gottfried Herders im Konsistorium des Herzogtums Sachsen-Weimar*, in: Herder im geistlichen Amt. Untersuchungen – Quellen – Dokumente, hrsg. von E. Schmidt, Leipzig 1956, S. 59.

[89] Vgl. Fußnote 76.

[90] A. Peucer, *Das Liebhaber-Theater am Herzoglichen Hofe zu Weimar, Tiefurt und Ettersburg, 1775–1783*, in: Weimar's Album zur vierten Säcularfeier der Buchdruckerkunst am 24. Juni 1840, Weimar [1840], S. 53–74 und 346–348, hier S. 347f.

[91] Ebenda, S. 61.

ist von Lynckers Mitwirkung in Stücken (beziehungsweise Bearbeitungen) von Destouches, Gozzi, Beaumarchais (?) und möglicherweise Goethe in den Jahren 1776 und 1778.[92] War Musik vonnöten, so kam ab 1775 der als Kammerherr nach Weimar übergesiedelte Musiker, Dichter und Diplomat Siegmund Carl Friedrich von Seckendorff-Aberdar (1744–1785) zum Zuge.

Mit der Nennung dieses Familiennamens schließt sich gleichsam ein Kreis. Denn „Christoph Friedrich von Seckendorff[-Aberdar, 1679–1759] war jahrzehntelang der führende Minister in Ansbach. Er hatte als Mitarbeiter seine beiden Schwiegersöhne, die Geheimen Räte [Ernst Christian] von Lynker [1685–1750] und von Voit."[93] Dieser ältere Seckendorff kann 1747/48 ebensogut wie sein Schwiegersohn Lyncker zu den Förderern Lorenz Albrecht Becks gehört haben. Der jüngere Seckendorff, Christoph Ludwig von Seckendorff-Aberdar (1709–1781), Neffe des vorgenannten, der nachmals in Ansbach den Einfluß seines Oheims in dessen letzten Jahren mehr und mehr zu beschränken verstand[94] und schließlich dessen Stelle einnahm, gehörte bemerkenswerterweise 1727 zu den Zuhörern, die am 12. Mai in Leipzig die Darbietung der Bach-Kantate „Entfernet euch, ihr heitern Sterne" erlebten.[95]

---

[92] Zu Einzelheiten vgl. G. Sichardt, *Das Weimarer Liebhabertheater unter Goethes Leitung. Beiträge zu Bühne, Dekoration und Kostümen unter Berücksichtigung der Entwicklung Goethes zum späteren Theaterdirektor*, Weimar 1957, S. 75, 76, 134, 149, 151 f., 154, 179.

[93] Liermann (wie Fußnote 71), S. 268.

[94] C. Weber, *Die äussere Politik des Markgrafen Karl Wilhelm Friedrich von Brandenburg-Ansbach 1729–1757* (Diss. Erlangen 1907), München 1909, S. 20 f.

[95] Vgl. den Beitrag von Rashid-Sascha Pegah im vorliegenden Band.

Neue Erkenntnisse zur Entstehungsgeschichte der Kantaten BWV 34 und 34 a

Von Tatjana Schabalina (St. Petersburg)

Die Pfingstkantate „O ewiges Feuer! o Ursprung der Liebe" BWV 34 gehörte bis vor kurzem zu den wenigen Kirchenkantaten Johann Sebastian Bachs, die von der großen Entdeckungswelle der Bach-Forschung Ende der 1950er Jahre nicht berührt wurden. Ihre Entstehungsgeschichte sowie ihr zeitliches Verhältnis zur gleichnamigen Trauungskantate BWV 34 a haben seit Philipp Spitta und bis zum heutigen Tag keine Zweifel hervorgerufen. BWV 34 wurde einhellig für eine Parodie nach BWV 34 a gehalten. Spitta bestimmte 1740 oder 1741 als das Entstehungsjahr der Pfingstkantate BWV 34;[1] nachfolgende Untersuchungen zur Chronologie von Bachs Handschrift haben dann gezeigt, daß die erhaltene autographe Partitur *Am.B.39* etwas später datiert werden muß,[2] nämlich auf die Zeit um 1746/47.[3] BWV 34 a hingegen wird auf 1725–1726 datiert,[4] wobei Frederick Hudson diesen Zeitraum auf das Jahr 1728 ausdehnt.[5] Trotz dieser Unterschiede in der Datierung wurde nie bezweifelt, daß die Trauungskantate BWV 34 a die Parodievorlage der zwanzig Jahre später entstandenen Pfingstkantate BWV 34 ist, deren erster, dritter und fünfter Satz aus den Sätzen 1, 5 und 4 von BWV 34 a gewonnen wurden.[6] Der Kritische Bericht zu NBA I/33 resümiert: „Der inneren Evidenz nach ist die Pfingstkantate BWV 34 keine Erstfassung".[7]

---

[1] Siehe Spitta 2, S. 557 und 816 f.
[2] BC I/1, S. 334: „EZ wahrscheinlich nach 1745 … EA vielleicht 21. Mai 1747 durch WFB in Halle"; siehe auch Dürr Chr 2, S. 115: „Durch Schriftformen J. S. Bachs (ähnlich BWV 212) wohl in die erste Hälfte der 1740er Jahre zu datieren"; NBA I/13 Krit. Bericht (D. Kilian, 1960), S. 120 f.; Dürr K ([8]2000), S. 403; TBSt 4/5, S. 173.
[3] Siehe BWV[2a], S. 34; Kobayashi Chr, S. 55; Schulze K, S. 259 f.
[4] Siehe H.-J. Schulze, *Neuerkenntnisse zu einigen Kantatentexten Bachs auf Grund neuer biographischer Daten*, in: Bach-Interpretationen, hrsg. von M. Geck, Göttingen 1969, S. 22–28; BC I/3, S. 867; Dürr Chr 2, S. 86; Dürr K, S. 403 f.; Schulze K, S. 260 f.; TBSt 4/5, S. 173.
[5] NBA I/33 Krit. Bericht (F. Hudson, 1958), S. 46.
[6] Siehe BC I/1, S. 334; BC I/3, S. 867 f.; BWV[2a], S. 34 ff.; Dürr Chr 2, S. 86; Schulze K, S. 260 f.
[7] NBA I/33 Krit. Bericht, S. 46. Nach der Analyse der Unterschiede in der Lage des Chors „Friede über Israel" in beiden Kantaten und des Textes der Altarie heißt es ferner: „Es besteht daher kein Zweifel, daß die Trauungskantate (im Gegensatz zu dem Parodieverhältnis BWV 120 und 120 a) das Original der beiden Lesarten darstellt." Siehe auch W. G. Whittaker, *The Cantatas of Johann Sebastian Bach: Sacred*

Ein vor kurzem in der Russischen Nationalbibliothek aufgefundener Textdruck (Signatur *15.62.6.94*) hat die traditionellen Vorstellungen über die Entstehungszeit und Erstaufführung der Pfingstkantate BWV 34 grundlegend geändert.[8] Das Datum auf der Titelseite dieses Texthefts – 1727 – und die in ihm enthaltene Dichtung von BWV 34 zeigen, daß Bach das Werk mindestens zwanzig Jahre früher komponiert und aufgeführt hat, als bisher angenommen. So wurde klar, daß zwischen der Entstehung des Originals und der Parodie keine derart große Zeitspanne liegt und beide Werke allem Anschein nach innerhalb von ein oder zwei Jahren entstanden sind. Eine erneute Untersuchung der autographen Partitur *Am.B.39* und der Originalstimmen *St 73* im Blick auf die in ihnen enthaltenen Korrekturen ergab, daß auch die Frage des Parodieverhältnisses der Kantaten BWV 34 und 34a neu gestellt werden muß.

I

Wir beginnen die Untersuchung mit der autographen Partitur von BWV 34. Es handelt sich im wesentlichen um eine Reinschrift, was angesichts der nunmehr ermittelten Entstehungszeit des Werks nicht verwunderlich ist. Allerdings sind in den Sätzen 1, 3 und 5 zahlreiche Korrekturen zu finden, die Bach im Verlauf des Abschreibens vornahm. Ein Teil davon hat eindeutig mit Kopierfehlern zu tun. Es handelt sich um folgende Korrekturen:

Satz 1
– Takt 45, Oboe 2: Die erste Note wurde anfänglich als a' geschrieben, danach aber ausradiert und zu e' korrigiert. Dieser Fehler kann im Kontext der folgenden Korrekturen erklärt werden.
– Takte 46–47, Oboe 1 (ante correcturam):

---

and Secular, London 1959, Bd. I., S. 510 ff., Bd. II, S. 125 ff.; R. C. Davis, *Self-Parody among the Cantatas of Johann Sebastian Bach,* Teil I/II, Diss. Boston University 1962, S. 92 ff. und 446 f. Auch R. J. C. van Randwijck hat in seiner jüngst abgeschlossenen Dissertation *Music in Context: Four Case Studies,* Utrecht 2008, noch einmal die Frage der Beziehung zwischen BWV 34 und BWV 34a erörtert und ist zu folgendem Schluß gekommen: „In my view, there are strong reasons to conclude that BWV 34 is an adaptation of BWV 34a" (S. 80).

[8] Siehe T. Schabalina, *„Texte zur Music" in Sankt Petersburg: Neue Quellen zur Leipziger Musikgeschichte sowie zur Kompositions- und Aufführungstätigkeit Johann Sebastian Bachs,* BJ 2008, S. 65–68.

Der Verlauf der ersten Oboen-Stimme in Takt 45 wird in Takt 56 wörtlich wiederholt; in den Takten 46–47 wurden anfänglich die Noten einer erst 11 Takte später (T. 57–58) folgenden Passage eingetragen. Folglich ist der Fehler in den Stimmen der Oboen in den Takten 45–47 am ehesten damit zu erklären, daß Bach beim Kopieren versehentlich 11 Takte ausließ und mithin Noten eintrug, die erst später folgen sollten. Der Zusammenhang dieser Korrekturen – das Ende der Akkolade und der Übergang zur nächsten – ist typisch für solche Fehler. Anscheinend hat Bach in der Partitur den Verlauf der Stimme der Oboe 1 bis zum Ende der Akkolade niedergeschrieben, ohne den Fehler zu bemerken. Erst bei der Niederschrift der Stimme der Oboe 2 fiel ihm in Takt 45 das Versehen auf und er korrigierte daraufhin beide Stimmen.

– Takte 82–83, Basso: Deutliche Korrektur eines mechanischen Kopierfehlers, da die Lesart ante correcturam vier Takte später folgt.

Satz 3
– Takt 33, Traversa 1: Der ursprüngliche Text ist ausradiert und durch eine halbe Pause ersetzt worden. Anscheinend handelt es sich wiederum um die Korrektur einer Auslassung, da die Stimme der Traversa 1 einen Takt später einsetzt.

Satz 5
– Takt 27, Violino 1: Ursprünglich standen die ersten fünf Noten wie in der Stimme von Violino 2; sie wurden nachträglich auf zwei Halbenoten korrigiert, was allem Anschein nach wieder auf einen mechanischen Kopierfehler zurückzuführen ist.

Andere Korrekturen hingegen zeugen davon, daß Bach während des Kopierens auch Revisionen des ursprünglichen Notentexts vornahm:[9]

Satz 1
– Takt 6, Viola: Die Noten 1–2 sind offensichtlich von fis' g' in d' e' korrigiert worden:

---

[9] In dieser Aufstellung sind bewußt all jene Korrekturen ausgelassen worden, die man als Berichtigung zufälliger Schreibfehler betrachten kann beziehungsweise deren Ursache nicht klar ersichtlich ist; hierzu zählen: Satz 1: Takt 1 (Continuo), Takt 25 (Tromba 2), Takt 34 (Soprano), Takt 53 (Tenor), Takt 57 (Tromba 2), Takt 59 (Viola), Takt 64 (Violino 2), Takte 65, 66, 68 (Viola), Takt 70 (Continuo), Takt 86 (Soprano), Takt 89 (Tenor), Takt 104 (Basso), Takt 105 (Alto), Takt 122 (Oboe 1), Takt 127 (Basso), Takt 129 (Continuo), Takt 133 (Violino 1), Takt 138 (Violino 1); Satz 3: Takte 6, 20, 34 (Continuo), Takt 57 (Traversa 1); Satz 5: Takt 1 (Tromba 1), Takt 13 (Tromba 3), Takte 18, 19 (Continuo), Takt 46 (Violino 2), Takt 47 (Tromba 2), Takte 49–50 (Tromba 3), Takt 56 (Viola), Takt 72 (Soprano), Takte 79–80 (Basso). Selbstverständlich bleiben auch die von der Hand Wilhelm Friedemann Bachs stammenden Änderungen und Ergänzungen in *Am.B.39* unberücksichtigt.

In der ursprünglichen Fassung entstanden parallele Oktaven mit der Stimme der ersten Violine. Wichtig ist die Beobachtung, daß in der entsprechenden Stimme von BWV 34a bereits die Fassung post correcturam steht. Wenn BWV 34a früher als BWV 34 entstanden wäre, wäre unverständlich, warum Bach zuerst die schlechtere Fassung niedergeschrieben hat (noch dazu in einer Reinschrift für eine Wiederaufführung), um sie dann durch die Lesart der Trauungskantate zu ersetzen.

– Takt 47, Tromba 2: In Zählzeit 2–3 standen ursprünglich Viertelpausen wie in der Stimme der Tromba 1. Diese sind im Autograph unter den Hälsen und Balken der nachträglichen Lesart deutlich zu erkennen.[10] Wahrscheinlich war dies die frühere Fassung der Pfingstkantate. Es ist möglich, daß in der Stimme der Tromba 3 zunächst Viertelpausen vorgesehen waren, jedoch führte eine Änderung in Tromba 2 auch zu einer Änderung in der nachfolgenden Stimme.

– Takt 48, Tromba 2: Eine offensichtliche Korrektur auf Zählzeit 2–3. In der NBA heißt es, daß die zweite und dritte Note ursprünglich a' (klingend h') lauteten.[11] Es scheint aber zweifelhaft, daß Bach ein solcher Fehler unterlaufen sein könnte (diese Noten können nicht als Kopierfehler oder als ursprüngliche Variante erklärt werden). Unserer Meinung nach standen hier ursprünglich Viertelpausen, wie in der Stimme von Tromba 1 und wie im vorherigen Takt. Deswegen findet die vor dieser Note stehende Achtelpause kaum Platz.

– Takt 50, Oboe 1: Der ursprünglich notierte Haltebogen ist getilgt worden. Wahrscheinlich handelt sich um eine Revisionskorrektur (für BWV 34a fehlt diese Stimme).

– Takt 71, Basso: Auf Zählzeit 1 lautete der Rhythmus zunächst ♩♩♩, wurde dann aber zu ♩♩♩ verändert:

In BWV 34a steht bereits die spätere Variante.

– Takt 76, Sopran: Zuerst schrieb Bach eine Viertelnote, ersetzte sie jedoch durch eine punktierte Halbe. In BWV 34a findet man an dieser Stelle Viertelnoten, und diese Variante stand wahrscheinlich auch in der früheren Fassung der Pfingstkantate. Folglich haben wir hier eine Revisionskorrektur vor uns, die erst in der Fassung von 1746/47 eingeführt wurde.

– Takt 87, Oboe 2 und Violino 2: In beiden Stimmen sind die vierten Achtelnoten des Taktes in identischer Weise von cis'' auf fis' korrigiert worden (anscheinend zur Vermeidung von Quintparallelen mit der Viola). Ein Vergleich mit der Fassung von BWV 34a ist nicht möglich, da die entsprechenden Stimmen nicht erhalten sind. Jedoch wurde allem Anschein nach auch dieser Fehler in der ersten Fassung nicht bemerkt und erst später korrigiert.

---

[10] NBA I/13 Krit. Bericht, S. 117, enthält für diese Stelle anscheinend eine nicht ganz korrekte Erklärung der ursprünglichen Aufschrift.
[11] Siehe ebenda.

- Takt 88, Oboe 1 und Violino 1: Ähnlich wie im vorherigen Takt sind die letzten Sechzehntelnoten in beiden Stimmen von a' zu cis" korrigiert worden (vermutlich um Oktavparallelen mit dem Tenor und der Viola zu vermeiden). Der an dieser Stelle gleichlautende Sopran hat hier bereits cis". Da in der Trauungskantate in beiden Stimmen (Violino 1 und Sopran) a' steht, ist anzunehmen, daß auch in der ursprünglichen Fassung der Pfingstkantate und in der Trauungskantate dieser Fehler nicht bemerkt wurde und erst in der Version des Jahres 1746/47 korrigiert wurde.
- Takt 101, Viola: Der Kopf der fünften Note wurde korrigiert (wahrscheinlich zur Vermeidung von Oktavparallelen mit der Stimme von Tromba 2). Da aber die Stimme der Kantate BWV 34a die Lesart ante correcturam aufweist, wurde entweder der Fehler in den vorausgehenden Fassungen nicht bemerkt oder die Trompeten schwiegen ursprünglich an dieser Stelle (dies ist aber wenig wahrscheinlich).
- Takt 136, Violino 2: Die erste Note wurde von cis' zu gis' korrigiert. Dem Kontext nach handelt es sich um eine Revisionskorrektur. Womöglich deutet sie auf die ursprüngliche Variante der Pfingstkantate.

Satz 3
- Takt 6, Traversa 1 und Violino 1: In beiden Stimmen ist der Kopf der sechsten Note in gleicher Weise korrigiert worden:

Offensichtlich handelt es sich um Spuren der ursprünglichen Variante (wahrscheinlich aus der früheren Fassung der Pfingstkantate); in den Stimmen der Trauungskantate BWV 34a (Violino 1) steht bereits die Lesart post correcturam.
- Takt 16, Traversa 1: In diesem Takt sehen wir eine Wiederholung der Korrektur, die wir schon in Takt 6 (Traversa 1, Violino 1, siehe oben) beobachtet haben. Die 6. Note lautete anfänglich gis"; dann wurde dem Notenkopf eine zusätzliche Linie hinzugefügt (die Lage von Notenkopf und Hilfslinie zeigen dies deutlich). In der Stimme von Violino 1 aber ist diese Stelle sofort in der definitiven Variante geschrieben. Im Blick auf die beschriebene Verbesserung in Takt 6 scheint diese Korrektur noch einmal zu beweisen, daß die ursprüngliche Fassung, von der Bach kopierte, eine Variante mit den Noten gis" und gis' enthielt. Wieder handelt es sich in diesem Takt der Stimme Violino 1 von BWV 34a um die spätere Lesart ohne Korrekturen.
- Takt 39, Viola: Die erste Note wurde korrigiert (von a' zu cis'). In BWV 34a steht eine andere Lesart (fis'), wodurch parallele Quinten mit den Stimmen Traversa 1 und Violino 1 entstehen. Anscheinend hat Bach bei der Niederschrift von *Am. B. 39* ver-

sucht, dies zu vermeiden, weshalb er zuerst die Note in der Viola eine Terz höher schrieb. In diesem Fall entstehen jedoch parallele Oktaven mit dem Continuo, was wahrscheinlich die Änderung von a' zu cis' in der Viola nach sich zog.
– Takt 42, Alto: Die dritte Note wurde als Durchgangsnote (Sechzehntel) eingefügt, die vorangehende Note punktiert, der Bogen verlängert und zur folgenden Notengruppe ein weiterer Balken hinzugefügt:

In BWV 34a steht die Lesart ante correcturam. Anscheinend stand in der Pfingstkantate von 1727 und in BWV 34a die Lesart mit Achtelnoten. Es handelt sich somit um eine Revisionskorrektur, die erst in der Fassung von 1746/47 eingeführt wurde (die Plazierung der Noten in Bezug auf die Continuo-Stimme zeigt, daß die Stelle in *Am. B. 39* ursprünglich aus vier Achtelnoten bestand).
– Takt 43, Alto: Die fünfte und sechste Note waren ursprünglich – wie in BWV 34a – mit einem gemeinsamen Balken versehen; nachträglich wurden separate Fähnchen eingefügt. Anscheinend haben wir wieder Spuren der ursprünglichen Fassung vor uns.
– Takt 65, Alto: Der Kopf der letzten Note ist stark verdickt; dies deutet auf eine Korrektur von a' zu gis'. Es könnte sich um die ursprüngliche Lesart der Pfingstkantate handeln. Der Text von BWV 34a entspricht der Variante post correcturam.
– Takt 72, Violino 2: Die vorletzte Note wurde eine Terz nach oben korrigiert. Anscheinend handelt es sich um eine Revisionskorrektur. Für BWV 34a fehlt diese Stimme, jedoch ist die Lesart dieser Stelle ante correcturam in der Stimme der Traversa 2 (eine Oktave höher) eingetragen worden. Folglich ist die Korrektur in der Stimme von Violino 2 nicht zufällig und zeigt hier wohl Spuren der ursprünglichen Fassung der Pfingstkantate.

Wie wir sehen, bieten diese Korrekturen Verbesserungen von Details, die während des Kopierens eingefügt wurden. Beim Vergleich mit BWV 34a stellt sich aber heraus, daß eine Reihe dieser Korrekturen nicht die Lesarten ante correcturam repräsentieren (wie zu erwarten wäre, wenn die Trauungskantate BWV 34a zeitlich vorausging), sondern bereits den Lesarten post correcturam von BWV 34a entsprechen. Besonders aufschlußreich sind in diesem Zusammenhang die Korrekturen im ersten Satz in T. 6 sowie im dritten Satz in T. 6 und 16.
Die Zahl und der konsequente Charakter der Revisionskorrekturen legen die Annahme nahe, daß Bach nach einer Handschrift kopierte, die der Trauungskantate vorausging. Vielleicht nach dem Gedächtnis, vielleicht mit dem Text

der Handschrift von BWV 34a vergleichend, führte er die in *Am. B. 39* zunächst niedergeschriebenen Lesarten in diejenige über, die in der Trauungskantate bereits enthalten waren. Es ist aber wahrscheinlich, daß einige Details bereits in den Stimmen der früheren Fassung der Pfingstkantate ausgeführt waren und Bach bei der Anfertigung der reinschriftlichen Partitur um 1746/47 die Korrekturen anhand dieser Stimmen vornahm. Wenn man annimmt, daß die Trauungskantate BWV 34a als direkte Vorlage für die Pfingstkantate BWV 34 diente, dann sind die oben erwähnten Korrekturen vor dem Hintergrund unserer heutigen Kenntnisse von Bachs Arbeitsweise nur schwer zu erklären.

II

Wenden wir uns nun den Stimmen der Trauungskantate BWV 34a (*St 73*) zu. Leider ist der originale Stimmensatz nicht vollständig erhalten – vorhanden sind nur die Vokalstimmen sowie die Stimmen der ersten Violine, der Viola und des Continuo. Die Korrekturen in diesen Stimmen sind gut sichtbar. Es folgt eine Analyse derjenigen Korrekturen, die unmittelbar mit dem Problem der Fassungschronologie zu tun haben:

Satz 1
– Takt 67, Tenore: Anfänglich wurden alle sechs Achtelnoten mit einem Balken zusammengefaßt, danach aber mit vertikalen Trennstrichen in drei Gruppen zu je zwei Achteln geteilt. Dies war notwendig, um die drei Textsilben „-weyh-ten Al-" (Textzeile „entzünde der Herzen geweyhten Altar") in diesem Takt unterzubringen. In BWV 34 enthält derselbe Takt nur die Silbe „wey-" (Textzeile „entzünde die Herzen und weyhe sie ein"); dementsprechend sind hier alle sechs Achtel mit einem Balken notiert.

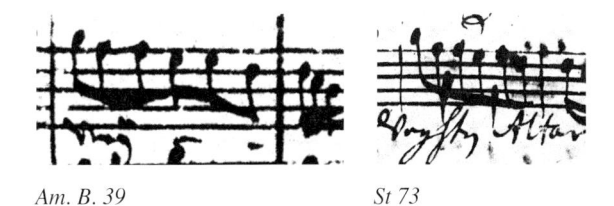

Am. B. 39   *St 73*

– Takte 112–113, Alto: In Takt 112 wurde die vierte Note anfänglich durch einen Balken mit den zwei vorherigen Sechzehntelnoten verbunden, danach wurde aber der Balken ausradiert und die Note als Viertelnote geschrieben. Des weiteren wurde in Takt 113 die erste Achtelnote anfänglich mit separatem Fähnchen und die vierte Note als eine Halbe mit einem Haltebogen zum folgenden Takt notiert. Danach wurde die erste Achtelnote mit einem Balken mit den folgenden zwei Sechzehntelnoten verbunden, die Halbe wurde in zwei Viertelnoten aufgelöst und der Haltebogen gestrichen. Ein Vergleich mit der entsprechenden Stelle in BWV 34 zeigt, daß die ursprüngliche Lesart von BWV 34a genau der Fassung in BWV 34 entspricht.

Am. B. 39   *St 73*

Infolge der geänderten Textunterlegung mußte Bach diese Stelle etwas umarbeiten; die Handschrift *St 73* hat die Spuren dieses Prozesses bewahrt.
- Takt 127, Alto: Anfangs wurden die ersten beiden Achtelnoten mit einem gemeinsamen Balken notiert, danach in separate Noten mit Fähnchen umgewandelt. Diese Achtelnoten tragen die Silben „Re-gun-" (Textzeile „edelsten Regungen"). Im entsprechenden Takt der Kantate BWV 34 steht auf Zählzeit 1 die Silbe „Glau-" (Textzeile „die Seelen im Glauben"), die eine gemeinsame Balkung der Achtelnoten erfordert.

Am. B. 39    *St 73*

Diese Korrektur deutet, ebenso wie die vorangehende, klar genug auf ein von gängigen Vorstellungen abweichendes Verhältnis von BWV 34 und BWV 34a.
- Takt 128, Tenore: In diesem Fall sehen wir eine Korrektur, die mit der für Takt 127 beschriebenen völlig identisch ist. Auch sie steht zweifellos mit der Änderung der Textunterlegung in Verbindung.

Am. B. 39    *St 73*

- Takt 133, Soprano: In diesem Takt war die vierte Note ursprünglich mit den vorhergehenden Sechzehntelnoten durch einen Balken verbunden; die nachträglich eingefügte Separierung ist wieder mit einer Umtextierung verbunden: in BWV 34a fällt auf die erste Hälfte des Taktes das Wort „-ei-nig-te" (Textzeile „auf dieses vereinigte Paar"), während in BWV 34 dieselben Noten das Wort „Höchster" tragen, das die Zusammenfassung der Noten 2–4 bedingte.

Neues zur Entstehungsgeschichte der Kantaten BWV 34 und 34a 103

Am. B. 39    *St 73*

– Takt 134, Soprano: Die letzten drei Noten im Takt wurden anfänglich mit einem Balken zusammengefaßt, dann aber in zwei Sechzehntel und eine Achtel (mit separatem Fähnchen) geteilt. In BWV 34 ist diesen Noten die Silbe „dein" (Textzeile „dein Tempel zu sein") zugeordnet, in BWV 34a stehen hingegen zwei Silben: „-nig-te" (Textzeile „vereinigte Paar").

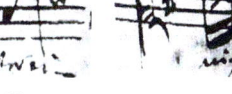

Am. B. 39   *St 73*

– Takt 135, Alto und Tenore: Die ungewöhnlich aussehenden Fähnchen der Achtelnoten und die offensichtlich später hinzugefügte zweite (Alto) bzw. vierte Note (Tenore) deutet an, daß der Takt ursprünglich drei Viertelnoten enthielt. Eben diese Variante ist in BWV 34 anzutreffen. Bedingt wurde diese rhythmische Änderung durch die Zahl der Textsilben: gegenüber „Tem-pel zu" (Textzeile „dein Tempel zu sein") in BWV 34 heißt es in BWV 34a „ver-ei-nig-te" (Textzeile „auf dieses vereinigte Paar").

Am. B. 39, Alto   *St 73*, Alto

Am. B. 39, Tenore   *St 73*, Tenore

– Takt 140–141, Tenore: Hier sieht man die ursprünglich gezeichneten und danach ausradierten Haltebögen zwischen den Noten fis' – fis'. Wiederum ist es bezeichnend, daß in BWV 34 die folgende Variante erscheint:

Am. B. 39   *St 73*

Offensichtlich hat die Umtextierung von „Glauben gefallen" auf „Regungen fallen" an dieser Stelle der Tenorstimme zur Änderung des Rhythmus geführt. Wahrscheinlich wurde der erste Haltebogen in Takt 140 in *St 73* zufällig oder als Versuch einer Korrektur des begangenen Fehlers eingefügt, die Korrektur des zweiten Haltebogens ist jedoch nicht zufällig und zeugt wiederum davon, daß die Stimmen von der Handschrift (oder den Handschriften) zu BWV 34 aus vorbereitet wurden.

Aufgrund dieser Korrekturen kann mit einiger Sicherheit behauptet werden, daß die bisherigen Erklärungsmodelle für das Verhältnis von BWV 34 a und BWV 34 revisionsbedürftig sind und daß die Pfingstkantate BWV 34 keine direkte Parodie der angeblich früheren Trauungskantate BWV 34 a darstellt.
Die Arie „Wohl euch" (Satz 5 von BWV 34 a beziehungsweise Satz 3 von BWV 34) ist in der Trauungskantate im Vergleich zur Pfingstkantate um vier Takte verlängert worden. Es ist bemerkenswert, daß in der Altstimme in BWV 34 a gerade an der Stelle, an der nach Takt 44 eine Pause steht (und an der in den Instrumentalstimmen vier zusätzliche Takte eingeschoben wurden), die Ziffer „8" mit merklich dickerer Schrift eingetragen wurde, was auf eine Korrektur hindeutet (wahrscheinlich aus „4"). Da aber außer dieser keine anderen Korrekturen in diesem Satz zu finden sind, ist anzunehmen, daß entweder Bach diesen Satz für die Niederschrift der Stimmen durch seine Kopisten vorbereitete oder aber daß der Hauptkopist Christian Gottlob Meißner ihn mit unmittelbarer Beteiligung des Komponisten niederschrieb. Es ist möglich, daß Bach für einige der Sätze von BWV 34 a (zumindest für den Eingangschor) keine neue Partitur schrieb und die Kopisten – nach Bachs Vorgaben – die Stimmen der Trauungskantate direkt nach den Handschriften von BWV 34 erstellten. Dies war umso leichter möglich, als die dem ersten Satz unterlegten Dichtungen in beiden Kantaten sehr ähnlich sind:

BWV 34:	BWV 34a:
O ewiges Feuer, o Ursprung der Liebe,	O ewiges Feuer, o Ursprung der Liebe,
Entzünde die Herzen und weihe sie ein.	Entzünde der Herzen geweihten Altar.
Laß himmlische Flammen durchdringen und wallen,	Laß himmlische Flammen durchdringen und wallen,
Wir wünschen, o Höchster, dein Tempel zu sein,	Ach laß doch auf dieses vereinigte Paar
Ach, laß dir die Seelen im Glauben gefallen!	Die Funken der edelsten Regungen fallen.

Bezeichnenderweise beobachten wir die Korrekturen in den Vokalstimmen von BWV 34a gerade an den Stellen, die Änderungen im Vergleich zu BWV 34 aufweisen.

Wenn wir – wie vorstehend gezeigt wurde – die Korrekturen sowohl in den Originalstimmen zu BWV 34a (*St 73*), als auch in der autographen Partitur zu BWV 34 (*Am. B. 39*) berücksichtigen, so ergibt sich zweifelsfrei, daß das Parodieverhältnis zwischen der Trauungskantate und der Pfingstkantate genau andersherum verlief, als bisher angenommen.

III

Wie vorstehend gezeigt, bieten die erhaltenen Quellen für das Werkpaar BWV 34/34a zahlreiche bislang unberücksichtigte Hinweise auf eine verwickelte Werkgeschichte. Für die Bestimmung der absoluten Chronologie reichen diese allerdings nicht aus. Das späte Autograph *Am. B. 39* vermag den Verlust der Handschriften von 1727 nicht zu kompensieren, und der unvollständig überlieferte Stimmensatz zu BWV 34a läßt viele Fragen offen. Der neu ermittelte Textdruck von 1727 belegt zwar die einstige Existenz früherer Quellen zu BWV 34, scheint jedoch das von uns ermittelte Abhängigkeitsverhältnis nicht zu stützen. Denn die Entstehungszeit von *St 73* wird aufgrund des Papier- und Schreiberbefunds mit 1725/1726 angegeben.[12] Das Wasserzeichen der sieben erhaltenen Stimmen (Weiß 30) findet sich in verschiedenen Varianten in den Partituren und Stimmensätzen der Kantaten BWV 13, 16, 28, 32, 39, 43, 57, 72, 110, 151, 193 und 194 sowie auch in den Leipziger Aufführungsmaterialien einiger Kantaten von Johann Ludwig Bach und in anderen Quellen.[13] Die Mehrzahl dieser Handschriften wird heute auf 1726 datiert, einige auf Dezember 1725. Jedoch gibt es unter ihnen auch solche, die dem Jahr 1727 zugeordnet werden, etwa die fragmentarisch erhaltenen Stimmen der Kantate BWV 193 (*St 62*), die vermutlich anläßlich der Ratswahl am 25. August 1727 entstand. Obwohl Weiß 30 für 1727 allein in *St 62* nachgewiesen ist, könnte das Papier von Bach und seinen Kopisten noch bis Ende August dieses Jahres verwendet worden sein.

Am Ausschreiben der Stimmen zu BWV 34a beteiligten sich mehrere Kopisten: Johann Heinrich Bach als Hauptkopist, Christian Gottlob Meißner, Wilhelm Friedemann Bach, Anonymus IId sowie auch der Komponist selbst. Der Anteil W. F. Bachs war sehr beschränkt (seine Hand ist nur in der Basso-Stimme in den ersten 27 Takten von Satz 7 zu erkennen); die hier auftretenden Schriftformen erlauben kaum konkrete Schlußfolgerungen bezüglich der

---

[12] Siehe die in Fußnote 4 genannte Literatur.
[13] Siehe NBA IX/1 (W. Weiß/Y. Kobayashi, 1985), Textband, S. 41–43.

Datierung. Johann Sebastian Bach übernahm einen Teil der Textunterlegung in den Singstimmen (Soprano: Satz 7, Takte 31–65; Alto: Satz 3 ganz, Satz 4, Takte 1–2; Tenore: Satz 1, Takt 131 bis Schluß, Satz 3 ganz) und schrieb in der Basso-Stimme den Notentext von Satz 7 (Takt 28 bis Schluß).[14] Für das Datierungsproblem lassen sich hier jedoch keine Anhaltspunkte finden. Der Anteil des Kopisten Anonymus IId[15] war ebenfalls gering (immerhin kann der Baßschlüssel seiner spätesten Schriftphase zugeordnet werden). Am stärksten sind in *St 73* die beiden Hauptkopisten jener Jahre vertreten – Christian Gottlob Meißner und Johann Heinrich Bach.

Bei Meißner sind die späteren Formen des C-Schlüssels („krause Form" und „Hakenform"), der ¢-Taktvorzeichnung, der Viertel- und Achtelpausen, der Auflösungszeichen und Achtelnotenfähnchen zu erkennen; insgesamt assimiliert die Handschrift charakteristische Schriftmerkmale Bachs. Es wurde festgestellt, daß die stärkste Nachahmung von Bachs Handschrift in Meißners Arbeiten nach 1726 zu finden ist.[16] Vergleicht man die erwähnten Merkmale mit jenen, die in anderen wahrscheinlich aus dem Jahre 1727 stammenden Handschriften Meißners vorkommen – gemeint sind die Stimmen zu BWV 225 (*St 122*), 232[III] (*St 117*) und 129 (*Thom 129*) sowie die Partitur zu BWV 173 (*P 74*) –, so sind unserer Meinung nach keine prinzipiellen Unterschiede festzustellen.

Die Handschrift Johann Heinrich Bachs weist in *St 73* einerseits zahlreiche spätere Formen auf – so finden sich der für die Jahre 1726/27 charakteristische C-Schlüssel, der Ansatz des Halses bei den nach unten kaudierten Noten und die Form der Notenköpfe bei den nach unten gehaltenen Halbenoten. Andererseits trifft man in der Schreibweise einzelner Buchstaben auf Formen, die als Merkmale seiner frühen Handschrift gelten. So zeigt der Buchstabe „R" im Wort „Recit." eine frühere Form (ähnlich einem spiegelverkehrten „S"). Alfred Dürr bemerkt zu diesem Merkmal:

> Für eine noch spätere Zeit, beginnend etwa mit den Trinitatiskantaten des Jahrgangs III, ist ein Wechsel in der Schreibung des lateinischen R charakteristisch. War dieser Buchstabe bisher etwa in der Form eines spiegelverkehrten S geschrieben worden, so tritt von nun an die Form unseres gedruckten R an dessen Stelle.[17]

Der Buchstabe „A" findet sich in den Schreibzügen des Wortes „Aria" sowohl in der früheren als auch in der späteren Form. Allerdings stellt Dürr bezüglich dieser Merkmale der Handschrift J. H. Bachs fest:

---

[14] Siehe NBA IX/3 (Y. Kobayashi/K. Beißwenger, 2007), Textband, S. 191.
[15] NBA IX/3, Textband, S. 73: „Kopistentätigkeit für Bach: Vom 13.8.1724 bis Mitte Dezember 1726; weitere Datierung: um 1727."
[16] Zur Entwicklung der Handschrift Meißners siehe Dürr Chr 2, S. 28 und 30.
[17] Ebenda, S. 31.

[…] die oben dargestellten Veränderungen des Hauptkopisten C selbst wären nicht mehr geradlinig verlaufen, insbesondere hätte dann die Schreibung des R mehrmals wechseln müssen, so daß lediglich eine Unwahrscheinlichkeit durch die andere abgelöst worden wäre. […] Alle bisherigen Versuche, diese sprunghafte Veränderung gerade in den Trinitatiskantaten des Jahrgangs III durch eine Umstellung in der Chronologie zu beseitigen, haben zu keinem brauchbaren Ergebnis geführt; sie scheitern vornehmlich an der festen Datierbarkeit der in ihnen auftretenden Wasserzeichen, worüber noch zu sprechen sein wird. Doch wäre es nicht ganz ausgeschlossen, daß hier noch Korrekturen anzubringen sind.[18]

Anscheinend verlangt die Handschrift J. H. Bachs für die Jahre 1726–1727 aufgrund neuer Entdeckungen eine neue Untersuchung (ich konnte bereits in meinem Beitrag zum BJ 2008 zeigen, daß die frühere Datierung der Kantate BWV 129, die sich hauptsächlich auf die Handschrift J. H. Bachs stützte, mit der neu aufgefundenen Textquelle aus dem Jahr 1727 nicht zu vereinbaren ist). Es ist nicht auszuschließen, daß die Handschrift J. H. Bachs im Laufe der Jahre 1726–1727 Änderungen erfuhr, doch ist die Quellenbasis für eindeutige Aussagen zu schmal. Eine weitere Erkundung des Problems sei künftigen Studien vorbehalten. Mehrere Indizien (keine Beteiligung von Johann Andreas Kuhnau, die Funktion von Johann Heinrich Bach als Hauptkopist und die späteren Formen der Notenschrift von Meißner, J. H. Bach und Anonymus II d) geben Veranlassung, die Stimmen von BWV 34a eher auf die Zeit um 1726/27 zu datieren. Es scheint, daß die Korrekturen in *Am. B. 39* und in *St 73* ein viel gewichtigeres Argument für die Beziehung zwischen den Kantaten BWV 34 und 34a darstellen. Stützen wir uns auf diesen Befund, so sind wir berechtigt, die folgende Zeitfolge für die Entstehung dieser Werke anzunehmen: Kantate BWV 34 zum 1. Pfingsttag 1727 – Trauungskantate BWV 34a[19] – Kantate BWV 34 zum 1. Pfingsttag 1746 oder 1747 (Wiederaufführung vermutlich in der neuen Fassung).[20] Stemmatisch läßt sich die Beziehung so darstellen:

---

[18] Ebenda, S. 34.
[19] Es steht fest, daß Bach sich mehrmals mit der Kantate BWV 34a beschäftigt hat, und zwar aus verschiedenen Gründen (siehe BC I/3, S. 867 f.). Ein neuerer Fund zeugt davon, daß am 3. Januar 1736 bei der Aufführung einer Trauungskantate in Ohrdruf eine Parodie eines der Sätze von BWV 34a zusammen mit Sätzen von BWV 195 verwendet wurden; siehe P. Wollny, *Neue Bach-Funde*, BJ 1997, S. 26–36; P. Wollny, *Nachbemerkung zu „Neue Bach-Funde" (BJ 1997, S. 7–50)*, BJ 1998, S. 167–169; Dok V, Nr. B 376 a.
[20] Es ist möglich, mit Hilfe der Korrekturen im Autograph *Am. B. 39* einzelne Details der Partitur der Pfingstkantate von 1727 wiederherzustellen (siehe oben).

```
              BWV 34 (1727)
           ╱              ╲
BWV 34a (St 73)           
                           BWV 34 (Am.B.39; 1746/47)
```

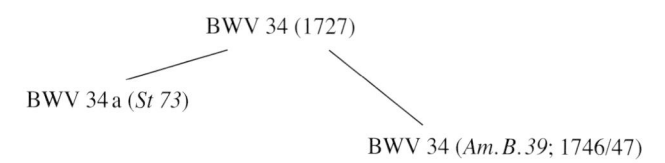

Alternativ wäre für die erwähnten Korrekturen eine andere Erklärung denkbar – etwa daß es eine Gelegenheitskantate gab (die als BWV 34b zu bezeichnen wäre), die vor der Pfingstkantate von 1727 komponiert wurde und als gemeinsame Vorlage für BWV 34a und BWV 34 diente.[21] Das Stemma wäre dann folgendermaßen zu modifizieren:

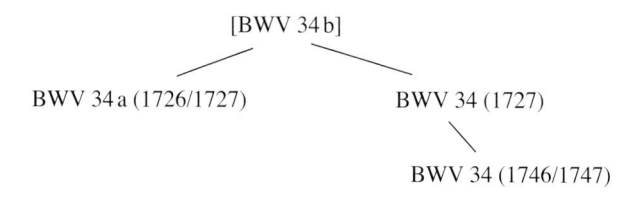

```
                [BWV 34b]
              ╱         ╲
BWV 34a (1726/1727)      BWV 34 (1727)
                              ╲
                           BWV 34 (1746/1747)
```

Allerdings geht aus den Korrekturen in den Vokalstimmen des ersten Satzes der Trauungskantate hervor, daß die Lesarten mit größter Wahrscheinlichkeit der Pfingstkantate entsprachen (vgl. die Änderungen „entzünde die Herzen und weyhe sie ein" → „entzünde der Herzen geweyhten Altar"; „dein Tempel zu sein" → „vereinigte Paar"; „die Seelen im Glauben gefallen" → „der edelsten Regungen fallen").[22] Wenn aber das Werk so oft umgearbeitet worden wäre (BWV 34b → BWV 34a → BWV 34, Fassung 1727 → BWV 34, Fassung 1746/47), dann hätte Bach in der Partitur der spätesten Fassung wohl kaum die offensichtlichen Fehler der hypothetischen frühesten Fassung „BWV 34b" wiederholt. Eher hätte er auf die Pfingstkantate von 1727 zurückge-

---

[21] Es wäre zu vermuten, daß es sich bei BWV 34b um eine weltliche Kantate oder eine Festkantate für einen bestimmten Anlaß handelte.

[22] Natürlich können wir nicht ausschließen, daß BWV 34b einen ähnlichen Text wie BWV 34 hatte. Zusätzlich zu den oben erwähnten Korrekturen lassen sich in St 73 Änderungen ausmachen, bei denen die ursprüngliche Lesart nicht mit BWV 34 in Einklang steht; siehe etwa Satz 1, Takte 58, 106 und 140 (Soprano), Takte 101 und 127 (Tenore), Takte 125 und 140 (Basso). Es ist allerdings möglich, daß es sich bei einigen dieser Stellen um frühere Varianten der Pfingstkantate handelt. So waren in den Takten 58 (Soprano) und 101 (Tenore) die Silben des Wortes „Herzen" ursprünglich anders verteilt, was durchaus auch in einer früheren Fassung von BWV 34 der Fall gewesen sein könnte. Doch auch Fehler können nicht ausgeschlossen werden, da dieser Satz in den Originalstimmen hauptsächlich von Kopisten geschrieben wurde (vgl. zum Beispiel den Kopierfehler der Soprano-Stimme in den ersten Takten des Satzes „Friede über Israel").

griffen (von der man annehmen sollte, daß der Komponist die Fehler nach der Arbeit an BWV 34a behoben hätte).

Auch wenn wir aufgrund des Verlusts der Quellen zur Pfingstkantate aus dem Jahr 1727 die Probleme nicht endgültig zu lösen vermögen, können die oben gezeigten Korrekturen in *St 73* und *Am.B.39* am überzeugendsten durch das Verhältnis BWV 34 → BWV 34a erklärt werden und vielleicht auch durch die auf den Stimmen des Jahres 1727 basierenden Wiederaufführungen als Vorbereitung der neuen Partitur von BWV 34 zur Aufführung 1746/47. Die Geschichte der Entstehung und der Umarbeitungen dieses Werkes stellt sich angesichts neu aufgefundener Quellen und aufgrund von Untersuchungen an bekannten Quellen in mancher Hinsicht anders dar. Für Bachs Strategien beim Aufbau seines Leipziger Kantatenrepertoires sind diese Erkenntnisse von nicht zu unterschätzender Relevanz.

Die Verfasserin möchte den Mitarbeitern der Staatsbibliothek zu Berlin – Preußischer Kulturbesitz, besonders der Leiterin der Musikabteilung Frau Martina Rebmann, für die freundlich erteilte Erlaubnis zur Arbeit mit den Originalquellen danken. Dank gebührt zudem Peter Wollny, Hans-Joachim Schulze, Joshua Rifkin und Yoshitake Kobayashi für ihre wissenschaftliche Unterstützung und hilfreiche Diskussionen. Die Arbeit mit den Quellen in Deutschland wurde durch die dankenswerte Unterstützung des DAAD sowie der Kreisau- und Robert Bosch Stiftung ermöglicht.

Übersetzung:
Albina Bojarkina und *Alejandro Contreras Koob* (Sankt Petersburg)

Zwei Bach-Funde in Mügeln
C. P. E. Bach, Picander und die Leipziger Kirchenmusik in den 1730er Jahren

Von Peter Wollny (Leipzig)

I.

Die kleine, auf halbem Weg zwischen Leipzig und Dresden gelegene sächsische Stadt Mügeln – einst Bischofssitz des Bistums Meißen – hat bis heute eine bedeutende Sammlung von handschriftlichen und gedruckten Musikalien aus dem späten 16. bis frühen 19. Jahrhundert bewahrt. Es handelt sich um Zeugnisse einer traditionsreichen und – trotz beschränkter Möglichkeiten – erstaunlich vielschichtigen Musikpflege an der Stadtkirche St. Johannis, die neben einem Kantor und einem Organisten über eine bis ins Zeitalter der Reformation zurückreichende Kantoreigesellschaft verfügte.[1] Der mehr als 400 Quellen umfassende Musikalienbestand wurde nach einer Inventarisierung im Jahr 1845/46 in eine Kammer im Kirchturm verbracht und dort erst 1907 wieder aufgefunden.[2] In der Folge haben einzelne Handschriften gelegentlich die Aufmerksamkeit der Forschung auf sich gezogen: 1927 wurde eine Sammelhandschrift mit doppelchörigen Motetten aus dem frühen 17. Jahrhundert vorgestellt,[3] 1959 untersuchte Werner Braun ein in Mügeln singulär

---

[1] Zur Musikpflege in Mügeln siehe J. Rautenstrauch, *Luther und die Pflege der kirchlichen Musik in Sachsen (14.–19. Jahrhundert). Ein Beitrag zur Geschichte der katholischen Brüderschaften, der vor- und nachreformatorischen Kurrenden, Schulchöre und Kantoreien Sachsens*, Leipzig 1907; *Musik zwischen Leipzig und Dresden. Zur Geschichte der Kantoreigesellschaft in Mügeln 1571–1996*, hrsg. von M. Heinemann und P. Wollny, Oschersleben 1996 (Schriftenreihe zur Mitteldeutschen Musikgeschichte. II/2.). – Mein besonderer Dank gilt Frau Regina Colditz und Herrn Pfarrer Stefan Israel für die freundliche Unterstützung meiner Arbeit im Pfarrarchiv Mügeln. Bei der Auswertung der Funde und Entwicklung meiner Gedanken waren mir Michael Maul und Hans-Joachim Schulze bewährte Gesprächspartner. Teile der Kapitel II und IV dieses Aufsatzes wurden im Mai 2010 auf der Konferenz der American Bach Society in Madison/Wisconsin und im Juli 2010 auf der International Conference on Baroque Music in Belfast unter dem Titel „Bach's Cantata Performances in the 1730s – New Findings, New Perspectives" vorgetragen; den dort geführten Diskussionen mit Fachkollegen, speziell mit Joshua Rifkin und Daniel R. Melamed, verdanke ich manche Anregung.

[2] M. Weber, *Beiträge zu einer Geschichte der Kantoreigesellschaft Mügeln*, Borna und Leipzig 1921.

[3] E. A. Fischer, *Eine Sammelhandschrift aus dem Anfang des 17. Jahrhunderts*, in: Archiv für Musikwissenschaft 8 (1926), S. 420–432; dazu auch W. Braun, *Doppel-*

überliefertes mutmaßliches Jugendwerk von Georg Friedrich Händel.[4] Seit Werner Menke 1942 auf die in Mügeln überlieferten Telemann-Handschriften aufmerksam machte, sind die betreffenden Bestände – unter ihnen zahlreiche Incerta – immer wieder diskutiert worden.[5] Mitte der 1960er Jahre gab Friedhelm Krummacher im Zusammenhang mit seinen Studien zur Überlieferung der frühen evangelischen Kantate erstmals einen knappen, doch aufschlußreichen Überblick über die Sammlung in ihrer Gesamtheit.[6] Wenig später erfolgte die genaue Aufnahme der Quellen im Rahmen des RISM-Projekts.[7] Ins Blickfeld der Bach-Forschung geriet die Mügelner Sammlung kurzzeitig Ende der 1950er Jahre, als bekannt wurde, daß sie mehrere Kantaten mit der Zuschreibung „di J. S. B." und der Jahreszahl „1737" enthält.[8] Das Interesse erlosch allerdings rasch wieder, als eine von Hans-Joachim Schulze durchgeführte Überprüfung des Sachverhalts ergab, daß es sich um Werke des Freiberger Organisten Johann Samuel Beyer handelt. Das Vorhandensein einer kleinbesetzten Messe von Bachs Amtsvorgänger Johann Kuhnau und mehrerer Kirchenkantaten des Thomasorganisten und späteren Universitätsmusikdirektors Johann Gottlieb Görner deutete zwar an,[9] daß in der ersten Hälfte des 18. Jahrhunderts tatsächlich Verbindungslinien von Mügeln nach Leipzig führten; direkte Kontakte zu Johann Sebastian Bach und seinem unmittelbaren Umfeld schienen jedoch nicht zu bestehen.

Nachdem ich mich vor längerer Zeit mit den regionalen Meistern der Sammlung befaßt hatte, wurde ich bei der systematischen Suche nach Vertonungen

---

chörigkeit in der Sammelhandschrift Mügeln Musica sacra antiqua 16, in: Musik zwischen Leipzig und Dresden (wie Fußnote 1), S. 108–124.

[4] W. Braun, *Echtheits- und Datierungsfragen im vokalen Frühwerk Georg Friedrich Händels*, in: Händel-Ehrung der Deutschen Demokratischen Republik, Halle 11.–19. April 1959. Konferenzbericht, Leipzig 1961, S. 61–71.

[5] W. Menke, *Das Vokalwerk Georg Philipp Telemanns. Überlieferung und Zeitfolge*, Kassel 1942 (Erlanger Beiträge zur Musikwissenschaft. 3.), S. 9–10; U. Poetzsch, *Neues über den Telemannbestand im Kantoreiarchiv zu Mügeln*, in: Auf der gezeigten Spur. Beiträge zur Telemannforschung. Festgabe Martin Ruhnke zum 70. Geburtstag am 14. Juni 1991, hrsg. von W. Hirschmann, W. Hobohm und C. Lange, Oschersleben 1994 (Magdeburger Telemann-Studien. 13.), S. 106–127; dies., *Notizen zu „Nun komm der Heiden Heiland" von Georg Philipp Telemann und TEL*, in: Musik zwischen Leipzig und Dresden (wie Fußnote 1), S. 125–130.

[6] F. Krummacher, *Die Überlieferung der Choralbearbeitungen in der frühen evangelischen Kantate. Untersuchungen zum Handschriftenrepertoire evangelischer Figuralmusik im späten 17. und beginnenden 18. Jahrhundert*, Berlin 1965 (Berliner Studien zur Musikwissenschaft. 10.), S. 254–262.

[7] Die in RISM A/II verzeichnete Katalogisate der Handschriften sind mittlerweile elektronisch abrufbar: http://opac.rism.info (Zugriff: 20. August 2010).

[8] D-MÜG, *Mus. ant. 26, 39, 48, 58–61, 99, 183* und *418*.

[9] D-MÜG, *Mus. ant. 257* (Kuhnau); *Mus. ant. 108, 157, 328* und *436* (Görner).

von Kantatendichtungen aus der Feder des Leipziger Poeten Christian Friedrich Henrici alias Picander erneut auf den Mügelner Bestand aufmerksam. Eine RISM-Datenbankrecherche führte mich zu einer dort überlieferten anonymen Kantate auf den Sonntag Septuagesimae für Baß solo, Streicher und Continuo mit dem Textbeginn „Ich bin vergnügt mit meinem Stande". Die Incipits der drei Sätze (Aria – Recit. – Aria) stimmen mit den ersten drei Teilen der insgesamt fünfteiligen Dichtung überein, die Picander in seinem berühmten Kantatenjahrgang von 1728/29 für den genannten Sonntag bereitstellte. Die Einsicht in die betreffende Mügelner Handschrift (D-MÜG, *Mus. ant. 364*) führte sodann zu der verblüffenden Erkenntnis, daß es sich hier um ein frühes, noch in Leipzig entstandenes Kompositionsautograph des jungen Carl Philipp Emanuel Bach handelt.

Die daraufhin vorgenommene umfassende Durchsicht des gesamten Handschriftenbestands vor Ort förderte noch eine weitere bemerkenswerte Quelle ans Licht: eine gleichfalls anonym und in Partiturform, leider jedoch nicht ganz vollständig überlieferte „Missa a 4 Vocum" von der Hand Johann Sebastian Bachs (D-MÜG, *Mus. ant. 374*).

Zur Beschreibung der beiden Handschriften und der in ihnen enthaltenen Werke mögen – neben den Abbildungen am Ende dieses Beitrags – die folgenden knappen Angaben genügen:

– *Mus. ant. 364*: Kantate „Ich bin vergnügt mit meinem Stande"
Kompositionsautograph von C. P. E. Bach; zwei gefaltete und ineinander gelegte Bögen (Binio); Blattformat 35,5×22 cm; Wasserzeichen: M A, große Form (Weiß 121). Einrichtung der Handschrift: S. 1 Titelseite: „Dominica | Septuagesimæ | Basso solo | 2 Violini | Viola | Continuo"; S. 2 leer; S. 3 Kopftitel: „Dominica Septuages. a 2 Viol. Viola, Basso solo e Violoncello oblig. con Continuo". Die Niederschrift des Werks in flüchtigem, korrekturenreichem Duktus umfaßt die Seiten 3–7; S. 8 ist nur rastriert (siehe Abbildungen 1–3). Die ursprünglich geplante und noch bei der Formulierung des Kopftitels berücksichtige Verwendung eines obligaten Violoncellos wurde vielleicht schon vor dem Beginn oder im Zuge der Niederschrift verworfen.[10] Möglicherweise kann die Nennung des obligaten Violoncellos im Kopftitel aber auch als Indiz für eine ursprünglich beabsichtigte vollständige Vertonung des Picander-Texts gelten. Da in den beiden Arien eine zusätzliche Baßstimme schon allein aus klanglichen Gründen nicht gut denkbar wäre, sollte das Cello vielleicht im zweiten Rezitativ mit einer obligaten Partie eingesetzt werden. Die dort ange-

---

[10] Eine vollständige Faksimileausgabe erscheint demnächst als Supplement von CPEB:CW, eine kritische Ausgabe in CPEB:CW V/2.

sprochene Verheißung des himmlischen Lebens ließe eine Vertonung nach Art des zweiten Satzes der Kreuzstabkantate BWV 56 durchaus zu.[11]

– *Mus. ant. 374*: Missa (Kyrie und Gloria) in e-Moll
Abschrift von der Hand J. S. Bachs; zwei gefaltete und ineinander gelegte Bögen (Binio, ursprünglich Ternio), Blattformat 34,5 × 21 cm; Wasserzeichen: Wappen von Zedwitz (ähnlich Weiß 48, jedoch augenscheinlich ohne Gegenmarke).[12] Ein heute beiliegendes separates Titelblatt von kleinerem Format und mit abweichendem Wasserzeichen gehört nicht zu der Quelle. Eine Lücke im Notentext zwischen Seite 4 und 5 zeigt, daß ein ursprünglich vorhandener innerer dritter Bogen fehlt; infolgedessen bricht die Niederschrift am Fuß von Seite 4 nach Takt 10 des „Laudamus te" ab und setzt auf der – jetzt folgenden – Seite mitten in einem späteren Satz mit den Worten „qui tollis peccata mundi" wieder ein.

Vor der ersten Akkolade auf S. 1 findet sich folgender Titel: „Missa | â | 4 | Vocum | e | Continuo | Basso per l'organo". Die planvolle Disposition der Niederschrift läßt sich nicht nur an dem fast korrekturlosen Reinschriftcharakter und den weitgehend mit dem Lineal gezogenen Taktstrichen erkennen, sondern auch an der optimalen Ausnutzung des Papiers: das Gloria endet mit der bis auf die letzte Zeile gefüllten letzten Seite (siehe Abbildungen 4–5).

Das Wasserzeichen legt eine Entstehungszeit in den späten 1730er Jahren nahe. Dies wird durch den Schriftbefund bestätigt. Die wechselnde Form und Kaudierung der abwärts gehalsten Halbenoten deuten auf das von Yoshitake Kobayashi beschriebene Übergangsstadium von Bachs Handschrift um 1738/39.[13]

Wie die Korrektur verschiedener Kopierfehler zeigt, handelt es sich bei der Partitur um die Spartierung eines – nicht mehr nachweisbaren – Stimmensatzes. Die Hoffnung, hier ein unbekanntes Werk Bachs aufgefunden zu haben, bestätigt der Stilbefund indes nicht. Besetzung und Faktur – reine Vokalbesetzung, Wechsel zwischen motettischem und konzertantem Stil – deuten auf eine Komposition aus dem späten 17. oder frühen 18. Jahrhundert. Die motettischen Abschnitte zeichnen sich durch polyphone Satztechnik, volle Vokalbesetzung, Allabreve-Takt und Basso seguente aus, die konzertanten hin-

---

[11] Picanders Dichtung lautet: „Wenn ich des Lebens satt, / Und dort wie Israel von Arbeit matt, / Wirst du mich aus Egypten Land / Nach Canaan versetzen. / Wie wird der Abend mich ergötzen, / Wenn ich von deiner milden Hand / Den Gnaden-Lohn empfange, / Und deinen Himmel selbst erlange."

[12] Die anderen in Bach-Handschriften nachgewiesenen Formen des Zedwitz-Wappens (Weiß 44–47) kommen wegen des eindeutigen Handschriftenbefunds kaum in Frage.

[13] Kobayashi Chr, S. 20. Siehe auch die Beispiele und Erläuterungen in NBA IX/2 (Y. Kobayashi, 1989), S. 169–172.

gegen durch einen aufgelockerten Satz, reduzierte oder solistische Vokalbesetzung, „moderne" Taktarten (¢, 12/8) und obligaten Basso continuo. Die Vertonung des Quoniam nähert sich der Form einer Motto-Arie. Die Satztechnik ist teils ambitioniert, teils ausgesprochen dilettantisch. Bach bemerkte beim Spartieren an mehreren Stellen gravierende Satzfehler (Quintparallelen), die er mit kleinen Kreuzen markierte, jedoch nicht korrigierte. Die Stilmerkmale sind insgesamt wenig profiliert und erlauben keine regionale Eingrenzung; es läßt sich nicht einmal mit Bestimmtheit sagen, ob wir es mit dem Werk eines deutschen oder italienischen Komponisten zu tun haben. Da die Suche nach dem Autor bislang nicht erfolgreich war, sei hier – um künftigen Nachforschungen den Weg zu ebnen – in knapper Form eine Übersicht über die formale Disposition angefügt:

Kyrie: SATB, Bc (seguente); e-Moll, ¢, 45 Takte
Christe: ATB, Bc (obligat); e-Moll, ¢, 13 Takte
„Kyrie repetatur et Gloria tacet"
Et in terra: SATB, Bc (seguente); G-Dur, ¢, 58 Takte
Laudamus te: Basso solo, Bc (obligat); G-Dur, 12/8, nur Takt 1–10 vorhanden
    (Schluß fehlt)
(1 Bogen fehlt)
[…] qui tollis peccata mundi: SATB, Bc (seguente); e-Moll, [¢], nur 31 Takte
    vorhanden (Anfang fehlt)
Quoniam tu solus sanctus: T, Bc (obligat); e-Moll, ¢, 19 Takte
Cum Sancto Spiritu: SATB, Bc (seguente); e-Moll, ¢, 84 Takte

Setzen wir einen regelmäßigen Wechsel von motettischen und konzertanten Abschnitten mit ungefähr gleicher Länge voraus, so ist anzunehmen, daß der fehlende Bogen neben Fortsetzung und Beginn der beiden fragmentarischen noch zwei weitere Sätze enthielt, vermutlich „Gratias agimus tibi" (Tutti) und „Domine Deus, Rex coelestis" (Solo). Derartige siebenteilige Dispositionen des Gloria sind eher selten. Unter den Messen in Bachs Notenbibliothek entspricht lediglich die anonyme Missa in C-Dur BWV Anh. 25 diesem Formplan; Bachs eigene Ferialmessen (BWV 233–236) gliedern das Gloria stets in fünf Sätze.

Eine bemerkenswerte Textvariante gegenüber der standardisierten Fassung findet sich im „Qui tollis":

Missale Romanum	Missa in e-Moll
Qui tollis peccata mundi, miserere nobis.	[…]
Qui tollis peccata mundi, suscipe deprecationem nostram.	Qui tollis peccata mundi,
Qui sedes ad dexteram Patris, miserere nobis.	miserere nostri.

Angesichts des fragmentarischen Charakters des Satzes bleibt unklar, ob die Passagen „suscipe deprecationem nostram" und „Qui sedes ad dexteram Patris" in der Vertonung ausgelassen wurden oder ob – was wahrscheinlicher ist – der erste Vers nach dem dritten wiederholt wurde beziehungsweise das abschließende „miserere nobis/nostri" ersetzte. Auffällig, wenngleich keineswegs singulär, ist zudem die Verwendung der Formel „miserere nostri" („Erbarme dich des Unseren", im Sinne von „unseres Volkes") statt „miserere nobis" („Erbarme dich unser"); sie findet sich unter anderem auch in der „Missa alla brevis" von Dietrich Buxtehude (BuxWV 114), in der Abschrift der Palestrina-Messen aus Bachs Besitz[14] sowie in den drei überlieferten Messen des Merseburger Kapellmeisters Johann Theodor Römhildt.[15]

Im Kontext der Sammlung Mügeln wirken die beiden Leipziger Partituren wie Fremdkörper. Anders als bei den meisten übrigen Handschriften finden sich auf den ersten Seiten keinerlei Besitz- oder Aufführungsvermerke. Es bleibt daher vorerst ungeklärt, auf welchem Weg sie nach Mügeln gelangten und zu welchem Zeitpunkt sie in die Sammlung aufgenommen wurden. Möglich wäre sowohl eine Übernahme noch zu Lebzeiten Bachs als auch ein Ankauf aus in Leipzig verbliebenen Restbeständen von dessen Nachlaß. Besonders im letztgenannten Fall wäre mit einem verwickelten Überlieferungsweg zu rechnen, der die Handschrift – gemeinsam mit dem C.-P.-E.-Bach-Autograph oder separat – unter Umständen erst gegen Ende des 18. Jahrhunderts nach Mügeln führte. Doch aus keinem der beiden Erklärungsmodelle ergeben sich konkret greifbare oder unmittelbar naheliegende Provenienzen.
In der ersten Hälfte des 18. Jahrhunderts wurde das Mügelner Kantorat zunächst von Christian Springsguth (im Amt ab 1708, †1733), anschließend von dessen Sohn Daniel Jacob Springsguth (†26. November 1756) verwaltet. Hierauf folgten Johann Daniel Brehmer (im Amt 1757–1783) und Christian Gottlieb Haußding (im Amt ab 1784, †1819).[16] Der jüngere Springsguth sowie dessen Nachfolger Brehmer und Haußding haben in der Sammlung zahlreiche Spuren hinterlassen, wobei die meisten Ankäufe in Springsguths Amtszeit fielen, während die späteren Kantoren sich vorrangig um die Instandhaltung und Verbesserung der Aufführungsmaterialien bemühten. Verbindungen nach Leipzig sind bei Brehmer und Haußding zwar durch ihr Universitätsstudium

---

[14] D-B, *Mus.ms.16695* und *Mus.ms.16714*; vgl. NBA II/9 (K. Beißwenger, 2000), S. 24–26; sowie *Giovanni Pierluigi da Palestrina. Messen und Einzelsätze aus dem „Missarum liber primus" (Rom 1591), eingerichtet von Johann Sebastian Bach*, hrsg. von B. Wiermann, Stuttgart 2008 (Edition Bach-Archiv Leipzig. Musikalische Denkmäler), S. 11f. und 45–47.

[15] Vgl. C. Ahrens und S. Diercke, *Johann Theodor Roemhildt (1684–1756). Werkverzeichnis*, in: Jahrbuch der Bachwoche Dillenburg 1998, S. 17–127, speziell S. 108f. (RoemV 239–241).

[16] R. Vollhardt, *Geschichte der Cantoren und Organisten von den Städten im Königreich Sachsen*, Berlin 1899 (Reprint Leipzig 1978), S. 225f.

nachgewiesen, doch ergeben sich hieraus noch keine zwingenden Beweise für einen möglichen Musikalientransfer.[17]
Die fehlenden Belege schließen freilich eine persönliche oder briefliche Bekanntschaft von Daniel Jacob Springsguth und dem Thomaskantor Bach beziehungsweise dessen zweitältestem Sohn nicht aus. Immerhin lag Mügeln nicht weit von der alten Poststraße zwischen Leipzig und Dresden und wäre somit für Bach auf seinen Reisen in die sächsische Residenz leicht zu erreichen gewesen. Aber auch an eine Vermittlung über aus Mügeln stammende Studenten der Leipziger Universität wäre zu denken – für Bachs Wirkungszeit als Thomaskantor kommen immerhin drei Kandidaten in Betracht: Johann Friedrich Ruch (immatrikuliert am 31. Mai 1733), Johann Gotthelf Schiriz (immatrikuliert am 10. Mai 1735) und Heinrich Otto Zisler (immatrikuliert am 29. Mai 1736);[18] ob diese allerdings musikalisch gebildet oder auch nur interessiert waren, ist freilich nicht bekannt.
Ein vielversprechender Kandidat ist der 1750 an der Mügelner Johanniskirche als Organist bestallte Johann Friedrich Romanus Zinck (Zink). Der aus Delitzsch gebürtige und bis zu seinem Tod im Jahr 1796 in Mügeln tätige Musiker hatte vor seiner Anstellung als Nachfolger des 1750 – knapp zwei Wochen vor Bach – verstorbenen Johann Friedrich Dittmann fünf Jahre in Leipzig ein Studium der Jurisprudenz verfolgt und sich in dieser Zeit gewiß

---

[17] Die bei Vollhardt mitgeteilten knappen Angaben zu den Biographien der Kantoren lassen sich durch folgende Daten ergänzen:
– D. J. Springsguth schrieb sich am 4. April 1716 in die Matrikel der Universität Wittenberg ein und erwarb dort am 30. April 1718 den Magistergrad (siehe F. Juntke, *Album Academiae Vitebergensis. Jüngere Reihe Teil 3*, Halle 1966, S. 450). Über seinen Aufenthaltsort und seine Tätigkeit in den immerhin fünfzehn Jahren zwischen dem Abschluß seines Studiums und seiner Anstellung in Mügeln ist nichts bekannt; möglicherweise wirkte er zumindest zeitweilig als Substitut oder Assistent seines Vaters.
– J. D. Brehmer aus Dresden: Immatrikulation an der Universität Leipzig am 13. Oktober 1752 (Erler III, S. 40). In seiner Bewerbung um das Kantorat in Mügeln (Hauptstaatsarchiv Dresden, *Stiftmeißnisches Konsistorium, Nr. 129*) berichtet Brehmer, daß er „fünf Jahr in der Königl. Lutherischen Schloß-Capelle zu Dresden Capellknabe gewesen" sei und anschließend ein „Sexennium auf der Chur-Fürstl. Landschule Pforta" absolviert habe. Ein Zeugnis des Leipziger Theologieprofessors Christian August Crusius bewirkte, daß ihm die Mügelner Kantorenstelle trotz mangelhaften Abschneidens beim Probespiel zugesprochen wurde.
– C. G. Haußding aus Pulsnitz wurde am 6. 8. 1771 im Alter von 13 Jahren in die Dresdner Kreuzschule aufgenommen (W. Richter, *Die Matrikel der Kreuzschule. Gymnasium zum Heiligen Kreuz in Dresden, Zweiter Teil: 1713–1801/2*, Neustadt an der Aisch 1971, S. 42) und immatrikulierte sich am 29. Juni 1781 an der Universität Leipzig (Erler III, S. 142).
[18] Vgl. Erler III, S. 340, 355 und 475.

auch musikalisch betätigt.[19] Ob er mit Bach persönlich in Verbindung stand, entzieht sich unserer Kenntnis.

Kalkulieren wir schließlich noch die Möglichkeit ein, Springsguth d. J. oder einer seiner Nachfolger hätte sich die beiden Partituren auf dem Wege des seinerzeit eifrig betriebenen Musikalientausches mit Kollegen aus dem regionalen Umfeld verschafft, so erhöht sich die Zahl der denkbaren Überlieferungswege ins kaum mehr Überschaubare. Genannt seien hier nur die Kantorate in den umliegenden Städten Grimma, Döbeln und Leisnig, von denen aus vielfältige Verbindungslinien nach Leipzig und zu Bach bestanden: In Grimma wirkte von 1730 bis 1752 der ehemalige Thomanerpräfekt und „Interimskantor" während der Kantoratsvakanz nach Kuhnaus Tod Johann Gabriel Roth,[20] in Döbeln hatte zwischen 1704 und 1751 Gottfried Fleckeisen das Kantorat inne, dessen Söhne Gottfried Benjamin und Christian Gottlob während Bachs Amtszeit Alumnen, zeitweilig sogar Präfekten der Thomasschule waren,[21] und in Leisnig wirkte – nach kurzer Tätigkeit in Grimma – von 1729 bis 1747 Johann Melchior Stockmar, dessen Beziehungen zu Bach bislang allerdings nur vermutet, nicht aber sicher belegt werden können.[22]

Andere denkbare Provenienzgänge rücken bei der Annahme eines Ankaufs der beiden Handschriften nach 1750 ins Blickfeld. Hier mag der Hinweis auf die offenbar aus Bachs Besitz stammende Partiturabschrift von Georg Philipp Telemanns Kantate „Der Herr ist König" sowie die heute verschollene Abschrift der Kantate „Erwünschtes Freudenlicht" BWV 184 genügen, die der Grimmaer Fürstenschulkantor Johann Samuel Siebold – wie einer handschriftlichen Spezifikation zu entnehmen ist – 1753 zusammen mit Werken

---

[19] Angaben nach Vollhardt (wie Fußnote 16) und Erler III, S. 474. – J. F. R. Zinck bewarb sich 1749 zunächst um die Nachfolge seines Vaters in Delitzsch und im Jahr darauf auf das Organistenamt in Wurzen. Dort wurde er zwar nicht gewählt, machte jedoch einen solch guten Eindruck, daß das Meißnische Stiftskonsistorium zu Wurzen, dem das jus patronatus von Mügeln oblag, Zinck noch im selben Jahr auf die dortige Organistenstelle berief (Hauptstaatsarchiv Dresden, *Stiftmeißnisches Konsistorium, Nr. 80*). – Zu Zincks Vater Samuel Benjamin Zinck(e) († 1749) siehe Dok II, Nr. 359 und 588.

[20] Vgl. H.-J. Schulze, *Zwischen Kuhnau und Bach. Das folgenreichste Interregnum im Leipziger Thomaskantorat. Anmerkungen zu einer unendlichen Geschichte*, in: Bach für Kenner und Liebhaber. Festschrift zum 70. Geburtstag von Diethard Hellmann, hrsg. von M. Petzoldt, Stuttgart 1998, S. 103–107.

[21] BJ 1907 (B. F. Richter), S. 71 (Nr. 141) und 72 (Nr. 190); BJ 2006 (A. Glöckner), S. 15; BJ 2008 (ders.), S. 190 f. und 198.

[22] Vgl. W. Neumann, *Über die mutmaßlichen Beziehungen zwischen dem Leipziger Thomaskantor Bach und dem Leisniger Matthäikantor Stockmar*, in: Bachiana et alia musicologica. Festschrift Alfred Dürr zum 65. Geburtstag, hrsg. von W. Rehm, Kassel 1983, S. 201–208, und die dort genannten älteren regionalgeschichtliche Literatur.

von Telemann, Hasse und Görner sowie weiteren „Kirchenstücken von guten und unterschiedenen Meistern" ankaufte.[23] Da die Sammlungen Mügeln und Grimma zahlreiche Konkordanzen aufweisen, sind direkte Verbindungen zwischen den beiden Kantoraten als gesichert anzunehmen.
Die Auffindung von zwei wichtigen Handschriften aus Bachs engstem Wirkungskreis in Mügeln unterstreicht – trotz oder gerade wegen der noch weitgehend unbekannten Besitzfolge – einmal mehr die Bedeutung der peripheren Überlieferungskreise in Mitteldeutschland, allerdings ist die Erkundung dieses unübersichtlichen Terrains noch lange nicht abgeschlossen.[24]

II.

Auch wenn die Überlieferung der beiden Handschriften derzeit nicht befriedigend zu klären ist, stellt sich bei der Picander-Vertonung wenigstens nicht die Frage nach dem Komponisten: Der unbezweifelbare Status eines Kompositionsautographs zeigt, daß wir hier ein – bisher unbekanntes – Werk des zweitältesten Bach-Sohns vor uns haben, dessen biographische und stilistische Einordnung zahlreiche Fragen aufwirft, aber auch bemerkenswerte neue Einblicke in die frühe Schaffensphase Carl Philipp Emanuel Bachs ermöglicht, die sich im übrigen dem Zugriff des Historikers weitgehend entzieht.[25] Es war offenbar der Wille des reifen Komponisten, seine in den frühen 1730er Jahren in Leipzig entstandenen Jugendwerke entweder nur in grundlegend überarbeiteter und „erneuerter" Form der Nachwelt zu übergeben oder sie zu vernichten. Der Passus im Clavierwerke-Verzeichnis von 1772 („Alle

---

[23] Siehe BJ 1985 (H.-J. Schulze), S. 185–186. Die meisten der von Siebold spezifizierten Werke sind noch heute in D-Dlb (Bestand Sammlung Grimma) nachweisbar. Zu der Telemann-Abschrift aus Bachs Besitz (Signatur: *Mus. 2392-E-612*) siehe auch NBA I/41 Krit. Bericht (A. Glöckner, 2000), S. 76–80. – Es wäre zu fragen, ob das Werk – ebenso wie die verschollene Abschrift von BWV 184 – über den oben erwähnten Stadtkantor J. G. Roth nach Grimma gelangte. Weiterer Untersuchung bedarf daher auch die Frage, ob Siebold 1753 lediglich den Nachlaß seines im Vorjahr verstorbenen Amtsvorgängers Johann Siegmund Opitz ankaufte (wie Glöckner vermutet) oder ob seine Spezifikation daneben auch Musikalien aus dem Besitz des ebenfalls 1752 verstorbenen Roth umfaßt.
[24] Vgl. Schulze Bach-Überlieferung, S. 23–24.
[25] Siehe hierzu grundlegend W. Horn, *Carl Philipp Emanuel Bach. Frühe Klaviersonaten. Eine Studie zur „Form" der ersten Sätze nebst einer kritischen Untersuchung der Quellen*, Hamburg 1988; U. Leisinger und P. Wollny, *„Altes Zeug von mir". Carl Philipp Emanuel Bachs kompositorisches Schaffen vor 1740*, BJ 1993, S. 127–204; sowie die Einleitung zu CPEB:CW I/8.2 (P. Wollny, 2005), speziell S. XX–XXIV.

Arbeiten, vor dem Jahre 1733, habe ich, weil sie zu sehr jugendlich waren, caßiret")[26] und der Bericht über das Verbrennen von „einem Ries und mehr alter Arbeiten" in einem Brief vom 21. Januar 1786 an den Braunschweiger Gelehrten Johann Joachim Eschenburg[27] zeigen nachdrücklich, daß C. P. E. Bach im Alter seine strengen Qualitätsmaßstäbe auch auf früh Geschaffenes ausdehnte und daß er die Grundlagen für das von der Nachwelt über ihn zu fällende Urteil nach Kräften zu steuern gedachte. Die vorliegende Kantate wurde mithin wohl nur deshalb vor dem Schicksal der Vernichtung bewahrt, weil der Komponist die Partitur offenbar in Leipzig zurückließ und aus den Augen verlor, als er im Herbst 1734 zum Studium nach Frankfurt an der Oder aufbrach.

Das Wasserzeichen „M A große Form" ist in zahlreichen Leipziger Bach-Handschriften aus der Zeit zwischen Juli 1732 und Februar 1735 nachgewiesen. Spätestens Anfang September 1734 verließ C. P. E. Bach Leipzig; für die Entstehung der Kantate kommen mithin in erster Linie die Septuagesimae-Termine 1733 (1. Februar) und 1734 (21. Februar) in Betracht.[28] Da jedoch aus der Zeit zwischen dem 2. Dezember 1731 (Aufführung von BWV 36, letzter Nachweis des Wasserzeichens „M A mittlere Form") und dem 6. Juli 1732 (Aufführung von BWV 177, erster Nachweis von „M A große Form") keine sicher datierbaren Originalquellen Bachs erhalten sind,[29] ist zumindest theoretisch auch der Sonntag Septuagesimae des Jahres 1732 (10. Februar) zu berücksichtigen. Vom Schriftbefund her ergeben sich am ehesten Parallelen zu den Schriftformen der Cembalo-Stimme im Originalstimmensatz der Kaffeekantate BWV 211 (in A-Wn, *SA. 67 B. 32*), zum Pedal-Exercitium BWV 598 (*P 491*) und zur Abschrift des Presto in d-Moll Fk 25/2 von Wilhelm Friedemann Bach (*P 683*). Die beiden zuerst genannten Quellen werden von Andreas Glöckner auf das Jahr 1734 datiert,[30] doch scheint es mir angesichts der ausgeprägten Variabilität von C. P. E. Bachs Handschrift in beiden Fällen

---

[26] C. Wolff, *Carl Philipp Emanuel Bachs Verzeichnis seiner Clavierwerke von 1733 bis 1772*, in: Über Leben, Kunst und Kunstwerke. Aspekte musikalischer Biographie. Johann Sebastian Bach im Zentrum. Festschrift Hans-Joachim Schulze zum 65. Geburtstag, hrsg. von C. Wolff, Leipzig 1999, S. 217–235, speziell S. 222 und 230.

[27] Vgl. *Carl Philipp Emanuel Bach. Briefe und Dokumente. Kritische Gesamtausgabe*, hrsg. von E. Suchalla, Göttingen 1994 (Veröffentlichungen der Joachim Jungius-Gesellschaft. 80.), Nr. 529 (S. 1135).

[28] Am 1. Februar 1733 verstarb August der Starke in Warschau. Die Nachricht dürfte Sachsen an diesem Tag jedoch noch nicht erreicht haben. Zu einer Einstellung der Kirchenmusik aufgrund der halbjährigen Trauerzeit wird es demnach erst mit dem Sonntag Sexagesimae (8. Februar) gekommen sein.

[29] Dürr Chr 2, S. 104–107.

[30] Siehe A. Glöckner, *Neuerkenntnisse zu Johann Sebastian Bachs Aufführungskalender zwischen 1729 und 1735*, BJ 1981, S. 43–75, speziell S. 56. – A-Wn, *SA. 67 B. 32*

sinnvoll, den Datierungsspielraum nicht zu eng zu fassen, so daß auch der Schriftvergleich eine Datierung auf 1733–1734, vielleicht schon 1732 nahelegt.

Von der insgesamt fünf Sätze umfassenden Dichtung Picanders vertonte C. P. E. Bach lediglich die ersten drei. Aus der Disposition der Handschrift geht hervor, daß die Entscheidung, das zweite Rezitativ und den abschließenden Choral nicht mit einzubeziehen, spätestens zu dem Zeitpunkt fiel, als das zweite Blatt des zweiten Bogens nach vorne umgeschlagen und mit dem Titel versehen wurde. Das zunächst bei weltlichen Kantaten beliebte dreisätzige Formmodell mit zwei durch ein Rezitativ verbundenen Arien entspricht einem spätestens seit Georg Philipp Telemanns „Harmonischem Gottesdienst" (1725) auch in der Kirchenmusik häufig anzutreffenden Typus, der bevorzugt für Solokantaten verwendet wurde. Ob die Kürzung der Textvorlage künstlerische oder praktische Gründe hatte, entzieht sich unserer Kenntnis. Möglicherweise wurde ein abschließender Choralsatz – und vielleicht ein der ersten Arie vorangestellter vokaler oder instrumentaler Einleitungssatz – erst in den heute verschollenen Aufführungsstimmen ergänzt.

Die auf drei Sätze beschränkte Anlage erscheint im Vergleich mit entsprechenden Werken Johann Sebastian Bachs ebenso ungewöhnlich wie die auffallend kleine Besetzung mit einer Solostimme und einfacher Streicherbegleitung. Unter J. S. Bachs solistischen Vokalwerken entspricht dieser Minimaldisposition lediglich die bereits in Weimar entstandene Kantate „Widerstehe doch der Sünde" BWV 54. Alle Leipziger Solokantaten enthalten fünf bis sieben Sätze und verlangen stets ein reicheres Instrumentalensemble.

Somit stellt sich die Frage, für welchen Zweck das Werk entstand. Wäre es denkbar, daß der zweitälteste Bach-Sohn seine Kantate auf Bestellung von auswärts oder gar direkt für Mügeln schrieb? Die noch ungeklärte Überlieferung des Autographs erlaubt keine sichere Antwort. Immerhin sind dreisätzige Solokantaten im Mügelner Repertoire sehr häufig; sie tragen den begrenzten Möglichkeiten kleinstädtischen Musizierens Rechnung. Allerdings ist die Instrumentalbesetzung in diesen Werken meist noch kleiner, nämlich auf zwei Violinen und Basso continuo beschränkt.[31] Gegen eine Bestellung von auswärts sprechen gewichtige Gründe: Zum einen zeigt die Partitur keinerlei Benutzungsspuren, was umso schwerer wiegt, als die Mügelner Kantoren Springsguth und Brehmer Aufführungstermine meist auf den Titelseiten zu vermerken pflegten. Zum anderen wäre es bei einem Auftragswerk ungewöhn-

---

und *P 683* weisen ebenfalls das Wasserzeichen M A große Form auf, *P 491* hingegen das für Datierungszwecke ungeeignete Schönburger Wappen (Weiß 72).

[31] Vgl. M. Maul, *„di Wolff" – Kleinstädtisches Komponieren in der Mitte des 18. Jahrhunderts*, Beitrag zur Wissenschaftlichen Tagung „Wilhelm Friedemann Bach und die protestantische Kirchenkantate nach 1750", Halle, Juni 2010 (Druck in Vorbereitung).

lich, eine infolge zahlreicher Korrekturen an vielen Stellen undeutliche Kompositionspartitur zu versenden. Auch bliebe unverständlich, warum der Komponist sowohl auf der erst nach Vollendung des Werks beschriebenen Titelseite als auch im Kopftitel zu Beginn der ersten Arie darauf verzichtete, seinen Namen zu nennen; ein solches Vorgehen scheint am ehesten mit einer intendierten Verwendung im familiären Umfeld vereinbar. Schließlich ist noch zu bedenken, daß es kaum sinnvoll gewesen wäre, für einen fremden Nutzer ein einzelnes Werk auf einen im Kirchenjahr relativ unbedeutenden Sonntag der Vorpassionszeit bereitzustellen. In der Mügelner Sammlung sind die auswärtigen Stücke – sofern es sich nicht um Jahrgangszyklen oder umfangreichere Werkserien handelt – in der Regel denn auch auf die Festtage des Kirchenjahrs gerichtet.[32]

Wenn demnach für C. P. E. Bachs Kantate „Ich bin vergnügt mit meinem Stande" eine ursprüngliche Bestimmung für Leipzig zu favorisieren ist, so wäre als nächstes nach den genauen Aufführungsbedingungen zu fragen. Die Möglichkeit einer Verwendung in der sogenannten zweiten Kantorei mutet wenig plausibel an. Über deren Repertoire sind bislang zwar nur vage Vermutungen greifbar,[33] doch scheint mir Bachs Äußerung, daß „im andern *Chore* [...] nur auf die FestTage *musicir*et" wurde und er sich „im *choisir*en" der Stücke „nach der *capacitè* derer, so es *executir*en sollen, hauptsächlich richten" mußte,[34] eindeutig und unmißverständlich gegen die regelmäßige Aufführung von Kantaten zu sprechen.

Somit bleibt tatsächlich als wahrscheinlichste Bestimmung eine Aufführung in der von J. S. Bach dirigierten Hauptkirchenmusik. Die auffallende Kürze des Werks lädt zu Spekulationen über mögliche Erweiterungen ein (etwa, wie erwähnt, durch eine einleitende Sinfonia wie in zahlreichen Solokantaten des III. Jahrgangs und einen abschließenden Choral) oder läßt an eine mit einem anderen Werk kombinierte Aufführung vor und nach der Predigt denken.

Daß Johann Sebastian Bach seine Söhne und Schüler im Rahmen ihrer Ausbildung zu eigenen Arbeiten anleitete und ihre Kompositionen gelegentlich auch darbot, ist mehrfach dokumentiert. An erster Stelle ist die prächtige Johannis-Kantate „Durch die herzliche Barmherzigkeit" des etwa 18jährigen Johann Gottlieb Goldberg zu nennen, die 1745 oder 1746 in Leipzig erklang. Das in diesem Fall glücklicherweise vollständig erhaltene Aufführungsmaterial belegt zudem eine Besonderheit der Leipziger Aufführung, die auch für die Darbietung von C. P. E. Bachs Kantate gegolten haben mag: Goldberg komponierte sein Werk für fünf Singstimmen, fünf Streicher und Basso continuo;

---

[32] Bei den in Mügeln überlieferten Werken Görners (siehe Fußnote 9) handelt es sich um zwei Oster- und zwei Pfingstkantaten.
[33] Vgl. BJ 2009, S. 104 (A. Glöckner).
[34] Dok I, Nr. 34 (S. 88).

bei der Leipziger Aufführung wurden die Violinen mit Oboen und der Baß mit einem Fagott verstärkt.[35] Anfang Januar 1748 ließ Bach in sein Zeugnis für Johann Christoph Altnickol einfließen, daß „verschiedene wohlgerathene Kirchen-*Compositiones* seiner Arbeit unsres Orthes viele *Adprobation* gefunden" hätten.[36] Schließlich kann auch eine vermutlich 1740 komponierte Pfingstkantate von Johann Friedrich Doles mit guten Gründen als eine unter Bachs Aufsicht entstandene – und daher vielleicht auch unter seiner Leitung aufgeführte – Arbeit gelten.[37]

Die Partitur der Kantate „Ich bin vergnügt mit meinem Stande" – abgesehen von den Eintragungen in das Notenbüchlein Anna Magdalena Bachs das erste nachweisbare Autograph C. P. E. Bachs vor 1740 und zugleich eines seiner wenigen greifbaren Kompositionsautographe – zeigt eindrucksvoll, wie sorgfältig der junge Komponist an der satztechnischen Ausarbeitung seines Werks gefeilt hat. Schon in den ersten Takten der einleitenden Arie lassen sich bei aufmerksamer Betrachtung mehrere Stadien erkennen, die das Ritornellthema bis zu seiner endgültigen Formulierung durchlaufen hat. Ihre Analyse zeigt die schrittweise vorgenommene Annäherung an das Ideal einer den homophonen Satz steuernden plastischen und klangvollen Vierstimmigkeit, bei der auch die Mittelstimmen nicht vernachlässigt werden.[38] Die fast schon manische Korrektur- und Revisionstätigkeit verrät den hohen künstlerischen Anspruch des etwa zwanzigjährigen Komponisten, sicherlich zum Teil bedingt durch ein zumindest unbewußtes Sich-Messen-Wollen an den Werken des Vaters – eine Einstellung, die früher oder später in die Erkenntnis münden mußte, daß er „sich nothwendig eine eigene Art von Styl wählen" müsse, weil der „Vater in dem seinigen" doch immer unerreichbar bliebe.[39] Das beständige Feilen an den eigenen Werken, das Revidieren im Kleinen und im Großen, das „Erneuern" ausgesuchter früher Werke und schließlich das „Kassieren" des restlichen Jugendwerks wird für uns anhand der Einblicke in C.P.E. Bachs

---

[35] Siehe EDM 35 (A. Dürr, 1957); vgl. auch K. Beißwenger, *Johann Sebastian Bachs Notenbibliothek*, Kassel 1992 (Catalogus Musicus. 13.), S. 129 und 286f.

[36] Dok I, Nr. 82.

[37] „Raset und brauset, ihr heftigen Winde", erhalten in D-Dlb, *Mus. 3036-E-500* (Sammlung Grimma). Doles wählte für sein Werk ebenfalls eine Dichtung aus Picanders Kantatenjahrgang von 1728. Zu dem hier angesprochenen Problemkreis siehe auch D. R. Melamed, *J. F. Doles's Setting of a Picander Libretto and J. S. Bach's Teaching of Vocal Composition*, in: Journal of Musicology 14 (1996), S. 453 bis 474.

[38] Der vierstimmige Instrumentalsatz ist auch für die frühe Fassung des Cembalokonzerts in a-Moll Wq 1 (entstanden 1733 in Leipzig) bestimmt. Siehe CPEB:CW III/9.1 (P. Wollny, 2010).

[39] J. N. Forkel, *Ueber Johann Sebastian Bachs Leben, Kunst und Kunstwerke*, Leipzig 1802, S. 44 (Dok VII, S. 56).

Arbeitsweise, die die Mügelner Partitur erstmals in größerem Umfang erlaubt, besser verständlich und nachvollziehbar.

In stilistischer Hinsicht ist die Kantate „Ich bin vergnügt mit meinem Stande" ein Werk des Aufbruchs; ihre janusköpfige Faktur ist zum einen J. S. Bachs Kompositionen der späten 1720er und frühen 1730er Jahre verpflichtet, läßt zum anderen aber bereits Elemente der empfindsam-galanten Manier erkennen, die C. P. E. Bach sich in den folgenden Jahren zuzeigen machen sollte. Nach vorn blickt auch die Wahl des modischen 2/4-Takts für die erste Arie mit ihren rhythmischen, melodischen und harmonischen Finessen. Zu diesen gehören etwa die spannungsreiche Synkope im ersten Takt, die zusätzlichen Leittöne und Vorhalte, die gegen die natürlichen Taktschwerpunkte gesetzten Bindebögen, die ausweichende Chromatik und die planvoll plazierten, teils energischen Zäsuren des periodisch gegliederten Satzes – Elemente, die typisch sind für den zunächst in der Instrumentalmusik entwickelten galanten Scherzo-Ton der Zeit.[40] In geistlichen Vokalwerken J. S. Bachs kommt diese Taktart zum ersten Mal im Schlußsatz von „Ich geh und suche mit Verlangen" BWV 49 (1726) vor, ferner im Schlußsatz der Solokantate „Jauchzet Gott in allen Landen" BWV 51 (um 1730) – beide Male noch ohne Synkopen. Eine auffällige Häufung des 2/4-Takts ist in J. S. Bachs geistlichem und weltlichem Kantatenschaffen der 1730er Jahre zu beobachten. Als Taktart eines Kantatenkopfsatzes begegnet er uns erstmals im Himmelfahrts-Oratorium BWV 11 (1735)[41] und sodann in dem Werkpaar BWV 30a/30 (1737/38). Der charakteristische „Scherzo"-Tonfall erscheint in J. S. Bachs Kirchenmusik zunächst noch abgemildert und tritt in voller Ausprägung erst ab den frühen 1730er Jahren auf, nachdem der Komponist ihn zunächst in weltlichen Huldigungsmusiken erprobt hatte. Im Weihnachts-Oratorium sind Arien im 2/4-Takt dann ein essentielles Stilmerkmal. Mit seiner Vertonung von „Ich bin vergnügt mit meinem Stande" versuchte der Bach-Sohn also nicht nur, mit aktuellsten stilistischen Neuerungen Schritt zu halten, sondern vielleicht sogar der Entwicklung des Vaters vorauszueilen.

---

[40] Siehe hierzu J. Rifkin, *The „B-Minor Flute Suite" Deconstructed: New Light on Bach's Ouverture BWV 1067*, in: Bach Perspectives 6, Urbana 2007, S. 1–98, speziell S. 31–43. In den Partiten aus Clavier-Übung I sind drei der „Galanterie"-Stücke im 2/4-Takt notiert: das Capriccio aus BWV 826 und das Scherzo aus BWV 827 (beide 1727) sowie die Aria aus BWV 828 (1728). In C. P. E. Bachs früher Tasten- und Kammermusik ist der 2/4-Takt ebenfalls für schnelle Sätze beliebt.

[41] Nach allgemeinem Konsens geht dieser Satz auf eine weltliche Vorlage zurück; trotz verschiedener Versuche ist eine Identifizierung bislang jedoch nicht gelungen. Siehe die zusammenfassende Diskussion bei H.-J. Schulze, *Johann Sebastian Bachs Himmelfahrts-Oratorium und Picanders Geburtstagskantate für „Herrn J. W. C. D."*, BJ 2009, S. 191–199.

Ein traditionell Bachischer Zug im Kopfsatz ist hingegen die Wahl der modifizierten Da-Capo-Form (A – B – A'). Der A-Teil moduliert von e-Moll nach G-Dur und schließt in dieser parallelen Tonart mit einer emphatischen Kadenz (T. 51), die durch eine leicht gekürzte Wiederholung des Ritornells noch bekräftigt wird (T. 52–65). Der B-Teil beginnt in G-Dur (T. 66), durchläuft alsbald verschiedene harmonische Bereiche und endet schließlich in der Dominanttonart h-Moll (T. 88). Der in T. 89 einsetzende reprisenartige A'-Teil verharrt in der Tonika e-Moll, ist durch rhythmische Intensivierung und eine lange Koloratur jedoch zugleich als effektvolle Steigerung und Abrundung des Vorangehenden gestaltet. Da die modifizierte Da-Capo-Form vor 1740 bislang nur im Schaffen J. S. Bachs nachgewiesen wurde,[42] kommt dieser Anlage besondere Bedeutung zu. Andere „Bachismen" sind die kurzen motivisch geprägten Einwürfe der Streicher in den Vokalteilen, die komplementäre Rhythmik im ersten Takt (und öfter) sowie das charakteristische „Arbeiten" mit dem im ersten Ritornell exponierten thematischen Material.

Die zweite Arie – diese nunmehr in strenger Da-capo-Form – knüpft mit ihrem galanten Menuett-Ton gleichfalls an Modelle aus den Kirchenkantaten des Vaters an – offenbar in der Absicht, diese weiterzuentwickeln. Dem glatten melodischen Fluß der ersten Periode werden die rhythmischen und harmonischen Stauungen der zweiten und dritten kontrastierend entgegengesetzt. Ein auffälliger und betont modischer Zug sind die drängenden Synkopenketten ab dem fünften Takt. Auch hier ist ein Blick auf J. S. Bachs vorsichtigen Umgang mit den galanten Neuerungen erhellend: Einen ersten Versuch in der Ratswahlkantate „Wir danken dir, Gott" BWV 29 aus dem Jahr 1731 verwarf er nach wenigen Takten,[43] um dann 1733 (oder schon früher?) im Duett der Herkules-Kantate BWV 213 eine ihm zusagende Realisierung zu finden,[44] die anschließend in den dritten Teil des Weihnachts-Oratoriums übernommen wurde. Für einen Komponisten der jüngeren Generation wie C. P. E. Bach stellte das neue Idiom offenbar von Anfang an kein Problem dar. Es bestimmt bereits den Schlußsatz der frühen Fassung seines Trios in d-Moll (BWV 1036/ Wq 145) aus dem Jahr 1731 – ein Werk, das in seinen beiden schnellen Sätzen

---

[42] M. K. Whaples, *Bach's Recapitulation Forms*, in: Journal of Musicology 14 (1996), S. 475–513. – Ergänzend sei erwähnt, daß auch eine der Arien in der genannten Kantate von J. G. Goldberg eine vergleichbare Reprisenstruktur aufweist.

[43] Vgl. R. L. Marshall, *The Compositional Process of J. S. Bach. A Study of the Autograph Scores of the Vocal Works*, 2 Bde., Princeton 1972, Bd. II, Nr. 19; sowie NBA I/32.2 Krit. Bericht (C. Fröde, 1994), S. 17.

[44] Wie in NBA I/36 Krit. Bericht (W. Neumann, 1962), S. 60 f., und in BJ 1981, S. 54 f. (A. Glöckner), dargelegt, hat das Duett eine vor BWV 213 zurückreichende, zeitlich jedoch nicht näher bestimmbare Vorgeschichte. Meines Erachtens dürfte die unbekannte Vorlage kaum vor etwa 1730 entstanden sein.

auch sonst bemerkenswerte stilistische Parallelen mit der neu entdeckten Kantate aufweist.

Die Untersuchungen von C. P. E. Bachs Septuagesimae-Kantate „Ich bin vergnügt mit meinem Stande" ließen sich in verschiedene Richtungen weiterführen. Hier sollte lediglich andeutungsweise gezeigt werden, daß sich aus der Betrachtung des Werks vielfältige Ansätze für ein vertieftes Verständnis auch von J. S. Bachs Vokalwerken aus den Jahren um und nach 1730 gewinnen lassen – einer Phase, in der wir den Thomaskantor und seine beiden ältesten Söhne auf der Suche nach neuen Ausdrucksmitteln und Formen beobachten können.

III.

Die Entdeckung einer frühen Kirchenkantate C. P. E. Bachs weckt den Wunsch, mehr über die Leipziger Jahre des zweitältesten Bach-Sohns zu erfahren. Mit der Auffindung neuer aussagekräftiger Berichte von Zeitzeugen – wie sie der 1973 ermittelte Brief Jakob von Stählins mit seiner verblüffenden Charakterisierung der drei ältesten Bach-Söhne bietet[45] – ist nicht unbedingt zu rechnen. Die systematische Auswertung persönlicher Spuren im musikalischen Quellenmaterial verspricht indes Erkenntnisse, die durchaus zu einer Schärfung des Bildes beitragen können.

Der zweitälteste Bach-Sohn begann im Alter von fünfzehn Jahren, seinem Vater mit Kopistendiensten zur Hand zu gehen. Konkret nachweisbar ist er erstmals in den Stimmen der am 6. Juni 1729 aufgeführten Pfingstkantate „Ich liebe den Höchsten von ganzem Gemüte" BWV 174; viereinhalb Monate später beteiligte er sich an der Herstellung des Aufführungsmaterials zu der Motette „Der Geist hilft unser Schwachheit auf" BWV 226. Die markantesten Merkmale dieser frühen Schriftphase sind die filigrane kalligraphische Form des C-Schlüssels und die auffallend großen hakenförmigen Viertelpausen (ähnlich einem großen „S"). Beide Merkmale sind auch in dem kurzen Nachtrag in der Sopranstimme der weltlichen Kantate „Der Streit zwischen Phoebus und Pan" BWV 201 zu finden, die – auch aus anderen Gründen – ebenfalls auf die zweite Hälfte des Jahres 1729 oder allenfalls auf das erste Halbjahr des folgenden Jahres datiert wird.[46]

Die Basis für eine genaue Beschreibung von C. P. E. Bachs früher Schrift läßt sich durch eine bislang unbeachtet gebliebene Quelle jedoch noch bedeutend

---

[45] Siehe BJ 1973, S. 89 f. (H.-J. Schulze) sowie Dok V, Nr. C 895b; eine deutsche Inhaltsangabe des in französischer Sprache abgefaßten Briefs nach 1926 veröffentlichten Regesten findet sich bereits in Dok III, Nr. 902, eine deutsche Übersetzung der vollständigen Passage in *Johann Sebastian Bach. Leben und Werk in Dokumenten*, hrsg. von H.-J. Schulze, Leipzig 1975, S. 21.

[46] Vgl. Dürr Chr 2, S. 100.

erweitern. Zu wesentlichen Teilen von der Hand des Dreizehnjährigen stammt das leider stark beschädigte vierte Heft aus der Serie der „Schulhefte Wilhelm Friedemann Bachs".[47] Auch wenn in diesem Dokument die Schriftzüge noch kindlich weich erscheinen, sind – besonders in der lateinischen Schrift – bereits zahlreiche Merkmale der reifen Hand C. P. E. Bachs deutlich und unverwechselbar ausgeprägt (siehe Abbildung 6). Die Übersetzungs- und Stilübungen in lateinischer, deutscher und griechischer Sprache lassen einen überdurchschnittlich engagierten Schüler erkennen.

Sein wichtigstes musikalisches Betätigungsfeld scheint C. P. E. Bach schon früh im Collegium musicum des Vaters gefunden zu haben. Für dessen Ensemble fertigte er um 1730/31 mit mittlerweile versierter und routinierter Handschrift zahlreiche Aufführungsmaterialien an. In diesen Zusammenhang gehört offenbar auch seine erst vor wenigen Jahren identifizierte Abschrift der A-Dur-Allemande für zwei Cembali aus dem zweiten Buch der *Pièces de Clavecin* von François Couperin (D-B, *Mus. ms. 4222*).[48] Diese Quelle scheint mir überhaupt ein wichtiges Verbindungsglied zwischen dem ersten (um 1729/30) und dem zweiten Stadium (1730/31) von C. P. E. Bachs Handschrift zu sein; an ihr läßt sich ablesen, daß die zierliche kalligraphische Form des C-Schlüssels zunächst noch erhalten bleibt, während die Viertelpausen schon die aus späteren Schriftzeugnissen vertrautere kleinere Form (ähnlich einem kleinen „v") annehmen. Insgesamt wäre zu fragen, ob die Schreibertätigkeit jener Jahre konkrete Rückschlüsse auf die Art seines praktischen Mitwirkens bei väterlichen Aufführungen erlaubt – ob wir also zum Beispiel aus dem Umstand, daß C. P. E. Bach das Orgelsolo in der Ratswahlkantate von 1731 („Wir danken dir, Gott" BWV 29) ausschrieb, folgern dürfen, daß er in der Erstaufführung des Werks diesen Part auch selbst übernahm.

Vermutlich setzte C. P. E. Bach seine gelegentliche Hilfe bei der Herstellung beziehungsweise Revision des Notenmaterials für die Hauptkirchenmusik sowie speziell sein Engagement im Collegium musicum des Vaters auch in den darauffolgenden Jahren (1732–1734) – mittlerweile als Student der Universität Leipzig – mehr oder minder ungebrochen fort, auch wenn die Quellenüberlieferung für diese Zeitspanne ungleich schlechter ist und somit weitaus weniger Belege vorliegen. Immerhin aber reichen die überlieferten Schriftzeugnisse aus, um ein drittes Stadium der frühen Handschrift C. P. E. Bachs zu bestimmen. Dieses zeichnet sich aus durch eine noch weitergehende Annäherung an die reife Schrift der Berliner Zeit. Die Manierismen der frü-

---

[47] D-EIb, Signatur: *6.1.3.4*. Schon Conrad Freyse (BJ 1951/52, S. 103–119, speziell S. 115–119) hatte erkannt, daß das vierte Heft nicht von W. F. Bach stammen konnte, vermutete als Schreiber aber „einen Mitschüler" (S. 116).

[48] Siehe P. Wollny, *Zur Rezeption französischer Cembalo-Musik im Hause Bach in den 1730er Jahren*, in: In Organo Pleno. Festschrift für Jean-Claude Zehnder zum 65. Geburtstag, hrsg. von L. Collarile und A. Nigito, Bern 2007, S. 265–275.

heren Stadien werden jetzt weitgehend aufgegeben und weichen eher pragmatisch-glatten Formen, die in manchen Einzelheiten der Handschrift J. S. Bachs erstaunlich ähnlich sind. Als C-Schlüssel wird nun meist die ökonomische „Dreier"-Form verwendet; wo die kalligraphische Variante noch auftaucht, ist sie weniger zierlich und mit einem weit nach rechts hervorragenden unteren Schenkel ausgestattet.[49] Die Viertelpause erscheint deutlicher konturiert; sie nähert sich der Form eines kleinen „r" an, wobei die nach rechts oben auslaufende Linie geknickt und häufig stark verdickt ist.

Neben der Kopistentätigkeit lassen sich in den angesprochenen Jahren weitere Hilfsdienste nachweisen: Nach Auskunft der Kirchenrechnungen von St. Thomas erhielt C. P. E. Bach im Rechnungsjahr 1731/32 für drei Quartale sowie im Rechnungsjahr 1732/33 für vier Quartale Zahlungen in Höhe von insgesamt 10 Reichstalern und 12 Groschen für das Stimmen des Cembalos.[50] Vielleicht darf der zweitälteste Bach-Sohn für die Zeit von etwa 1730 bis zu seinem Weggang aus Leipzig gar als eine Art Assistent seines Vaters angesehen werden. Sein musikalisches Wirken in Frankfurt an der Oder als Dirigent des dortigen Collegium musicum und Komponist bereits ausgesprochen ambitionierter Huldigungsmusiken kann jedenfalls als eine bruchlose Fortsetzung seiner Leipziger Betätigung verstanden werden, die ohne solide Kenntnisse und erste berufliche Erfahrungen in dieser Form gewiß nicht realisierbar gewesen wäre.[51]

Hinsichtlich der Ausformung ihrer musikalischen Interessen scheint zwischen den beiden ältesten Söhnen Bachs ein merkwürdiger, allerdings auch bezeichnender Unterschied bestanden zu haben, der sich bis in ihren späteren Lebensverlauf weiter verfolgen läßt. Während W. F. Bach seine Kopistendienste für den Vater – von wenigen Ausnahmen abgesehen[52] – mit Abschluß des dritten

---

[49] In dieser Form findet sie sich erstmals in C. P. E. Bachs Eintragungen in das Notenbüchlein für Anna Magdalena Bach (die ich daher um 1732 oder später ansetzen würde); vereinzelt kommt sie auch noch in den Originalstimmen zum Magnificat Wq 215 von 1749 vor. Vgl. die Abbildungen in NBA V/4 (G. von Dadelsen, 1957), S. IX, und in TBSt 1, Tafel 4–6.

[50] Vgl. A. Schering, *Johann Sebastian Bachs Leipziger Kirchenmusik*, Leipzig 1936, S. 62, und Dok II, Nr. 160. Vermutlich ist ein ähnlich lautender Eintrag in den Kirchenrechnungen von St. Nikolai für die Zeit von Ostern bis Michaelis 1732 ebenfalls auf C. P. E. Bach zu beziehen (Schering, S. 65).

[51] Zu C. P. E. Bachs Zeit in Frankfurt/Oder siehe P. Wollny, *Zur Überlieferung der Instrumentalwerke Johann Sebastian Bachs: Der Quellenbesitz Carl Philipp Emanuel Bachs*, BJ 1996, S. 7–21, und R.-S. Pegah, *Carl Philipp Emanuel Bach und Kronprinz Friedrich in Preußen*, BJ 2008, S. 328–332.

[52] Ergänzend zu den Nachweisen in NBA IX/3 (Y. Kobayashi/K. Beißwenger, 2007, Textband, S. 14–19) läßt sich W. F. Bachs Hand auch in den Originalstimmensätzen zu BWV 226 (*St 121*; geschrieben Ende Oktober 1729) und BWV 120a (*St 43*; ge-

Leipziger Kantatenjahrgangs einstellte und sich an der Repertoirebeschaffung für das väterliche Collegium musicum offenbar gar nicht beteiligte, fand sein jüngerer Bruder gerade hier seine wichtigste Aufgabe. Von W. F. Bach sind aus der Zeit ab dem Beginn seines Universitätsstudiums (April 1729) Abschriften von anspruchsvollen Orgelwerken seines Vaters erhalten,[53] die darauf schließen lassen, daß er sich schon früh auf eine Laufbahn als Orgelvirtuose vorbereitete und zu den im Collegium musicum tätigen Kommilitonen beizeiten auf Distanz ging. Unterschiede im Naturell der Brüder und das Bestreben, jeweils eigene Nischen zu besetzen, mögen hier ausschlaggebend gewesen sein. Vor diesem Hintergrund gewinnt auch die zwar sicherlich subjektiv gefärbte, aber doch wohl präzise beobachtete Charakterisierung Jakob von Stählins an Kontur, der – selbst ein Mitglied des Bachischen Collegium musicum – den umgänglichen und umtriebigen C. P. E. Bach als „lustigen Gesellschafter" in Erinnerung behielt, der sich durch „Natürlichkeit, Tiefe und Nachdenklichkeit auszeichnete", den älteren Bruder hingegen als „etwas affektierten Elegant" empfand.

Abgesehen von biographischen Aspekten berührt die hier knapp geschilderte Entwicklung von C. P. E. Bachs Handschrift noch einige weitere Schreiber- und Chronologiefragen.
– Die Gebrauchsdauer des Papiers mit dem Wasserzeichen „M A mittlere Form" ist von Oktober 1727 bis Anfang Dezember 1731 belegt; das Wasserzeichen „M A große Form" taucht in Originalquellen J. S. Bachs zwischen Juli 1732 und Anfang Februar 1735 auf.[54] Für die anläßlich einer Wiederaufführung von C. P. E. Bach angefertigte Continuo-Stimme zur Weihnachtskantate BWV 91 (Wasserzeichen „M A große Form") favorisiert Andreas Glöckner aufgrund von Schriftmerkmalen mit Vorbehalt den 25. Dezember 1731. Der Handschriftenbefund (besonders die Form der Viertelpausen) und die Papiersorte lassen sich allerdings weitaus besser mit dem 25. Dezember 1732 in Einklang bringen.
– C. P. E. Bachs Text- und Notenschrift des ersten oder zweiten Stadiums (1729/30 bzw. 1730/31) taucht auch in den Originalstimmen zur Johannes-

---

schrieben um 1729/30) nachweisen. Vgl. die Schriftproben in NBA IX/3 (Abbildungsband), S. 214 (Textunterlegung größtenteils von W. F. Bach) und S. 230 (Noten durchweg und Textunterlegung Zeile 1–6 von W. F. Bach; Textunterlegung Zeile 7–11 von C. P. E. Bach).

[53] Siehe die Abschriften der Orgelsonaten BWV 525–530 (*P 272*) aus der Zeit um 1732/33 (Wasserzeichen: M A große Form) und der Vivaldi-Transkription BWV 594 (D-LEu, *N. I. 5138*) aus der Zeit um 1727(?)–1731 (Wasserzeichen: M A mittlere Form); vgl. NBA IV/7 Krit. Bericht (D. Kilian, 1988), S. 22–47, sowie NBA IV/8 Krit. Bericht (K. Heller, 1980), S. 43–44.

[54] Vgl. Dürr Chr 2, S. 140 f.

Passion (*St 111*) auf. Die entsprechenden Eintragungen in das Aufführungsmaterial von 1724 (Fassung I) betreffen sowohl allgemein die Revision des Notentexts als insbesondere auch die – gemeinsam mit J. S. Bach vorgenommene – Einarbeitung der neuen Lesarten von Fassung III. Im einzelnen vermag ich, C. P. E. Bachs Handschrift an folgenden Stellen zu erkennen (siehe auch Abbildung 7):

Soprano Ripieno (B 13)[55]
Satz 3: Überschrift „Choral."
Satz 12 a: Textmarke „sie zu ihm"
Satz 14: „NB Folgender Choral muß einen Ton tieffer gesungen werden."
Satz 23 d: Sopranschlüssel zu Beginn dieses Satzabschnitts
nach Satz 33–36: „Sinfonia tacet"

Alto Ripieno (B 15)
Satz 1: Ergänzung von T. 65 b–67 a
Satz 14: „folgender Choral wird ein Ton tieffer gesungen."
Satz 23 b: Ergänzung von T. 12 b–15 a
Satz 25 b: Ergänzung von T. 22 (2. Viertel) bis 23 (1. Viertel)
nach Satz 33–36: „Sinfonia tacet"

Tenore Ripieno (B 17)
Satz 14: „NB dieser Chorale muß einen Ton tieffer gesungen werden."
Satz 22: Ergänzung der Textunterlegung (ab „Muß uns die Freyheit kommen" bis Schluß)
Satz 26: Ergänzung der Textunterlegung („dein Nahm u. X [Kreuz] allein" und „all Zeit u. Stunde" bis Schluß)

Basso Ripieno (B 19)
nach Satz 33–36: „Sinfonia et Recit. tacent"

Da für die im Zusammenhang mit Fassung III angefertigten Einlagen und Zusatzstimmen meist Papier mit dem Wasserzeichen „M A mittlere Form" verwendet wurde, erscheint es naheliegend, die Aufführung dieser Fassung innerhalb der Gebrauchsdauer dieser Papiersorte anzusiedeln, also zwischen dem 17. 10. 1727 und dem 2. 12. 1731.[56] Hierfür kommen nach gegenwärtigem Kenntnisstand und Konsens allein die Jahre 1728 und 1730 in Betracht, da für 1729 eine Wiederaufführung der Matthäus-Passion als wahrscheinlich angesehen wird und für 1731 die Erstaufführung der Markus-Passion sicher belegt ist. Über jeden Zweifel erhaben ist indes nur das letztgenannte Jahr; die Annahme einer Wiederaufführung der Matthäus-Passion beruht einzig auf der

---
[55] Quellensigel nach NBA II/4 (A. Mendel, 1974), S. 33–35.
[56] Vgl. Dürr Chr 2, S. 138 f.

Prämisse, daß Carl Friedrich Zelter mit seiner Bemerkung über „den alten Kirchentext" von 1729 auf ein ihm vorliegendes Exemplar eines Einzeltextdrucks und nicht etwa auf den im selben Jahr erschienenen zweiten Band von Picanders „Ernst-Scherzhafften und Satyrischen Gedichten" zielte. Daß Bach seinen zweitältesten Sohn bereits 1728 mit anspruchsvollen Revisionsaufgaben betraut hätte, darf bezweifelt werden.[57] Entsprechend wäre 1730 zu bevorzugen, zumal auch Bachs eigene mit Fassung III in Zusammenhang stehende Eintragungen in *St 111* am ehesten mit diesem Jahr vereinbar sind.[58] – Diese Erkenntnis zieht eine Umdatierung der von J. S. und C. P. E. Bach gemeinsam kopierten apokryphen Lukas-Passion BWV 246 (*P 1017*) nach sich. Der innerhalb der Quelle recht stark variierende Duktus von C. P. E. Bachs Schrift und die relativ große Bandbreite unterschiedlicher Papiersorten könnte darauf hindeuten, daß die Anfertigung der Partitur sich über einen längeren Zeitraum hinzog.[59] Für eine hastige Entstehung unter großem Zeitdruck lassen sich ungeachtet des wenig kalligraphisch anmutenden Schriftduktus keine triftigen Argumente finden. Die ehedem diskutierte und jüngst von Daniel R. Melamed wieder ins Spiel gebrachte These einer zunächst „auf Vorrat" hergestellten Abschrift wird durch diesen Befund gestützt; allerdings würde ich nicht so weit gehen, eine Leipziger Aufführung unter Bachs Leitung insgesamt in Frage zu stellen.[60] Die Schriftformen C. P. E. Bachs legen eine Datierung auf die Zeit um 1731 nahe. Angesichts des weitgehend fixierten Aufführungskalenders für die Jahre bis 1736 kommt damit eine Darbietung frühestens für das – nach der Umdatierung von Fassung III der Johannis-Passion wieder freie – Jahr 1732 in Frage.

IV.

Die Auffindung einer frühen Picander-Vertonung aus J. S. Bachs engstem Umkreis lädt zu weiteren Überlegungen ein, denen hier wenigstens ansatzweise nachgegangen werden soll. Eines der vertracktesten und seit Jahrzehnten im-

---

[57] Die Tatsache, daß C. P. E. Bach als Kopist erst ab Juni 1729 nachweisbar ist, ist als Argument nur bedingt tauglich, da aus dem Jahr 1728 nur punktuelle Belege für Bachs Kompositions- und Aufführungstätigkeit vorliegen. Vgl. Dürr Chr 2, S. 96–98.
[58] Vgl. Kobayashi Chr, S. 20.
[59] Siehe die Diskussion von BWV 246 bei Glöckner (BJ 1981, S. 48). Die in *P 1017* vorkommenden Papiersorten sind Weiß 33, 61 und 89; letztere benutzte Bach auch in seinem Zeugnis für J. A. Scheibe vom 4. 4. 1731 (Dok I, Nr. 68).
[60] Vgl. D. R. Melamed, *Hat Johann Sebastian Bach die Lukas-Passion BWV 246 aufgeführt?*, BJ 2006, S. 161–169. Das Anfertigen einer Partitur ohne konkrete Aufführungspläne hat ein Gegenstück in der zwischen 1746/47 und 1748/49 entstandenen Abschrift von Händels Brockes-Passion (D-B, *Mus. ms. 9002/10*).

mer wieder kontrovers diskutierten Probleme der Bach-Forschung betrifft jene berühmte Sammlung von Kantatendichtungen, die der Leipziger Dichter Christian Friedrich Henrici (alias Picander) ab Juni 1728 in vier Lieferungen veröffentlichte und die Bach im gleichen Zeitraum, beginnend mit dem Johannisfest (24. Juni), vollständig in Musik gesetzt haben soll. Da aber nur neun Vertonungen Bachs von Texten aus diesem Druck nachweisbar sind,[61] müßte der üblicherweise als sein vierter Leipziger Jahrgang bezeichnete Kantatenzyklus zu großen Teilen als verschollen gelten. Allerdings gehen die Meinungen bezüglich dieser Hypothese seit langem auseinander,[62] denn die greifbaren Indizien konnten durchaus unterschiedlich interpretiert werden, zumal das bislang einzige bekannte Exemplar der Erstausgabe von Picanders Dichtungen im Zweiten Weltkrieg abhanden gekommen ist.

Mittlerweile hat sich die Quellenlage zum Picander-Jahrgang allerdings in einem entscheidenden Punkt verbessert: Im Jahr 2009 konnte Tatjana Schabalina unvermutet ein in St. Petersburg überliefertes Parallelexemplar des 1728/29 erschienenen Erstdrucks der „Cantaten Auf die Sonn- und Fest-Tage durch das gantze Jahr" ermitteln.[63] Zusammen mit der hier vorgestellten Kantate C. P. E. Bachs und einer erneuten Untersuchung der Originalquellen zu J. S. Bachs Picander-Vertonungen kann das Problem nunmehr erneut in Angriff genommen und die Diskussion um einige Gesichtspunkte erweitert werden.

Das wichtigste Argument für die einstige Existenz eines Bachschen Kantatenjahrgangs auf die Dichtungen Picanders war die ungewöhnliche Anordnung der Texte in dem bis vor kurzem nur aus unzulänglichen Beschreibungen greif-

---

[61] BWV 171, 174, 188 und 197a (Autographe) sowie BWV 145, 149, 156 und 159 (Abschriften nach 1750); zu dem Fragment „Ich bin ein Pilgrim auf der Welt" siehe weiter unten. BWV 84 basiert auf einer früheren Fassung eines Picander-Texts und gehört zu Bachs Leipziger Jahrgang III.

[62] Die wichtigste Literatur in chronologischer Folge: W. H. Scheide, *Ist Mizlers Bericht über Bachs Kantaten korrekt?*, in: Mf 14 (1961), S. 60–63; A. Dürr, *Wieviele Kantatenjahrgänge hat Bach komponiert? Eine Entgegnung*, in: Mf 14 (1961), S. 192–195; Scheide, *Nochmals Mizlers Kantatenbericht – Eine Erwiderung*, ebenda, S. 423–427; K. Häfner, *Der Picander-Jahrgang*, BJ 1975, S. 70–113; Scheide, *Bach und der Picander-Jahrgang – Eine Erwiderung*, BJ 1980, S. 47–51; Häfner, *Picander, der Textdichter von Bachs viertem Kantatenjahrgang: Ein neuer Hinweis*, in: Mf 35 (1982), S. 156–162; Scheide, *Eindeutigkeit und Mehrdeutigkeit in Picanders Kantatenjahrgangs-Vorbemerkung und im Werkverzeichnis des Nekrologs auf Johann Sebastian Bach*, BJ 1983, S. 109–113; Häfner, *Aspekte des Parodieverfahrens bei Johann Sebastian Bach*, Laaber 1987, S. 21 ff. und 520 ff.; Rezension des vorgenannten Buches in BJ 1990, S. 92–94 (H.-J. Schulze); K. Hofmann, *Anmerkungen zum Problem „Picander-Jahrgang"*, in: Bach in Leipzig – Bach und Leipzig. Konferenzbericht Leipzig 2000, hrsg. von U. Leisinger, Hildesheim 2002 (LBzBF 5), S. 69–87.

[63] BJ 2009, S. 20–30.

baren Erstdruck. Aus dieser Anordnung schloß Klaus Häfner, daß es sich bei dem Picander-Erstdruck „um das Textbuch der Kirchenmusiken in den Leipziger Hauptkirchen vom Johannisfest 1728 bis zum 4. Sonntag nach Trinitatis 1729" gehandelt haben müsse, was seiner Meinung nach als indirekter Beweis für die einstige Existenz eines innerhalb eines Jahres vollständig komponierten Zyklus von Kantaten anzusehen war.[64]

Dank zahlreicher Textdruckfunde in den vergangenen Jahren haben wir unsere Vorstellungen von der Gestaltung und gängigen Publikationsweise von Bachs „Texten zur Leipziger Kirchen-Music" wesentlich erweitern und in zahlreichen Einzelheiten präzisieren können.[65] Es wurde erkennbar, daß Bach dem – bereits zur Amtszeit von Johann Kuhnau etablierten – Brauch folgte, Einzelhefte mit Kantatentexten zu mehreren aufeinanderfolgenden Sonn- und Festtagen zu veröffentlichen. Diese Hefte wurden entweder als eigenständige Schriften behandelt oder, sofern sie textlich und musikalisch geschlossene Jahrgänge betrafen, mit einer fortlaufenden Paginierung versehen, um den Gottesdienstbesuchern die Möglichkeit an die Hand zu geben, sie später zu einem Band zu vereinigen. Ein durchgängig vorhandenes Merkmal dieser Art von Jahrgangsheften ist – im Gegensatz zu den zahlreichen „literarischen" Veröffentlichungen von Kantatendichtungen in Form von „idealen" Jahrgängen – die präzise Angabe des jeweiligen Aufführungsorts und die Auslassung von Sonntagen, die im betreffenden Kirchenjahr nicht vorkamen oder an denen keine Musik erklang. Der Erstdruck von Picanders „Cantaten" weist keines dieser beiden Merkmale auf; Anlage und Aufmachung des Bandes zeigen vielmehr zweifelsfrei, daß es sich hier keinesfalls um „Texte zur Leipziger Kirchen-Music" handelt, also die Dokumentation eines tatsächlich musizierten Jahrgangs, sondern um eine selbständige – das heißt, von Bach unabhängige – Unternehmung Picanders.

Angesichts dieser Erkenntnis entfällt zunächst die Prämisse, Bach habe den Jahrgang vollständig und binnen Jahresfrist komponiert. Wir sind mithin nun frei anzunehmen, daß die Beschäftigung mit den Dichtungen sich über eine längere Zeitspanne erstreckte und auch nicht notwendigerweise den gesamten Zyklus einschloß. In der Tat scheinen die erhaltenen Autographe einen etwas weiteren Datierungsspielraum nahezulegen: Während die Originalstimmen zu BWV 174 das Datum „d: 5 Junij 1729" tragen und das Wasserzeichen in den autographen Partiturfragmenten zu BWV 188 (Weiß 92) auch in einem auf den 21. Mai 1729 datierten Zeugnis vorkommt,[66] erlaubt das in den autographen Partituren zu BWV 171 und 197a enthaltene Wasserzeichen „Posthorn +

---

[64] BJ 1975, S. 78.
[65] Siehe die Beiträge von Tatjana Schabalina, Marc-Roderich Pfau und Peter Wollny im BJ 2008 sowie den Aufsatz von T. Schabalina im BJ 2009.
[66] Vgl. Dok I, Nr. 65.

GAW" (Weiß 86) eine Datierung zwischen etwa 1729/30 und 1736/37.[67] Das in *P 670* überlieferte Fragment „Ich bin ein Pilgrim auf der Welt" kann anhand der recht präzisen zeitlichen Bestimmbarkeit der in derselben Quelle enthaltenen Trauungskantate BWV 120a auf etwa 1729/30 datiert werden. Für die vier lediglich in späteren Abschriften erhaltenen Kantaten BWV 145, 149, 156 und 159 lassen sich keine brauchbaren Argumente zur chronologischen Einordnung ausmachen.

Die papierkundlichen Indizien sind zwar nicht sonderlich ergiebig; mit dem Wegfall des Arguments, die vier Lieferungen von Picanders Kantatendruck aus dem Jahr 1728/29 seien Bachs Aufführungen begleitende „Texte zur Leipziger Kirchen-Music", bieten sie aber einen Spielraum, der zumindest so lange nicht grundlos beschränkt werden sollte, bis aussagekräftigere Quellen auftauchen. Zu dem bereits für 1725/26 (Jahrgang III) und punktuell für 1727 beobachteten langsameren und entspannteren Schaffensrhythmus würde eine solche Verfahrensweise – Vertonung von einzelnen Picander-Dichtungen, verteilt über mehrere Jahre und ohne Anspruch auf Vollständigkeit – in der Tat sehr gut passen. Innerhalb dieses Spielraums, der von den späten 1720er bis um die Mitte der 1730er Jahre reicht, ist auch C.P.E. Bachs Kantate „Ich bin vergnügt mit meinem Stande" anzusiedeln.

Die sich abzeichnende Möglichkeit, daß Bach die Vertonungen von Picander-Texten gelegentlich an seine ältesten Söhne (und eventuell auch an seine Meisterschüler[68]) delegierte, zieht die Frage nach sich, ob noch weitere Belege für eine derartige Verfahrensweise ausfindig gemacht werden können. Zwei Fälle stehen zur Diskussion:

1. Das seit seiner Identifizierung durch Alfred Dürr[69] bekannte Fragment einer Vertonung von Picanders Dichtung auf den zweiten Ostertag („Ich bin ein Pilgrim auf der Welt"), das auf der letzten Seite der autographen Partitur der Trauungskantate „Herr Gott, Beherrscher aller Dinge" BWV 120a (*P 670*) überliefert ist, gilt gemeinhin als eine von Kopistenhand angefertigte Abschrift einer im übrigen verschollenen Komposition J.S. Bachs. Der Schreiber des Fragments wurde bislang als singulär angesehen.[70] Die oben diskutierte verbesserte Quellenlage von Schriftzeugnissen des jungen C.P.E. Bach erlaubt es nun, diesen sicher als Urheber des Fragments zu identifizieren (siehe Abbildung 8). Dies zeigt insbesondere ein Vergleich der Textschrift mit den

---

[67] Kobayashi Chr, S. 10 und 39.
[68] Vielleicht ist auch die 1740 mutmaßlich in Bachs Unterricht komponierte Picander-Kantate „Raset und brauset, ihr heftigen Winde" von Johann Friedrich Doles hier einzubeziehen.
[69] A. Dürr, *„Ich bin ein Pilgrim auf der Welt". Eine verschollene Kantate J.S. Bachs*, in: Mf 11 (1958), S. 422–427 und Tafel nach S. 400.
[70] Dürr Chr 2, S. 153 (Anonymus IVa); NBA IX/3, Nr. 145 (Anonymus L 62).

Belegen im Schulheft von 1727, in *P 1017* und in der Partitur zu „Ich bin vergnügt mit meinem Stande". Die wenigen Noten sowie die Baßschlüssel fügen sich dieser Zuweisung ohne weiteres; ungewohnt ist lediglich die Gestalt der C-Schlüssel in den beiden unteren Akkoladen, doch auch diese lassen sich als eine flüchtige, in einem Zug geschriebene Variante der komplexeren Zierform deuten. Daß für diese Variante keine weiteren Belege nachgewiesen werden können, muß zugegebenermaßen als Manko gewertet werden, doch ist zu bedenken, daß auch andere frühe Schriftzeugnisse des zweitältesten Bach-Sohns singuläre Formen aufweisen. Insgesamt läßt sich das „Pilgrim"-Fragment überzeugend in die Chronologie der Schrift C. P. E. Bachs einordnen.

Mit dieser Identifizierung stellt sich die Frage nach dem Komponisten der fragmentarisch überlieferten Kantate neu. Könnte hier der Rest einer Kompositionspartitur vorliegen und ist damit der Schreiber – also C. P. E. Bach – auch als Komponist anzusehen? Das verhältnismäßig saubere Schriftbild läßt sich zunächst besser mit der Vorstellung einer geplanten Reinschrift vereinbaren, es ist jedoch zu bedenken, daß nahezu sämtliche Eintragungen auf der Seite in den Bereich vorbereitender, präkompositorischer Arbeiten gehören, während der eigentliche schöpferische Prozeß offenbar für eine zweite Arbeitsphase reserviert war. Einer Deutung des „Pilgrim"-Fragments als Kompositionspartitur des jungen C. P. E. stehen allerdings zwei gewichtige Argumente gegenüber:

a) Zunächst erscheint es ungewöhnlich, daß in einer Da-capo-Arie der Schluß des B-Teils vom Continuo und nicht von der Singstimme aus komponiert worden sein sollte. Ein solches Vorgehen wäre lediglich dann sinnvoll, wenn nur die genaue Gestalt der Continuo-Stimme noch der Fixierung bedurfte, während der Verlauf der Singstimme an dieser Stelle bereits feststand – denkbar wäre ein lang ausgehaltener Ton (siehe Beispiel 1) oder das Arbeiten nach einer einstimmigen Verlaufsskizze.[71] In der Tat trägt der Duktus der Continuo-Stimme Merkmale von C. P. E. Bachs flüchtiger Konzeptschrift. Zum anderen muß der Schreiber einen konkreten Grund gehabt haben, den Bogen beiseite zu legen und seine Kompositions- oder Kopierarbeit vermutlich auf einem anderen Bogen fortzusetzen. Möglich wäre zum Beispiel, daß die fünf Takte der ersten Akkolade einen konzeptionellen Fehler enthielten.

---

[71] Dies ist eine für C. P. E. Bachs späteres Schaffen typische Arbeitsweise. Vgl. CPEB:CW I/8.1 (P. Wollny, 2006), S. 137–148.

Beispiel 1

[musical notation with D.C.]

oder

[musical notation with D.C.]

b) Die Vorbereitung der Niederschrift eines Rezitativs mittels vorheriger Eintragung des Texts ist als solche zwar durchaus üblich; ungewöhnlich erscheint aber, daß Satzüberschrift und Schlüsselleiste des Chorals bereits eingetragen wurden, bevor der vorhergehende Satz Gestalt angenommen hatte oder auch nur die Lage der Singstimme festgelegt war. Dürr folgerte aus diesen beiden Beobachtungen, Bach habe bei diesem Werk – ebenso wie bei der Niederschrift der Sinfonia in der Originalpartitur von BWV 174 – „Hilfsdienste kleineren Ausmaßes von fremder Hand verrichten lassen, die er sonst normalerweise nicht beanspruchte. [...] Die Arie wäre dann Parodie, deren unverändert übernommenen Continuo Bach sich vom Kopisten in die neue Partitur eintragen ließ, um die Singstimme mit den durch den neuen Text bedingten Änderungen dann selbst niederzuschreiben."[72] Diesem Erklärungsversuch wäre mit dem Hinweis zu begegnen, daß ein solches Verfahren in Bachs parodierten Werken sonst nirgendwo nachzuweisen ist. Zu berücksichtigen ist andererseits aber auch, daß die Arbeitsweise des 15- oder 16jährigen C. P. E. Bach sicherlich noch keiner festgelegten Routine folgte und wir überhaupt über die Schaffensweise des jungen Komponisten nur das wissen, was uns die vier oder fünf Jahre später entstandene, weitaus professioneller ausgeführte Mügelner Partitur verrät. Schließlich wäre auch denkbar, daß die Kantate „Ich bin ein Pilgrim auf der Welt" ein Werk aus dem väterlichen Kompositionsunterricht darstellt.

Das Fragment erlaubt also mehrere Deutungen und es erscheint geraten, die schmale Basis der Indizien nicht zu sehr zu belasten. Immerhin ist vor dem Hintergrund der wesentlich verbesserten Quellenlage die Hypothese nicht ohne weiteres von der Hand zu weisen, daß das Kantatenfragment in *P 670* den Überrest einer weiteren Picander-Vertonung von C. P. E. Bach darstellt.

---

[72] Dürr (wie Fußnote 69), S. 425.

Folgen wir diesem Gedanken und nehmen an, das Werk sei tatsächlich von dem jungen Komponisten vollendet worden (vielleicht unter Mithilfe des Vaters), so fällt der Blick als nächstes auf den Schlußchoral mit dem Textincipit „O süßer Herre Jesu Christ". Alfred Dürr hat wahrscheinlich gemacht, daß die im ersten Teil der von C. P. E. Bach herausgegebenen Sammlung „Johann Sebastian Bachs vierstimmige Choralgesänge" (Leipzig 1784) enthaltene Bearbeitung von „Heut triumphieret Gottes Sohn" (BWV 342) mit diesem Schlußchoral von „Ich bin ein Pilgrim auf der Welt" identisch ist und dies als weiteres Argument für die Einordnung des Fragments als einstmals vollständig vorliegende Komposition J. S. Bachs gewertet.[73] Auch hier ist der Sachverhalt jedoch komplexer und zugleich widersprüchlicher. BWV 342 fungiert nämlich ebenfalls als Schlußsatz von C. P. E. Bachs Osterkantate „Gott hat den Herrn auferwecket" Wq 244 aus dem Jahre 1756, obwohl dieses Werk nach dem Willen des Textdichters eigentlich mit einer Wiederholung des Eingangssatzes schließen sollte. Da es sich bei Wq 244 um ein repräsentatives Bewerbungsstück handelt,[74] dessen Textvorlage gar keinen Choralsatz vorsieht, bestand für den Komponisten eigentlich keinerlei Notwendigkeit, eine eher schlichte Kirchenliedbearbeitung einzufügen – es sei denn, es handelte sich um einen bereits existierenden eigenen Satz, der anderweitig vielleicht Gefahr gelaufen wäre, verlorenzugehen. Trotz der ausdrücklichen Versicherung C. P. E. Bachs, daß die vier bei Breitkopf erschienenen Choralsammlungen ausschließlich echte Kompositionen seines Vaters enthielten,[75] hat sich dort mindestens ein weiterer seiner eigenen, mutmaßlich frühen Sätze eingeschlichen; hierzu gleich mehr. Anscheinend genügte die Mitwirkung des Vaters bei frühen Kompositionsversuchen der Söhne bereits, um diesem das betreffende Werk später zuzuschreiben oder zumindest seine Beteiligung zu erwähnen.[76]

Das Kantatenfragment „Ich bin ein Pilgrim auf der Welt" wird in Zukunft also nur noch unter Vorbehalt als Komposition J. S. Bachs gelten können; ähnlich gewichtige Argumente sprechen dafür, es als das Relikt einer weiteren Jugendarbeit des zweitältesten Bach-Sohns anzusehen.

---

[73] Ebenda, S. 426 f.
[74] Siehe hierzu P. Wollny, *C. P. E. Bach, Georg Philipp Telemann und die Osterkantate „Gott hat den Herrn auferwecket"*, in: „Er ist der Vater, wir sind die Bub'n". Essays in Honor of Christoph Wolff, hrsg. von P. Corneilson und P. Wollny, Ann Arbor 2010, S. 78–94.
[75] Dok III, Nr. 897 bzw. Nr. 723.
[76] Vgl. NV, S. 65 („Trio für die Violine, Bratsche und Baß, mit Johann Sebastian Bach gemeinschaftlich verfertigt") und S. 88 („Verschiedene Choräle von Altnickol unter der Aufsicht von J. S. Bach verfertigt"). Vgl. auch Schulze Bach-Überlieferung, S. 10–11.

2. Die „wenig regelgerechte" Überlieferung der für den dritten Ostertag bestimmten Kantate „Ich lebe, mein Herze, zu deinem Ergötzen" BWV 145 gibt der Forschung ebenso Rätsel auf wie die bereits im 18. Jahrhundert belegte Erweiterung der fünf Sätze umfassenden mutmaßlich authentischen Substanz zu einem siebensätzigen Pasticcio.[77] Das Werk ist heute lediglich in einer Partiturabschrift aus dem frühen 19. Jahrhundert (sowie in zwei von dieser unmittelbar abhängigen späteren Kopien) greifbar, die aus dem Besitz des in Frankfurt an der Oder praktizierenden Arztes und Amateurmusikers Eduard Petersen († 1831) stammt.[78] Frühere Nachweise beschränken sich auf Nennungen des Titels in mehreren Katalogen des Hamburger Musikalienhändlers Johann Christoph Westphal und – vermutlich davon abhängig – in einem Verzeichnis des Rigaer Verlegers Johann Friedrich Hartknoch.[79] Die fast identischen Titelformulierungen legen die Annahme nahe, daß die Abschrift Petersens und die Stammhandschrift Westphals eng miteinander verwandt waren; allerdings bleibt unklar, ob ein direktes Abhängigkeitsverhältnis bestand oder ob die beiden auf eine gemeinsame Vorlage zurückgingen. Sämtlichen nachweisbaren Quellen ist die Umwidmung des Werks auf den ersten Ostertag und die Erweiterung zu der siebensätzigen Pasticcio-Fassung gemein. In dieser Gestalt sind den fünf Sätzen der Picander-Vertonung der Choral „Auf, mein Herz, des Herren Tag" von C.P.E. Bach (= „Jesus, meine Zuversicht" H 336/3) und der Chorsatz „So du mit deinem Munde bekennest Jesum" von G.P. Telemann vorangestellt.[80]

Die – mittlerweile durch drei maßgebliche Quellen gestützte[81] – Zuweisung des einleitenden Chorals an C.P.E. Bach gab zunächst Anlaß zu vorsichtigen Mutmaßungen über den Kompilator des Pasticcios und dessen Verwendung in der Hamburger Kirchenmusik um 1770.[82] Da es sich bei diesem Satz vermutlich um ein Leipziger Jugendwerk des zweitältesten Bach-Sohns handelt, wäre in Anbetracht der vorstehend geschilderten neuen Erkenntnisse aber auch zu erwägen, ob die siebensätzige Fassung von BWV 145 wirklich eine Bearbeitung aus späterer Zeit darstellt und ob die Zuweisung an J.S. Bach über-

---

[77] Vgl. Schulze K, S. 191. Zur Quellenlage und Überlieferung siehe auch NBA I/10 (A. Dürr, 1956), S. 128–149.
[78] Vgl. BC I/1, S. 256; MGG², Sachteil, Bd. 3, Sp. 669; Dok VI, Nr. D 9 (S. 564).
[79] Vgl. Dok III, Nr. 789 und Dok V, Nr. C 886a (S. 232).
[80] Zur Identifizierung des einleitenden Chorals siehe BJ 1993, S. 141 (U. Leisinger/ P. Wollny). Der anschließende Chor stammt aus Telemanns gleichnamiger Kantate TVWV 1:1350; siehe BJ 1951/52, S. 37–38 (A. Dürr). – Eine ominöse, in BG 31/3 (1885), S. XII erwähnte Quelle, die allerdings der Redaktion seinerzeit nicht vorlag und seither verschollen ist, enthielt der knappen Beschreibung zufolge möglicherweise nur die von Picander gedichteten fünf Sätze.
[81] B-Bc, *16083 MSM*, D-B, *SA 817 (2)* und *SA 818* (S. 144).
[82] Vgl. BJ 1993, S. 141.

haupt zu Recht besteht. Angesichts der schlechten Quellenlage ist die erste Frage nicht befriedigend zu beantworten; hinsichtlich der zweiten kann anhand des Notentexts immerhin der stilistische Befund geprüft werden. Da der abschließende Choralsatz nur bedingt, die beiden Rezitative hingegen fast gar keine Ansatzpunkte für eine stilkritische Betrachtung bieten, hat sich eine solche Untersuchung auf die beiden Arien zu beschränken.

Hier ergibt sich folgendes: Trotz eines unbestreitbar „Bachischen" Tonfalls enthalten beide Sätze zahlreiche ungewöhnliche Merkmale. Im Duett fallen die häufig stagnierenden Harmonien auf. Zu Beginn des Ritornells wird der Ton d über zwei Takte hinweg in Achtelnoten wiederholt; noch auffälliger ist aber der über nicht weniger als fünf Takte (T. 6–10) festgehaltene Septakkord der Doppeldominante. Mit dem Eintritt der beiden Singstimmen wird die Partie der Solovioline recht dünn. Das satztechnisch anspruchsvolle und für J. S. Bach typische Verfahren des Vokaleinbaus wird auffällig vermieden. Zudem sind die beiden Singstimmen über weite Strecken nur wenig selbständig geführt; stattdessen bestimmen Terz- und Sextparallelen das Klangbild (siehe Beispiel 2). Daß es sich bei dieser deutlich weniger komplexen Kompositionsmanier um Stilmerkmale einer verschollenen weltlichen Huldigungsmusik aus der Köthener Zeit handeln könnte, die seit Friedrich Smend fast allgemein als Parodievorlage für BWV 145 anerkannt wird,[83] erscheint mir wenig plausibel. Denn zum einen weisen gerade die Duette der Köthener Festmusiken ein Höchstmaß an satztechnischer Kunstfertigkeit auf,[84] zum anderen ist – wie weiter oben ausgeführt wurde – der 2/4-Takt des Duetts von BWV 145 in Bachs Kantaten vor 1726 gar nicht nachweisbar. (siehe Beispiel 2)

Beispiel 2

---

[83] F. Smend, *Bach in Köthen*, Berlin 1951, S. 45–47.
[84] Hier sei nur auf das Duett (Satz 4) aus der Kantate „Die Zeit, die Tag und Jahre macht" BWV 134a hingewiesen.

Peter Wollny

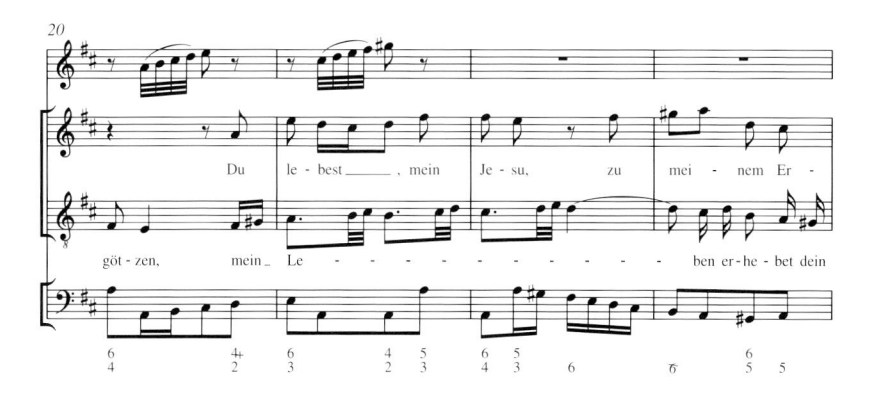

Ein ähnliches Bild bietet die zweite Arie. Auch wenn man eine absichtsvolle Vereinfachung des Satzbilds zur Herausarbeitung des leichten Menuett-Stils als Lizenz gelten läßt, fallen doch die merkwürdige Unselbständigkeit der Bläserbehandlung sowie eine nicht eben kleine Zahl offener oder verdeckter Oktavparallelen ins Auge, die für J. S. Bach kaum typisch sind (siehe Beispiel 3).

Beispiel 3

63
forte
forte
forte
forte
forte
forte
mer - ke, mein Her - ze, be - stän - dig nur dies.
forte

69

Erscheint es mithin überaus problematisch, die handwerkliche Ausarbeitung der Arien in BWV 145 als Schöpfungen des reifen J. S. Bach anzuerkennen, so würden die beobachteten Mängel sich ohne weiteres in das Bild eines jungen, noch unerfahrenen, zugleich aber ambitionierten Komponisten fügen, der sein volles schöpferisches Potenzial noch nicht entfaltet hat.[85]

Abb. 1–3. C. P. E. Bach, Kantate „Ich bin vergnügt mit meinem Stande" (D-MÜG, *Mus. ant. 364*), S. 1 (Titelseite), 3 (Beginn von Satz 1) und 5 (Schluß von Satz 1, Satz 2, Beginn von Satz 3)

Abb. 4–5. Anonym, Missa in e-Moll (D-MÜG, *Mus. ant. 374*), S. 1–2

Abb. 6. C. P. E. Bach, Übersetzungsübung (Schilderung der Feierlichkeiten zum Besuch des sächsischen Kurfürsten in Leipzig im Mai 1727). D-EIb, Signatur: *6.1.3.4.* (Heft 4 der „Schulhefte W. F. Bachs"), S. 8–9

Abb. 7a–c. Revisionen von der Hand C. P. E. Bachs in den Ripieno-Stimmen zur Johannes-Passion (*St 111*)

Abb. 7d. J. S. Bach, „Der Streit zwischen Phoebus und Pan" BWV 201, Nachtrag von Satz 2 in der ersten Soprano-Stimme (*St 33 a*)

Abb. 8. Kantatenfragment „Ich bin ein Pilgrim auf der Welt" (*P 670*, Bl. 6v)

---

[85] Zur Bewertung von C. P. E. Bachs Frühwerk siehe BJ 1993 (U. Leisinger/P. Wollny), S. 127–204.

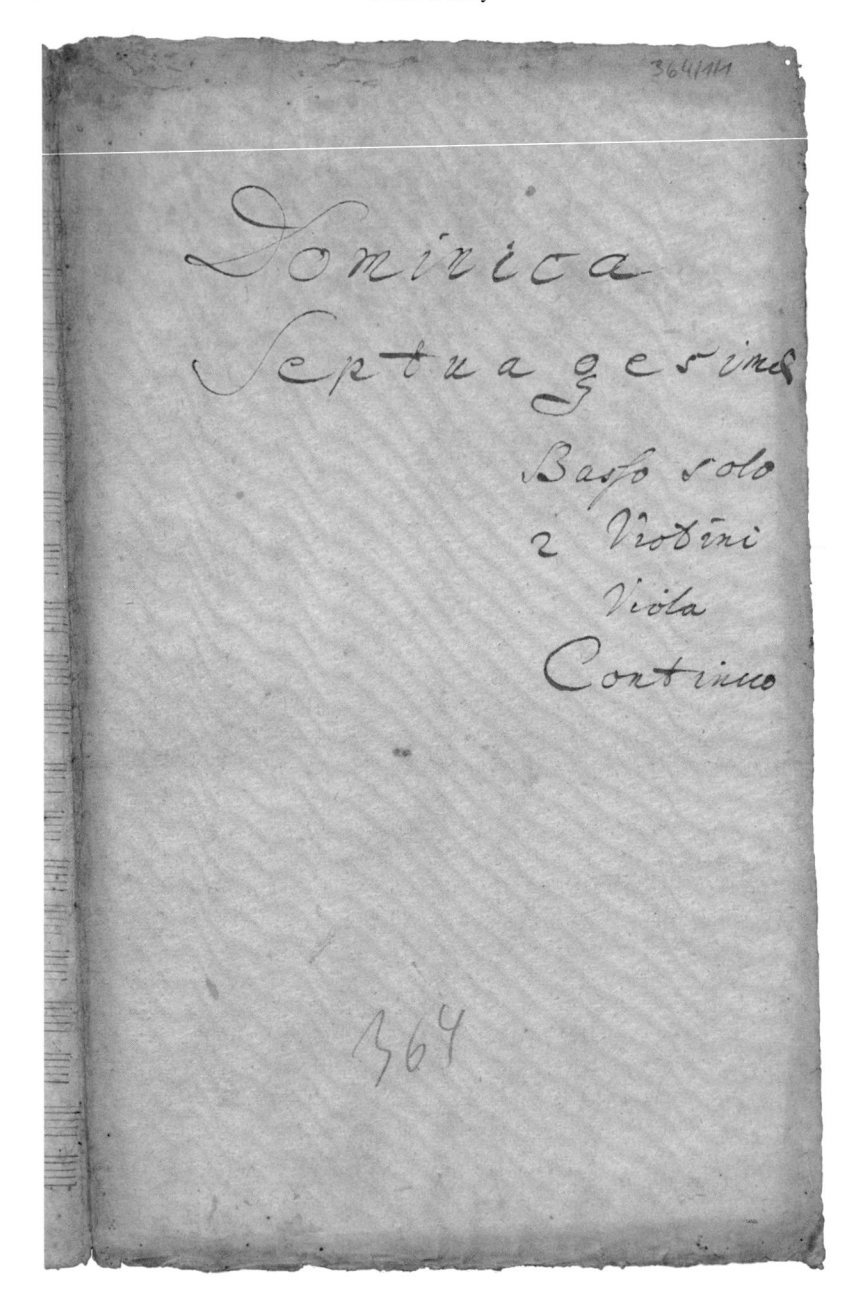

Abb. 1.

Abb. 2.

Abb. 3.

Abb. 4.

Abb. 5.

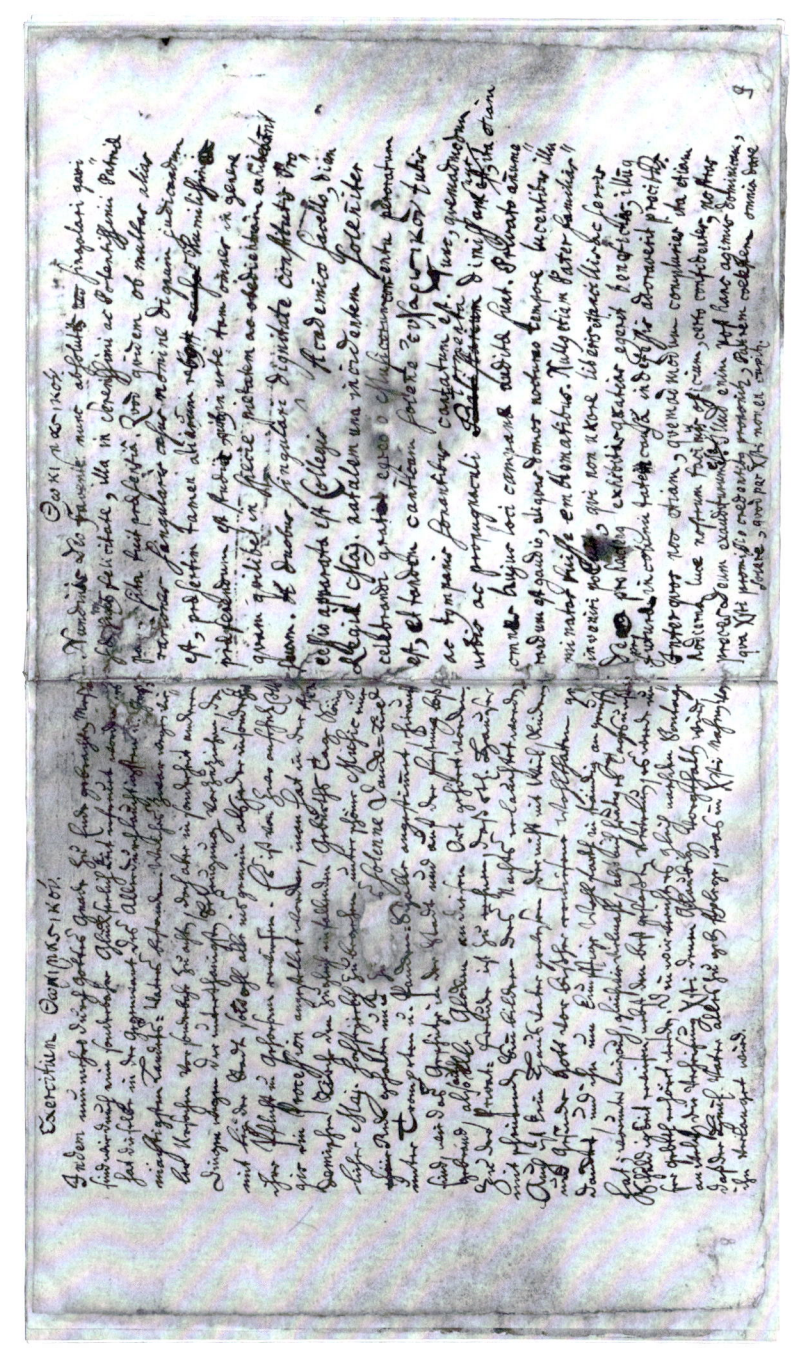

Abb. 6.

Abb. 7 a–d.

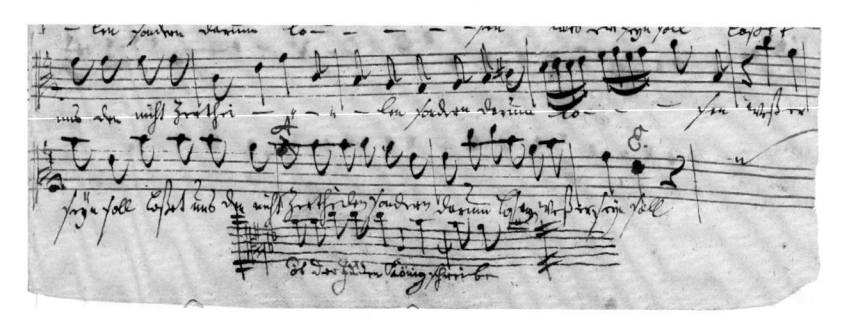

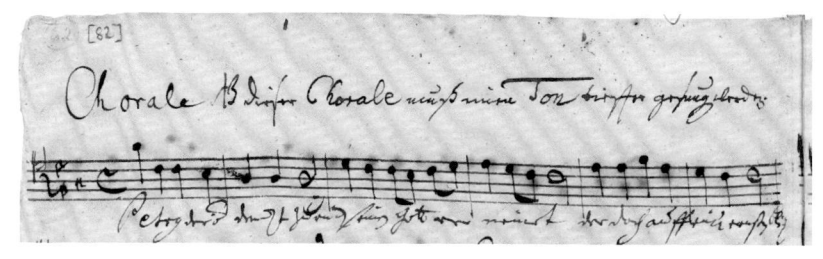

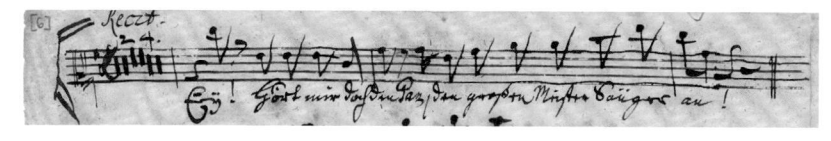

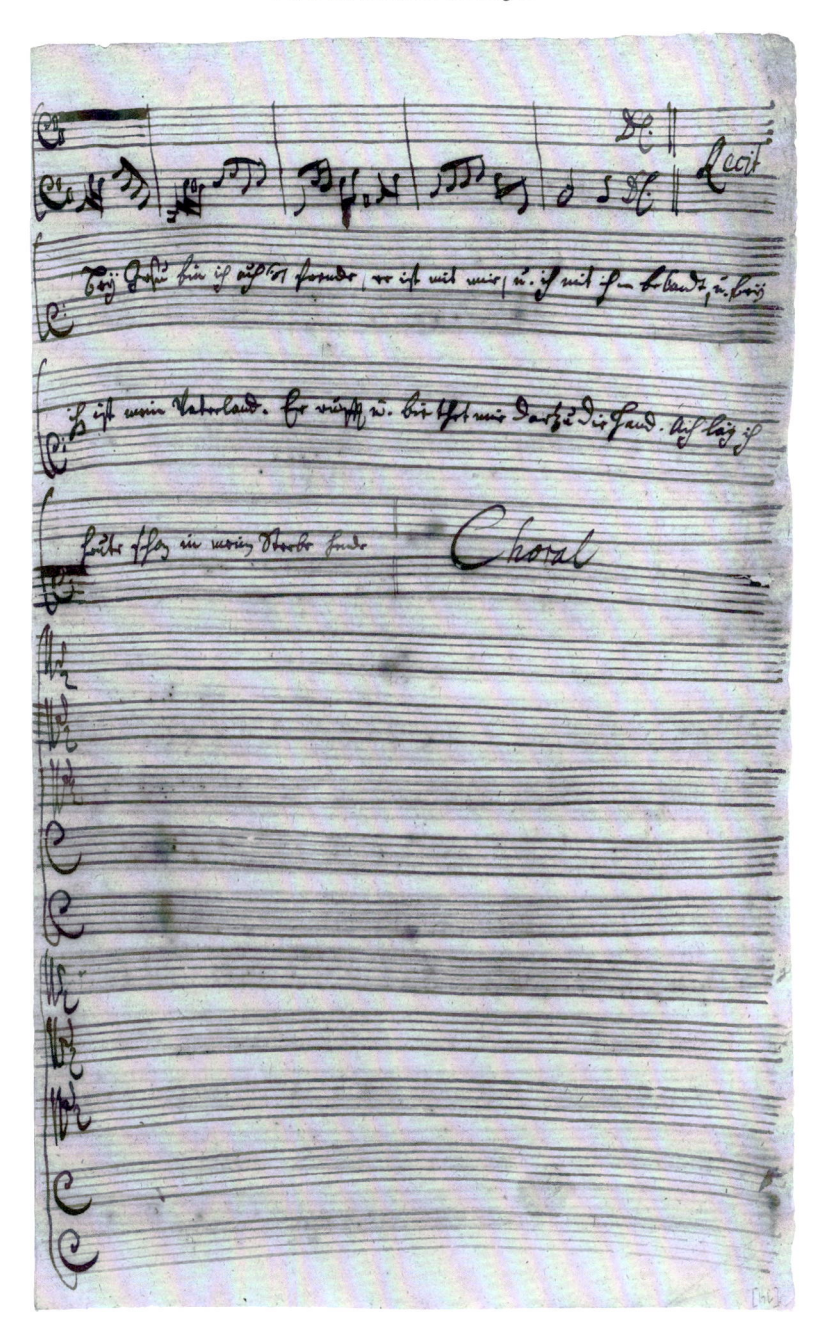

Abb. 8.

Johann Adolph Scheibes Bach-Kritik
Hintergründe und Schauplätze einer musikalischen Kontroverse

Von Michael Maul (Leipzig)

Das als „Sechstes Stück" in Johann Adolph Scheibes Zeitschrift „Der Critische Musicus" (1737) abgedruckte Sendschreiben eines „geschickten Musicanten, der sich anjetzo auf Reisen befindet,"[1] mit einer Kritik an Johann Sebastian Bachs „schwülstigem" Kompositionsstil, war der Ausgangspunkt einer ausufernden Debatte,[2] die als sogenannter Scheibe-Birnbaum-Disput die Bach-Forschung immer wieder beschäftigt hat.[3] Dabei konzentrierten sich die Autoren fast ausschließlich auf die Erörterung der Äußerungen über die Musik des Thomaskantors. Daß jener „geschickte Musicant" an gleicher Stelle neun weitere Komponisten teils deutlich schärfer kritisierte, wurde indes kaum thematisiert – sicherlich, weil diese ebenfalls nicht namentlich erwähnt werden (anstatt der Namen und Wirkungsorte wurden durchgehend Auslassungszeichen gedruckt) und von ihrer Seite, anders als im Falle Bachs, offenbar keine „Verteidigungen" publiziert wurden, so daß ihre Identitäten unklar blieben.[4] Auf diese Weise hat sich der unbegründete Eindruck verfestigt, der Inhalt des Briefes richte sich in erster Linie gegen Bachs Kunst. Ein Quellenfund liefert nun den Anlaß, das Sendschreiben und die daraus resultierende Kontroverse erneut zu würdigen. Dabei gilt es, den Blick auf einige bislang nicht zur Kenntnis genommene Schauplätze der Auseinandersetzung zu richten.

---

[1] *Der Critische Musicus. Sechstes Stück. Dienstags den 14 May, 1737*, S. 41–48; die Bach betreffenden Passagen sind wiedergegeben und kommentiert in Dok II, Nr. 400. Der vollständige Text (im folgenden abgekürzt als: Sendschreiben) findet sich im Anhang dieses Beitrags.

[2] Siehe Dok II, Nr. 409, 413, 417, 441, 442, 446, 530 und 533.

[3] Siehe etwa Spitta II, S. 476–478 und 732–736; C. H. Bitter, *Johann Sebastian Bach, zweite umgearbeitete und erweiterte Auflage*, Berlin 1881, Bd. 3, S. 201–207; G. Wagner, *J. A. Scheibe – J. S. Bach: Versuch einer Bewertung*, BJ 1982, S. 33–49, und M. Geck, *Johann Sebastian Bach*, Hamburg 2000, S. 228–240.

[4] Spitta identifizierte den „Director" „einer anderen Kirche" an Bachs Wirkungsstätte als Johann Gottlieb Görner, wohl vor allem, weil Scheibe an gleicher Stelle auch gegen dessen „Bruder" (Johann Valentin Görner), der „niemahls grosse und starke musicalische Stücke verfertiget, sondern bisher kaum in einigen Arien und kleinen Concerten fortkommen können", zu Felde zieht (Spitta II, S. 34 f. und 476; vgl. Sendschreiben, S. 45 f.).

I.

Bei dem Versuch, weitere Exemplare des – bislang nur einmal nachgewiesenen – Originaldrucks von Johann Abraham Birnbaums erster Replik[5] auf das besagte Sendschreiben zu ermitteln, stieß ich in der Thüringer Universitäts- und Landesbibliothek Jena auf einen Sammelband (Signatur: *8 Art. lib. V, 421 a*), in dem sich ein solches an dritter Stelle befindet, zusammengebunden mit dem vollständigen ersten Teil von „Der Critische Musicus" (Nr. 1; samt dem als Beschluß hierzu erschienenen Originaldruck von Scheibes „Beantwortung" des Birnbaum-Textes)[6] und einer 1734 bei Breitkopf in Leipzig gedruckten deutschen Übersetzung von Charles Porées Rede „Theatrum sitne, vel esse possit schola informandis moribus idonea"[7] (Nr. 2).

Das Jenaer Exemplar des ersten Teils von Scheibes „Critischem Musicus" hält eine Überraschung bereit: In dem berühmten Sendschreiben wurden von einer zeitgenössischen Hand die Namen (und weitgehend die Wirkungsstätten) der kritisierten Komponisten eingefügt. In der Reihenfolge ihres Erscheinens sind dies der Gothaer Kapellmeister Gottfried Heinrich Stölzel (1690–1749), der Merseburger Kapellmeister Johann Theodor Roemhildt (1684–1756), der dortige Konzertmeister Christoph Förster (1693–1745), sodann der Musikdirektor der Leipziger Neukirche Carl Gotthelf Gerlach (1704–1761), der Organist der Leipziger Nikolaikirche Johann Schneider (1702–1788), der Leipziger Universitätsmusikdirektor Johann Gottlieb Görner (1697–1778) und der Thomaskantor Johann Sebastian Bach sowie schließlich die zeitweise am Hof zu Wolfenbüttel beschäftigten Musiker Giuseppe Antonio Paganelli (geb. 1710) und Conrad Friedrich Hurlebusch (1691–1765).

Es besteht kein Anlaß, an der Glaubwürdigkeit dieser Angaben zu zweifeln, denn zum einen lassen sich die im Sendschreiben übermittelten Informationen ohne weiteres mit Leben und Wirken der annotierten Komponisten in Verbindung bringen (siehe hierzu weiter unten); zum anderen erweisen sich die Zusätze anhand von Schriftvergleichen als die Zutat einer prominenten Person aus Bachs Umfeld: Sie stammen von der Hand des Weimarer Stadt-

---

[5] *Unpartheyische Anmerckungen über eine bedenckliche Stelle in dem 6ten Stück des Critischen Musicus* (Dok II, Nr. 409); einziges bisher bekanntes Exemplar in D-LEm, *18° 405 d*.

[6] *Beantwortung der unpartheyischen Anmerkungen über eine bedenkliche Stelle in dem sechsten Stück des Critischen Musicus/ Ausgefertiget von Johann Adolph Scheibe. Hamburg/ 1738* (Dok II, Nr. 417).

[7] *Des berühmten Französischen Paters Poree Rede von den Schauspielen, Ob sie eine Schule guter Sitten sind, oder seyn können? übersetzt Nebst einer Abhandlung von der Schaubühne, herausgegeben von Joh. Friedrich Mayen, A.M. Leipzig, bey Bernhard Christoph Breitkopf. 1734.*

organisten Johann Gottfried Walther (siehe Abbildung 1),[8] der mit den meisten der gescholtenen Musiker selbst in Kontakt gestanden haben dürfte. Als Korrespondent des Wolfenbütteler Kantors Heinrich Bokemeyer (1679–1751) – seit Juni 1737 ausgewiesener Kommissionär des „Critischen Musicus"[9] und im September dieses Jahres Autor ebenda[10] – war er zudem mittelbar mit Scheibe verbunden. Daß Walther das Sendschreiben sehr aufmerksam studiert haben muß und seinen Kontakt zu Bokemeyer für die Entschlüsselung des Dokumentes zu nutzen wußte, ist schließlich durch eine Passage in seiner – nur einseitig überlieferten – Korrespondenz mit Bokemeyer dokumentiert. Am 24. Januar 1738 schrieb Walther nach Wolfenbüttel:

Durch des mehrgedachten Hrn. M. Mizlers gütiger Besorg- und meiner seits erlegte Zahlung habe vom Critischen Musico nach der Michaëlis-Meße die ersten 15 Stück bekommen […]. Daß im 6sten St. dieses Journals [d. h. von „Der Critische Musicus"] an einer Stelle der Hr. Bach in Leipzig gemeynet sey, solches habe mir gleich beym ersten Anblick eingebildet, und gestern bin darinne bestärcket worden, da ein gewißer von einer kleinen Reise wieder gekommener Freünd allhier, mir a sine die et consule herausgekommenes Scriptum mitgebracht, deßen Titul also lautet: „Unpartheyische Anmerckungen über eine bedenckliche Stelle in dem 6ten Stück des Critischen Musicus. Gedruckt in diesem Jahre" […] Ich bin begierig zu wißen, wer die andern Herrn u. Örter wol seyn mögen, die an besagter Stelle characterisirt, und nicht genennet worden sind? ich hoffe von MH. nähere Nachricht sub rosa zu erlangen.[11]

Bokemeyer wird ihm bald darauf seinen Wunsch erfüllt haben – die Angelegenheit kommt in den überlieferten späteren Briefen Walthers nicht mehr zur Sprache.
Walthers Annotationen im Jenaer Exemplar des „Critischen Musicus" beschränken sich nicht allein auf die Namen der Komponisten.[12] Im 21. Stück

---

[8] Als Vergleichsmaterialien bieten sich an das Faksimile eines im Jahr 1736 verfaßten Walther-Briefes an H. Bokemeyer (siehe *Johann Gottfried Walther. Briefe*, hrsg. von K. Beckmann und H.-J. Schulze, Leipzig 1987, Abbildungen 39–40), außerdem Walthers Annotationen im Handexemplar seines Buches *Musicalisches Lexicon*, Leipzig 1732 (abgebildet in *Der junge Bach. „weil er nicht aufzuhalten". Erste Thüringer Landesausstellung. Begleitbuch*, hrsg. von R. Emans, Erfurt 2000, S. 314).

[9] Erstmals im 9. Stück der Zeitschrift (25. Juni 1737).

[10] Siehe Fußnote 34.

[11] Zitiert nach *Johann Gottfried Walther. Briefe* (wie Fußnote 8), S. 211.

[12] Die übrigen Drucke des Bandes enthalten ebensowenig Zusätze von der Hand Walthers wie der ebenfalls in der Jenaer Bibliothek vorhandene zweite Teil von Scheibes Periodikum (siehe bei Fußnote 16). Eine andere Hand fügte auf dem Titelblatt der *Unpartheyischen Anmerckungen* (wie Fußnote 5) den Namen des Autors hinzu: „von Jo. Abr. Birnbaum."

(erschienen am 10. Dezember 1737) löste er am unteren Seitenrand das Pseudonym des Verfassers eines hier abgedruckten „wohlabgefaßten Schreibens" von einem „unbekannten Herrn Thareus" aus „Q."[13] auf: Laut Walther handelt es sich um „[Anthon Ulrich von] Erath, Archivarius in Qvedlinburg [geb. 19. März 1709 Braunschweig, gest. 26. August 1773 Dillenburg]".[14] Auch diese Information dürfte er von Bokemeyer erhalten haben, denn Erath berichtet in seinem Schreiben (datiert auf den 20. Oktober 1737), das sich mit Scheibes Ausführungen über die Melodie im 4. Stück der Zeitschrift (16. April 1737) auseinandersetzt, daß ihm sein „ehemaliger Meister in der Composition" jüngst den „Critischen Musicus" zugesandt und ihm bereits „vor einigen Jahren" eine „Erklärung" der Melodie „zur Beurtheilung" übergeben habe, die mit einer von Scheibe auf Seite 30 kritisierten „Beschreibung der Melodie" eines „berühmten Mannes" nahezu identisch sei. Daß es sich bei Eraths Lehrer um Bokemeyer handelt, wird an anderer Stelle durch den Wolfenbütteler Kantor selbst bestätigt: Gegenüber Johann Christoph Gottsched bekannte er zwei Jahre später brieflich, das „Schreiben des so genannten H. Thareus" im „Critischen Musicus" rühre von Herrn „Erath" her, der sein „ehemaliger scholar in der Composition" und „jetzo Regierungs-Raht bey der Abbatissinn zu Quedlinburg" sei.[15] Außerdem notierte Walther am Schluß von Scheibes „Beantwortung der unpartheyischen Anmerkungen" (S. 40, Schlußseite zum ersten Teil von „Der critische Musicus"): „die Materie bis hieher kostet 20 gr." (siehe Abbildung 2).

Die letztgenannte Annotation läßt die Frage aufkommen, ob der Jenaer Band zwingend aus Walthers eigenem musiktheoretischen Nachlaß stammen muß. Zwar sind von diesem große Teile versprengt überliefert – die meisten Materialien gelangten in die Bibliothek der Gesellschaft der Musikfreunde in Wien –, jedoch ließen sich in der Jenaer Universitätsbibliothek bislang keine weiteren Bücher aus Walthers Besitz nachweisen. Der Weimarer Organist könnte somit auch lediglich der Vermittler vielleicht des gesamten Bandes, jedenfalls des ersten Teils des „Critischen Musicus" gewesen sein und in dieser Funktion sein Hintergrundwissen in dem Exemplar festgehalten haben. Nehmen wir sein oben zitiertes Versprechen gegenüber Bokemeyer beim Wort, er wolle mit diesen Informationen vertraulich umgehen, wäre der postulierte

---

[13] Abgedruckt im 20. Stück (26. November 1737), S. 160.
[14] 21. Stück (10. Dezember 1737), S. 161–167; Walthers Annotation auf S. 167.
[15] Siehe hierzu Fußnote 34. Zu Erath siehe den entsprechenden Artikel in *Braunschweigisches Biographisches Lexikon: 8. bis 18. Jahrhundert*, hrsg. von H.-R. Jarck (u. a.), Braunschweig 2006, S. 204 f.; hier auch weiterführende Literaturangaben. Eraths Unterricht bei Bokemeyer gehört in seine Zeit als Schüler der fürstlichen Schule zu Wolfenbüttel; siehe hierzu *Allgemeine Encyklopädie der Wissenschaften und Künste*, hrsg. von J. S. Ersch und J. G. Gruber, Erste Section, 36. Teil, Leipzig 1842, S. 215–220, speziell S. 216.

Abnehmer des „Critischen Musicus" in Walthers Umfeld zu suchen. Forschungen zur Provenienz des Jenaer Bandes führen denn auch zu einer solchen Person.

II.

Sowohl in unserem Band als auch in dem ebenfalls in der Jenaer Universitätsbibliothek als Einzelband vorhandenen zweiten Teil des „Critischen Musicus" (Signatur: *8 Art. lib. V, 421 b*) finden sich im Einbanddeckel mit Rötel eingetragene Altsignaturen (*XLII, 75a* und *XLII, 75b*). Diese stammen von Christian August Vulpius (1762–1827), dem Schwager Johann Wolfgang von Goethes, und bezeugen, daß die Bücher zum Bestand der ehemaligen Jenaer Schloßbibliothek gehören – Vulpius wirkte ab 1797 als Registrator, ab 1800 als Sekretär der herzoglichen Bibliothek in Weimar und erstellte in den Jahren 1802 bis 1805 einen Nominalkatalog der circa 20.000 Bücher umfassenden Sammlung des Jenaer Schlosses; die Rötelsignaturen stehen mit dieser Neuordnung in Zusammenhang. Erst im Jahr 1818 wurde die Schloßbibliothek Teil der akademischen Büchersammlung.[16]

Die Jenaer Schloßbibliothek setzte sich im Kern aus drei Provenienzen zusammen. Der weitaus größte Teil der Bücher geht auf die im Jahr 1779 von Herzog Carl August von Sachsen-Weimar erworbene Bibliothek des Naturhistorikers Christian Wilhelm Büttner (1716–1801) zurück. Büttner hatte ab 1758 den Lehrstuhl für Naturgeschichte und Chemie an der Philosophischen Fakultät der Universität Göttingen inne; gegen eine Pension und freie Wohnung im Jenaer Schloß überließ er seine riesige Büchersammlung dem Weimarer Herzog. Sodann umfaßte der Bestand ausgesonderte Dubletten der herzoglichen Bibliothek in Weimar und die naturhistorische Bibliothek des Jenaer Philologen Johann Ernst Immanuel Walch (1725–1778). Zwar läßt sich die Provenienz der Bücher im einzelnen nicht mehr feststellen,[17] doch ist für

---

[16] Die Ausführungen zur Bibliotheksgeschichte nach W. Ronneberger, *Die Schloßbibliothek zu Jena*, in: Otto Glaunig zum 60. Geburtstag. Festgabe aus Wissenschaft und Bibliothek. Band II, Leipzig 1936, S. 64–72; *Geschichte der Universitätsbibliothek Jena 1549–1945*, Weimar 1958 (Claves Jenenses. Veröffentlichungen der Universitätsbibliothek Jena. 7.), S. 305f.; und G. Büch, *Die Bibliotheca Büttneriana. Ein Beitrag zur Geschichte der Universitätsbibliothek Jena*, in: Zentralblatt für Bibliothekswesen 100 (1986), S. 293–299. Für verschiedene Hinweise zur Provenienz des Bandes und die freundliche Bereitstellung der Materialien vor Ort bin ich den Mitarbeitern der Abteilung Sondersammlungen der Universitätsbibliothek Jena, namentlich Frau Johanna Triebe und Herrn Frank Gratz, zu Dank verpflichtet.

[17] Der Verbleib eines in den Jahren 1781/82 vom Göttinger Studenten Heinrich Moritz Grellmann angefertigten Katalogs von Büttners Bibliothek ist ungewiß (erwähnt in

beide Bände des „Critischen Musicus" eine Herkunft aus der Büttnerschen Büchersammlung sehr wahrscheinlich. Dies ergibt sich zunächst aus dem Umstand, daß in der alternativ als Vorbesitzer in Frage kommenden Weimarer herzoglichen Bibliothek (heute Herzogin Anna Amalia Bibliothek) die Drucke nicht nochmals überliefert sind. Vor allem aber fällt ins Gewicht, daß für das seinerzeit in der Jenaer Schloßbibliothek unmittelbar daneben aufgestellte Buch, Johann Gottfried Walthers „Musicalisches Lexicon" (Signatur: *Art. lib. V, 320*; Rötelsignatur: *XLIII, 74*), tatsächlich eine Göttinger Provenienz nachgewiesen ist: Hier findet sich im vorderen Einbanddeckel eine handschriftliche Notiz von der Hand Johann Matthias Gesners (1691–1761), die das Buch als Geschenk des Autors ausweist: „Jo. Matth. Gesneri do. auctor." Auch wenn unklar bleibt, wann Walther das Lexikon seinem ehemaligen Weimarer Kollegen (1715–1729 Konrektor am örtlichen Gymnasium) und Förderer seines Sohnes Johann Gottfried d. J. übersandte[18] – während Gesners Zeit als Rektor der Leipziger Thomasschule (1730–1734) oder als Professor für Poesie und Beredsamkeit an der Universität Göttingen (1734–1761†) –, erscheint es naheliegend, für den ersten Teil des „Critischen Musicus" einen analogen Provenienzgang anzunehmen (wer sonst in Göttingen käme als Vertrauter Walthers in Betracht?). Die Bücher, und nachweislich nicht nur diese, wird Büttner von seinem Kollegen oder aus dessen Nachlaß (unabhängig von der erst 1764 erfolgten Auktion der Gesnerischen Bibliothek) erhalten haben.[19]

---

der den Verkauf der Bibliothek betreffenden Akte im Thüringischen Hauptstaatsarchiv Weimar, *Rep. A, Nr. 7026: Die von Serenissimo acquirirte Bücher- und Manuscripten Sammlung des Professoris Büttner zu Göttingen 1781–1809*); angeblich ist dieser gedruckt worden (siehe Ronneberger 1936, wie Fußnote 16).

[18] Zu Gesners freundschaftlicher Beziehung zu Walther siehe *Johann Gottfried Walther. Briefe* (wie Fußnote 8), S. 73, 75, 85 f., 138 und 148. Im ursprünglichen Vorwort von Walthers Lexikon (enthalten im Vorabdruck des Buchstaben A) heißt es: „Hierzu hat nun der hiesige Hochfürstl. Bibliothecarius, und berühmte Con-Rector des Gymnasii, Hr. M. Joh. Matthias Gesner, durch gütigen Vorschub das meiste beygetragen, welches hiermit danckbarlich zu erwehnen, meine Schuldigkeit allerdings erfordert." (siehe *Johann Gottfried Walther. Briefe*, wie Fußnote 8, S. 86).

[19] Im gedruckten Auktionskatalog (*CATALOGVS BIBLIOTHECAE QVAE A. D. III IVLII M D CC LXIIII QVI EST PRIMVS POST FESTVM VISITATIONIS MARIAE GOETTINGAE IN DOMO B. IO. MATTHIAE GESNERI PVBLICE DEVENDETVR. M D CC LXIIII*; Exemplar in der Niedersächsischen Staats- und Universitätsbibliothek Göttingen, Signatur: *8 HLL XI, 1632*) sind die Bände nicht verzeichnet, wobei in diesem überhaupt kaum schöngeistige Literatur erscheint. – Herr Frank Gartz (Universitätsbibliothek Jena) machte mich freundlicherweise darauf aufmerksam, daß für verschiedene weitere Bücher aus dem Bestand der alten Jenaer Schloßbibliothek (also höchstwahrscheinlich aus Büttners Besitz stammend) eine Herkunft aus Gesners Bibliothek verbürgt ist (Signaturen: *8 Theol XLVIII,3*; *4 Art. lib. IX, 2*; *4*

Diesen Überlegungen folgend, wäre es Gesner gewesen, der den von Walther erhaltenen ersten Band der Zeitschrift gemeinsam mit Birnbaums Verteidigungsschrift und dem Schauspieltraktat in einem Sammelband vereinte.[20] Er erwiese sich somit als ein aufmerksamer Beobachter des Scheibe-Birnbaum-Disputes, und damit fällt neues Licht auf die Motivation seiner berühmten Fußnote im Quintilian-Kommentar (1738):[21] Ziehen wir in Betracht, daß Gesners Buch ein Jahr nach der Publikation von Scheibes Sendschreiben und wenige Monate nach der Drucklegung von Birnbaums erster Verteidigungsschrift erschien (die Vorrede datiert auf Mai 1738), ergibt sich erstmals eine plausible Deutung für die in ihrem Kontext merkwürdig isoliert stehende Äußerung über Bach. So dürfte es Gesner nicht entgangen sein, daß Birnbaum in seiner Verteidigungsschrift unterschwellig die Unzulänglichkeiten mancher (Leipziger) Darbietung von Bachs Kirchenmusik einräumen mußte. Gesners enthusiastisches Porträt des Virtuosen und Dirigenten Bach, der „den Orpheus mehrmals und den Arion zwanzigmal" übertreffe, könnte also ohne weiteres als eine ganz persönliche Verteidigung Bachs gegen die Angriffe des „Critischen Musicus" aufgefaßt werden, die zwischen den Zeilen zweierlei ausdrücken sollte: 1. Bach ist ohne Zweifel, anders als dies Scheibe mit seinen Anspielungen auf Händels Kunst als Clavierspieler bemerkte, ein beispielloser Virtuose. 2. Daß Bachs Figuralmusik trotz ihrer bedeutenden Schwierigkeiten dargeboten werden kann, ist einzig den ganz besonderen Qualitäten des Thomaskantors als Aufführungsleiter zu verdanken. Scheibe muß die an entlegener Stelle publizierte ‚Verteidigung' Bachs zur Kenntnis genommen haben, denn wenn wir uns auf die neue Lesart des Quintilian-Kommentars einlassen, erhellen sich auch Scheibes Beweggründe für ein Pasquill, das er ein Jahr später, im 31. Stück (2. April 1739) des „Critischen Musicus", abdruckte und das offensichtlich J. S. Bach porträtieren sollte.[22] In dem fingierten Brief des selbsternannten „grösten Citharisten und Componisten in der Welt" an den Herausgeber der Zeitschrift legte Scheibe dem Thomaskantor folgende eitle Worte in den Mund:

Math. I, 14; *4 Num. 102*; *4 Op. theol. III, 27/1*; *4 Phil. X, 16*; *8 Gl. II, 175*; *8 Hist. lit. V, 22:1* und *23:1*; *8 Phil. III, 11*); auch diese sind im gedruckten Auktionskatalog nicht verzeichnet. – Die im Universitätsarchiv Göttingen aufbewahrten Aktenvorgänge zu Gesners Testament (Signatur: *Ger D LXII, 71*) und seine Personalakte (*Kur 5733*) bieten keine in dieser Frage weiterführenden Informationen (freundliche Auskunft von Herrn Dr. Ulrich Hunger, Universitätsarchiv Göttingen).

[20] Dies würde auch erklären, warum die Annotation auf dem Titel zu Birnbaums Verteidigungsschrift nicht von Walthers Hand herrührt (siehe Fußnote 12); mit Gesners Handschrift kann sie allerdings ebenfalls nicht in Verbindung gebracht werden.

[21] Dok II, Nr. 432.

[22] Dok II, Nr. 442. Zum Bezug auf Bach siehe Dok II, Nr. 552.

Ich könnte nicht allein […] beweisen, daß ich der allergröste Künstler auf den Cithrinchen bin, und daß ich über dieses noch so künstlich und wunderbar componire, daß man bey der Anhörung meiner Stücke ganz verwirrt gemacht wird. Alles gehet durch einander. Alles ist so verworren durchgearbeitet, daß man keine Stimme vor der andern vernehmen, niemals aber die Hauptmelodie erkennen, und die Worte verstehen kann. Trotz sey auch dem gebothen, welcher sich unterstehen mögte, meine Geschicklichkeit zu tadeln, meine Verdienste in Zweifel zu ziehen, oder auch mir den Ruhm abzusprechen, daß ich der gröste Cithariste und der gröste Componiste in der Welt bin! Gewiß, wenn ich zu der Zeit der alten Griechen, (die ich erst aus ihren Blättern, Mein Herr! habe kennen lernen,)[23] gelebet hätte, man würde meiner anjetzo mit grössern Ruhme, als aller alten Weltweisen und Musicanten gedenken.
Sie wissen nun wer ich bin, und mit wem Sie zu thun haben. […]

Die Passage wird erst verständlich, wenn wir sie als spöttische Reaktion auf die bekannte Stelle in Gesners Quintilian-Kommentar auffassen. Bezogen auf Quintilians Satz „An vero citharoedi non simul & memoriae & sono vocis & pluribus flexibus seruiunt, cum interim alios neruos dextra percutiunt, alios laeua trahunt, continent, probant, nepes quidem otiosus, certam legem temporum seruat, & haec pariter omnia?" heißt es dort:

Haec omnia, Fabi, paucissima esse diceres, si videre tibi ab inferis excitato contingeret, Bachium […] manu vtraque & digitis omnibus tractantem vel polychordum nostrum, multas vnum citharas complexum, […] hunc, inquam, si videres, dum illud agit, quod plures citharistae vestri, & sexcenti tibicines non agerent, non vna forte voce canentem citharoedi instar, suasque peragentem partes […].
Maximus alioquin antiquitatis fautor, multos vnum Orpheas & viginti Arionas complexum Bachium meum, & si quis illi similis sit forte, arbitror.[24]

---

[23] In der zweiten Auflage des *Critischen Musicus* (1745, S. 295) ersetzte Scheibe die Worte in der Klammer durch: „von denen sie in ihren Blättern so viel Rühmens machen".

[24] Deutsche Übersetzung von Wolf-Hartmut Friedrich (abgedruckt in Dok II, Nr. 432 K): „Dies alles würdest Du, Fabius, völlig unerheblich nennen, wenn Du, aus der Unterwelt heraufbeschworen, Bach sehen könntest – […] wie er mit beiden Händen und allen Fingern etwa unser Klavier spielt, das allein schon viele Kitharai in sich faßt […]; wenn Du ihn sähest, sag ich, wie er bei einer Leistung, die mehrere Eurer Kitharisten und zahllose Flötenspieler nicht erreichten, nicht etwa nur eine Melodie singt wie der Kitharöde und seinen eigenen Part hält […]. Sonst ein begeisterter Verehrer des Altertums, glaub' ich doch, daß Freund Bach allein, und wer sonst ihm vielleicht ähnlich ist, den Orpheus mehrmals und den Arion zwanzigmal übertrifft."

III.

Die Aufdeckung der Komponistennamen im berühmten Sendschreiben durch Walthers Annotationen rechtfertigt eine kurze Zusammenfassung des Dokumentes (vollständige Wiedergabe am Schluß des Beitrags). Dabei gilt es zu prüfen, inwieweit sich die im Brief gelieferten Hinweise zu den zehn kritisierten Musikern mit den anderweitig verfügbaren biographischen Informationen in Verbindung bringen lassen, und schließlich ist zu fragen, ob sich aus der Biographie Scheibes – als dem allseits angenommenen Verfasser des Sendschreibens – Hinweise auf dessen Motive für die Abfassung des Textes ergeben.

Die erste Station der Reise führte den „geschickten Musicanten" von einem ungenannten Ort an einen Hof, hinter dem sich laut Walther derjenige zu Gotha verbirgt. Während der „vierzehn Tage", die er hier zubrachte, hatte er „verschiedene mahl" Gelegenheit, „das Haupt der Musicanten", Gottfried Heinrich Stölzel, zu sprechen und auch dessen Kirchenkantaten zu hören, die ihm als „sonderlich schön" beschrieben worden waren. Seine eigene Einschätzung fiel zwiespältig aus: Die Fürsprecher des Kapellmeisters hätten mit ihrem Urteil zwar recht, allerdings seien seine Kompositionen „nicht völlig genug ausgearbeitet" und „die Gedanken" manchmal zu gemein und zu platt. Schwächen erkannte der „Musicant" auch in der Textdeklamation. Sie erschien ihm stellenweise „unnatürlich" und „gezwungen". Anders hingegen die Chorsätze: Sie seien „vollkommen schön" und die kontrapunktischen Passagen „natürlich und überaus prächtig", was besonders in den – bis heute breit überlieferten – Meßvertonungen zum Tragen käme. In seinen „Instrumentalsachen" würde der Kapellmeister den Instrumenten „immer zu wenig" zutrauen (was die Spieler beklagten) und von einem „mittlern Styl" „stark in das niedrige" fallen. Als Theoretiker wäre er, trotz „einer gewissen Eigenliebe" und einer pedantischen Unterrichtspraxis, sehr stark, nicht zuletzt infolge eines längeren Aufenthaltes in „- -". Er würde gelegentlich als Poet seiner musikalischen Texte fungieren, sei „wohl gereist" und habe sich in jungen Jahren – inzwischen aber nicht mehr – in der „theatralischen Arbeit" hervorgetan. Dies alles läßt sich ohne weiteres mit Stölzel in Verbindung bringen. Die letztgenannte Äußerung etwa spielt auf sein Wirken als Opernkomponist in Breslau (1711/12), Gera (1712), Naumburg (1712/13), Prag (um 1716), Bayreuth (1718) und während seiner frühen Gothaer Jahre an. 1713/14 hatte er sich zu Studienzwecken in Italien (Venedig, Florenz, Rom) aufgehalten.[25]

---

[25] Biographischer Überblick in MGG², Personenteil, Band 15, Sp. 1550–1555 (B. Siegmund).

Die Reise führte den „geschickten Musicanten" zu einem „Capellmeister" und einem „Concertmeister" an einem weiteren Hof – laut Walther nach Merseburg zu Johann Theodor Roemhildt (Kapellmeister 1731–1738) und Christoph Förster (Konzertmeister nach 1717 bis 1738). Auch diese Zuschreibungen erweisen sich als schlüssig. So habe der Kapellmeister bereits „ziemliche Jahre erreichet" – Roemhildt wurde 1684 in Salzungen bei Eisenach geboren – und zeichne sich durch ein „eigennütziges" und „falsches Gemüthe" sowie „listige Ränke" aus. Darunter habe speziell der Konzertmeister zu leiden. Dieser indes habe „grosse Verdienste" und könnte „vollkommen" sein, wenn er gebildeter „und der Theorie der Music kundiger wäre". Gleichwohl beherrsche er die Geige und das Clavier „sehr wohl" und seine Violinkonzerte – von Förster lassen sich mehr als ein Dutzend nachweisen[26] – seien „gewiß ohne Tadel". Vernichtend ist hingegen das Urteil über das Schaffen des Kapellmeisters: Er falle in seiner Kirchenmusik „auf lächerliche und abgeschmackte Ausdrückungen. Die wahre Schönheit der Music" sei ihm „so wenig bekannt, daß man auch nicht einmahl mit ihm davon reden kan." In Gesprächen habe er dem „geschickten Musicanten" von „allerhand altfränckischen und tadelhaften Arten des Ausdruckes" berichtet. So habe er „einsmahls in Schlesien" – Roemhildt wirkte in den Jahren 1714–1726 als Musikdirektor im niederschlesischen Freystadt – ein Passionsoratorium aufgeführt und dabei das Krähen des Hahnes durch einen hinter der Orgel postierten Musiker auf dem „blossen Rohre der Hautbois" nachahmen lassen.

Durch die Bekanntschaft mit dem Konzertmeister (Förster) soll sich dem „geschickten Musicanten" die Möglichkeit ergeben haben, anschließend „einige Musicanten" in einer gewissen Stadt kennenzulernen, bei der es sich gemäß Walther um Leipzig handelt. Zunächst schildert der reisende Musiker seine niederschmetternden Beobachtungen bezüglich der drei lokalen Organisten – laut Walther zunächst bezogen auf den Neukirchenmusikdirektor Gerlach, sodann auf den Nikolaiorganisten Schneider, schließlich auf den Universitätsmusikdirektor und Thomasorganisten Görner. Es folgt die Auseinandersetzung mit dem „Vornehmsten der Musicanten" offenkundig in derselben Stadt (Walther notierte hier nochmals explizit „Leipzig"), also die bekannte Kritik an – wie auch Walther vermerkte – Johann Sebastian Bach. Der erstgenannte sei Organist an einer gewissen Kirche. Er habe in dem Amt „Vorfahren" gehabt, die die „grösten Meister gewesen" seien und die von „Fremden […] mit den austräglichsten Ehrenämtern" versorgt worden wären –

---

[26] Siehe das Werkverzeichnis in MGG², Personenteil, Band 6, Sp. 1497–1498 (U. Wagner). – Bereits Friedrich Wilhelm Marpurg hat diesen Abschnitt des Sendschreibens mit Christoph Förster und dem Merseburger Kapellmeister, dessen Name ihm angeblich entfallen sei, in Verbindung gebracht; siehe *Legende einiger Musikheiligen*, Breslau 1786 (Reprint: Leipzig 1977), S. 312–314.

Gerlachs prominentester Vorgänger war der inzwischen mit mehreren Kapellmeistertiteln versehene Hamburger Musikdirektor Georg Philipp Telemann (Neukirchenorganist in den Jahren 1704/05), der erfolgreichste deutsche Musiker seiner Zeit; Melchior Hoffmann (im Amt 1705–1715) hatte seinerzeit das ihm angetragene Hallische Musikdirektorat abgelehnt, und Gerlachs unmittelbarer Vorgänger, Georg Balthasar Schott (Neukirchenorganist 1721 bis 1729), war von 1729 bis zu seinem Tod im Jahr 1736 Stadtkantor in Gotha gewesen. Gerlach hingegen sei „in der Music so unwissend", daß er „auch nicht in den kleinsten Stücken seinen Vorfahren zu vergleichen" sei. Zu seinen Amtspflichten gehöre das Komponieren, doch da er dazu nicht in der Lage sei, „muß allemahl ein anderer die Arbeit für ihm thun". Gleichwohl pflege er sich „mit den Federn der besten Männer so wohl zu spicken, daß er der Krähe des Esopus sehr ähnlich ist." Wegen dieser Plagiatspraxis habe er jedoch „schon mehr als einmal" erleben müssen, daß man ihm jene fremden Federn „zu seiner grösten Beschimpffung wieder ausgerupfet hat" – auf Gerlachs kirchenmusikalische Praxis, die sich sehr wohl mit den Aussagen des „geschickten Musicanten" in Verbindung bringen läßt, werden wir noch gesondert zu sprechen kommen (siehe S. 179 ff.).

Der zweite Leipziger Musiker sei der „beständige Feind" Gerlachs, hätte aber „fast" die „gleichen Eigenschaften." Beide ließen keine Gelegenheit aus, sich „täglich einander zu schaden". Immerhin spiele dieser aber „inzwischen ein feines Clavier und eine ziemliche Geige" – Johann Schneider, seit 1730 Nikolaiorganist (zu den Mitbewerbern um das Amt gehörte damals Johann Adolph Scheibe), war ein versierter Violinspieler (zunächst 1726–1730 in der Weimarer Hofkapelle). Ende der 1740er Jahre spielte er im Leipziger Großen Concert das Cembalo; Lorenz Mizler schrieb über seine Orgelvorspiele, sie seien „von so gutem Geschmacke, daß man in diesem Stücke, ausser Herr Bachen, dessen Schüler er gewesen, in Leipzig nichts bessers hören kann".[27] Über Spannungen zwischen Gerlach und Schneider war bislang nichts bekannt; für beide wird seit Schering eine Mitwirkung in Bachs Collegium musicum angenommen.

Der dritte Leipziger Musiker sei „an einer andern Kirche Director" und habe die Musik seit „beynahe achtzehn Jahren getrieben" – Johann Gottlieb Görner hatte vom Frühjahr 1720 bis 1721 zunächst den Organistendienst an der Paulinerkirche verwaltet,[28] wirkte von 1721 bis 1729 als Nikolaiorganist, seit 1723

---

[27] Zu Schneider siehe Dok II, Nr. 324 und 565, sowie A. Schering, *Johann Sebastian Bach und das Musikleben Leipzigs im 18. Jahrhundert*, Leipzig 1941 (Musikgeschichte Leipzigs, Bd. 3), S. 65 f.

[28] Die Daten nach A. Glöckner, *Die Musikpflege an der Universitätskirche St. Pauli zur Zeit Johann Sebastian Bachs*, in: 600 Jahre Musik an der Universität Leipzig, hrsg. von E. Fontana, Leipzig und Wettin 2010, S. 97. Die Behauptung Scherings, Görner sei schon im Jahr 1716 von Johann Kuhnau für das damals vollendete Orgel-

außerdem als Universitätsmusikdirektor und seit 1729 zugleich als Thomasorganist. Die Charakterisierung dieses Musikers fällt ausnehmend drastisch aus: Obwohl man annehmen müsse, die lange Berufserfahrung habe ihn „auf den rechten Weg gebracht", gäbe es doch „nichts unordentlichers als seine Music." Das „innere Wesen des Styls" sei ihm „ganz und gar unbekandt", musikalische Regeln könne er entbehren, „weil er sie nicht weis." Kurzum: „Er setzet keine reine Zeile, die gröbsten Schnitzer sind die Zierrathen aller Tacte. Mit einem Worte, er weis die Unordnung der Music am allerbesten vorzustellen" und kranke dabei an Hochmut und beispielloser „Grobheit". Schon Spitta und Schering hatten in der Person den Universitätsmusikdirektor Görner erblickt,[29] zumal Scheibe diesen im „Critischen Musicus" noch mit weiteren Beleidigungen bedachte.[30] An einer Identität kann aber auch deshalb nicht gezweifelt werden, weil der „geschickte Musicant" im Sendschreiben anschließend ein kaum minder spöttisches Urteil über den Bruder jenes Leipziger Komponisten fällt. Dieser habe bislang lediglich „Arien" und „kleine Concerten" komponiert, sei ein lächerlicher Clavierspieler und seinem Bruder „in allen ähnlich", überträfe diesen aber noch an Hochmut. Er sei ein boshafter Besserwisser und würde „denjenigen übel nachreden, welche ihm doch die grösten Wohlthaten erzeiget haben."

Die anschließende Auseinandersetzung mit dem „Vornehmsten unter den Musicanten" dieser Stadt (Johann Sebastian Bach) konzentriert sich bekanntermaßen auf die kaum zu bewältigenden Schwierigkeiten in Bachs Vokalwerken und das „Schwülstige", „Dunkle" und „Unnatürliche" seines Kompositionsstils.

Die nächste Station der Reise war ein gewisser Ort, den Walther nicht näher bestimmt (Wolfenbüttel?). Hier traf der „geschickte Musicant" auf den „berühmten" und „vortrefflichen Herrn Graun", dessen Name der „Musicant" nicht verbergen mußte, weil er an dieser Person auch hinsichtlich der menschlichen Umgangsformen und Charaktereigenschaften nichts auszusetzen hatte. Schließlich führte ihn die Reise an einen weiteren ungenannten Ort, wo er „in die Bekantschaft" von drei Komponisten „gerieth": einem „gebohrnen Ita-

---

werk an St. Pauli empfohlen worden, konnte noch nicht quellenmäßig belegt werden (vgl. Schering, wie Fußnote 27, S. 62).

[29] Siehe Spitta II, S. 34 f. und 767; und Schering (wie Fußnote 27), S. 111.

[30] Vgl. die Angaben bei Fußnote 40 und 50. Im Personenregister der zweiten Auflage des „Critischen Musicus" (1745) ist der Name „Görner" mit dem Zusatz versehen: „ein elender Componist". Auch dies gilt gemeinhin als eine Beleidigung J.G. Görners (siehe Schering, wie Fußnote 27, S. 111), doch da Scheibe an der entsprechenden Textstelle (S. 645) „Görner" und L.C. Mizler als Beispiele für schlechte Vokalkomponisten erwähnt, könnte sich dies ebensogut auf J.G. Görners Bruder Johann Valentin beziehen, der – wie Mizler – als Odenkomponist hervorgetreten war (so die Lesart bereits bei Spitta II, S. 767).

liäner" – laut Walther Giuseppe Antonio Paganelli –, einem Deutschen – Conrad Friedrich Hurlebusch – und dem namentlich erwähnten Johann Adolph Hasse. Letzteren rühmt der „Musicant", weil er das Exempel für einen europaweit berühmten deutschen Musiker sei und er es verstehe, in einem natürlichen Stil Vokalmusik zu komponieren. Der Italiener hingegen tue „alles was seine Nation erfordert". Er setze flink „bunte und krause Hauptstimmen", begleitet von einem „beständigen Trommeln", und er eigne sich häufig „ganze Sätze und Arien" anderer Komponisten an: „Kurz, mein Herr, er ist einer von denen Italiänern, welche leer und ohne Kraft setzen." Der ungenannte Deutsche wiederum leide an den Vorurteilen, daß „die Italiäner die einzigen Meister der Music" seien und die deutsche Sprache sich nicht zur Musik schicke; ja er „schämet sich fast ein Deutscher zu seyn". Allerdings habe er „bey weitem nicht" die „Schönheiten der Italiänischen Music" verstanden und ohnedies kein Interesse an der Musiktheorie. Inzwischen spiele er „das Clavier sehr gut", namentlich sein „Springen" über die Tasten sei bemerkenswert; dies wisse er aber auch, und das mache ihn „unerträglich". Aus seiner Feder seien bislang lediglich „Italiänische Cantaten und einige Clavier Sachen" ans Licht getreten, erstere „meistentheils hart, unangenehm und mit den grösten Fehlern wieder die Sprache angefüllet", letztere hätten „selten, was doch eigentlich dem Instrumente zukommt" – der bekannte Claviervirtuose Hurlebusch hatte bis 1736 nur eine Kantatensammlung und zwei Bände mit Clavierwerken im Druck herausgegeben; seine 72 Oden erschienen erst ab 1737.[31]

Der Schauplatz dieser drei Bekanntschaften dürfte Braunschweig gewesen sein, wo sich im Vorfeld der Veröffentlichung des Sendschreibens freilich nur Paganelli (1736–1738 hier nachgewiesen als Opernkomponist)[32] und Hurlebusch (um 1735) zeitweise aufgehalten hatten.

IV.

Die Zusammenfassung des Sendschreibens macht zunächst eines deutlich: Bach war weder der einzige kritisierte prominente Musiker, noch der am schärfsten angegriffene. Gleichwohl entschloß nur er sich, jedenfalls soweit sich dies anhand der Dokumentenlage heute darstellt,[33] auf das Sendschrei-

---

[31] Siehe die Werkübersicht in: MGG², Personenteil, Band 9, Sp. 546 (R. Rasch).

[32] Siehe MGG², Personenteil, Band 12, Sp. 1545 f. – Von 1737 bis 1738 diente Paganelli als Kammerkapellmeister der Markgräfin Wilhelmine von Brandenburg-Bayreuth.

[33] Scheibe behauptet immerhin zu Beginn seiner *Beantwortung der unpartheyischen Anmerkungen* (wie Fußnote 6): „Die meisten inzwischen, denen er [d. h. das Sendschreiben] angeht, haben sich theils selbst gefunden, theils sind sie auch von andern

ben öffentlich zu reagieren, nämlich durch die gedruckte Verteidigung aus der Feder Birnbaums. Insofern wird auch nachvollziehbar, warum Scheibe in der Folgezeit so viel Energie auf die Auseinandersetzung mit Birnbaum und Bach verwendete und in der Sache nicht von der im Sendschreiben formulierten Kritik abwich. Ebenso energisch bestritt er dabei allerdings, der Verfasser des Dokumentes gewesen zu sein, das doch ursprünglich gar nicht an ihn, sondern – wie er schon in seiner Vorbemerkung zum Abdruck des Sendschreibens behauptet hatte – an einen seiner „grossen Freunde" gerichtet gewesen sei, und das er nach anfänglichen „Bedenken" nur abgedruckt habe, weil darin „niemand bey Namen genennet war" und er es für nützlich hielt, „wenn einige grosse und mittelmäßige Musicanten ihre Fehler darin finden würden, dadurch aber zur Erkänntniß derselben kommen mögten."[34]

---

aus der genauen Abschilderung erkannt worden. Ich aber habe davon nicht geringe Wirkungen empfinden müssen; sonderlich hat eine Stelle, durch welche der Herr Capellmeister Bach gemeynet seyn soll, einen heftigen Widerspruch gefunden [...]".

[34] So formuliert in der im März 1738 ausgelieferten Vorrede (unpaginiert) zum einen Monat zuvor mit dem 26. Stück abgeschlossenen ersten Teil des *Critischen Musicus* (vgl. auch 6. Stück, S. 41). Mit der Vorrede deckte Scheibe offiziell seine Identität mit dem Redakteur des *Critischen Musicus* auf – die Zeitschrift war bis dahin anonym erschienen: „Vornehmlich haben sich einige Musicanten und Musicverständige in L... keine geringe Mühe genommen, sowohl den Verfasser des critischen Musicus zu errathen, als auch dabey unterschiedenes abgeschmacktes zu erdichten. Man ist zwar wohl, ich weiß nicht wodurch, darauf gefallen, ich müste daran arbeiten, allein man hat auch vorgegeben, ich würde nur die Boltzen drehen, die ein gewisser anderer grosser Mann zu verschiessen pflegte. Und manche sind auch wirklich der Meynung gewesen, es hätten andere mehr Theil an dieser Arbeit als ich, und ich gäbe nur den Namen dazu her. Die Verwegenheit gewisser Personen ist noch weiter gegangen, indem sie sich wohl gar für die Verfasser des critischen Musicus aufgeworfen haben. Allein alle diese Zweifel und Beschuldigungen fallen hinweg, da ich mich nunmehro selbst entdecke, und diejenigen schamroth mache, welche sich für etwas ausgegeben haben, was sie nicht sind." (Vorrede). Scheibe war zu dieser Offenbarung herausgefordert worden, weil das Gerücht herumging, nicht er, sondern H. Bokemeyer, seit dem 9. Stück, 25. Juni 1737, ausgewiesener Kommissionär des *Critischen Musicus* (der offiziell einen Beitrag für das 14. Stück, 3. September 1737, beisteuerte: „Gedancken des Herrn Bockemeyers von der Schreibart", S. 111 f.), sei der Hauptverfasser der Zeitschrift (zumindest ab dem 6. Stück) – ein Vorwurf, den Scheibe später vielfach im *Critischen Musicus* thematisierte und den er noch im Dezember 1740 gegenüber J.C. Gottsched entkräften mußte (siehe dessen Briefe an Gottsched und Bokemeyer vom 9. Dezember 1740 sowie Bokemeyers Brief an Gottsched vom 12. Januar 1741; Universitätsbibliothek Leipzig, *Ms 0342, Band VIa, Nr. 1229* und *1229a*, und *Band VIb, Nr. 1243*). Speziell Scheibes Brief an Bokemeyer ist in diesem Zusammenhang aufschlußreich: „[...] Nun kommt etwas neues. Es hat mir der Herr Professor Gottsched vor einiger Zeit aus Leipzig berichtet, wie daselbst eine Zeitung umhergienge: Ich habe neml.

Erst in der Vorrede zum Neudruck des „Critischen Musicus" (1745) entschuldigte sich Scheibe zaghaft für die Unannehmlichkeiten, die Bach aus der

> den wenigsten Theil an meinem Crit. Mus. und der H. Cantor Bokemeyer wäre vielmehr der eigentliche Verfasser. Ich ersuche also dieselben hiedurch, mir den besondern Gefallen u. die Freundschaft zu erzeigen, u. dießfalls an den Herrn Professor Gottsched nach Leipzig zu schreiben: weil mir an diesem berühmten u. gelehrten Manne sehr viel gelegen ist, und ich Ihn gerne eines etwa entstandenen Mißtrauens entledigen wolte. etc."
> [Erklärung Bokemeyers auf der Rückseite dieses Dokumentes, wie er sie dann dem Brief an Gottsched vom 12. Januar 1741, vgl. bei Fußnote 53, beilegte:]
> „Meine Erklärung auf den letzten Punct.
> Wer die Zeitung alda in Leipzig ausgebracht habe, als ob ich der eigentlich Verfasser des Crit. Musicus sey, ist mir unbekant. Er sey aber, wer er wolle, so muß er von der Sache theils gar übel berichtet seyn, theils aber von der Schreibart eines Verfassers gar nicht urtheilen können. Das Capitel von der verschiedenen Schreibart, welches H. Scheibe meinen Entwurff, wiewol mit Abkürzung nöthiger Sätze, füget hat, kan einen jeden Kenner des Gegentheils überzeugen, wenn er unser beyder Stilum gegeneinander hält. Man beliebe auch hiebey das Schreiben des so genannten H. Thareus (der eigentliche Name ist Erath, oder lateinisch Erathus, mein ehemaliger scholar in der Composition, jetzo Regierungs-Raht bey der Abbatissinn zu Quedlinburg) nachzusehen: so wird man bald den Unterschied gewahr werden. Das ganze Werk also überhaupt hat H. Scheibe ausgefertiget, welches man leichtl. mercken wird, wenn man alle Stücke, der Schreibart nach, mit den 5 ersten Stücken, so unstreitig seine eigene Arbeit sind, zusammen hält. Diesemnach thut man mir eine gar unverdiente Ehre an, welche aber, wo ich sie annähme, gestohlen wäre. Genug ist, daß der H. Verfasser meine Beschreibung der Melodie bestritten und verworffen, dagegen aber eine gantz zweydeutige Erklärung aufgestellet hat, so gar nicht in mein Credo will. Kurz: Wir sind in verschiedenen Stücken nicht eins. Wie könte ich denn einer solchen Schrift eigentlicher Urheber seyn? Hoc credat Judæus apella. H. Bokemeyer."
> Aus Scheibes Korrespondenz mit Gottsched ergibt sich zudem, daß es offenbar C. F. Hurlebusch war, der das Gerücht streute (vgl. auch Fußnote 169):
> „H. Hurlebusch aber hat es in seinem lügenhaften Vorgeben, freilich auf das höchste gebracht, da er so dreiste nach Leipzig geschrieben: Ich habe es selbst in Hamburg in einer großen Gesellschaft gestanden. Denn zu geschweigen, daß ich niemals in einer großen Gesellschaft mit ihm gewesen bin: So habe ich vielmehr diejenigen, welche mir etwa dergleichen Vorwürfe gethan haben, auf solche Art abgefertiget, daß sie es einandermal unterlassen, mir mit solchen Berichten unter die Augen zu treten. Selbst Mattheson der doch in einigen Stücken mein Gegner ist, wird mir die Verfertigung meiner Blätter nicht absprechen, denn er und Telemann haben sehr oft meine eigenhändigen Concepte gesehen, bevor sie noch unter die Presse gekommen sind. Doch vielleicht habe ich einmal Gelegenheit den H. Hurlebusch öffentlich zu züchtigen, denn er läst auch jetzo noch nicht ab, mir seine Bosheiten bey allen Gelegenheiten zu erkennen zu geben. Das Glück, in welchem ich mich vorietzo befinde, reizet ihn nur noch täglich mir neue Streiche zu spielen." (Brief Scheibes vom 9. Dezember 1740, siehe oben; vgl. hierzu auch seinen Brief vom 18. Februar 1741, ebenda, *Band 6 b*,

Debatte erwachsen waren[35] und ließ sich in einem Kommentar zum hier erfolgten Wiederabdruck von Birnbaums „Vertheidigung seiner unparteyischen Anmerkungen" (1739) auf folgende Bemerkung ein – wohlgemerkt, nachdem er unmittelbar zuvor einmal mehr darauf hingewiesen hatte, das Sendschreiben seinerzeit aus zweiter Hand erhalten zu haben:

Wenn man mich denn endlich mit Gewalt zum Verfasser des Briefs machen will: so sey es denn also. Ich glaube, daß ich mich der Ehre gar nicht zu schämen habe.[36]

Ein aufrichtiges Eingeständnis war dies nicht. Und dennoch hatte es zumindest für Bach und Birnbaum aufgrund „einiger besonderer Umstände" des Sendschreibens recht schnell festgestanden, nach welcher „Scheibe" sie mit einer Entgegnung „zielen" mußten.[37] Die „besonderen Umstände" dürften sich auf zumindest einige der nachstehend zusammengefaßten Beobachtungen beziehen. Diese sprechen sämtlich dafür, daß es tatsächlich Scheibe selbst war, der das Sendschreiben aus dem 6. Stück verfaßt hatte.

– Neben seiner Heimatstadt Leipzig hat Scheibe auch die übrigen identifizierten Orte besucht; zwar in einer anderen Reihenfolge, als das Sendschreiben suggeriert, jedoch teils im unmittelbaren Vorfeld von dessen Publikation: Gemäß Scheibes Autobiographie (erschienen 1739) hielt er sich Anfang der 1730er Jahre am Hof zu Merseburg auf; als er im Winter 1736 die Messestadt verließ, um schließlich – wie auch der kritisierte Johann Valentin Görner (seit Mitte der 1720er Jahre) – in Hamburg seßhaft zu werden, führte ihn die Reise zunächst nach Gotha, wo er „den gantzen Winter" blieb, sodann (nach Ostern

---

Nr. 1257, wo Scheibe im Postskriptum ein „armseliges Blatt" erwähnt, in dem er selbst angeblich seine Schriften widerrufen habe und hinter dem er Hurlebusch und J. V. Görner vermutet).

[35] Dok II, Nr. 530. Dem voraus gingen verschiedene Bemerkungen im *Critischen Musicus*, die Bachs Kunst ausdrücklich lobten; siehe Dok II, Nr. 463, 467, außerdem Nr. 531 und 532.

[36] J. A. Scheibe, *Critischer Musikus. Neue, vermehrte und verbesserte Auflage*, Leipzig 1745, S. 946 (Dok II, Nr. 441 K). Vgl. hierzu die Anmerkungen Scheibes ebenda, S. 945 f.

[37] So formuliert in Birnbaums erster Verteidigungsschrift (1738, wie Fußnote 5); vgl. auch dessen diesbezügliche Bemerkungen in: *M. Johann Abraham Birnbaums Vertheidigung seiner unparteyischen Anmerkungen [...]*, 1739, Originaldruck verschollen; kommentierter Wiederabdruck bei Scheibe, *Critischer Musikus* 1745 (wie Fußnote 36), S. 899–1031, speziell S. 945 f. – Hurlebusch brachte gegenüber Gottsched schon im Sommer 1737 Scheibe als „Hamburger Journalisten" ins Gespräch; siehe den Brief J. F. Gräfes an Gottsched vom 27. August 1737 (wie Fußnote 169).

1736) nach Wolfenbüttel (wo er sich um den Kapellmeisterposten bewarb) und damit sicher auch nach Braunschweig.[38]
– Speziell für die kritische Auseinandersetzung mit den Leipziger Musikern ließen sich Gründe finden, die Scheibe sogar in seiner Autobiographie und in weiteren Texten des „Critischen Musicus" benennt. So schildert er, der bekennende Autodidakt, in seinem Lebenslauf, er habe den Ende der 1720er Jahre getroffenen Vorsatz, „mit der Zeit ein Organist zu werden", aufgeben müssen, und zwar wegen der „Falschheit und Verläumdung eines gewissen Mannes, der doch sein ganzes Glück" Scheibes „Vater zu verdancken hatte", außerdem weil ihm „durch den Nachdruck" der „Freunde" jenes Mannes:

bey einer gewissen Gelegenheit, ein Fremder vorgezogen ward, den ich doch hernach in der Musik noch unterrichten muste; und einige Zeit nach dieser Begebenheit man mir ferner, bey der Bestellung eines andern Dienstes, einen andern, vermöge der Schürtze, vorzog.[39]

Auf welchen „gewissen Mann" Scheibe anspielt, wird deutlich anhand des überarbeiteten Wiederabdrucks des Sendschreibens in der zweiten Auflage des „Critischen Musicus" (1745). Dieser enthält neben verschiedenen Veränderungen im Text auch einige neu eingefügte Fußnoten (die Abweichungen sämtlich dokumentiert im Anhang), die ihrerseits zweifellos von Scheibe selbst herrühren. Bezogen auf den „Director" einer Leipziger Kirche, d.h. auf den Universitätsmusikdirektor Johann Gottlieb Görner, goß Scheibe hier noch mehr Öl ins Feuer. Er schreibt – analog zu der besagten Passage in der Autobiographie:

Man hat mich bereits mehr, als einmal, versichert, daß diesem Manne gar nicht zu viel geschehen ist, wie er sich mag eingebildet haben. Man kann aber zu allen bereits bemerkten Eigenschaften annoch den Undank setzen. Er würde dasjenige nicht seyn, was er doch ist, wenn nicht ein gewisser Mann alles für ihn gethan hätte. Dennoch hat der Erfolg gezeigt, daß er bey einer gewissen Gelegenheit, da er sich auf eine edle Art hätte dankbar erzeigen können und sollen, nichtsweniger als dankbar gewesen ist, sondern daß er vielmehr das erzeigte Gute durch eine heimtückische Bosheit vergolten hat.[40]

Dies alles bezieht sich auf Ereignisse in den 1720er Jahren. Demnach dürfte Görner, ohne daß sich dies anderweitig dokumentieren läßt, seinen ersten Organistendienst – d.h. denjenigen an St. Pauli (1720/21) – nicht zuletzt aufgrund des Zuspruchs von Scheibes Vater Johann, dem Universitätsorgelbauer, erhalten haben. Er und der junge Scheibe scheinen dann während der 1720er

---

[38] Siehe J. Mattheson, *Grundlage einer Ehren-Pforte*, Hamburg 1740. Nachdruck, hrsg. von M. Schneider, Berlin 1910, S. 314.
[39] Ebenda, S. 313f.
[40] *Critischer Musikus* 1745 (wie Fußnote 36), S. 60f.

Jahre in einem freundschaftlichen Verhältnis gestanden zu haben, was anderweitig in dem Umstand dokumentiert ist, daß eine 1727 in Görners Namen verfaßte Eingabe im Zusammenhang mit den Streitigkeiten um die Aufführung von Bachs Trauerode BWV 198 von der Hand Scheibes herrührt.[41] Nehmen wir Scheibes autobiographische Ausführungen weiter beim Wort, muß ihm Görner aber wenig später durch falsche Behauptungen die Chancen wesentlich verschlechtert haben, einen „gewissen" Organistendienst zu erhalten. Hierbei dürfte es sich um die Besetzung der Organistenstelle an der Nikolaikirche (1729/30) in der Nachfolge Görners – der nach dem Tod Christian Gräbners an die Thomaskirche wechselte – handeln, mithin um jene Organistenprobe im Dezember 1729, an der Scheibe nachweislich als Kandidat teilnahm, in Anwesenheit des Gutachters Bach jedoch nicht überzeugen konnte;[42] Birnbaum führt in seiner zweiten Verteidigungsschrift, offenkundig bezogen auf dieses Ereignis, aus, Scheibe habe beim Improvisieren einer Fuge versagt.[43] Dennoch will Scheibe den siegreich aus dem Probespiel hervorgegangenen „fremden" Kandidaten – den gestandenen Musiker Johann Schneider, geb. in Oberlauter bei Coburg – später „in der Musik" unterrichtet haben.[44] Auf welche weitere erfolglose Bewerbung Scheibe indes mit der Bemerkung „vermöge der Schürtze" – d. h., er hätte die hinterlassene Witwe oder Tochter eines Organisten heiraten müssen – anspielt, bleibt unklar.[45]

---

[41] Freundlicher Hinweis meines Kollegen Peter Wollny. Bei dem Dokument handelt es sich um einen Brief Görners vom 9. Oktober 1727 (Dok II, Nr. 225).

[42] Siehe Schering (wie Fußnote 27), S. 62–65.

[43] Siehe Birnbaum 1739 (wie Fußnote 37), S. 954 f. (Dok II, S. 344); vgl. Scheibes Kommentar dazu in: *Der Critische Musicus*, 44. Stück (30. Juni 1739), S. 142 f. (Dok II, Nr. 446), wo er aufdeckt, jenes Probespiel hätte unter den Augen Bachs „vor neun oder zehn Jahren" in Leipzig stattgefunden.

[44] Dies freilich ist schwer vorstellbar, zumal Schneider zuvor Clavierunterricht bei J. S. Bach (wohl in Weimar oder Leipzig) sowie Violinunterricht bei J. G. Graun (wohl in Merseburg) und J. Graf (in Rudolstadt) erhalten haben soll (siehe Walther 1732, wie Fußnote 8, S. 554 = Dok II, Nr. 324). Vorausgesetzt, Scheibe hat hier nicht vorsätzlich falsche Tatsachen vorspielen wollen, wäre es denkbar, daß sich zumindest die Behauptung bezüglich des Unterrichtes auf den ebenfalls 1729 ernannten Neukirchenorganisten Carl Gotthelf Gerlach bezieht. Dessen im Sendschreiben entworfenes Porträt ließe sich in der Tat damit in Verbindung bringen, zudem war Gerlach damals Scheibe ebenfalls freundschaftlich verbunden (vgl. bei Fußnote 79). Allerdings gehörte Scheibe nicht zu den – aktenkundig gewordenen – Bewerbern um Georg Balthasar Schotts Nachfolge an der Neukirche, die im Frühjahr 1729 beschlossen wurde; siehe BzBF 8 (A. Glöckner), S. 88 f., 132 f. und 153.

[45] Mit seiner einzigen weiteren belegten Bewerbung, 1731 um das Domorganistenamt in Freiberg (mit einem Zeugnis von C. G. Gerlach), läßt sie sich nicht ohne weiteres in Verbindung bringen, da der siegreiche Johann Christoph Erselius (1703–1772) spätestens 1731 Anna Dorothea Mouquart (1708–1744), die Tochter des Pfarrers zu

– Bezogen auf Görner hat Scheibe den Lesern des „Critischen Musicus" noch ein anderes Sendschreiben präsentiert. Ende Oktober 1737 veröffentlichte er den angeblich soeben erhaltenen Brief eines gewissen „Lucius", der ihm zwei Exempel für die Nichtbeachtung der Natur des „Kirchenstyls" lieferte[46] – diesen hatte Scheibe gerade begonnen, in der Zeitschrift zum Gegenstand der Betrachtung zu machen.[47] „Lucius" berichtet zunächst von der „Thorheit" eines „Herrn Pater Präses H - -" in Prag, dem es, obwohl er im „grossen Jesuitercollegio in der Altstadt den musicalischen Chor" zu dirigieren habe, an Kenntnis in der Komposition und an Urteilskraft mangele. In seiner Kirchenmusik würde er „allemahl eine geistliche Arie" aufführen, deren Text zwar von ihm selbst stamme, deren Musik aber stets aus einer fremden Opernarie entlehnt sei; derer hätte er sich „etliche Schock [...] aus Italien kommen lassen"[48] – eines der vielen zeitgenössischen Beispiele für das damals einschlägig diskutierte Parodieproblem.[49] Die andere „Thorheit" würde der „Director der Music" einer Universitätsstadt begehen, und hier kann nur Görner gemeint sein:

Ein gewisser Director der Music verfertiget bey Doctorpromotionen die Lateinischen Psalmen, und bey Lobreden die Lateinischen Oden auf Cantaten Art. Er hat aber niemahls Contrapuncte Fugen und Doppelfugen machen lernen, und es ist ihm überhaupt auch diejenige Schreibart unbekannt, welche man zu Missen und zu allen den Stücken, die nach dieser Art abgefasset werden müssen, gebrauchen muß. Das Prächtige, das Erhabene und das nachdrückliche, welches diese Stücke erhebet, hat er niemahls eingesehen, und weis es auch nicht zu erreichen, folglich begnüget er sich mit einer andern lahmen Erfindung, wodurch er seine Unwissenheit zu verbergen gedenket.[50]

Kühren, heiratete; siehe W. Müller, *Musiker und Organisten um den Orgelbauer Gottfried Silbermann*, in: Beiträge zur Musikwissenschaft 19 (1977), S. 84f. und 90f.; und ders., *Gottfried Silbermann. Persönlichkeit und Werke*, Leipzig 1982, S. 278.

[46] *Der Critische Musicus*, 18. Stück (29. Oktober 1737), S. 142–144.

[47] Ab dem 17. Stück (15. Oktober 1737).

[48] Die in Prag offenbar verbreitete Praxis kann bis heute an dort erhalten gebliebenen musikalischen Quellen nachvollzogen werden; vgl. M. Jonášová, *Italienische Opernarien im Dom zu St. Veit in Prag*, in: Italian Opera in Central Europe 1614–1780, Bd. 2: Italianità: Image und Practice, hrsg. von C. Herr u. a., Berlin 2008, S. 163–206.

[49] Siehe hierzu unter anderem M. Maul, *Barockoper in Leipzig (1693–1720)*, Freiburg 2009 (Voces. Freiburger Beiträge zur Musikgeschichte. 12.), S. 529–557.

[50] *Der Critische Musicus*, 18. Stück (29. Oktober 1737), S. 144 – Auch Gottsched machte gut ein Jahrzehnt später auf das Problem des fehlerhaften Umgangs mit den universitären Odentexten aufmerksam und dürfte dabei ebenfalls Görner im Blick gehabt haben: „Die Engländer machen nicht eigentliche Cantaten in ihrer Sprache, sondern behelfen sich mit sogenannten Oden [...] in allerley kurzen und langen Versen, und in ungleichen Strophen [...]. Wie sich nun ihre Tonkünstler bey der Composition verhalten mögen, weis ich nicht: vermuthlich aber, werden sie einige

Da Scheibe selbst um Ostern 1735 eine 14tägige Reise nach Prag unternommen hatte, um dort „die Missen, mit aller ihrer Pracht, am Feste des heil. Nepomucenus, zu hören",[51] liegt die Annahme auf der Hand, auch das Sendschreiben von „Lucius" als einen fingierten Brief Scheibes anzusehen, der darin erneut die Gelegenheit nutzte, über seinen Leipziger Intimfeind zu spotten. Daß derselbe „Lucius" außerdem in einem sieben Ausgaben zuvor abgedruckten Sendschreiben den Herausgeber des „Critischen Musicus" zwar lobte, diesem aber zugleich vorwarf, er sei „in der Verwerfung der Italiänischen Music und in der Verachtung der Oper zu weit gegangen", würde auch „zu wenig von den pracktischen Musicanten" sprechen,[52] kann so gesehen kaum mehr als ein Täuschungsversuch gewesen sein – einer, mit dem die nach der Person des „Critischen Musicus" fahndenden Gegner Scheibes in die Irre geführt werden sollten.

Zusammengenommen ergibt sich ein schlüssiges Motiv für Scheibes Autorschaft des Sendschreibens: Angekommen im fernen Hamburg fühlte der schreibgewandte und für seine Ideale glühende junge anonyme Herausgeber einer – in Kennerkreisen offenbar geschätzten – Musikzeitschrift sich in einer so sicheren Position, daß er nun meinte, in dem fingierten, zumal ebenfalls anonymen Brief ungehemmt über die Musiker seiner Heimatstadt (in der er selbst nicht hatte Fuß fassen können) richten zu können, koste es, was es wolle. Und so muß man seinem Intimus Bokemeyer zustimmen, wenn der im Januar 1741 im Auftrag Scheibes an Johann Christoph Gottsched schrieb:

Wolte nur wünschen, daß diejenigen Stücke [aus dem „Critischen Musicus"], so mit Anzüglichkeiten erfüllet sind, den Schriftsteller nicht alzudeutlich verriethen. Allein es gehet mich solches weiter nicht an, als daß ich, wegen der übelen Folgen, ein billiges Mitleiden mit Ihm [d. h. Scheibe] trage. Mein Hochgeehrter Herr Professor werden meine freye Eröffnung, so ich insgeheim thue, demselben nicht zur Last legen, sondern seine genommene Freyheit, die Personen in ihren Fehlern kenntlich darzustellen, gegen andere entschuldigen. Er wird nun albereit aus der Erfahrung gelernet haben, wie schädlich es sey sich, ohne Noht, Feinde zu machen. Wäre solches nicht geschehen, so würde jeder Music-Verständiger das Werck helffen ausgebreitet haben. So viel wird hoffentlich genug seyn meine Wenigkeit von der Unternehmung einer solchen Schrift frey zu sprechen, die ihrem Meister zwar in vielen Stücken Ehre macht, doch aber in verschiedenen Puncten Nachtheil bringet.[53]

Stellen davon in Arien, andere schlechtweg, wie Recitative setzen, und absingen lassen: wie es unsere Musikmeister machen, wenn sie bey akademischen Gelegenheiten lateinische Oden in Noten setzten […]"; siehe J. G. Gottsched, *Versuch einer Critischen Dichtkunst* […] *Vierte sehr vermehrte Auflage*, Leipzig 1751, S. 730.

[51] Bemerkung in der Autobiographie, abgedruckt bei Mattheson 1740 (wie Fußnote 38), S. 314.

[52] *Der Critische Musicus*, 11. Stück (23. Juli 1737), S. 81–88.

[53] Brief vom 12. Januar 1741 (Universitätsbibliothek Leipzig, *Ms 0342, Band VIb, Nr. 1243*); zum Kontext des Dokumentes siehe Fußnote 34.

V.

Die dreizehn erhalten gebliebenen Briefe Scheibes an Gottsched (Zeitraum der Korrespondenz: 1739–1743)[54] sind es denn auch, die sich als Schlüssel zu der Beobachtung erweisen, daß die durch das Sendschreiben ausgelöste Auseinandersetzung zwischen dem „Critischen Musicus" und den Leipziger Musikern parallel zur publizistisch geführten Scheibe-Birnbaum-Debatte noch auf anderen, bislang nicht zur Kenntnis genommenen Schauplätzen stattfand. Diesbezüglich sei zunächst angemerkt, daß das Verhältnis zwischen Scheibe und dem Leipziger Professor anfänglich eines zwischen Scheibe und den Schriften Gottscheds war. So wird an den Publikationen des Musikers überall ersichtlich, daß er ein Verfechter von Gottscheds ästhetischen Idealen war und sogar dessen Gepflogenheiten als Zeitschriftenherausgeber übernahm. Dies äußert sich etwa darin, daß er jedem Heft des „Critischen Musicus" ein Zitat eines berühmten antiken, neuzeitlichen oder zeitgenössischen Autors als Motto voranstellte[55] und den Abdruck von – fiktiven oder realen – Leserbriefen gezielt einsetzte, um sich damit entweder die zuvor geäußerten eigenen Ausführungen bestätigen zu lassen oder einen Themenwechsel einzuleiten; all diese Praktiken finden sich vorgebildet in Gottscheds älteren Periodika „Die vernünftigen Tadlerinnen" (1725/26) und „Der Biedermann" (1727–1729). Allenthalben pflegt Scheibe Gottscheds Schriften zu zitieren, am häufigsten dessen „Versuch einer critischen Dichtkunst".[56] Die Briefe Scheibes unterstreichen die Beeinflussung noch, und sie bezeugen, daß Scheibe mit seinem Idol erst nach dem Weggang aus Leipzig in Kontakt trat: Am 10. Juni 1739 schrieb er in Hamburg seinen ersten Brief an den Professor, zum einen um sich diesem als Herausgeber des „Critischen Musicus" vorzustellen (mit einigen aufschlußreichen Hintergrundinformationen zur Zeitschrift), zum anderen um sich als glühender Gottschedianer zu offenbaren, vor allem aber – und dies dürfte der eigentliche Anlaß für die Kontaktaufnahme gewesen sein –, um Gottsched als Rezensenten seines Blattes und von Matthesons „Der vollkommene Capellmeister" zu gewinnen. Letzteres hielt Scheibe für erfor-

---

[54] Die von Eugen Rosenkaimer vorgelegte Dissertation *Johann Adolph Scheibe als Verfasser seines „Critischen Musicus"*, Bonn 1929, soll im „Anhang C" laut Inhaltsverzeichnis eine Übertragung der Briefe Scheibes an Gottsched enthalten. In den mir zugänglichen Exemplaren fehlt der Anhang aber. Eine Veröffentlichung sämtlicher Briefe innerhalb der Gottsched Briefausgabe steht unmittelbar bevor (siehe *Johann Christoph Gottsched. Briefwechsel. Historisch kritische Ausgabe unter Einschluß des Briefwechsels von Luise Adelgunde Victorie Gottsched*, Band 5f., Berlin 2011 ff.).

[55] Im Fall des 6. Stückes (d. h. als Motto zum Abdruck des Sendschreibens) waren dies sogar Verse von Gottsched (siehe bei Fußnote 97).

[56] Dann zumeist nach der zweiten Auflage, Leipzig 1737.

derlich, weil der im Brief ausführlich porträtierte Mattheson in der Vorrede seines soeben erschienenen Buches behauptet hatte, er hätte beim Anblick des „Critischen Musicus" „schwören mögen", er „hätte ihn selbst gemacht":[57]

HochEdelgebohrner, Hochgelahrter,
HochgeEhrtester Herr Professor!
Ew. Magnificenz würden mich mit Recht strafbar nennen können, wenn ich nicht meiner Schuldigkeit gegen dieselben nachkommen, und Ihnen meine unterthänige Erkänntlichkeit für die mir letzthin erwiesene hohe Ehre abstatten wollte. Ew. Magnif: haben mich durch meinen Vater dero höchstschätzbaren Beÿfalls über meine geringe Schriften auf das höflichste versichern lassen. Dieses sehe ich als eine rühmliche Belohnung meiner Arbeit an, und, indem ich denenselben meine geziemende Danksagung dafür abstatte, so nehme ich zugleich Gelegenheit, mich fernerhin Dero hohen Gewogenheit bestens zu empfehlen.
Ich vermehre die Anzahl derjenigen, welche Ew. Magnif: vieles in der Erkenntniß philosophischer Wahrheiten zu danken haben. Ich habe nicht nur aus dero nützlichen Schriften vieles einsehen gelernet, was mir sonst fast gänzlich unbekannt war; sondern ich habe auch vorneml. aus der critischen Dichtkunst ganz andere und gründlichere Begriffe von der Dichtkunst und Critic erlanget, als ich mir wohl ehedem gemacht hatte. Dieses überhaupt ist auch der Grund gewesen, daß ich die Music vernünftiger einsehen und untersuchen können, als es sonst insgemein von den Musicanten geschiehet. Ich habe mir diesfalls auch die Freÿheit genommen, Ew. Magnif: in einigen meiner Blätter anzuführen. Beÿliegendes vierzigstes Stück giebt insonderheit zu erkennen, welchen Theil dieselben an meiner bisherigen öffentlichen Arbeit haben.[58]
Weil mich aber zu dem Innhalte dieses vierzigsten Stücks noch gewisse Umstände veranlasset haben, so nehme ich mir zugleich die Ehre, Ew. Magnif: solche zu eröfnen, indem unterthänigen Vertrauen, es werden mir dieselben, diese Kühnheit nicht ungütig auslegen. [...]
Es hat der hiesige Englische Legations-Secretarius Mattheson anjetzo ein musicalisches Werk unter dem Titel: Der vollkommene Capellmeister, herausgegeben, welches, ich weis nicht, warum, ein vollständiges System der Music vorstellen soll. In der Vorrede hat mich der Herr Mattheson auf die unhöflichste Art angegriffen, und mich mit den gröbsten Anzüglichkeiten beschuldiget: Ich habe von seiner Critica Musica den

---

[57] J. Mattheson, *Der vollkommene Capellmeister*, Hamburg 1739, erste Seite der Vorrede, unpaginiert.

[58] Scheibe bekennt auch hier, anläßlich einer Auseinandersetzung mit Matthesons Behauptung in der Vorrede zu *Der vollkommene Kapellmeister*, Hamburg 1739: „Der vortreflichen critischen Dichtkunst eines der scharfsinnigsten Criticverständigen unserer Zeiten, nemlich des Hn. Prof. Gottscheds hatte ich es eigentlich zu danken, daß ich verschiedenes in der Music ganz auf andere Art einsehen und prüfen lernte, als es von anderen geschehen war. Dieses brachte mich auch zuerst auf die Meynung, mit der Zeit einen Versuch zu wagen, ob man nemlich nicht auch auf eben diese Art die Theile der Music, insonderheit diejenigen, welche zur Composition leiten, abhandeln könnte. [...]" (40. Stück, 2. Juni 1739, S. 108–109).

Titel zu meinem Critischen Musicus, und endlich auch aus seinen Schriften überhaupt die Gedanken und Sachen genommen, daß also mein Blatt eine blose ausgeführte Copie seiner Originalgedancken wäre. Ich war also gezwungen, diese Unwahrheiten abzulehnen. Und so erhellet denn aus diesem vierzigsten Stücke: daß ich wegen des Titels vielmehr Ew. Magnif: in Ansehung der critischen Dichtkunst, und auch wegen der Absicht die ich bey dem Anfange meines Blattes geheget habe, gefolget bin. […] Und endlich, warum hätte ich Matthesonisch schreiben sollen, da er sowohl in der Schreibart, als in allen seinen Abhandlungen unordentl. und verwirrt ist, und alles durcheinander wirft? Gewiß, ich würde in der gelehrten Welt schlechte Ehre eingeleget haben, wenn ich mich mit seinem Krame ausspicken wollen. […]

Ich habe Gelegenheit gehabt, ihn vollkommen kennenzulernen, weil ich beynahe drey Jahre mit ihm umgegangen bin. Es ist aber auch sein Umgang sehr beschwerlich, denn, weil er nichts hören kann, so muß man alles schreiben, was man ihm sagen will. Sonst ist er ziemlich reich, und man schätzet ihn wenigstens auf 20000 rthlr. […]

Dürfte ich Ew. Magnif: mit einer Bitte beschwerlich fallen, so wollte dieselben unterthänig ersuchen, wo möglich, es zu veranstalten, daß auf künftige Messe eine kleine Recension des vollkommenen Capellmeisters den Critischen Beyträgen einverleibet würde. Die Vorrede ist es allein werth, weil sie durchaus sehr hochmuthig und marktschreyermäßig geschrieben ist. Sonderlich ist der Anfang merckwürdig. Doch überlasse ich solches Ew: Magnif: Gutachten, und bitte diese meine Freyheit nicht ungütig zu deuten.

Könnte ich auch einmal das Glück haben, daß mir Ew. Magnif: bey einigen müßigen Stunden dero Gedanken über meine bisherige Arbeit mittheilen wollten, so würden Sie mich dadurch besonders verpflichten, und mich zu desto größern Fleiße aufmuntern. Ich weis gar wohl, daß ich dann und dann in meinen Blättern gefehlet habe, sonderlich in der Reinigkeit der Schreibart. Es ist aber sehr viel Schuld an der Kürze der Zeit, denn ich kann zu manchem Stücke kaum einen halben Tag anwenden. Der Nutzen, den ich davon habe, ist auch sehr schlecht; und da ich anjetzo selbst Verleger davon bin, so kann ich mit Wahrheit sagen, daß ich nichts vor meine Mühe übrig behalte. Herr Türpe[59] hat mir auch nicht geantwortet, ob er die überschickten Exemplaria abgesetzet hat, oder nicht […]. Ew. Magnif: könnten zur Aufnahme meiner Blätter ein großes beytragen, und ich habe das unterthänige Vertrauen zu denenselben, daß Sie meine Absicht, die von allem Nutzen entfernet ist, und nur allein dahin gehet, der Welt zu dienen, zu Hülfe kommen werden. Verdiente wohl der critische Musicus einen kleinen Raum in den Beyträgen? […]

Ew. Magnificenz unterthänigen Diener
Johann Adolph Scheibe[60]

---

[59] Michael Türpe, der Leipziger Kommissionär des „Critischen Musicus"; 1737 in Leipzig, 1738–1740 in Göttingen als Buchhändler belegt; siehe D. L. Paisey, *Deutsche Buchdrucker, Buchhändler und Verleger 1701–1750*, Wiesbaden 1988, S. 266.

[60] Universitätsbibliothek Leipzig, *Ms 0342, Band V, Nr. 919*.

Gottsched erfüllte Scheibes Bitte insofern, als er wenig später eine anonyme, offenbar von seiner Frau verfaßte Besprechung des „Critischen Musicus"[61] in die von ihm herausgegebene Zeitschrift „Beiträge zur Critischen Historie der Deutschen Sprache" aufnahm. Es war dies die überhaupt erste Auseinandersetzung mit einer musiktheoretischen Schrift in diesem Periodikum, was die Gottschedin mit der guten Lesbarkeit des „Critischen Musicus" rechtfertigte. Am Schluß der überwiegend emphatischen Besprechung kommt sie auf das Sendschreiben im 6. Stück und die daraus resultierende Debatte zu sprechen:

In die Streitigkeiten welche der Herr Verfasser mit Herrn M. Birnbaum gehabt, wollen wir uns hier gar nicht einlassen. Wir melden nur so viel, daß die Beantwortung der unparteyischen Anmerkungen über eine bedenkliche Stelle in dem 6ten Stücke des critischen Musikus daher ihren Ursprung habe, welche man dem Buche angehänget findet.
Uebrigens freuen wir uns, daß sich der gute Geschmack und sonderlich die Reinigkeit der deutschen Schreibart, auch in der Musik so stark ausbreitet, zumal da Deutschland heute zu Tage in der praktischen Musik es mit allen Ländern der Welt aufnehmen kann. Man verehret einen deutschen Händel in England; Hasse wird von den Italiänern bewundert: Telemann hat sich neulich in Paris nicht wenig Ehre und Beyfall erworben, und Graun machet gewiß unserm Vaterlande bey allen Kennern seiner Stücke viel Ehre. Was soll ich von Bachen und Weißen sagen? Anderer geschickten Männer zu geschweigen, die wir den Ausländern entgegen setzen könnten. Wie hoch würde nicht noch die Musik unter uns steigen? Wenn man den vernünftigen Vorschlägen, des Herrn Mathesons und unsers Herrn Scheiben wegen Verbesserung der musikalischen Wissenschaft und wie die Musik in noch bessere Aufnahme zu bringen sey, folgen wollte.[62]

Vordergründig verweigert die Gottschedin also eine Parteinahme im Scheibe-Birnbaum-Disput. Daß sie aber in den unmittelbar folgenden Sätzen die bedeutendsten deutschen Komponisten aufzählt und dabei Bach in einem Atemzug mit dem musikalischen Hausgott der Gottscheds, Silvius Leopold Weiß, nennt,[63] ist dann wohl doch als eine Verteidigung des Thomaskantors zu verstehen.

---

[61] Die Annahme ihrer Autorschaft wird durch Scheibes folgenden Brief an Gottsched nahegelegt (vom 28. September 1739; Universitätsbibliothek Leipzig, *Ms 0342, Band V, Nr. 972*), in dem der Musiker sich für „die von dero vollkommenen Ehegattin mir hochgeneigt versprochene Recension" bedankt.

[62] *Beyträge zur Critischen Historie der Deutschen Sprache, Poesie und Beredsamkeit, herausgegeben von einigen Liebhabern der deutschen Litteratur. Drey und zwanzigstes Stück*, Leipzig 1740, S. 464–465; auszugsweise in Dok II, Nr. 483.

[63] Zum Verhältnis der Gottscheds zum Dresdner Lautenvirtuosen Weiß siehe H.-J. Schulze, *Ein unbekannter Brief von Silvius Leopold Weiß*, in: Mf 21 (1968), S. 203–204; im gedruckten Nachlaßverzeichnis J. C. Gottscheds werden insgesamt 84 Werke von Weiß im Manuskript aufgeführt, die vom Komponisten „selbst revi-

Aufhorchen läßt auch eine Passage aus dem zweiten Brief Scheibes an Gottsched, verfaßt in Hamburg am 28. September 1739. Scheibe weist hier seinen Briefpartner darauf hin, daß er im jüngst erschienenen 53. Stück des „Critischen Musicus" eine „denenselben bekannte Leipziger Geschichte antreffen" werde.[64] Die Ausgabe besteht aus zwei „Sendschreiben" an Scheibe, die dieser publizierte – angeblich stellvertretend für „eine ziemliche Menge" Briefe, die ihm noch vorlägen –, „um meine Correspondenten nicht verdrieslich zu machen". Einschränkend, und gewiß, um seine Feinde wiederum in die Irre zu führen, schickte er der Wiedergabe eine Erklärung voraus, die er einige Monate zuvor nahezu gleichlautend dem Abdruck zweier „scherzhafter Briefe" (angeblich von dem „allergrösten Künstler auf den Cithrinchen", gemeint war J. S. Bach,[65] und dem Erfinder einer Maschine zur Analyse von Kompositionen, gemeint war L. C. Mizler)[66] beigegeben hatte:

Ich wiederhole aber hierbey nochmals, was ich bereits im ein und dreißigsten Stücke von den Briefen überhaupt voraus gesetzet habe: Es wird mich nemlich der Innhalt derselben nichts angehen, und die Verfasser der Briefe werden sich gefallen lassen, den Innhalt derselben selbst zu verantworten.[67]

Das eine Sendschreiben im 53. Stück ist von einem gewissen „Leander" (ein Pseudonym) unterzeichnet und auf „E. den 12 August 1739" datiert. Es porträtiert einen Organisten namens „Nasat" (ebenfalls ein Fantasiename), der seit „wenig Jahren" in der Stadt „E." wirke, sich „vor den grösten musicalischen Helden" ausgebe und „alle andere erfahrne Männer in der Music" verachte, auch halte er sich für einen vorzüglichen Kenner des Orgelbaus. Als bei einem jüngst erfolgten Orgelneubau „in seiner Kirche" von Seiten der Patronen keine Kosten gespart werden sollten und der Anschlag für „ein sehr kostbares Werke gemacht" wurde, verhinderte der Organist jedoch die Errichtung einer dreimanualigen Orgel mit der Begründung, „ein Organist habe mit zwey Clavieren zu thun genug." Auch bei der Frage der Temperierung habe er sich durchgesetzt, indem er „den Entwurf zu einer ganz neuen" – gleichschwebenden – „Temperatur sehen" ließ. Allein, man habe diese Stimmung „nicht ohne Eckel anhören" können. Als der Orgelbau schließlich vollendet war, ließ er „dem Orgelmacher zum Possen, sehr oft nur zwey oder drey Register hören, damit die Zuhörer glauben sollten, das Werk wäre sehr schlecht gerathen" – eine Reaktion darauf, daß man ihn während der Bauphase „nicht zum Aufseher

---

diert" worden seien (siehe *CATALOGVS BIBLIOTHECAE, QVAM JO. CH. GOTTSCHEDVS* […], Leipzig 1767, S. 235).
[64] Universitätsbibliothek Leipzig, *Ms 0342, Band V, Nr. 972*.
[65] Vgl. bei Fußnote 22.
[66] Zu beiden Briefen vgl. Dok II, Nr. 552.
[67] 53. Stück (1. September 1739), S. 209; vgl. 31. Stück (2. April 1739), S. 33 f.

ernannt hatte. Zugleich versuchte er nun nach Kräften zu verhindern, daß „geschickte Fremde" das Werk spielen. Dessen ungeachtet hätten einige auswärtige „erfahrene Männer" dem Orgelmacher inzwischen ein gutes Zeugnis seiner Arbeit ausgestellt.

Obwohl es zunächst scheinen mag, daß sich hinter dem Porträt des Organisten „Nasat" ein weiteres Pasquill Scheibes gegen seinen Lieblingsfeind Johann Gottlieb Görner verbirgt, so sprechen doch mehrere Argumente gegen eine solche Deutung. Vor allem fällt ins Gewicht, daß die für Görner relevanten Leipziger Orgeln an St. Thomas, St. Nikolai und St. Pauli jeweils über drei Manuale verfügten.[68] Folglich ist eher davon auszugehen, daß hier nicht die Gottsched „bekannte Leipziger Geschichte" vorliegt, sondern eine Begebenheit, die andernorts anzusiedeln wäre, vermutlich an einem Ort, an dem Scheibes Vater einst eine Orgel errichtet hatte.[69]

Das andere Sendschreiben der Ausgabe rührt von einem gewissen „Alonso" her – ebenfalls ein Pseudonym – und ist datiert auf „H. den 16 Merz 1738." Es bietet die sarkastische Beschreibung einer „wahrhaften und merkwürdigen Begebenheit", die sich in „H." „vor einiger Zeit" zugetragen habe. Damit wolle der Autor demonstrieren, daß es doch möglich sei, „einem grossen Herrn mit einer neuen und starken Music, die überdieses noch ein Singestück ist, aufzuwarten, ohne einen Componisten und Director dabey nöthig zu haben".[70] So habe ein „gewisser großer Herr" – „ein grosser Liebhaber und wahrer Kenner der Music" – die Stadt „vor einiger Zeit mit seiner hohen Gegenwart" beehrt:

und da er selbst mehr als ein Instrument spielte, so bemühten sich verschiedene Personen, sich durch diese angenehme Wissenschaft den Weg zu Seiner Gnade zu bähnen. Unter andern aber glaubten einige Landeskinder ihre Ehrfurcht dadurch am besten zu bezeigen, wenn sie den Geburthstag ihres anwesenden Landesvaters, der eben einfiel, durch eine prächtige Abendmusic feyern, und Ihn damit bedienen würden.[71]

Die Ausführung geriet jedoch „sehr übel":

Sie [die Studenten] erwählten zu dieser Abendmusic ein Singestück. Was meynen Sie aber, woher sie dasselbe nahmen? Man verfertigte eine Parodie auf ein bekanntes Kirchenstück, welches ehedem ein sehr berühmter jetztlebender Componist gesetzet hatte. Sie mögen also urtheilen, wie artig es muß gelassen haben: Einen grossen Herrn bey einer prächtigen Abendmusic durch eine andächtige Kirchenmusic zu belustigen. Es ist solches zum wenigsten ein Exempel, daß man auch starke Singestücke, die zur Kammermusic und zwar zu freudigen Begebenheiten gehören, nach Kirchenart, und

---

[68] Siehe die Dispositionsübersichten bei C. Wolff und M. Zepf, *Die Orgeln J. S. Bachs. Ein Handbuch*, Leipzig 2006, S. 65–71.
[69] In der Neuauflage des *Critischen Musicus* (1745, S. 502) zeigte Scheibe den Ort der Handlung mit dem Initial „A." an.
[70] 53. Stück (1. September 1739), S. 210.
[71] Ebenda.

also im Kirchenstyl abfassen kann. Vielleicht dienet dieser Umstand auch dazu, daß Sie mit desto leichterer Art den Kammerstyl und die Lobcantaten erläutern können, wenn Sie auf diese Materie kommen sollten.[72]

Dies sei aber noch nicht alles gewesen. Die Landeskinder hätten auch noch das „Kunststück" fertiggebracht, das Werk „ohne Director in gröster Unordnung glücklich aufzuführen." Man bat dafür „verschiedene musicalische Freunde" zusammen, „ohne vorher eine gehörige Anstalt zu machen":

Es erschien also des Abends um die gesetzte Zeit eine ziemliche Anzahl von Personen, worunter auch in der That einige geschickte Leute befindlich waren. Weil aber niemand die Anordnung und die Aufführung des Stückes insbesondere zu besorgen hatte, so wuste auch fast niemand, was für Music gemacht werden sollte. Endlich ward einer nach dem andern derer vornehmsten ersuchet, die Anstalt über sich zu nehmen. Sie stiessen sich aber alle daran, daß ihnen die Music und die ganze Einrichtung derselben unbekannt wäre. Und so war also alles in der grösten Unordnung. Zuletzt theilte man noch eine Sinfonie aus, damit doch wenigstens ein Anfang gemacht würde, und die Zuhörer etwas zu hören bekommen mögten. Es war aber dießfalls noch kein Director vorhanden.
Nachdem man nun die Sinfonie zu Ende gebracht hatte, so übernahm endlich noch einer aus den Musicverständigen aus Mitleyden das Directorium, und besorgte einigermassen, daß man die Cantate mit Mühe und Noth aufführen konnte. Man kann sich aber dabey alle Früchte, die eine unordentliche und verwirrte Anstalt herfürzubringen vermögend ist, vorstellen. Die Instrumente waren unordentlich und nicht vollständig besetzt. Man spielte auf der Geige, was die Hautbois blasen sollte. Man wechselte auch eben diese Stimme mit der Flöte ab, und überhaupt, es äusserte sich beynahe alles, was man nur verwirrt nennen kann.[73]

Offenkundig wird hier die Darbietung einer studentischen Abendmusik anläßlich des Geburtstages eines anwesenden Landesherrn beschrieben. Ziehen wir außerdem die Beobachtung hinzu, daß Scheibe in der Neuauflage seiner Zeitschrift (1745) beim Abdruck des Briefes das Initial „H." jener (Universitäts-) Stadt durch den Buchstaben „L." ersetzte, kann keinerlei Zweifel daran bestehen, daß hier die „Leipziger Geschichte" vorliegt, auf die Scheibe gegenüber Gottsched anspielte. Somit stellen sich vornehmlich zwei Fragen, wobei die erstere – ob es sich bei dem als Parodievorlage dienenden „Kirchenstück" eines „sehr berühmten jetztlebenden Componisten" (wenn es denn von einem ortsansässigen Autor stammte) um eine Kantate Bachs gehandelt haben könnte – schlechterdings nicht beantwortet werden kann. Von Görner kann das Stück jedenfalls nicht hergerührt haben, denn diesen hätte Scheibe (sicherlich der Autor des Briefes) niemals als einen „berühmten" Künstler bezeichnet.

---

[72] Ebenda, S. 210–211.
[73] Ebenda, S. 211–212.

Vielleicht ist die Beantwortung der Frage aber auch von nachrangiger Bedeutung, denn Scheibe könnte das Schreiben in erster Linie zur Untermauerung seiner generellen Kritik an der verbreiteten zeitgenössischen Parodiepraxis verfaßt haben, die er im „Critischen Musicus" an verschiedenen Stellen als unschicklich entlarvte.[74] Diese Parodiepraxis war – nicht zuletzt wegen der zahlreichen, später als Parodievorlagen dienenden Geburtstagskantaten J. S. Bachs auf die sächsischen Regenten, komponiert meistenteils zwischen 1732 und 1736 – eben auch eine „Leipziger Geschichte". Wenn indes der Bericht auf ein ganz bestimmtes Ereignis anspielen sollte, also in fast allen Details wörtlich zu wäre, bliebe zu fragen, ob er mit einer der durch Textdrucke oder Zeitungsmeldungen belegten studentischen Huldigungsmusiken der 1730er Jahre (wohl noch während Scheibes Leipziger Zeit, also vor 1736) in Verbindung gebracht werden kann.[75] Ohne weitere Anhaltspunkte muß dies aber offenbleiben.

Konkretere Ergebnisse, nun bezogen auf das kirchenmusikalische Repertoire in Leipzig zur Zeit des Scheibe-Birnbaum-Disputs, erwachsen schließlich aus einer Bemerkung Scheibes, die dieser vier Jahre später brieflich gegenüber Gottsched äußerte. Ihr Briefwechsel hatte über den gesamten Zeitraum Bestand gehabt; Scheibe konnte den Professor inzwischen als „wahrhaften Freund" bezeichnen,[76] übersandte ihm gelegentlich Musikalien aus seiner eigenen Feder und diskutierte mit ihm vor allem Fragen zur Gattung Oper.[77] In seinem vorletzten erhaltenen Brief an Gottsched, verfaßt am 18. April 1743 in Kopenhagen, brachte er erstmals den Mut auf, diesen nach der Meinung über seine Kompositionen zu fragen:

Ich weis nicht, ob ich seither das Glück gehabt habe, einen Zuhörer meiner pracktischen Arbeiten an Ew. Magnif: zu haben? Ich will mich deutlicher erklären. H. Gerlach in Leipzig hat seither seine Kirchenmusiken meistentheils von mir erhalten, sonderlich aber die letztere Passionsmusik, wie auch die letzten Kirchenstücke auf die Osterfeyertage. Sollten nun Ew. Magnif. etwas davon gehöret haben, so bitte mir dero Gedanken davon zu melden. Jetzo habe H. Gerlach wieder einen guten Vorrath an Kirchensachen überschicket; und werde ich also die Meßsonntage das Himmelfahrts-

---

[74] Vgl. etwa bei Fußnote 46 ff.
[75] Als Widmungsträger kommt freilich nicht allein der sächsische Kurfürst in Frage. – Vgl. hierzu die Übersichten über die nachgewiesenen Huldigungsmusiken der Studenten und Collegia musica, meistenteils auf das kurfürstlich sächsische Herrscherhaus, bei Schering (wie Fußnote 27), S. 123–130, und W. Neumann, Das „Bachische Collegium Musicum", BJ 1960, S. 13–20.
[76] So im Brief an Gottsched vom 29. April 1741 (Universitätsbibliothek Leipzig, Ms 0342, Band VIb, Nr. 1295).
[77] Zum Fortgang der Beziehung siehe auch Fußnote 34.

fest, die Pfingstfeÿertage, das Trinitatisfest und den Johannis u. Marien Tag über auch abwesend in der neuen Kirche zu Leipzig seÿn.[78]

Da zahlreiche Autographe Scheibes durch den Nachlaß Gerlachs überliefert sind[79] und die darunter befindliche Partitur der Michaeliskantate „Wer sich rühmen will" dessen Vermerk enthält „empf. v I. A. Scheibe Hamburg, den 6. Jul: 44",[80] kann an der Glaubwürdigkeit der Ausführungen nicht gezweifelt werden, wenngleich aus Gerlachs Notenbibliothek nur Scheibe-Handschriften aus den frühen 1730er Jahren und der Zeit ab 1744 erhalten blieben. Die Behauptung Scheibes, der Neukirchenmusikdirektor habe in seiner Kirchenmusik „meistentheils" auf Werke von Scheibe zurückgegriffen, steht jedoch in merkwürdigem Widerspruch zu der Erkenntnis, daß Gerlach einer der scharf kritisierten Musiker im 6. Stück des „Critischen Musicus" (1737) war. Sollte der Neukirchenmusikdirektor also das im Sendschreiben veröffentlichte, für ihn so unvorteilhafte Porträt seiner Person ohne weiteres akzeptiert und alsbald seinen Kritiker wieder um Kompositionen gebeten haben? Ein bislang unbekannter Textdruck zu einer anonymen Passionsmusik, aufgeführt am Karfreitag 1739 in der Neukirche, trägt zur Auflösung dieses Widerspruchs bei. Sein Titel lautet (siehe auch Abbildungen 3–6):

Die Frucht | des Leidens Jesu | wurde an dem | Stillen Freytage | im Jahre 1739. | in | der Neuen Kirche zu Leipzig | bey der | gewöhnlichen musicalischen Andacht | folgender weise christschuldigst | erwogen.[81]

Die Dichtung entspricht dem Typus einer modernen Passionskantate: Auf eine dramatisch narrative Schilderung wird verzichtet, auf Bibelwort nur zu Beginn zurückgegriffen (Diktum: Klagelieder Jeremiae I, 12). Im Zentrum stehen empfindsame, überwiegend rezitativisch vorgetragene Reflektionen einer – wiewohl unbezeichneten – Gläubigen Seele auf die Leidensgeschichte Jesu, eröffnet von einem „Chorus", unterbrochen von sechs Chorälen, vier Arien, einem Arioso und der (nicht mit abgedruckten) Predigt; am Schluß steht wiederum ein Choral. Die äußere Gestalt des Textheftes weist eine bemerkenswerte Parallele zu Scheibes „Critischem Musicus" auf: Dem Abdruck des

---

[78] Universitätsbibliothek Leipzig, *Ms 0342, Band VIII, Nr. 1584*. Auf den Brief hat erstmals Hans-Joachim Schulze hingewiesen (siehe ders., *Studenten als Bachs Helfer bei der Leipziger Kirchenmusik*, BJ 1984, S. 50).

[79] Siehe die Übersicht bei Glöckner (wie Fußnote 44), S. 119–125. Zu der Beziehung zwischen Gerlach und Scheibe siehe ebenda, S. 132 f. und 159; vgl. auch Fußnote 45.

[80] Siehe ebenda, S. 121.

[81] Exemplar in Sächsische Landesbibliothek – Staats- und Universitätsbibliothek Dresden, Signatur: *Coll. diss. A 252,39*.

Textes ist ein Zitat von Martin Opitz vorangestellt.[82] Der Textbeginn des Stückes ist denn auch identisch mit der nachfolgend wiedergegebenen Beschreibung einer – heute verschollenen – Passionsmusik Johann Adolph Scheibes, wie sie im 1761 erschienenen Handschriftenkatalog des Leipziger Musikalienhändlers J. G. I. Breitkopf abgedruckt ist:

Scheibe, Joh. Adam [sic] [...] Paßions-Cantate: Euch sage ich allen, die ihr vorüber geht, à 2 Oboi, 2 Violini, Viola, 4 Voci, Basso e Organo. a 4 thl. 16 gr.[83]

Die Rubrik „Oratoria, und Paßions-Cantaten" in Breitkopfs Katalog umfaßt insgesamt vier „Passionskantaten" Scheibes – mithin allesamt Werke, von denen nun angenommen werden muß, daß sie aus dem (im Katalog durch zahlreiche andere Handschriften dokumentierten) Nachlaß Gerlachs stammen und einst in der Neukirche musiziert wurden.[84] Dies bedeutet allerdings auch, daß Scheibes Passionskantate „Euch sage ich allen" dort just zu dem Termin erklang (27. März 1739), für den es Bach aus unbekannten Gründen vom Stadtrat bis auf weiteres untersagt wurde, in einer der Hauptkirchen seine Passionsmusik (vielleicht die Johannes-Passion) wiederaufzuführen – ein klarer Beleg dafür, daß das Verbot tatsächlich durch das angedachte Stück bedingt war, also sicherlich, wie es Bach selbst vermutete, „wegen des Textes" erfolgte.[85] Im gleichen Monat legte J. A. Birnbaum seine zweite Verteidigungs-

---

[82] Übernommen aus Vers 4 der Dichtung „Am Char-Freytage. Esa. 52. 53. Auf den 51. Psalmen.", in: *Die Episteln | Der | Sonntage, und fürnehmsten Feste | des gantzen Jahrs, | Auf die gemeine Weisen der Psalmen | gefasset, | Von | Martin Opitzen.*

[83] Siehe *Verzeichniß Musicalischer Werke allein zur Praxis, sowohl zum Singen, als für alle Instrumente, welche nicht durch den Druck bekannt gemacht worden; [...] welche in richtigen Abschriften bey Joh. Gottlob Immanuel Breitkopf, in Leipzig, um beystehenden Preiße zu bekommen sind. Erste Ausgabe, und des Musicalischen Bücher-Verzeichnisses Dritte Ausgabe. Leipzig, in der Michaelmesse 1761*, S. 24.

[84] Die drei übrigen Einträge lauten:
„Scheibe, Joh. Adam, Königl. Dän. Capellmeister, Paßions-Cantate! Das ist der große Tag, à 2 Flauti, 2 Oboi, 2 Violini, Viola, 4 Voci, Basso. a 8 thl.
[es folgt der oben zitierte Eintrag ...]
– – Paßions-Cantate: Der aus Liebe sterbende Jesus: Das Haupt erblaßt etc. à 2 Flauti, 2 Oboi, 2 Flauti d'amore, 2 Violini, Viola, 8 Voci, Violonc. picc. Basso e Organo. a 8 thl.
– – Paßions-Cantate: Gottselige Gedanken bey dem Kreuze unsers Erlösers: Wir gingen alle in der Irre etc. à 2 Flauti, 2 Oboi, 2 Violini, Viola, 4 Voci e Organo. a 7 thl." – Zur Übernahme von Gerlachs Notenbibliothek durch Breitkopf siehe Glöckner (wie Fußnote 44), S. 92 f.

[85] Vgl. Dok II, Nr. 439, und Johann Sebastian Bach, *Johannespassion. Passio secundum Joannem Fassung IV (1749) mit der unvollendeten Revision (1739) im Anhang*, hrsg. von P. Wollny, Stuttgart 2002, S. VI.

schrift gegen Scheibes Angriffe vor,[86] und gut eine Woche nach der Passionsaufführung erschien im „Critischen Musicus" das Pasquill vom „grösten Citharisten und Componisten in der Welt".[87] Sind dies Zufälle? Oder reichte Scheibes Arm von Hamburg aus womöglich bis ins Umfeld des Leipziger Rathauses und wurden hier Fürsprecher in seinem Sinne aktiv? Gewiß, für solcherlei Spekulationen gibt es keine hinreichende Quellenbasis. Indes läßt sich folgendes mit Bestimmtheit sagen: Gerade wegen der öffentlich ausgetragenen Debatte um Scheibes kirchenmusikalische Ideale und die darauf gründende Kritik an Bachs Kompositionsweise gab es für den Herausgeber des „Critischen Musicus" gute Gründe, den Versuch zu unternehmen, mit seiner Musik weiterhin oder vielmehr wieder in Leipzigs Kirchen präsent zu sein. Er wird es schnell bereut haben, daß er auch Gerlach im Sendschreiben attackiert hatte. Eine schnellstmöglich zu erfolgende Aussöhnung war also vonnöten, um seine Musik zurück in die Neukirche zu bringen – als eine Alternative zu Bachs Kompositionen, und um seine Vorstellungen von einem wahren Kirchenstil auch praktisch zu demonstrieren. Ein Beleg für diese Interpretation ist das Textbuch zur 1739 erfolgten Aufführung von Scheibes Passionskantate in der Neukirche.

Noch bedeutender in diesem Zusammenhang ist aber der einige Jahre später erfolgte Wiederabdruck des Sendschreibens in der zweiten Auflage des „Critischen Musicus" (1745), denn hier erfuhren die ursprünglich auf Gerlach zielenden Ausführungen eine bemerkenswerte Modifikation. Nun heißt es, der gewisse Organist und Musikdirektor würde nicht in einer Stadt sondern an einem Hof wirken. In einer eingefügten Fußnote begründet Scheibe die Veränderung. Er habe

erfahren, daß man diesen Character und den darauf folgenden [d. i. Johann Schneider] zum Nachtheile zweener geschickter Männer ausgeleget hat, mir aber der Schlüssel darzu am besten bekannt ist: so habe ich anitzo diejenigen Worte geändert, die diesen Misverstand verursachet haben. Allem Ansehen nach, hat der Verfasser dieses Briefes seine beyden Helden verstecken wollen, dahero hat er sie an einem andern Orte aufgeführt, wo sie sich doch nicht befunden; und diese Vorsicht mußte eine so unbillige Auslegung verursachen. Hieraus erhellet, wie leicht man sich in der Auslegung unbekannter Charactere betriegen kann.[88]

Doch es verhält sich genau andersherum: Mit der vorgenommenen Umgestaltung der Passage (sie erfolgte wahrscheinlich schon 1743 oder früher)[89] und der beigefügten fadenscheinigen Begründung versuchte Scheibe, Gerlach

---
[86] Birnbaum 1739 (wie Fußnote 37).
[87] Wie Fußnote 22.
[88] Siehe auch die vollständige Wiedergabe im Anhang.
[89] Daß Scheibe schon zu diesem Zeitpunkt die Neuauflage des „Critischen Musicus" weitgehend vorbereitet hatte, geht aus seiner Korrespondenz mit Gottsched hervor,

zu rehabilitieren und zugleich zu verschleiern, daß er ihn einst verspottet hatte – es handelt sich mithin um eine Art gedruckte Abbitte, die doch vor allem dazu gedient haben dürfte, sein kirchenmusikalisches ‚Sprachrohr', die Leipziger Neukirchenmusik, dauerhaft für die eigenen Zwecke zu gewinnen.

VI.

Betrachten wir das Leipziger Musikleben zur Zeit des Scheibe-Birnbaum-Disputs unter diesem neuen Blickwinkel, so müssen wir eine merkwürdige Situation konstatieren: An den Hauptkirchen wirkt ein Director musices, der sich, vertreten durch einen Rhetorik-Dozenten der Universität, auf eine literarische Fehde mit einem ohne musikalische Ämter ‚geschmückten', gleichwohl sprachgewandten jungen Leipziger einläßt, der aus dem fernen Hamburg – und vielleicht nur aus einer Laune heraus – alle Protagonisten des örtlichen Musiklebens nach Kräften verspottet. Bach konnte den Schauplatz keinesfalls als Sieger verlassen. Sein Gegner indes konnte sich auf die modernen ästhetischen Ideale des Leipziger Universitätsprofessors Gottsched berufen, mit diesem in einen gelehrten Diskurs treten[90] und aus der Ferne die Musikpflege und den Musikdirektor der dritten Leipziger Hauptkirche – eine so gesehen schwache, marionettenhaft anmutende Persönlichkeit – ‚dirigieren', eine Tatsache, die Bach nicht verborgen geblieben sein kann.[91] Vergegenwärtigen wir uns ferner, daß es Gerlach war, der zunächst in Bachs Collegium musicum mitgewirkt hatte und dieses, nunmehr als „Gerlachisches Collegium Musicum" firmierende Ensemble, in den Jahren 1737 bis 1739 (mindestens von August 1737 bis dahin 1739) leitete – erst im Herbst 1739 übernahm Bach wieder die Direktion des Ensembles[92] –, so stellt sich die von Werner Neumann aufgeworfene Frage nach den dafür maßgeblichen Gründen neu. Sein Postulat, das „Hin und Her zwischen Bach und Gerlach in der Leitung des

---

namentlich aus den Briefen vom 18. April und 27. Dezember 1743 (vgl. Universitätsbibliothek Leipzig, *Ms 0342, Band VIII, Nr. 1584 und 1690*).

[90] Und diesen sogar in seine Dienste stellen (siehe bei Fußnote 57 f.).

[91] Auch auf dem Gebiet der weltlichen Musikaufführungen konnte Scheibe von Hamburg aus an der Pleiße Fuß fassen: Im „Critischen Musicus" berichtet er von seinen Sinfonien zu den Trauerspielen *Polyeuctes* und *Mithridates*: „die denn auch beyde im Jahr 1738 zu erst allhier [in Hamburg] und hernach auch in Leipzig und in Kiel aufgeführet worden sind. Ich kann aber zugleich mein Vergnügen nicht bergen, da ich gesehen, daß ein geschickter Freund in Leipzig mir gefolget ist, und seine Geschicklichkeit durch wohlgesetzte Sinfonien zum Trauerspiel Alzire gezeiget hat." (*Der critische Musicus*, 67. Stück, 8. Dezember 1739, S. 321).

[92] Zur Führung des Collegium musicum in dieser Zeit siehe Neumann (wie Fußnote 75), S. 5–27, speziell S. 6–8.

Collegiums" könne „nur auf der Basis freundschaftlicher Vereinbarung vor sich gegangen sein"[93] und sei möglicherweise durch den sogenannten Präfektenstreit (Dauer: Juli 1736 bis Frühjahr 1738) und andere „uns unbekannte Faktoren" bedingt gewesen, erscheint nur noch bedingt plausibel. Denn vor dem Hintergrund, daß Gerlach in jener Zeit gewissermaßen die Fronten wechselte, sich kirchenmusikalisch ganz in den Dienst Scheibes stellte, ist es schwer vorstellbar, daß Bach ihm im freundschaftlichen Einvernehmen das Feld im Collegium musicum überlassen haben sollte. Ob gar das Gegenteil der Fall gewesen sein könnte, also Gerlach und ein Großteil der studentischen Musiker des Ensembles sich bald nach der Eröffnung der Debatte von Bach abwandten (vielleicht, weil sie Verständnis für Scheibes Kritik durchblicken ließen)[94] oder der Thomaskantor, aufgerieben von den Angriffen des „Critischen Musicus", den örtlichen Auseinandersetzungen mit den Vorgesetzten und enttäuscht von der charakterlichen Schwäche Gerlachs, den Weg in die Isolation suchte, muß aber dahingestellt bleiben. Die neue Lesart der Ereignisse rings um die Auseinandersetzung zwischen Scheibe und Birnbaum macht jedenfalls deutlich, daß diese weit mehr Einfluß auf Bachs Wirken als Director musices hatte, als bisher angenommen werden konnte.

*

---

[93] Ebenda, S. 11.
[94] Es mutet jedenfalls etwas merkwürdig an, daß die von Bach für die Ostermesse komponierte Huldigungskantate „Willkommen, ihr herrschenden Götter der Erden" BWV Anh. 13 – das Stück, mit dem Bach laut Birnbaum seinen Kritikern demonstriert habe, daß er sehr wohl „rührend, ausdrückend, natürlich, ordentlich, und nicht nach dem verderbten, sondern besten Geschmack" setzen könne (Dok II, S. 352; siehe hierzu auch Dok II, Nr. 436) – von dem „Chorus Musicus" der Universität dargeboten wurde, während Gerlach am gleichen Abend ein Collegium musicum abhielt (Aufführung von Bachs Stück vorgesehen für den 27. April, kurzfristig aber auf den 28. April verlegt; siehe Neumann, wie Fußnote 75, S. 11 und 17 f.).

Anhang: Übertragung des Sendschreibens aus „Der critische Musicus", S. 41–48.

Vorbemerkung: J. G. Walthers handschriftliche Annotationen im Exemplar der Thüringer Universitäts- und Landesbibliothek Jena (Signatur: *8 Art. lib. V, 421 a*) erscheinen im Fettdruck. Die von Scheibe für den Wiederabdruck des Dokumentes in der Neuauflage der Zeitschrift („Critischer Musikus. Neue, vermehrte und verbesserte Auflage", Leipzig 1745, S. 55–65) vorgenommenen Änderungen sind in den Fußnoten dokumentiert;[95] die davon betroffenen Passagen sind im Haupttext durch Kursiva hervorgehoben.[96]

Der Critische Musicus.
Sechstes Stück.
Dienstags den 14 May, 1737.

Gottsched.

Wie kan denn jetzt die Welt das tolle Volk ertragen? Jetzt, da man lieblicher die Seyten weis zu schlagen.[97]

Folgender Brief unterbricht die Fortsetzung der angefangenen Materie von der Melodie. Er ist nicht an *uns*[98] gestellet, sondern ein geschickter Musicant, der sich anjetzo auf Reisen befindet, hat ihn an einen gewissen Meister der Music abgelassen. Dieser letzte ist *unser*[99] grosser Freund, und er hat *uns*[100] ersuchet, diesen Brief, wegen seines merkwürdigen Innhalts, *unsern*[101] Blättern mit einzuverleiben. Hier ist er.

Mein Herr!
Ich habe Ihrer Bekantschaft viel zu danken. Sie haben mir viel wichtige Regeln vorgeschrieben. Sie haben mich allemahl ermahnet, auf den Grund zu sehen, und alle musicalische Sachen mit einer reifen Ueberlegung zu betrachten. Sie haben mir auch vorher gesagt, ich würde auf meinen Reisen von der Gewisheit dieser Dinge noch mehr überzeuget werden, wenn ich verschiedene Musicanten würde kennen lernen. Endlich mein Herr, haben sie mir durch die Charactere *von einigen Meistern*[102] der Music ein Licht gegeben, welches mir die Untersuchung anderer überaus leicht gemacht hat. Und ich

---

[95] Nicht berücksichtigt wurden hierbei orthographische Modernisierungen und Wortumstellungen, sofern diese keinen Einfluß auf die Deutung des Inhalts haben.

[96] Schließt sich an ein kursiv gesetztes Wort bzw. eine kursiv gesetzte Passage keine Fußnote an, fehlt das Wort bzw. die Passage in der Zweitauflage.

[97] Übernommen aus der Satire „Die Reimsucht", in: J. C. Gottsched, *Versuch einer critischen Dichtkunst*, 1. Auflage, Leipzig 1730, S. 467.

[98] mich

[99] mein

[100] mich

[101] diesen

[102] einiger Meister

empfinde anjetzo, daß sie recht gehabt, wenn sie mir öfters bewiesen, daß ich sehr wenig | geschickte und gründliche Männer antreffen würde; wohl aber eine grosse Menge solcher Leute, welche durch die Unwissenheit in andern Wissenschaften, die zur Untersuchung der Music erfodert werden, und auch so gar in den leichtesten und gewöhnlichsten Theilen der Music selbst, unerfahren wären, und folglich den Wust der Vorurtheile, der Dunkelheit, der Unordnung, und des verderbten Geschmackes täglich vermehrten und ausbreiteten.

Gewiß, ich bin von der Wahrheit dieses Satzes so *wohl*[103] überzeuget worden, daß ich mich nunmehro nicht wenig schäme, ihrem wahren und gründlichen Urtheile *wiedersprochen*[104] zu haben. Kurtz, mein Herr, damit sie sehen, was ich auf meiner Reise in diesem Stücke vornehmlich *angemerket*,[105] so übersende ich ihnen folgende Erzehlung; ich habe auch in meinen vorigen Briefen *mit Fleiß* nichts davon gedenken wollen, weil ich, durch die Vielheit und Gegeneinanderhaltung verschiedener Personen, *ihre*[106] Eigenschaften am besten zu prüfen gedachte.

Sie wissen, mein Herr, daß ich von - - - nach **Gotha** reisete. Der Herr **Stölzel** ist an diesem Hofe das Haupt der Musicanten. Ich hatte die Ehre ihn in den vierzehn Tagen, die ich da zubrachte, verschiedene *mahl*[107] zu sprechen, und seine musicalischen Stücke zu hören. Mir wurde gesagt, daß seine Kirchenstücke *sonderlich*[108] schön wären, und ich befand, daß man mich nicht unrecht berichtet hatte; nur schienen sie mir nicht *völlig genug*[109] ausgearbeitet zu *seyn*.[110] Zuweilen *waren die Gedanken zu*[111] gemein und *zu* platt. Die *Rede*[112] war auch an einigen Orten schlecht beobachtet; denn das Steigen und Fallen der langen und kurzen Sylben war sehr oft unnatürlicher Weise verwechselt, und folglich sehr gezwungen. Die Chöre, sonderlich diejenigen, in welchen das sogenannte Allabreve herschte, waren hingegen vollkommen schön; und die eingerückten Contrapuncte und Fugen ungezwungen, natürlich und | überaus prächtig. Sonderlich haben seine Missen diese *Eigenschaft*.[113]

Er ist wohl gereiset, und hat sich durch seine theatralische Arbeit zu der Zeit sehr herfürgethan, da man nur etwan zweene oder drey Männer fand, die zu dieser Gattung musicalischer Stücke aufgelegt waren. Anjetzo scheinet sein Feuer zu erkalten; oder er will, aus etwan einem Eigensinne, sich nicht nach der Zeit bequemen, da man *dieses Theil der*[114] Music auf das höchste zu bringen bemühet ist.

---

[103] genau
[104] so oft widersprochen
[105] angemerket habe,
[106] alle mir vorgekommene
[107] male
[108] insonderheit
[109] so wohl
[110] seyn, als es wohl hätte seyn können.
[111] war der Ausdruck der Gedanken sehr
[112] natürliche Rede
[113] trefflichen Eigenschaften.
[114] diese Art von

In seinen Instrumentalsachen folget er *einen mittlern Styl, der*[115] aber stark in das niedrige fällt, *und zuweilen von dem Styl abgehet, in welchem*[116] er doch arbeiten sollte. Die Stärke der Instrumente nimt er *dabey sehr*[117] selten in acht, und ich habe *einigemahln verschiedene sich über ihn beschweren hören,*[118] daß er den Instrumenten immer zu wenig zutrauete, und daß folglich das Schöne insgemein *wegfiel*[119], welches doch ein Instrument von dem andern unterscheidet.

In der Theorie ist er sehr stark. Er hat eine grosse Einsicht in die Wissenschaften *durch*[120] langen Aufenthalt in - - - erlanget. Er hat die Alten meistentheils gelesen. Nur einige Vorurtheile, die aus einer gewissen Eigenliebe entstehen, welche mit dem Neide *verbunden*[121] ist, verhindern ihn der Sache ungezwungen zu folgen: und *deswegen fällt er*[122] in seinen Unterweisungen sehr oft auf eine pedantische Weitläuftigkeit, die seine Schüler sehr verwirret. Seine *Bemühungen*[123] in dem Theile der *Poesie*[124], welcher zur Music gebraucht wird, ist desto rühmlicher, je weniger wir unter den Musicanten Leute finden, die denselben verstehen.

Von - - - kam ich nach **Merseburg**. Allhier ist der Herr **Römhild** Capellmeister, und der Herr **Förster** Concertmeister. Der erste ist ein Mann, der schon ziemliche Jahre erreichet *hat, und der Herr Concertmeister ist seinem eigennützigen und falschen Gemüthe beständig unterworfen.*[125] | Täglich wird er von ihm verläumdet; die übrigen Musicanten werden in diese Streitigkeiten auf allerhand Art gemenget; und die listigen Ränke des *Herrn* Capellmeisters werden durch den Beystand nur vermehrt, *welchen*[126] der Herr Concertmeister von den vernünftigsten erhält.

Der Concertmeister ist *in der That*[127] ein Mann, der grosse Verdienste besitzet. Wenn er sich etwas besser in den Wissenschaften umgesehen hätte, und der Theorie der Music kündiger wäre, so würde er vollkommen seyn. An aufgewecktem und muntern Wesen mangelt es ihm *gar* nicht. Die Music ist seine andere Natur. Die Geige und das Clavier spielt er *sehr wohl*[128], und diesen beyden Instrumenten ist auch seine meiste Arbeit gewiedmet; sonderlich sind seine Concerten für die Geige gewiß ohne *Tadel.*[129]

---

[115] einer mittlern Schreibart, die
[116] . Er geht auch sehr oft von derjenigen Schreibart ganz ab, in der
[117] zugleich
[118] mehr als einmal gehöret, wie man sich über ihn beschwerte,
[119] wegfiele
[120] durch einen
[121] etwas verbunden
[122] dießfalls fällt er auch
[123] Bemühung
[124] Dichtkunst
[125] hat. Er besitzt ein eigennütziges und falsches Gemüthe. Der Herr Concertmeister hat die Wirkungen davon sehr oft empfinden müssen.
[126] den
[127] sonst
[128] ziemlich gut
[129] Tadel. [Fußnote] 1) Man kann mit allem Rechte allhier noch hinzufügen, daß dieser erfahrne und geschickte Mann unter den besten Componisten in der Instrumentalmusik keine geringe Stelle verdienet. Er ist allemal neu in seiner Erfindung, fleißig

So viel Vorzüge *dieser*[130] Mann besitzt, desto schlechter ist hingegen des *Herrn* Capellmeisters Geschicklichkeit. Er fällt in seinen Singestücken insgemein auf lächerliche und abgeschmackte Ausdrückungen. Eine gewisse *Methode, die zu der Auszierung der Melodie sehr nöthig ist,*[131] will er auch gerne anwenden, seine schlechte Einsicht in die Music *läst ihn aber nicht die dazu nöthigen Vortheile ergreifen.*[132] Die wahre Schönheit der Music ist ihm so wenig bekannt, daß man auch nicht einmahl mit ihm davon reden *kan.*[133]

Als ich ihn besuchte, und wir von den Ausdrückungen zu reden kamen, erzehlte er mir allerhand altfränckische und tadelhafte Arten des Ausdruckes, deren er sich in der Kirchen-Music bedienet hatte. Er sagte unter andern, er habe einsmahls in Schlesien ein Paßions-Oratorium aufgeführt; um nun das Krehen des Hahnes recht *auszudrücken,*[134] hätte er einen *Menschen hinter die Orgel gestellt, der*[135] auf dem blossen Rohre der *Hautbois*[136] das Krehen des Hahnes mit solcher Natürlichkeit vorstellen können, daß alle Zuhörer in die gröste Verwunderung gesetzet worden, und seinen glücklichen Einfall *ausserordentlich gelobet*[137] hätten.

Die Bekanntschafft des Herrn Concertmeisters war mir sehr zuträglich, denn ich erhielt dadurch Gelegenheit einige Musicanten in - - wohin ich *reisen muste,*[138] kennen zu lernen.

Der Herr **Gerlach in Leipzig** *Organist in einer gewissen Kirche daselbst, versiehet zugleich das Amt eines Directors über die Music.*[139] Seine Vorfahren in dieser Stelle sind die *grösten Meister gewesen, und ihre Verdienste haben die Fremden angereitzet,*

---

    und rein in der Ausarbeitung; und seine Arbeiten beweisen eine gute Beurtheilungskraft. Eigenschaften, die unstreitig zu einem wahren Componisten gehören.

[130] dieser geschickte
[131] Art, die Melodie auszuzieren,
[132] verhindert ihn aber, alle dazu nöthige Vortheile mit Unterschied und auf vernünftige Art zu ergreifen.
[133] kann.
[134] sinnreich und natürlich auszudrücken,
[135] seiner Musikanten hinter der Orgel versteckt, der zu gehöriger Zeit
[136] Hoboe
[137] das gebührende Lob ertheilet
[138] voritzo reisen wollte,
[139] besorget an diesem Hofe die Aufsicht über die Musik. [Fußnote] 2) Da ich erfahren, daß man diesen Character und den darauf folgenden zum Nachtheile zweener geschickter Männer ausgeleget hat, mir aber der Schlüssel darzu am besten bekannt ist: so habe ich anitzo diejenigen Worte geändert, die diesen Misverstand verursachet haben. Allem Ansehen nach, hat der Verfasser dieses Briefes seine beyden Helden verstecken wollen, dahero hat er sie an einem andern Orte aufgeführt, wo sie sich doch nicht befunden; und diese Vorsicht mußte eine so unbillige Auslegung verursachen. Hieraus erhellet, wie leicht man sich in der Auslegung unbekannter Charactere betriegen kann.

sie mit den austräglichsten[140] Ehrenämtern zu versorgen. Unser *Organist*[141] ist hingegen in der Music so unwissend, daß er auch nicht in den kleinsten Stücken seinen Vorfahren zu vergleichen ist. Er sollte selbst ein Componist seyn; sein Amt erfodert es. Da er aber zu ungeschickt dazu ist, so muß allemahl ein anderer die Arbeit für *ihm*[142] thun; und er weis sich mit den Federn der besten Männer so wohl zu spicken, daß er der Krähe des Esopus sehr ähnlich wird. Er hat aber auch schon mehr als einmahl den betrübten Ausgang erlebet, daß man ihm dieselben zu seiner grösten Beschimpffung wieder ausgerupfet hat.

Der Hr. **Schneider** *ist sein*[143] beständiger Feind, im übrigen aber fast von gleichen Eigenschaften. Sie suchen täglich einander zu schaden, und um einige kleine Gewinste zu bringen, die sie doch beyde nicht verdienen; und sie werfen einander immer die Thorheiten vor, die sie doch beyde lächerlich machen. Der Letzte spielet inzwischen ein feines Clavier und eine ziemliche *Geige*.

Der Herr **Görner** ist an einer *andern*[144] Kirche Director. Er hat die Music *beynahe seit achtzehn*[145] Jahren getrieben; und man sollte meynen, die Erfahrung habe ihn einmahl auf den rechten Weg gebracht: allein es ist nichts unordentlichers als eine Music. Das innere Wesen *des Styls nach seinen*[146] verschiedenen Abtheilungen ist ihm ganz und gar unbekannt. Die Regeln sind solche Sachen, | die er täglich entbehren kan, weil er sie nicht weiß. Er setzet keine reine Zeile, die gröbsten Schnitzer sind die Zierrathen aller Tackte. Mit einem Worte, er weis die Unordnung in der Music am allerbesten vorzustellen. Der Hochmuth und die Grobheit haben ihn dabey so eingenommen, daß er sich vor dem ersten selbst nicht kennet, durch das andere aber unter einer grossen Menge seines gleichen den Vorzug *erhält*.[147]

Sein Bruder hat noch niemahls grosse und starke musicalische Stücke verfertiget, sondern bisher kaum in einigen Arien und kleinen Concerten fortkommen können. Auf dem Clavier stellt er eine Mücke sehr natürlich vor; denn er hüpfet mit der grösten Eilfertigkeit darauf herum: man weis aber nicht gewiß, ob er es aus Furcht zu fehlen, oder aus einer würcklichen Unwissenheit thut. Er ist seinem Bruder in allen ähnlich, und

---

[140] besten Componisten, und wirklich große Meister der Musik gewesen. Ihre Verdienste haben bey den Fremden große Aufmerksamkeit verursachet, und man hat sich eifrigst bemühet, sie mit noch bessern Ehrenämtern zu versorgen.

[141] Director, oder wie ich ihn sonst nennen soll,

[142] ihn

[143] , der sich unter dem Chore des vorhergehenden befindet, ist dessen

[144] gewissen

[145] seit vielen

[146] der verschiedenen Schreibarten nach ihren

[147] erhält. [Fußnote] 3) Man hat mich bereits mehr, als einmal, versichert, daß diesem Manne gar nicht zu viel geschehen ist, wie er sich mag eingebildet haben. Man kann aber zu allen bereits bemerkten Eigenschaften annoch den Undank setzen. Er würde dasjenige nicht seyn, was er doch ist, wenn nicht ein gewisser Mann alles für ihn gethan hätte. Dennoch hat der Erfolg gezeiget, daß er bey einer gewissen Gelegenheit, da er sich auf eine edle Art hätte dankbar erzeigen können und sollen, nichtsweniger als dankbar gewesen ist, sondern daß er vielmehr das erzeigte Gute durch eine heimtückische Bosheit vergolten hat.

übertrift ihn noch im Hochmuthe. Er will gelehrt seyn; und hat doch keine Wissenschaften. Er redet von der Schönheit und von der Ordnung in der Music, und hat doch keinen Verstand davon. Seine Bosheit verleitet ihn ferner gerne zu zanken, alles besser zu wissen, Leute von Verdiensten zu verachten, und so gar denjenigen übel nachzureden, welche ihm doch die grösten Wohlthaten erzeiget haben. Wie kan sich aber ein Mensch vernünftig und lobenswürdig betragen, der von der Religion nicht die besten Begriffe hat, und der in der Sittenlehre ganz und gar fremde *ist?*[148]

Der Herr **Bach** ist endlich in **Leipzig** der Vornehmste unter den Musicanten. Er ist ein ausserordentlicher Künstler auf dem Clavier und auf der Orgel, und er hat zur Zeit nur einen angetroffen, mit welchem er um den Vorzug streiten kan. Ich habe diesen grossen Mann unterschiedene *mahl*[149] spielen hören. Man erstaunet bey seiner Fertigkeit, und man kan kaum begreifen, wie es möglich ist, daß er seine Finger und seine Füsse so sonderbahr und so behend in einander schrencken, ausdehnen, und damit die weitesten Sprünge machen kan, ohne einen einzigen falschen Thon einzumischen oder durch eine so heftige Bewegung den Körper zu verstellen.

Dieser grosse Mann würde die Bewunderung gantzer Nationen seyn, wenn er mehr Annehmlichkeit hätte, und wenn er nicht seinen Stücken durch ein schwülstiges und verworrenes Wesen das Natürliche entzöge, und ihre Schönheit durch allzugrosse Kunst verdunkelte. Weil er nach seinen Fingern urtheilt, so sind seine Stücke überaus schwer zu spielen; denn er verlangt die Sänger und Instrumentalisten sollen durch ihre Kehle und Instrumente eben das machen, was er auf dem Claviere spielen kan. Dieses aber ist unmöglich. Alle Manieren, alle kleine Auszierungen, und alles, was man unter der Methode zu spielen verstehet, drückt er mit eigentlichen Noten aus; und das entziehet seinen Stücken nicht nur die Schönheit der Harmonie, sondern *macht*[150] auch den Gesang durchaus unvernehmlich. *Alle Stimmen sollen mit einander, und mit gleicher Schwierigkeit arbeiten, und man erkennet darunter keine Hauptstimme.*[151] Kurtz: Er ist in der Music dasjenige, was ehemahls der Herr von Lohenstein in der Poesie war. Die Schwülstigkeit hat beyde von dem natürlichen auf das künstliche, und von dem

---

[148] ist? [Fußnote] 4) Einem solchen Menschen, der sich einbildet, klug zu seyn, ist wohl niemals zu helfen. Sein Dünkel begleitet ihn allemal, und er hat sich mehr als zu fest vorgenommen, seine Fehler niemals einzusehen. Unser Held hat nun schon seit zwanzig Jahren componiren wollen. Es hat ihm diese Bemühung unzähligen Schweiß ausgepresset. Er hat auch beständig bemerken können, daß er zu einer so edlen Beschäfftigung keinesweges gemacht ist: allein er hat sich vorgesetzet, sich selbst niemals zu beobachten. Doch wie ich anitzo vernehme, so fängt er einmal an, sich öffentlich zu zeigen, doch als einer, der eben aus der Lehre gekommen ist. Allein, gesetzt, er habe auch endlich einige Compositionsregeln begriffen, wer kan ihm Geist, Witz und Nachdenken beybringen? Gewiß, wen die Natur nicht schon mit ihren Gaben ausgerüstet hat, dem werden alle Regeln wenig oder nichts helfen. Die Melodien, womit unser Musikant die Gedichte eines unserer größten Dichter [gemeint ist Friedrich von Hagedorn] beschimpfet hat, werden meine Gedanken nicht wenig bekräftigen.

[149] male

[150] es machet

[151] [Satz fehlt]

erhabenen auf das Dunkle geführt; und man bewundert an beyden die beschwerliche Arbeit und eine ausnehmende Mühe, die doch vergebens angewendet ist, weil sie wider die Natur streitet.

Nachdem ich *alle* diese Männer kennen lernen, setzte ich meine Reise nach - - - fort; *und bey*[152] meiner Ankunft daselbst, ward ich nicht weniger erfreuet, als ich erfuhr daß der vortrefliche Herr Graun anwesend war.

Mein Herr, der Abriß, den Sie mir von diesem berühmten Manne gemacht hatten, war mir noch in frischem Andenken; und Sie können leicht erachten, wie froh ich gewesen bin, die Vorzüge in der Nähe zu bewundern, die ich entfernt hochgeschätzet hatte. Ich eilte auch mit der grösten Begierde hin, ihn zu sehen, und zu sprechen.

Seine Höflichkeit ist seiner Geschicklichkeit gleich, *und die*[153] Natur hat ihn nicht nur zu einen der grösten Componisten gemacht, sondern ihn auch mit einem gefälligen und leutseligen Wesen begabt, das mit einem edlen Ehrgeitze verbunden ist. Ich glaube, ich werde nicht nöthig haben, ihn weiter zu beschreiben. Sie kennen ihn so gut, als ich, und wir wissen, daß er ein Mann ist, welcher unserm Vaterlande Ehre macht, und der durch seine Gründlichkeit alle Italiäner übertrifft. Ein erhabener Friedrich würdigt ihn seiner Gnade, und belohnet seine Verdienste. Das ist zu seinem Lobe genug. Wer von einem so grossen und weisen Prinzen geliebet wird, muß gewiß eine wahre Geschicklichkeit besitzen.

Von - - - reisete ich nach - - -. Allhier gerrieth ich in die Bekantschaft folgender drey Männer.

Der Herr **Paganelli** *ein*[154] gebohrner Italiäner, *thut*[155] alles was *seine Nation erfodert*.[156] Er setzet ohne grosse Ueberlegung, wenn er nur eine bunte und krause Hauptstimme herausbringet. Die Harmonische Begleitung ist *eine*[157] beständiges Trommeln, und es fehlet also seinen Stücken an dem gehörigen Nachdrucke. Es ist ihm auch *etwas*[158] gewöhnliches, ganze Sätze und Arien andern abzuborgen, wenn er ihnen nur einen neuen Mantel umhänget. *Kurz, mein Herr, er ist einer von denen Italiänern, welche leer und ohne Kraft setzen.*[159]

---

[152] . Bey
[153] . Die
[154] ist ein
[155] . Er thut auch
[156] ihn seiner Nation ähnlich machet.
[157] ein
[158] etwas ganz
[159] Doch was ihn noch erträglich machet, ist, daß er in der Wahl derjenigen Meister, die er ausschreibt, nicht unglücklich ist. [Fußnote] 5) Dieser Mann hat nach der Zeit einen Nacheiferer aus einem weit entlegenen Reiche erhalten. Und dieser ist auch ein Italiener. Dieser verdiente nun zwar eine eigene Abschilderung: Doch ich will seine Verdienste in wenig Worten entwerfen. Diejenigen Stücke, die er verfertiget, werden von den Vernünftigsten der Capelle verworfen. Dennoch bildet er sich einen gewissen Vorzug vor allen Componisten ein. Das vermindert aber seine Verdienste noch mehr. Und man will lieber die ausgeschriebenen Stücke der ersten, als die eigenen dieses letztern hören.

Der Herr **Hurlebusch** ist zwar ein Deutscher; allein das Vorurtheil, daß die Italiäner die einzigen Meister der Music sind, hat ihn ganz unkenntlich gemacht; und er schämet sich fast ein Deutscher zu seyn. Mein Herr, hier werden sie meynen, dieser Mann müße alle Schönheiten der Italiänischen Music verstehen. Bey weitem nicht. Man hat niemahls etwas anders als einige Italiänische Cantaten und einige Clavier Sachen von ihm gesehen: *und die*[160] ersten sind *noch dazu*[161] meistentheils hart, unangenehm, und *mit den grösten*[162] Fehlern *wieder*[163] die Sprache angefüllet; die andern aber *haben selten, was doch eigentlich dem*[164] Instrumente zukommt.

Unsere Deutsche Sprache kan er gar nicht vertragen, und aus Eigensinn und Unwissenheit glaubt er, daß sie sich gar nicht zu der Music schickt. Wenn er nach seiner Mundart, Italia, nennet, so *fehlt*[165] nicht viel, daß er nicht den Hut abnimmt.

Inzwischen spielt er das Clavier sehr gut, und seine *Geschwindigkeit*[166] im Springen ist sonderlich zu merken. Er weis es aber auch selbst, und *dieses*[167] macht ihn unerträglich. Die Theorie der Music ist ihm eine fremde und ungewohnte Sache. Er stehet in der Einbildung, ein Musicant habe nicht nöthig, mehr zu wissen, als *die*[168] Noten.[169]

---

[160] . Die
[161] aber
[162] so gar mit wichtigen
[163] wider
[164] sind nicht nur voller Compositionsschnitzer, sondern sie beweisen auch sehr selten dasjenige, was diesem
[165] fehlt es
[166] Geschicklichkeit
[167] das
[168] seine
[169] Noten. [Fußnote] 6) Ich finde in einem gewissen berühmten Werke, daß man diesem Manne ein solches Lob ertheilet hat, welches fast alle Grenzen übersteigt. Doch vielleicht ist es aus seinem eigenen Munde geflossen. Wer weis nicht, daß er solches in einem andern Werke schon einmal gethan hat? Inzwischen wird es dennoch gewiß bleiben, daß ihn kein wahrer Kenner der Musik für einen Mann halten wird, der den Deutschen Ehre bringt. Man hat sich vielmehr auf seine Verdienste gar wenig einzubilden.
[Bei dem „gewissen berühmten Werk" muß es sich um Johann Christoph Gottscheds *Versuch einer Critischen Dichtkunst* handeln, in der seit der 2. Auflage (Leipzig 1737) im Abschnitt „Von Cantaten" („II. Capitel") sechs Kompositionen von Hurlebusch als musterhaft beschrieben werden: „7. §. [S. 470] Ich kann hier den berühmten Herrn Capellmeister Hurlebusch nennen, der unserm Vaterlande gewiß Ehre machet. Dieser hat in sehr vielen Proben gewiesen, daß meine Forderungen in der Musik keine Chimären eines Menschen sind, der was unmögliches, oder ungereimtes begehret. Unter andern schönen Sachen, die mir von ihm vorgekommen, kann ich die Cantate, *Tu parti Idolo mio, da me tu parti etc.* anführen, darinn selbiger in allen Stücken meinem Verlangen ein Gnügen gethan hat. Er hat sich darinn aller der Fehler enthalten, die bey andern Componisten so gemein sind. Die Wiederholungen sind sparsam, nämlich nicht über dreymal; die Recitative sind voller Melodie, und es ist kein einziges Wort darinn gezerret; sondern alles wird hinter-

194   Michael Maul

Nunmehro, mein Herr, will ich ihnen einen Mann nennen, der seinen Ruhm und sein Glück nicht nur in Deutschland, sondern so gar in Italien auf das höchste gebracht hat. Der Herr Hasse ist bekannt, und *man weis*,[170] daß er den Ruhm seiner Nation unter den Italiänern selbst auf das beste erhalten. Wir sehen auch noch täglich, wie sehr ihm dieses sonst eyfersüchtige Volk schmeichelt. Die hohen Ehrenstellen, die er bey den grösten Prinzen, theils bereits besessen, theils noch wirklich besitzet, sind sichere Merkmahle seines Verstandes und seiner Geschicklichkeit in der Music.

Es ist auch wahr,[171] mein Herr, dieser grosse Mann hat die Melodie auf das höchste getrieben, und er wird selten *darinn*[172] ausschweifen. Seine Erfindungen stimmen mit den Worten überein, und *es*[173] sind ihm sehr *wenig*[174] in diesem Stücke *nachgekommen*.[175]

Das sind also die Männer, die ich auf meiner Reise bis - - - habe kennen lernen. Sie sehen, mein Herr, daß ich meine *Betrachtung*[176] nach den mir von ihnen vorgeschriebenen Regeln eingerichtet habe. Und nunmehro wundere ich mich nicht mehr, daß die Verachtung den meisten Musicanten auf dem Fuße nachfolget, weil man so *wenig*[177] antrift, welche des Ruhmes würdig sind. Wenn ich ihnen die Fortsetzung meiner Reise berichte, so will ich ihnen auch Nachricht ertheilen, was ich weiter für Männer habe kennen lernen *etc*.

---

einander verständlich weggesungen. Eben dahin rechne ich seine Cantate, *Tu parti amato Tirsi, o Dio!* imgleichen eine andere: *Mira quel augellin, come vezzoso, etc.* ferner die *Con dolce aurate strale etc.* Endlich die *Deh! sen dolce tormento etc.* Alle diese, und viele andere mehr, sind von eben der Art, und so beschaffen, wie ich sie oft gewünschet, aber nirgends gefunden hatte, ehe mir seine Sachen bekannt geworden. Doch muß ich noch zu desto mehrerer Gewißheit seines guten Geschmacks auch die Cantate rühmen, die er mit Instrumenten gesetzet, und eben auf die Art, als die obigen, eingerichtet hat. Sie hebt an: *Filli, pieta tu nieghi etc.*"; vgl. hierzu auch den Artikel *Conrad Friedrich Hurlebusch*, in: MGG, Band 6, Sp. 971 bis 977 (L. Bense); zu Hurlebuschs Reaktion auf Gottscheds Lob siehe den Brief J.F. Gräfes an Gottsched vom 27. August 1737, ediert in: *Johann Christoph Gottsched. Briefwechsel* (wie Fußnote 54), Band 4, S. 409–413.]

[170] wer weis nicht
[171] Und gewiß,
[172] darinnen
[173] bisher
[174] wenige
[175] nachgekommen. [Fußnote] 7) Zur Zeit haben wir nur noch einen Hassen und einen Graun. Auch die berühmtesten Italiener haben diese großen Männer noch nie erreichen können.
[176] Betrachtungen
[177] wenige

Abb. 1. J. A. Scheibe, *Der Critische Musicus*, 1. Teil, S. 45.
Exemplar: Thüringer Universitäts- und Landesbibliothek Jena, *8 Art. lib. V, 421 a*.

Abb. 2. J. A. Scheibe, *Beantwortung der unpartheyischen Anmerkungen*
(wie Fußnote 6), S. 40.
Exemplar: Thüringer Universitäts- und Landesbibliothek Jena, *8 Art. lib. V, 421 a*.

Abb. 3–10. J. A. Scheibe, *Die Frucht | des Leidens Jesu | wurde an dem | Stillen Freytage | im Jahre 1739. | in | der Neuen Kirche zu Leipzig | bey der | gewöhnlichen musicalischen Andacht | folgender weise christschuldigst | erwogen*, S. 1–8. Exemplar in Sächsische Landesbibliothek – Staats- und Universitätsbibliothek Dresden, *Coll. diss. A 252,39*.

(45)

cher Natürlichkeit vorstellen können, daß alle Zuhörer in die gröste Verwunderung gesetzet worden, und seinen glücklichen Einfall ausserordentlich gelobet hätten.

Die Bekanntschafft des Herrn Concertmeisters war mir sehr zuträglich, denn ich erhielt dadurch Gelegenheit einige Musicanten in . . wohin ich reisen muste, kennen zu lernen.

Der Herr . . Organist in einer gewissen Kirche daselbst, versiehet zugleich das Amt eines Directors über die Music. Seine Vorfahren in dieser Stelle sind die grösten Meister gewesen, und ihre Verdienste haben die Fremden angereitzet, sie mit den austräglichsten Ehrenämtern zu versorgen. Unser Organist ist hingegen in der Music so unwissend, daß er auch nicht in den kleinsten Stücken seinen Vorfahren zu vergleichen ist. Er sollte selbst ein Componist seyn; sein Amt erfodert es. Da er aber zu ungeschickt dazu ist, so muß allemahl ein anderer die Arbeit für ihm thun; und er weis sich mit den Federn der besten Männer so wohl zu spicken, daß er der Krähe des Esopus sehr ähnlich wird. Er hat aber auch schon mehr als einmahl den betrübten Ausgang erlebet, daß man ihm dieselben zu seiner grösten Beschimpffung wieder ausgerupfet hat.

Der Hr. . . ist sein beständiger Feind, im übrigen aber fast von gleichen Eigenschaften. Sie suchen täglich einander zu schaden, und um einige kleine Gewinste zu bringen, die sie doch beyde nicht verdienen; und sie werfen einander immer die Thorheiten vor, die sie doch beyde lächerlich machen. Der Letzte spielet inzwischen ein feines Clavier und eine ziemliche Geige.

Der Herr . . ist an einer andern Kirche Director. Er hat die Music beynahe seit achtzehn Jahren getrieben; und man sollte meynen, die Erfahrung habe ihn einmahl auf den rechten Weg gebracht: allein es ist nichts unordentlichers als seine Music. Das innere Wesen des Styls nach seinen verschiedenen Abtheilungen ist ihm ganz und gar unbekannt. Die Regeln sind solche Sachen,

F 3 die

Abb. 1.

(40)

Mein Freund wird sich bey der Zurückkunft von seiner musicalischen Reise nicht wenig freuen, wenn er seinen hitzigen Gegner bey gesundern Gedanken antrift, und wenn er erfähret, daß meine Vorstellungen nicht wenig dazu beygetragen haben, einen übelgesinnten Verfasser unpartheyischer Anmerkungen von Vorurtheilen zu befreyen, und ihn auf eine gründlichere Beurtheilung musicalischer Dinge zu leiten. Ich wünsche ihm indessen mit dem grösten Vergnügen zu dem Anfange eines solchen neuen Lebens im vo aus Glück, dem Herrn Capellmeister Bach aber inskünftige einen geschicktern Vertheidiger.

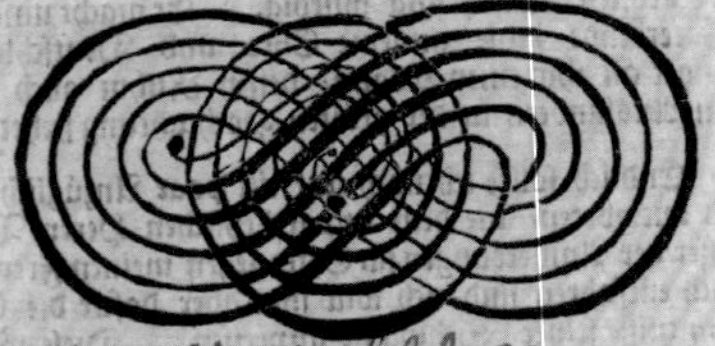

Abb. 2.

Abb. 3–6.

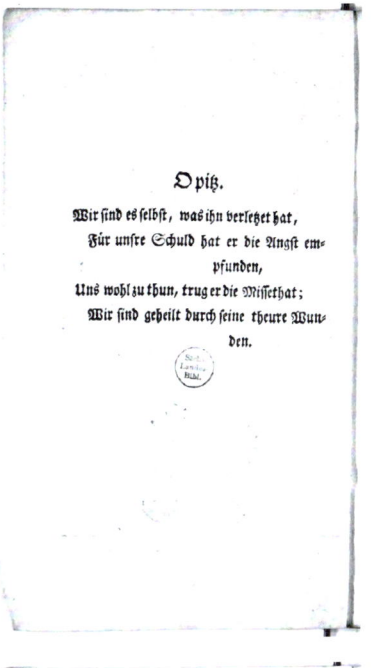

❁ (5) ❁

Die Reue hilfft hier nichts darzu,
Die nun verlohrne Seelen-Ruh
Und Gottes Gnade zu gewinnen.
Der Mensch, so weit doch sein Verstand
    sonst geht,
Weiß hier nichts auszusinnen,
Wenn er vorm Stuhl des strengen Richters
    steht.

Choral.

Ach wir armen Sünder!
Unsre Missethat,
Darinnen wir empfangen und ge-
    bohren sind,
Hat gebracht uns alle in solche grosse
    Noth,
Daß wir unterworffen sind dem
    ew'gen Tod.
Kyrie eleison, Christe eleison, Kyrie
    eleison.

Je mehr die Furcht das Hertz bewegt
Und alle Hoffnung niederschlägt:

)(3   Je

❁ (6) ❁

Je mehr vermehrt sich meine Quaal.
Es häuffet sich der Sünden-Zahl
Und durch sie meiner Straffen Pein,
Wie kan doch noch ein Trost in meiner Seele
    seyn?

Aria.

Was helffen mich die bittern
    Klagen,
Sie tilgen mein Verbrechen
    nicht?
Der Kummer bleibt in meinem
    Hertze
Und soll mit immer neuem
    Schmertze,
Weil niemand Linderung ver-
    spricht,
Im ewigen Verderben nagen.

B. A.

Allein

❁ (7) ❁

Allein was mir unmöglich ist,
Das kan mein Heyland Jesus Christ,
Den unser Elend so bezwungen,
Daß er mit Hölle, Tod und Teufel hat ge-
    rungen,
Und ihm den Raub durch seinen Sieg ent-
    wandt.
Die Liebe hat sein Hertz entbrannt,
Uns von der Noth mit Nachdruck zu be-
    freyen,
Daß wir nicht mehr umsonst nach Hülffe
    schreyen.

Choral.

Er sprach zu mir, halt dich an mich,
Es soll dir itzt gelingen,
Ich geb mich selber gantz für dich,
Da will ich für dich ringen.
Denn ich bin dein und du bist mein
Und wo ich bleib, da solt du seyn,
Uns soll der Feind nicht scheiden.

)(4   Er

❁ (8) ❁

Er ringt und kämpfft bis auf das Blut,
Dadurch wird meine Sache gut;
Er wird verspottet und verspeyt,
Dadurch hat er mich von der Schmach be-
    freyt.
Er wird ans Creutzes Stamm geschlagen,
Das Opffer völlig abzutragen.

Aria.

Seht! den Fürsten unsers Le-
    bens,
Seht sein Leid mit Thränen
    an!
Hört die halbgebrochnen Kla-
    gen,
Woher rühren seine Plagen,
Und er hat doch nichts ge-
    than?

B. A.

Choral.

Abb. 7–10.

Christian Friedrich Fischers Kieler Musiker-Rezitativ von 1751. Ein Bach-Dokument aus dem Umfeld der Mizlerschen Societät

Von Konrad Küster (Freiburg i. Br.)

Am 14. Mai 1751 heirateten in Kiel Johann Friedrich Jensen (1719–1789) und Augusta Gertrud Gentzke (1728–1787).[1] Der Bräutigam, der im Lauf seines Lebens als dänischer Etatsrat, Hofgerichtsadvokat und Syndikus der schleswig-holsteinischen Ritterschaft wirkte, stammte aus einer Theologenfamilie; sein Vater war bis zu seinem Tod 1727 Pastor an St. Nikolai in Kiel gewesen, seine Mutter war Witwe eines Diakons in Segeberg.[2] Brautvater war der Kieler Professor Friedrich Gentzke (als seine Fachrichtungen werden Philosophie, Physik, Politik und Moral genannt[3]); die Mutter, Margarethe Elisabeth geb. Oldenburg, kam aus Glückstadt, dem Sitz der dänischen Regionalregierung. In den Gesellschaftskreisen, die mit diesen biographischen Eckdaten umschrieben sind, formierte sich in jener Zeit die schleswig-holsteinische Aufklärung – eine Entwicklung, die das Gebiet am Jahrhundertende „unstreitig zu den aufgeklärtesten von Deutschland" zählen ließ.[4] Diese Geisteshaltung prägte auch die weitere Tradition der Familie: Für Friedrich Christoph Dahlmann (1785–1860), den einflußreichen Historiker und Politiker sowie Mitstreiter der Brüder Grimm unter den „Göttinger Sieben", handelte es sich bei dem Paar um die Großeltern mütterlicherseits.

Anläßlich dieser Hochzeit wurde eine Serenata aufgeführt, deren Libretto unter dem Titel *Der vergnügt entschiedene Wettstreit der Musik, Kaufmannschafft und Gelehrsamkeit* gedruckt wurde.[5] Der Verfasser, vermutlich von Text und Musik,[6] war der Kieler Kantor Christian Friedrich Fischer. Das Werk

---

[1] Biographische Daten zu dem Paar: http://ahnen.pluntke.com (Zugriff: 24. Januar 2010).

[2] O. F. Arends, *Gejstligheden i Slesvig og Holsten fra Reformationen til 1864*, Kopenhagen 1932, Bd. 1, S. 396 (zu Jensen), und Bd. 2, S. 277 (zu M. Sparck).

[3] F. Volbehr und R. Weyl, *Professoren und Dozenten der Christian-Albrechts-Universität zu Kiel, 1665–1954*, Kiel 1956, S. 134.

[4] F. Kopitzsch, *Organisationsformen der Aufklärung in Schleswig-Holstein*, in: Aufklärung und Pietismus im dänischen Gesamtstaat, 1770–1820, hrsg. von H. Lehmann und D. Lohmeier, Neumünster 1983, S. 53–85, Zitat (aus: Allgemeine Literatur-Zeitung 1798) auf S. 53. Als eine Keimzelle hierfür gilt die „Kielische Gesellschaft der schönen Wissenschaften" von 1754 (hierzu S. 57).

[5] Text: D-Gs, *2 P Germ I 6470-1 (Gelegenheits-Gedichte aus d. 18. Jahrh., Vol. 1)*. Musik verschollen.

[6] Hierzu siehe weiter unten.

setzt sich aus Beiträgen der drei im Titel genannten allegorischen Figuren zusammen; jeder von ihnen wird eine vierteilige Satzfolge aus zwei Rezitativ-Arie-Paaren zugewiesen. Eingeleitet wird das Werk mit einer Arie des „Gerüchts", beschlossen mit einer längeren Rezitativ-Strecke, in der die Vollstimmigkeit des Finales vorbereitet wird.

Bemerkenswert im hier gegebenen Zusammenhang sind die Textanteile, die der personifizierten Musik zugewiesen werden. Während im zweiten ihrer Rezitative auf die Musikliebe der Braut angespielt wird,[7] geht es im ersten um die Musik an sich: Ausgehend von Hinweisen auf deren himmlische Herkunft und heilende Wirkung (z. B. Saul) stimmt der Textdichter einen Lobpreis der Musik an und verweist als Beleg für deren Bedeutung auf achtzehn Komponisten der jüngeren Vergangenheit und Gegenwart (siehe die Abbildung am Ende dieses Beitrags). Auch J. S. Bach wird erwähnt; die Nachricht von dessen Tod hat den Librettisten offensichtlich noch nicht erreicht.

Die Art der Komponistennennungen und ihr Kontext erlauben Überlegungen, die sich in zwei Themenkreisen zusammenfassen lassen. Vor allem sind in einem erweiterten Sinne Gattungsfragen von Interesse: weniger die eines Textes über Musik, der selbst vertont wurde, sondern mehr die der historiographischen Ideen, die ihm zugrunde liegen, und zwar sowohl individuell (mit Blick auf den Dichter) als auch bezogen auf das Publikum, vor dem die Serenata erklang. Speziell stellt sich dabei die Frage, wie die Erwähnung Bachs in diesem Zusammenhang zu bewerten ist. Der andere Komplex betrifft die „Societät der musikalischen Wissenschafften" Lorenz Christoph Mizlers: Fischer gehörte ihr an – als eines der Mitglieder, deren Profil für die Nachwelt mangels musikalischer Überlieferung bestenfalls verschwommen erscheint. So ist zunächst das Leben Fischers zu resümieren, und zwar auch über die Zeit hinaus, die dieser in seiner Autobiographie in Johann Matthesons *Grundlage einer Ehren-Pforte* behandelt.[8]

Christian Friedrich Fischer

Am 23. Oktober 1698 in Lübeck geboren und bereits seit 1704 vaterlos, absolvierte Fischer das Lübecker Gymnasium Katharineum und muß schon dort in engeren Kontakt zum Organisten an St. Marien, dem Buxtehude-Nachfolger Johann Christian Schieferdecker, gekommen sein; dieser nahm Fischer

---

[7] „Nehmt ein Exempel | An Gentzken, meiner theuren Gönnerin, | Ihr aufgeklärter Sinn | Hat meine Krafft ruhmwürdig eingesehen. | Wie Sie an Tugend reich, | So ist Sie der Musik an Schönheit gleich. | [...]".

[8] J. Mattheson, *Grundlage einer Ehren-Pforte*, Hamburg 1740 (Nachdruck Berlin 1910), S. 402–405. – Zusätze, die über diese Mitteilungen hinausgehen, werden im folgenden eigens bezeichnet.

1720 bei sich auf, nachdem auch dessen Mutter gestorben war. Fischer wirkte in Lübeck als „Concert-Tenorist" und Präfekt, bis er sich im Juni 1725[9] an der Universität Rostock immatrikulierte. Das Studium schloß er 1727 mit einer juristischen Dissertation über das Lübecker Stadtrecht ab[10] und plante eine Weiterqualifikation an der Universität Halle, fiel jedoch auf dem Weg dorthin preußischen Werbern in die Hände, mußte Militärdienst leisten und kehrte daraufhin nach Lübeck zurück, wo er sich als Notar niederließ. Persönliche Bekanntschaft mit dem dänischen Rat Christopher Gensch von Breitenau, dem Stifter einer Gelehrtenschule in Plön, führte dazu, daß er an dieser 1729 Kantor wurde; seine Antrittsrede handelte „Von dem Verfall der Musik und Schulen".[11] Allgemeinpädagogisch verwertbare Interessen zeigte er im Umfeld der Berufung mit einem Buch *Grund-Risse wie ein Periodus zu verfertigen*;[12] darauf, daß Fischer auch nach der Lübecker Schulzeit musikalische Interessen verfolgte, verweist zumindest der erhaltene Textdruck einer Rostocker Serenata, als deren Komponist er zu gelten hat.[13] Musikalische Anforderungen, die Fischer als Musiker in Plön erfüllte, lassen sich mit Matthesons Hinweisen auf die Anlage eines vierstimmigen Choralbuches (mit ausführlicher Vorrede) und auf „Zufällige Gedanken von der Composition" umschreiben, zwei Werken, die ungedruckt blieben. Mit der Plöner Tätigkeit[14] jedenfalls erlangte Fischer größere Ausstrahlung; 1737/38 war er als Kantor für Tondern (Tønder, Dänemark) im Gespräch,[15] und am 4. Mai 1744 schließlich wurde er als Kantor an die Kieler Gelehrtenschule berufen.[16]

Daß Gehaltsversprechungen, die für seine Annahme der dortigen Wahl ausschlaggebend waren, aus der Luft gegriffen waren, erkannte Fischer zu spät. So wurde sein weiteres Wirken vom Ringen um eine Verbesserung seiner ökonomischen Situation geprägt. Dies spiegelt sich teils in örtlichen Quellen (Stadt, Universität, Landesherr), teils in musikalischer Produktivität, die aller-

---

[9] *Die Matrikel der Universität Rostock*, hrsg. von A. Hofmeister, Teil: 3: *Ostern 1611 bis Michaelis 1694*, Rostock 1895, S. 140; abweichend von Mattheson.

[10] *Dissertatio de origine et fontibus juris Lubecensis*, Rostock 1727.

[11] Nicht erhalten.

[12] Plön, gedruckt vermutlich 1729; vgl. D-EU, *VI b 306*.

[13] *Die von Themis gelobete Weisheit*, Rostock 1726; Druckexemplare erhalten in D-SWl und D-ROu; auch bei Mattheson.

[14] Der Plöner Lektionsplan Fischers ist abgedruckt bei H. Rieper, *Geschichte des Plöner Gymnasiums (1704–1930)*, Plön 1956, S. 25f.

[15] Åbenrå, Landsarkivet for Sønderjylland, Bestand Tønder by, *Ca 58–83* (Rechnungsbücher) und *518* (Kantorenakten). Rufe nach Reval und Anklam lehnte er ab (so Mattheson).

[16] Jüngere Details im folgenden insbesondere nach E. Pomsel, *Die Kantoren der Kieler Stadtschule von 1550 bis 1870*, in: Mitteilungen der Gesellschaft für Kieler Stadtgeschichte 53 (1961), S. 149–170, hier S. 161–163.

dings nur über Textdrucke und dokumentarische Quellen rekonstruierbar ist. 1745 wurde demnach bei der Hochzeit des Landesherrn, Herzog Karl Peter Ulrich von Schleswig-Holstein-Gottorf (später Zar Peter III.) mit Prinzessin Sophie Auguste von Anhalt-Zerbst-Dornburg (später Zarin Katharina II.), eine Kantate Fischers aufgeführt; nach 1748, dem Jahr seines Eintritts in die Mizlersche Societät,[17] entstanden unter anderem *Seliges Erwegen über die sieben letzten Worte des leidenden und sterbenden Jesu an dem Creuze*, ferner eine Matthäus-Passion und *Den durch die Geburt Jesu Christi herrlichen Glücksstand der Menschen* [...] sowie, vor allem in den Jahren 1750–52, zahlreiche weitere Gelegenheitsmusiken.[18] Für drei Festkantaten, die zum dänischen Regierungsjubiläum 1749 in Tønder erklangen, verfaßte Fischer ausdrücklich nur die Texte;[19] dies ist der Grund dafür, daß er auch für andere Werke nicht nur als Komponist in Betracht kommt, sondern zudem als Librettist. Ende Januar 1764 starb er in Kiel.[20]

Angesichts der schlechten Werküberlieferung wird wohl nie zu klären sein, worin die künstlerische Rechtfertigung für Fischers Berufung in die Mizlersche Societät (als 17. Mitglied) lag. Wer sie prinzipiell in Zweifel zieht, muß jedoch zugleich bedenken, daß Mattheson ihn bereits über längere Zeit hinweg einer Aufnahme in die *Ehren-Pforte* für wert erachtet hatte, ehe Fischer ihm seine Autobiographie – nach dem eigentlichen Redaktionsschluß – überließ;[21] Mizler stand somit nicht allein.

---

[17] Zum Eintrittsdatum siehe unten.

[18] D-Gs, *8 TH Past 450/80* (*Seliges Erwegen*); *8 P Germ III 8783* (*Die heilige Geschichte des Leidens und Sterbens JEsu Christi, nach S. Matthäi Beschreibung*); *2 P Germ I 6470-1* (hier und in dessen zweitem Teil die übrigen erwähnten Textdrucke sowie weitere Gelegenheitsschriften). Für die Datierung der Werke ergibt sich ein Terminus post quem grundsätzlich aus Titelhinweisen Fischers auf seine Mitgliedschaft in der Mizlerschen Societät. – Für die Anzeige dreier Kantaten in *Hamburgische Berichte von neuesten gelehrten Sachen* (1749, S. 512) vgl. F. Wöhlke, *Lorenz Christoph Mizler. Ein Beitrag zur musikalischen Gelehrtengeschichte des 18. Jahrhunderts*, Würzburg-Aumühle 1940, S. 121. Ferner war zuvor erschienen: *Erste Regeln der Teutschen Sprache, welche aus zehn Abschnitten bestehen*, Kiel o. J. (Vorwort datiert 25. Mai 1747); D-Gs, *8 Ling VII-1474*.

[19] Die Musik stammte vermutlich vom damaligen Organisten in Tønder, dem aus Thüringen stammenden Andreas Friederich Ursinus (1697–1781), von dem auch weitere Kantatenkompositionen überliefert sind (B-Bc, *975–979 MSM*).

[20] Pomsel (wie Fußnote 16), S. 163.

[21] Mattheson (wie Fußnote 8), S. 235, Fußnote.

Historiographische Aspekte des Textes

In Serenaten ist das Auftreten der Musik als allegorische Figur nicht ungewöhnlich, eher schon die Nennung von Komponistennamen; im Umfeld Bachs ist etwa an das Rezitativ zu denken, in dem Christiane Mariane von Ziegler 1729 auf das Dreigestirn Telemann, Bach und Händel verweist.[22] Über diese Idee geht Fischer weit hinaus, indem er mit der Vielzahl von Namen, die er nennt, zugleich ein eigenes Musik- und Repertoireverständnis umreißt. Damit wiederum rückt er das Rezitativ in die Nähe anderer Reihungen von Komponistennamen der Zeit, die aber eher in der musikästhetisch-musiktheoretischen Literatur zu finden sind.

Hier also werden beide Ansätze – der des Musikrezitativs und der der Musiktheorie – miteinander gekreuzt. Der Gedanke, daß es sich um ein Rezitativ handelt, ist dabei im Hinblick auf die Zielgruppe wichtig, deren Zusammensetzung (anders im Bereich der Musiktheorie) nicht zwingend fachgebunden ist; also wären Namensnennungen kaum sinnvoll gewesen, mit denen unter den Hörern der Serenata nur Ausgewählte etwas verbunden hätten. Ähnliches gilt auch für Erläuterungen, die zu den Komponistennennungen hinzugesetzt werden: Anders als in musiktheoretischer Literatur erschiene in der Serenata ein didaktisch-autoritativer Ansatz verfehlt, der die Auswahl ästhetisch herleitet, sie ausführlicher beschreibt oder auch Wichtiges von weniger Wichtigem absetzt. Dennoch mußten die beiden Ideen zu einem homogenen Ganzen zusammengefügt werden: Die Personenhinweise waren so auszuwählen, daß mit ihnen das Anliegen eines Lobpreises der Musik plausibel wurde; tendenziell jeder im Publikum sollte die Namen als Platzhalter für ideale Musik verstehen, und die Würdigungen mußten so knapp und prägnant wie möglich sein. Selbst wenn unter den Nennungen einzelne (zudem: bei einzelnen Hörern) dieses Ziel verfehlten, konnte so die Summe als umfassendes Kunstideal verständlich sein. Damit spiegelt sich in den Erwähnungen nicht allein das individuelle Verständnis Fischers, sondern zugleich seine Erwartung, welche Kenntnisse er bei seinem Publikum voraussetzen könne. Die Namen erscheinen also als repräsentativer Ausschnitt aktueller örtlicher Kenntnisse, quasi als Ersatz für ein Inventar, das das Musikverständnis dieses Publikums spiegelt: Andere Namen hätten hinzugefügt werden können; nur in begrenztem Umfang jedoch hätte der Dichter sich leisten können, auch Musiker zu erwähnen, die nicht allgemeiner bekannt waren.

Daß sich zwischen den Namensnennungen Fischers und denen der zeitgenössischen Musikliteratur Überschneidungen ergeben, liegt also in der Natur der Sache: Gerade die als groß empfundenen Komponisten waren unter beiden Voraussetzungen zu erwähnen. Die individuellen Zugänge Fischers erschlie-

---
[22] Dok II, Nr. 270.

ßen sich somit erst aus einer gründlicheren Untersuchung seines Vorgehens. Seine Aufstellung ist zunächst zu strukturieren; hierbei bieten sich als Zugänge Alter und Herkunft der Musiker an, ebenso die historische Verfügbarkeit von deren Œuvres.

Auffällig ist zunächst der große Anteil älterer Komponisten, die Fischer nennt. Da er Bach offenkundig noch am Leben glaubt, läßt sich die Namensreihe nach der Zeile, die Reinhard Keiser gewidmet ist, in zwei Hälften teilen; zuvor sind neun bereits verstorbene genannt, danach acht lebende – plus Bach. Vom Hochzeitstag 1751 aus gerechnet, überspannt dieser Lobpreis rund ein Jahrhundert musikhistorischer Entwicklung, ungefähr seit der Berufung Kaspar Försters (d. J.; 1616–1673) an den Kopenhagener Hof im Jahr 1652.

Fischer jedoch geht nicht primär als Historiker vor, der etwa die Musikentwicklung anhand mehrerer Generationen von Schlüsselpersönlichkeiten darstellt; der Ansatz ist vielmehr dezidiert musikpraktisch motiviert, denn Fischer verwendet ausdrücklich die Formulierung, jene älteren Musiker seien „nach dem Tode noch im Leben". Damit setzt er sich von gängigen musikästhetischen Modellen der Zeit ab. Als deren Grundtendenz ist wiederum viel eher damit zu rechnen, daß Musik nach 30 bis 50 Jahren als veraltet galt, zumindest als altertümlich (und auch dies nur, wenn sie besonderen Schutz genoß, etwa den der Liturgie oder der Musiktheorie). Für den vor-historistischen Gedanken einer dauernden Optimierung der Kunst, die zu Überwindung oder direkter Ablehnung von Musik auch des 17. Jahrhunderts führte, findet sich hier also kein Anhaltspunkt; Fischer belegt seine ästhetisch begründete Wertschätzung vielmehr mit Worten, die noch 80 Jahre später, in der Frühzeit des musikalischen Historismus, als Schlüssel dafür gelten konnten, Musik überzeitliche Bedeutung zuzuerkennen – in diesem späteren Fall Mozart.[23]

Woraus dieses Bewußtsein für große Traditionen resultiert, ist eingehender zu prüfen – ob aus regionalen Denkmodellen oder aus besonderen Voraussetzungen, die allgemein eher im Kontext der Tastenmusik anzutreffen sind.[24] Als ästhetisch-historiographisches Modell ist dieser Ansatz allerdings auf jeden Fall bemerkenswert. Daß die meisten Repräsentanten des hier entfalteten Traditionsgedankens für den späteren musikalischen Historismus keine Rolle spielten, beeinträchtigt diese Feststellung nicht.

Dieser Grundzug verbindet sich für Fischer mit einem zweiten charakteristischen Aspekt: Die Perspektive der Musikanschauung ist zwar unmißverständlich mitteleuropäisch, dabei aber nicht ausdrücklich national; vielmehr

---

[23] G. N. Nissen, *Biographie W. A. Mozart's*, Leipzig 1828, S. 1 (Motto nach J. Hoffbauer): „Nur Jener, dessen Tonwerke schon nach vierzig Jahren, statt zu veralten, immer noch entzücken werden, möge mit Mozart um den Vorrang rechten."

[24] K. Küster, *Schütz und die Orgel: Überlegungen zum Organistenstand in Deutschland und Italien um 1600*, in: Schütz-Jahrbuch 22 (2000), S. 7–16, besonders S. 10–13.

wird Corelli hervorgehoben, der ebenfalls seit Jahrzehnten nicht mehr am Leben ist. Wichtig ist dabei, daß in metrischer Hinsicht „Corelli" durch unzählig viele andere italienische Namen hätte ersetzt werden können; der Name erscheint somit im gegebenen Zusammenhang als gezielt ausgewählt.

In einer nächsten Stufe ist zu prüfen, ob die Namensgruppen, die Fischer innerhalb einzelner Verszeilen bildet, auch inhaltlich aussagekräftig sind. Bei der Untersuchung der Komponistenprofile ist einesteils besonders die Verbreitung von deren Werken im Druck in den Blick zu nehmen, andernteils die Argumentation strikt an das Hochzeitsdatum als Terminus ante quem dafür zu knüpfen, worauf sich die Zugänge zu dem jeweiligen Musiker gegründet haben können.

– Neben Corelli werden Heinichen und Graupner erwähnt: erneut zwei Namen, die in metrischer Hinsicht alles andere als ausgefallen sind. So ist denkbar, daß bereits diese drei Erstgenannten inhaltlich aufeinander bezogen werden; dies ließe sich nur auf der Grundlage instrumentaler Ensemblemusik verstehen. Im Hinblick auf den gehobenen sozialen Stand des Publikums wäre neben Triosonaten durchaus auch an Musik in größeren Besetzungen zu denken. Zugleich kann das Publikum Bekanntschaft mit Graupner über dessen Tastenmusikdrucke gemacht haben; dies böte eine Argumentationslinie, die von der auf Corelli ausgerichteten in jedem Fall abgesetzt wäre.

– Im Fall Kuhnaus müßte das Publikum, das mit „beliebte Kenner" umschrieben wird, Zugang vorrangig zu den Tastenmusikdrucken aus den Jahren 1689–1700 gehabt haben – ebenfalls Musik, die ein halbes Jahrhundert alt war. Auffällig ist hier, daß Fischer Kuhnau in enger Nachbarschaft zu Krieger (zweifellos Johann Krieger) sieht: In der einschlägigen biographischen Literatur der Zeit finden sich keine Anhaltspunkte für diese Beziehung.[25] Mit Wecker, dem Lehrer Kriegers, ließe sich dieses Namenpaar zu einer Tastenmusiker-Tradition erweitern; allerdings wird sein Name an einer anderen Stelle erwähnt. Dennoch wird Aspekten dieser Traditionsgruppe noch eigens nachzugehen sein.

– Förster und Wecker (von dem das Publikum neben Tastenmusik auch die gedruckten 18 geistlichen Arien von 1695 gekannt haben kann) sind im Rezitativtext die beiden Komponisten, deren Wirkungszeit vollständig im 17. Jahrhundert liegt; das konkrete Bewußtsein dafür, daß es sich um ‚alte Meister' handelt, bringt Fischer gezielt zum Ausdruck („sind nach dem Tode noch am Leben") und erweitert diese Gruppe primär um Theile, der insofern auch einer

---

[25] Weder bei Walther (*Musicalisches Lexicon*, Leipzig 1732, Reprint: Kassel 1953) noch bei Mattheson (wie Fußnote 8). Ein versteckter Hinweis findet sich bei Mattheson, *Das Beschützte Orchestre oder desselben Zweyte Eröffnung* […], Hamburg 1717 (Reprint: Leipzig 1981), S. 16; er belegt lediglich fortgesetzte Kontakte zwischen den beiden, besagt aber nichts über deren Ausgangspunkt.

schon weiter zurück liegenden Vergangenheit zugerechnet wird, sekundär um Schieferdecker, dessen sperriger Name ein attraktiver Reimpartner zu „Wecker" ist – es handelt sich bei diesen beiden Namen um die einzigen, die in eine Reimposition gestellt werden. So erscheint die ‚historische' Gruppenbildung Wecker-Förster-Theile als inhaltlich plausibel; daß Schieferdecker hier einbezogen wird, hat eher metrische Gründe.

– Schieferdecker kannte Kuhnau aus dessen Zeit als Leipziger Thomasorganist; mit Keiser war er befreundet. Keine dieser Beziehungen spiegelt sich im Text Fischers, obgleich dieser durch jenen als seinen Mentor entsprechende Informationen erhalten haben könnte. Daß diese Details hier nicht angesprochen werden, läßt sich zunächst mit der spezifischen Publikumsorientierung des knappen Rezitativtextes erklären, in der solcherart Persönliches keine Bedeutung gehabt hätte; dennoch muß auch diesen Zusammenhängen nochmals nachgegangen werden.

– Mit Keiser wird ein erster Musiker genannt, dessen Würdigung einen ganzen Vers umfaßt. Dies wiederholt sich zunächst nur noch für Telemann, dann besonders für Mattheson. Während Keiser und Telemann damit (und in den konkreten Formulierungen) besonders herausgehoben werden, wird für Mattheson begründet, weshalb er als Musiktheoretiker in die Namensreihe einbezogen wird: nicht primär deshalb, weil er weniger bekannt gewesen sei (gerade das literarische Klima, das die Hochzeitsgesellschaft auszeichnet, spräche gegen diese Annahme), sondern allein wegen des andersartigen, auf Musiktheorie gegründeten Ansatzes.

– Eine Namens-Nachbarschaft Händels mit Bach wird in der hier vorliegenden Form seit Gottscheds *Biedermann* (1728) gebildet.[26] Insofern ist Fischers Koppelung nicht auffällig. Eher ist hervorzuheben, daß für Fischer das Verbindende zwischen beiden in deren Tastenmusik lag; auch dafür jedoch gab es Vorbilder.[27]

– Daß Fischer (als Lübecker) neben Schieferdecker auch dessen Nachfolger Johann Paul Kunzen vorkommen läßt, ist wenig erstaunlich, durchaus aber, daß letzterer sich einen Vers mit „Grau[n]"[28] teilt. Da Fischer sie nur im Hinblick auf „Fleiß" nebeneinander stellt, bleibt unklar, welche qualitativen Hintergründe diese Paarbildung hat.

– Neben „Graun" und Kunzen sind Hurlebusch und Mizler die jüngsten in dieser Musikergruppe. Für Hurlebusch dürfte Fischer sich auf Klaviermusikdrucke beziehen, für Mizler auf die Odensammlungen der Jahre 1740–1743.

---

[26] Dok II, Nr. 249.

[27] Ähnlich zuvor Mizler 1737 (Dok II, Nr. 404) und J. A. Scheibe 1745 (Dok II, Nr. 531).

[28] Der Opernkomponist Carl Heinrich Graun war wie Fischer Mitglied in der Mizlerschen Societät; Johann Gottlieb Graun käme ebenso in Frage, dann wohl als Komponist instrumentaler Ensemblemusik.

Nimmt man zunächst die letzten beiden Gruppen in den Blick, stellt sich erneut die Frage nach der Aktualität: Mit Ausnahme Mizlers sind auch die jüngsten unter den Genannten über 50 Jahre alt. Damit läßt das Musikverständnis, das Fischers Rezitativ spiegelt, nicht nur in seinen Wurzeln, sondern auch im Hinblick auf Zeitgenössisches einen konservativen Grundzug erkennen. Resümiert man die Namensnennungen hingegen unter werkästhetischen Gesichtspunkten, treten besonders die Zugänge zu Tastenmusik und zu instrumentaler Ensemblemusik in den Vordergrund; andere aktuelle Gattungsbereiche wie die Oper, die geistliche Vokalmusik oder zeitgenössische Werke für größere instrumentale Ensembles werden allenfalls in den pauschalen Hervorhebungen Keisers und Telemanns sowie (vielleicht) unter dem Namen „Grau[n]" mit erfaßt. Im Detail beschreibt Fischer damit (der jüngeren Vorstellung einer Barockmusik benachbart) eine Epoche, deren Ahnherren teils bei Vertretern des „stile moderno" des mittleren 17. Jahrhunderts zu suchen sind, teils bei Tastenmusikern aus dessen zweiter Hälfte.

Dies alles jedoch muß, wie erwähnt, nicht zwangsläufig auf Fischers individuelles Verständnis zurückgeführt werden, sondern bestätigt eher, daß die Textinhalte an der Gattungskenntnis des Publikums orientiert sind; zuerst diesem also ist auch der konservative Repertoirezugang zuzuschreiben. Diesem Publikum läßt sich aber gerade nicht Abgeschiedenheit oder Modernitätsferne attestieren – angesichts seiner aufklärerischen Interessen, mit denen es seiner Zeit eher voraus war. Vielmehr muß in dieser Interessenlage auch die Traditionsgebundenheit des Musikalischen aufgehen können, und zwar solchermaßen, daß Musik Eingang in moderne Geschichtskonzepte fand, denen die Aufklärung eine Richtung gab.

Im Hinblick auf die Bildungsansprüche des Publikums ließe sich zudem mit detaillierten Kenntnissen musiktheoretisch-musikästhetischer Literatur rechnen. Sie werden von Fischer jedoch lediglich auf Mattheson bezogen, mit dem die Musikliteratur also exemplarisch benannt wird. Daran hat nicht einmal die Erwähnung Mizlers Anteil; dieser ist ausdrücklich der Gruppe der modernen Musiker zugeordnet. Ähnlich wird die Nennung Theiles nicht auf dessen musiktheoretische Ambitionen zurückgeführt: Mit Förster und Wecker findet er sich in einem einzigen Verszusammenhang, der eher den Gedanken der ‚alten Meister' profiliert.

So zeigt sich hier ein eigenartiger Zwiespalt: Fischer erwähnt seine Zugehörigkeit zur Mizlerschen Societät auf den Titelseiten der erhaltenen Textdrucke; sie war ihm zweifellos wichtig, und die Idee einer gelehrten Musik, die für die Societät charakteristisch war, konnte aus Matthesons Sicht ausdrücklich auch Prädikat Fischers sein.[29] In seinem sozialen Umfeld, vor allem im akademischen Publikum der Serenata, kann man mit diesen Ideen keine Probleme ge-

---

[29] Mattheson (wie Fußnote 8), S. 235.

habt haben, ebenso wenig mit einer eher konservativen Musikauffassung, die dieses Gelehrte von eher Galantem abgrenzen konnte. Dennoch erfolgt die Erwähnung gerade Mizlers unter völlig anderen Vorzeichen.

In der Mizlerschen Societät

Fischer erliegt also nicht der Versuchung, in größerem Umfang seine Societäts-Kollegen zu nennen; dies bleibt – insofern unverdächtig – auf Bach, Graun (falls Carl Heinrich gemeint ist), Händel, Kunzen und Telemann beschränkt. Somit werden nicht nur andere Musiker ausgespart, die (ähnlich wie Fischer selbst) für die Nachwelt zu den eher Unbekannten des Mizler-Kreises gehören, sondern etwa auch Stölzel oder Bokemeyer; ferner spielen musiktheoretische Interessen der Mitglieder keine Rolle. Dennoch läßt sich mit weiterem Informationsgewinn danach fragen, wie Kontakte Fischers zu seinen Societäts-Kollegen die Namensnennungen beeinflußten.

Bemerkenswert ist zunächst, daß nach dem Tod Bachs fast ein dreiviertel Jahr verstrichen war, ohne daß Fischer davon erfahren hätte. Sogar innerhalb der Societäts-Strukturen wurde diese Nachricht also zunächst nur zufällig übermittelt: dann, wenn es einen funktionstüchtigen Austausch zwischen Einzelmitgliedern gab.[30] Erst mit dem gedruckten Nachruf[31] gelangte die Nachricht zu allgemeiner Bekanntheit.

Persönliche Beziehungen Fischers bestanden hingegen zu Kunzen. Sie beruhten allerdings nicht nur auf Lokalpatriotismus, sondern ergaben sich – innerhalb der Societät – auch über den Versandweg der „Packete": Für 1752 ist erkennbar, daß Kunzen die damals aktuelle Sendung an Fischer weiterreichen und dieser sie an Mizler nach Warschau schicken sollte.[32] Direkte Kontakte Fischers sind ferner 1751 zu Georg Andreas Sorge in Lobenstein nachzuweisen;[33] sie sind aus mehreren Gründen eingehender zu beleuchten.

Sorge bleibt in Fischers Rezitativtext unerwähnt, obgleich er gerade in dessen tastenmusikalisches Profil gepaßt hätte. Ferner hatte Sorge selbst 1747 eine Komponistenreihe zusammengestellt, in der Tastenmusik wichtig ist; sie überschneidet sich mit derjenigen Fischers bei Bach, Händel und Kuhnau, umfaßt daneben Matheson (von Fischer auf andere Weise gewürdigt) sowie

---

[30] Vgl. etwa die Mitteilung Sorges vom 7. September 1750, die ihren Empfänger Meinrad Spieß am 30. September erreichte, also zwei Monate nach Bachs Tod (Dok II, Nr. 622).

[31] Dok III, Nr. 666.

[32] H. R. Jung und H.-E. Dentler, *Briefe von Lorenz Mizler und Zeitgenossen an Meinrad Spieß (mit einigen Konzepten und Notizen)*, in: Studi musicali 32 (2003), S. 73–196, hier S. 143.

[33] Ebenda, S. 138.

Carl Philipp Emanuel Bach, Froberger und Walther.[34] Daß insbesondere diese drei bei Fischer fehlen, erscheint jedoch plausibel: Den Namen Bach nennt er nur einmal und verwendet ihn offenkundig für Johann Sebastian; daraufhin hätte ein anderer Bach nur verwirrend gewirkt. Daß die Orgelmusik Walthers für den Lobensteiner Organisten Sorge eine andere Bedeutung hatte als für Fischers Kieler Publikum (in dem eher Kenner und Liebhaber einer Musik für besaitete Tasteninstrumente versammelt waren), wirkt ähnlich plausibel wie die Vermutung, daß die Tastenmusik des 17. Jahrhunderts durch Wecker repräsentativ abgebildet war und somit für Froberger kein Platz mehr war. So lassen sich die Unterschiede der Komponistenreihen aus den spezifischen Divergenzen der zugrunde liegenden textlichen Gattungen erklären, kaum aber als prinzipielle Meinungsverschiedenheit unter Mitgliedern der Mizlerschen Societät auffassen.

Somit erschließen sich insgesamt mit Fischers Musikrezitativ keine unmittelbaren Neuerkenntnisse zu dessen Stellung in der Societät oder zu deren Binnenstrukturen.[35] Wichtig für die allgemeine Geschichte der Socität sind jedoch die Informationen über die Aufnahme Fischers: Bereits im August 1747 teilte dieser seine Berufung dem amtierenden Kieler Bürgermeister Noordt mit (um damit Gehaltsforderungen Nachdruck zu verleihen);[36] Mizler hingegen registrierte das Eintrittsdatum Fischers erst im Januar 1748,[37] also fünf Monate später. Für prinzipiell jedes Mitglied ist also mit einem längeren Prozeß der Aufnahme zu rechnen; wie dieser sich gestaltete, wäre eigens zu untersuchen.

---

[34] Dok II, Nr. 563.

[35] Die Rahmenbedingungen ihrer Arbeit, insbesondere im Hinblick auf die Mitgliederpflichten, sind schlecht dokumentiert. Mit guten Gründen läßt sich für einige Werke der Mitglieder eine Drucklegung für Societäts-Zwecke vermuten (auch über die charakteristischen Drucke aus Bachs Spätwerk hinaus); für eine der Sendungen ist auch der Inhalt umfassend belegt: L. C. Mizler, *Musikalische Bibliothek*, Dritter Band, Leipzig 1752 (Reprint: Hilversum 1966), S. 358–362. Doch nur für einen einzigen konkreten Druckabzug ist ein Versand über die „Packete" nachgewiesen worden: für Meinrad Spieß' Exemplar von Bachs „Canon triplex" BWV 1076 (vgl. L. Nowak, *Ein Bach-Fund*, in: Fontes Artis Musicae 13 (1966), S. 95–98). Insofern bieten die Neuerkenntnisse über Fischer anscheinend keine neuen Ansatzpunkte für eine vertiefende, auf die inneren Funktionen der Societät ausgerichtete Forschungsarbeit.

[36] Pomsel (wie Fußnote 16), S. 162.

[37] L. C. Mizler, *Musikalische Bibliothek* IV, Leipzig 1754, S. 107.

Resümee

Fragt man nach den spezifischen Kriterien, die Fischer in seiner Komponistenauswahl leiteten, ließe sich der Text zunächst nach regional norddeutschen Aspekten durchleuchten. Hier erweist es sich als hilfreich zu überprüfen, welche Segmente Fischer ausspart. Obgleich für ihn ein tastenmusikalischer Ansatz grundlegend ist, findet sich unter den genannten Musikern kein einziger, der als Vertreter der norddeutschen Orgelkunst bekannt ist: weder Dieterich Buxtehude in Lübeck noch Johann Adam Reincken oder Vincent Lübeck in Hamburg. Ähnlich könnte ein norddeutscher Repertoireansatz den Eindruck erwecken, daß er in geistiger Nachbarschaft etwa zur Sammlung Bokemeyer zu sehen wäre. Doch gerade die nächstgelegenen Segmente fehlen: Theile ist der einzige erwähnte Musiker, der zeitweilig in der Kapelle des gottorfischen Herzogtums gewirkt hatte; dessen Herrschaftszentrum befand sich seit dem Nordischen Krieg in Kiel, Fischers Wirkungsort. Ein regionales Bewußtsein für Musiktraditionen des Gottorfer Hofes und deren Einbettung in weiterreichende Kulturbeziehungen war also nicht gegeben, obgleich der gezielte Musikzugang Fischers eine Würdigung gerade dieser älteren Musik ermöglicht hätte.

Auch im weiteren Umkreis läßt sich der Blick auf musikhistorische Segmente richten, die als fehlend gekennzeichnet werden können. Besondere Bedeutung haben dabei die Namen, die in vergleichbaren Aufstellungen ästhetisch-musiktheoretischer Literatur zu finden sind. Daß keine typische Kontrapunktiker-Gruppe gebildet wird (ihr müßten Johann Joseph Fux und Johann Gottfried Walther angehören),[38] erklärt sich aus dem musikpraktischen Zugang, den Fischer für dieses Serenaten-Rezitativ im Blick haben mußte. Und anders als in zeitgenössischer musiktheoretischer Literatur wird außer „Graun" keiner der Musiker genannt, die die junge preußische Hofkapelle prägten, nicht einmal Quantz.[39] Mit Johann Adolf Hasse fehlt ferner der führende deutschsprachige Opernkomponist der Zeit.[40]

Der Versuch, die Namensreihe ex negativo zu fassen, findet natürliche Grenzen darin, daß Fischer in jedem Fall nur eine Auswahl bildete; dies kann aber dazu beitragen, seinen Ansatz zu verstehen. Denn er hätte reiche Möglich-

---

[38] Fux bei Scheibe (Dok II, Nr. 444); Fux und Walther bei Mattheson, sowohl 1737 (Dok II, Nr. 408) als auch 1739 (Dok II, Nr. 465).

[39] Schon 1728 in einem anonymen Hamburger Dokument, vgl. Dok V, Nr. B 250a. Zu C. P. E. Bach siehe oben; beide sind 1749 in einem Huldigungsgedicht an G. A. Sorge genannt (Dok II, Nr. 595).

[40] In entsprechenden Komponistenreihen erwähnen ihn z. B. Mizler 1740 (Dok II, Nr. 481), Gottsched 1740 (Dok II, Nr. 483), Hoffmann 1749 (Dok II, Nr. 595). – Falls mit „Grau[n]" Carl Heinrich Graun gemeint ist, wird immerhin ein profilierter Komponist moderner zeitgenössischer Opern erwähnt.

keiten gehabt, Konzepte für eine Rezitativformulierung, die von der vorliegenden abwich, aus der musiktheoretisch-ästhetischen Literatur abzuleiten. So ist die Eigenständigkeit (unabhängig zunächst von Mattheson, ferner von Mizler) ein erstes bemerkenswertes Detail, das sich mit dem Repertoireansatz verbindet.

Eine prinzipielle Offenheit gegenüber Italien (Corelli), vor allem aber gegenüber Leistungen mitteleuropäischer Musiker aus der zweiten Hälfte des 17. Jahrhunderts zeigt zudem ein eigenes Geschichtsverständnis. Verwiesen wird weder auf Palestrina oder Schütz als Stammväter kontrapunktischer oder nationaler Kunst, sondern auf Wurzeln einer Musiktradition, als deren ferne Fluchtpunkte der konzertierende Stil und die Tastenmusik erscheinen: Das Konzertierende verbindet sich mit Förster und Corelli ebenso wie letztlich mit Keiser und Telemann, das Tastenmusikalische verweist – von Kiel aus eigenartig weitgehend – auf Musiker, die aus mittel- und süddeutschen Regionen stammen. In dieser Traditionslinie zwischen Wecker sowie Kunzen und Hurlebusch muß demnach auch die Nennung Bachs bewertet werden.

Um dies zu verstehen, sind die Beobachtungen aufzugreifen, die einerseits von der Namens-Nachbarschaft Kuhnau-Krieger und andererseits von den Beziehungen Schieferdeckers ausgegangen sind. Denn als ein übergeordnetes Kriterium, das zur Auswahl der Namen führen konnte, läßt sich sehr weitgehend eine künstlerische Tradition benennen, in die Fischer sich eingebunden sah – unabhängig davon, wie die Namen im Rezitativtext gruppiert sind.

Als fernster Fluchtpunkt erscheint Wecker; dessen Schüler Johann Krieger wurde im Frühjahr 1681 Organist in Zittau. Diesen Posten hatte Kuhnau zwischenzeitlich versehen, und dessen Biograph Richard Münnich stellt 1902 fest, es sei „befremdend, daß die Lebensberichte über Kuhnau den gleichzeitigen Aufenthalt Krieger's in Zittau nicht stärker hervorheben, zumal ihre freundlichen Beziehungen anscheinend auch später erhalten blieben".[41] Dies zeigt zunächst, wie unabhängig Fischer handelte, als er Kuhnau und Krieger buchstäblich in einem Atemzug nannte; da er Kuhnau nie begegnet sein kann, kommt nur dessen Schüler Schieferdecker als Vermittler einer entsprechenden Information an ihn in Betracht. Oder anders: Fischer konnte sich als Repräsentant einer vierten Musikergeneration sehen, die sich auf das Wirken Weckers als eines Urvaters zurückführen ließ; Krieger, Kuhnau und Schieferdecker standen zwischen diesem und ihm.

---

[41] R. Münnich, *Kuhnau's Leben*, in: SIMG 3 (1901/02), S. 473–527 (seitengleich, aber erweitert gegenüber dem Dissertationsdruck als *Johann Kuhnau. Sein Leben und seine Werke*, Berlin 1902), hier S. 501. Daß sich in der Tastenmusik Kuhnaus Anregungen Kriegers spiegelten (über die Titelgebung „Clavierübung" hinaus), hatte bereits zuvor Max Seiffert erwähnt; vgl. Seiffert, *Geschichte der Klaviermusik*, Bd. 1: *Die ältere Geschichte bis um 1750*, Leipzig 1899, S. 253.

Doch die Gruppenbildung ist nicht nur auf diese Linearität beschränkt; denn mit Heinichen, Graupner und Kunzen lassen sich zunächst ausdrücklich drei weitere Angehörige dieser Tradition benennen – als Schüler Kuhnaus aus dessen Zeit als Thomaskantor. Mit Reinhard Keiser und Schieferdecker als Thomanern zu Kuhnaus Thomasorganistenzeit wird dieser Horizont noch geweitet; und dem ferneren Leipziger Umfeld Kuhnaus ließe sich schließlich auch noch Telemann während dessen Studienzeit zurechnen. Diese Verbreiterungen sind jedoch nicht essentiell, um Fischers Sicht von Kuhnau zu umschreiben: Schon im engeren Sinne der Wecker-Nachfolge genommen, relativiert Fischer die Einschätzung, Kuhnau habe keine Schüler gehabt, die sein Lebenswerk fortgesetzt hätten („wenn er auch auf dem Felde der Klaviermusik befruchtend gewirkt hat"[42]).

Diese Zusammenhänge erschlossen sich dem Publikum der Serenata nicht; sie waren gleichsam Privatsache Fischers. Dieser wiederum muß aufgrund seiner Mitgliedschaft in der Mizlerschen Societät gewußt haben, daß Bach der Nachfolger Kuhnaus war. So bleiben insgesamt nur sehr wenige Musiker übrig, für die eine Nachbarschaft zu der vor allem von Kuhnau vermittelten Wecker-Krieger-Tradition keine Rolle spielte: Theile und Förster als ältere Musiker, ferner Händel und Mattheson, schließlich – als jüngere – Graun, Hurlebusch und Mizler. Bach nimmt zwischen Zugehörigkeit und Nichtzugehörigkeit zu dieser Tradition eine Zwischenstellung ein – als Leipziger Director musices, ohne aber auch nur in einem weiteren Sinne Kuhnau-Schüler gewesen zu sein.

Diese Grundzugänge zu einer Musikhistorie, die sich teils so klar aus der Tastenmusik formiert, teils über die Geschichte des ‚modernen' konzertierenden Stils verstehen läßt, werden – den Anforderungen des „name dropping" in diesem Rezitativ entsprechend – geschickt zusammengeführt und als historische Entwicklung dargestellt, und zwar in einem engeren Sinne: Das damit umrissene musikalische Konzept ließe sich allzu leicht mit jüngeren Modellen einer „Barockmusik" umschreiben, in der eine „Vor-Bach-Zeit" auf eine herauszuhebende Musikergruppe aus Bach, Händel und Telemann[43] hingeführt hat. Eher müssen die Alternativansätze betont werden: Denn es handelt sich (insofern aus dem Horizont lebendiger Kulturpraxis formuliert) um etablierte Traditionslinien des 17. Jahrhunderts, die nur deshalb weiterwirken konnten, weil die Musiker der Bach-Generation diese fortführten. Das musikästhetische (Selbst-)Verständnis, das Fischer erkennen läßt, erscheint damit dezidiert historisch, läßt sich also nicht als optimierende Herleitung des Gegenwärtigen als eines Idealzustands auffassen.

---

[42] Münnich (wie Fußnote 41), S. 520.
[43] So bereits 1729 Christiane Mariane von Ziegler (Dok II, Nr. 270).

Ein tastenmusikalischer Ansatz im beschriebenen Ausmaß ist im Text direkt nicht mehr zu erkennen; eher wird der Eindruck vermittelt, die Musik werde umfassend abgebildet – doch dies ist angesichts der beschriebenen systemischen Lücken nicht der Fall. Dennoch wird bei einer Feinjustierung des Bildes deutlich, daß es um 1750 möglich war, musikhistorische Entwicklungen ausgehend von einer Tastenmusiktradition darzulegen, die sich über ein Jahrhundert hinweg in Nürnberg und Zittau sowie daraufhin besonders in Leipzig formiert hatte – und zwar zunächst nur aus Kieler Perspektive. So ist zu prüfen, ob sich in dieser auch allgemeinere Tendenzen spiegeln.

Das innerlich Verbindende dieser Tastenmusiker-Gruppe läßt sich – über die Idee einer äußerlich wirksamen Schulbildung hinaus – am ehesten exemplarisch mit dem Titel „Clavierübung" fassen, entsprechend den ‚Startvorgaben' Kriegers (1698)[44] und Kuhnaus (1689) in dieser Hinsicht; bei der Musik für besaitete Tasteninstrumente treffen sich die erwähnten Komponisten. Dieses Gattungsfeld jedoch wurde auch durch deren norddeutsche Zeitgenossen ‚bedient', nicht nur durch Reinken, für den ein besonderer Schwerpunkt des erhaltenen Werkes auf der Suite liegt, sondern auch durch Buxtehude.[45] Daß deren Werke in Norddeutschland prinzipiell im gleichen Quellenzusammenhang mit mittel- oder süddeutscher Tastenmusik überliefert werden konnten, belegt das um 1694/1704 angelegte, umfangreiche Manuskript des Tastenmusikers Johann Kruse.[46] Wenn Fischer sich also auf Musiker der Traditionslinie, die auf Wecker zurückführbar ist, beschränkte, läßt dies deutlich werden, wie sehr er gerade an dieser Gruppenbildung interessiert war.

Da (Druck-)Werke wie die „Clavierübungen" gezielt auf Verbreitung angelegt waren (unter den „beliebten Kennern", von denen Fischer spricht), wäre es nicht sinnvoll, von einer speziell Kieler Erscheinung zu sprechen; insofern weiten sich die Kreise im Hinblick auf einen größeren norddeutschen Raum. In diesem erscheint die Überlieferung von Tastenmusikquellen der Zeit weitgehend weggebrochen; daher kommt hier auch sekundären Informationen (wie dem Rezitativtext Fischers) Bedeutung zu. Dessen Mitteilungen lassen sich mit dem Kruse-Manuskript korrelieren und geben damit der norddeutschen Wahrnehmung mitteldeutscher Tastenmusik eine historische Tiefenperspektive. Greifbar wird hier ein nicht zu unterschätzendes Interesse nord-

---

[44] Zur Datierung der Werke vgl. bereits Seiffert (wie Fußnote 41), Bd. 1, S. 238.
[45] Zur Erweiterung der Werkkenntnis auf diesem Sektor vgl. im Überblick K. J. Snyder, *Dieterich Buxtehude. Leben, Werk, Aufführungspraxis*, übersetzt von H.-J. Schulze, Kassel 2007, S. 314.
[46] Kiel, Nordelbisches Kirchenarchiv, *Breitenberg 692* (mit Werken von Pachelbel, Ebner, Muffat, Buxtehude und Reinken sowie einer Corelli-Bearbeitung); vgl. K. Küster, *Cembalo- und Violinmusik im Notenbuch des Johann Kruse (1694/1704). Kompositionen Pachelbels, Buxtehudes, Reinkens, Muffats und anderer*, in: Schütz-Jahrbuch 27 (2005), S. 129–174.

deutscher Musikliebhaber an der Tastenmusik Mitteldeutschlands – ein Phänomen, das der weitaus besser vertrauten, geographisch entgegengesetzten Überlieferung norddeutscher Tastenmusik im mitteldeutschen Raum[47] zeitlich direkt benachbart ist.

Die Nennung Bachs in diesem Zusammenhang trägt daher dazu bei, die Bekanntschaft mit seinem Werk im norddeutschen Raum zu präzisieren. Es erscheint im gegebenen Kontext nicht als zwingend, Begegnungen speziell mit seinen tastenmusikalischen Kompositionen vor 1750 im wesentlichen auf Mattheson oder Telemann zurückzuführen; vielmehr ist zuallererst an die Funktion zu denken, die Georg Böhm in Lüneburg mit dem Mitvertrieb der Partiten BWV 826 und 827 übernahm[48] – ein weiteres Detail der Ausbreitungsgeschichte mitteldeutscher Tastenmusik, das anhand norddeutscher Quellen bislang kaum überprüfbar war. Doch damit nicht genug: Die Einbettung der Nennung Bachs in einen weiten Entwicklungsrahmen sächsischer Tastenmusik zeigt vielmehr, daß es in den Bevölkerungskreisen, aus denen sich Fischers Publikum rekrutierte, auch eigene, gattungsspezifische Zugänge zu Bach gegeben haben muß: solche, in denen andere mitteldeutsche Musiker wie Wecker, Johann Krieger und Kuhnau schon länger eine Rolle gespielt hatten.[49] Dies muß fortan wohl als weitere norddeutsche Spur zu Bach Berücksichtigung finden.

---

[47] Vgl. exemplarisch die Ohrdrufer Quellen Johann Christoph Bachs: Schulze Bach-Überlieferung, S. 30–56.
[48] Dok II, Nr. 224.
[49] Daß Georg Raupach in den letzten Jahren des 17. Jahrhunderts Werke unter anderem von Kuhnau mit einem Collegium musicum in Tønder zur Aufführung brachte (vgl. Mattheson, wie Fußnote 8, S. 283), steht viel eher auf demselben Fundament wie die Quellen Georg Österreichs in der Sammlung Bokemeyer; hiervon muß Fischers Darstellung folglich abgesetzt werden.

Da seine Seel befiel ein Schauren?
Wie viele wackre Männer
Kan nicht die Welt aufweisen,
Die sich durch die Musik berühmt gemacht.
Man muß Corelli, Heinichen, und Graupens Arbeit preisen,
Beliebte Kenner
Vergnügen sich an dem,
Was Kuhnau, Kriegers Geist
Hat zu Papier gebracht.
Ein Theile, Förster, Wecker,
Ein gnug bekannter Schieferdecker
Sind nach dem Tode noch im Leben.
Wer ist nicht, welcher Keiser einen Meister heißt?
Wann Bach und Händels Finger
Die todten Saiten rühren,
So wird die Seel belebet und entzückt.
Und ist nicht Mattheson der Tonkunst Wiederbringer?
Was hat, was wird er nicht durch seine Schrifften,
Die er bereits in die gelehrte Welt geschickt,
Für Gutes bey der Nachwelt stifften?
Ein Telemann wird alle hundert Jahr gebohren.
Wer will nicht Grau und Kuntzens Fleis erheben?
Wem ist nicht Zurlebusch und Mitzlers Muse angenehm?
Die Zeit fällt mir zu kurz, die Helden alle anzuführen,
Gnug, daß die Vorsicht sie zu seinem Lob erkohren.

Arie

Preiswürdigster Schöpffer, vollkomenster Meister
Der Tonkunst, die göttlich, unschätzbar, und schön;
Dich loben die sichtbar und unsichtbare Geister,
Sie wollen die Majestät kräfftig erhöhn.

Ihr Spötter müsst euch schämen,
Die ihr die Tonkunst niederträchtig schätzt,
Und in die Claß der Kleinigkeiten setzt.
Ihr werdt mit nichten
Durch euer Splitterrichten
Den Glanz der unvergleichlichen Musik benehmen,

Abb. Christian Friedrich Fischer, *Den vergnügt entschiedenen Wettstreit der Musik, Kaufmannschaft und Gelehrsamkeit* […], Kiel 1751
(D-Gs, in: *2 P Germ I 6470-1*, fol. [2v]).

Zur Echtheit der Johann Christoph Bach (1642–1703) zugeschriebenen Clavierwerke

von Pieter Dirksen (Culemborg, Niederlande)

In Johann Sebastian Bachs Jugend gab es verschiedene Mitglieder seiner ausgedehnten Familie, die wesentlich zu seiner künstlerischen Formung beigetragen haben. Die zwei wohl wichtigsten hießen beide Johann Christoph: der Vetter seines Vaters in Eisenach (1642–1703) und der ältere Bruder in Ohrdruf (1671–1721) – nach der gängigen genealogischen Zählung Johann Christoph Bach (*13*) beziehungsweise (*22*). Der zuerst Genannte muß wegen seiner von ihm ab 1665 bekleideten Doppelstelle als Stadtorganist der Georgenkirche sowie als Hoforganist und -cembalist der Herzoglichen Kapelle als der damals führende Musiker in Eisenach betrachtet werden;[1] er war ohne Zweifel auch prägend für die ersten Bildungsjahre Johann Sebastian Bachs. Der Ohrdrufer Bruder gewährte dem ab Februar 1695 verwaisten Knaben fünf Jahre Obdach und wurde zu seinem ersten Clavierlehrer.[2] Seine musikgeschichtliche Bedeutung hat sich vor einiger Zeit auf überraschende Weise durch die Erkenntnis präzisieren lassen, daß er der Hauptschreiber zweier bedeutender Sammlungen mit Claviermusik war – der Möllerschen Handschrift (D-B, *Mus. Ms. 40644*; im folgenden Mö) und des Andreas-Bach-Buchs (D-LEm, *III. 8. 4*; im folgenden ABB).[3] Die beiden Bände dokumentieren auf eindrucksvolle Weise das kompositorische Umfeld des jungen J. S. Bach im Bereich der nicht-choralgebundenen Tastenmusik und bilden zugleich die weitaus wichtigsten Quellen für dessen frühes Clavierschaffen.

Die künstlerische Statur der beiden Musiker ist denkbar ungleich. Sowohl der „Ursprung der musicalisch-Bachischen Familie" als auch der Nekrolog schweigen sich ganz über etwaige kompositorische Schöpfungen des Ohrdrufer Johann Christoph aus – was dem Fehlen von ihm eindeutig zuzuschreibenden Werken entspricht – während sein Eisenacher Verwandter in diesen Dokumenten als bedeutender Komponist dargestellt wird. Letzterer wird im „Ursprung" mit Nachdruck als „profonder Componist" und als „der große und

---

[1] F. Rollberg, *Johann Christoph Bach, Organist zu Eisenach 1665–1703*, in: Zeitschrift für Musikwissenschaft 11 (1929), S. 549–561; C. Freyse, *Johann Christoph Bach*, BJ 1956, S. 36–51; C. Oefner, *Die Musikerfamilie Bach in Eisenach*, 2. veränderte Auflage, Eisenach 1996 (Schriften zur Musikgeschichte Thüringens. 1.).

[2] H.-J. Schulze, *Johann Christoph Bach (1671–1721)*, „*Organist und Schul Collega in Ohrdruf*", *Johann Sebastian Bachs erster Lehrer*, BJ 1985, S. 55–81.

[3] Schulze Bach-Überlieferung, S. 53 ff.

ausdrückende Componist" bezeichnet.[4] Weitere Anerkennung spricht aus der Tatsache, daß J. S. Bach verschiedene Vokalwerke von Johann Christoph in Leipzig aufgeführt hat.[5] Die vergleichsweise gute Überlieferungssituation sowie die hohe Qualität seiner Vokalwerke (etwa fünfzehn sind erhalten geblieben) belegen eine lange Aufführungstradition seiner Musik – eine Feststellung, die auch nach der Entfernung des vorher wohl bekanntesten Werkes aus seinem Oeuvre aufrecht erhalten werden kann – die doppelchörige Motette „Ich lasse dich nicht, du segnest mich denn" BWV Anh. 159 hat sich als frühes Werk J. S. Bachs erwiesen.[6] Werke wie die Motetten „Der Gerechte, ob er gleich zu zeitlich stirbt" und „Unsers Herzens Freude", die Solokonzerte „Ach, daß ich Wassers gnug hätte" und „Wie bist du denn, o Gott, in Zorn auf mich entbrannt" oder die Kantaten „Es erhub sich ein Streit" und „Herr, wende dich" lassen sich durchaus als Werke eines „profonden Componisten" charakterisieren.

Wenn auch mit der Identifizierung von BWV Anh. 159 als Werk J. S. Bachs wohl noch immer nicht der genaue Umfang des Vokalwerks von Johann Christoph Bach definiert ist,[7] kann aber doch behauptet werden, daß die Feststellung des Umfangs seiner Claviermusik wesentlich problematischer ist.[8] Das einzige Werk, bei dem seine Autorschaft aus diplomatischer Sicht offenbar keine Probleme aufwirft, sind die 44 „Choraele … zum Präambulieren", die in ihrer einzigen Quelle (D-Bhm, *Ms. 6639/1491*) eindeutig „Johann Christoph Bachen / Organ: in Eisenach" zugeschrieben sind; aber gerade diese Werke stellen in stilistischer Hinsicht ein schwieriges Problem dar (siehe dazu weiter unten). Wendet man sich von diesen ganz bescheidenen Sätzen aber den acht anspruchsvolleren Werken zu, die stilistisch um 1700 anzusiedeln sind, durchweg „J. C. Bach" bzw. „Johann Christoph Bach" zugeschrieben werden und seit ihrer – zu unterschiedlichen Zeitpunkten erfolgten – Wiederentdeckung

---

[4] Dok I, Nr. 184 (S. 258 und 265).
[5] K. Beißwenger, *Johann Sebastian Bachs Notenbibliothek*, Kassel 1992 (Catalogus Musicus. 13.), S. 235–243.
[6] D. Melamed, *The Authorship of the Motet „Ich lasse dich nicht" (BWV Anh. 159)*, in: Journal of the American Musicological Society 41 (1988), S. 491–526.
[7] D. Melamed, *Constructing Johann Christoph Bach*, in: Music & Letters 53 (1999), S. 345–365, hier S. 358 f. Obwohl eine kritische Betrachtung der Quellenlage durchaus notwendig war und Johann Christoph Bach im 20. Jahrhundert gewiß zu viele Vokalwerke zugeschrieben wurden, glaube ich doch, daß der Autor in seinem Dekonstruktivismus entschieden zu weit geht, vor allem in seiner kühnen Behauptung, schon J. S. Bach und andere Mitglieder der Bach-Familie hätten sich der Mythenbildung und übereifriger Zuschreibungen schuldig gemacht.
[8] Schon Ernst Ludwig Gerber warnte: „Indessen hat man Ursache, beym Sammeln seiner Werke vorsichtig zu seyn, indem es in seinem Zeitalter mehrere vorzügliche Tonkünstler und Organisten seines Namens gab" (Gerber NTL, Bd. 1, Sp. 209).

traditionell als Kompositionen des Eisenacher Johann Christoph gelten, so scheinen sich die Probleme zu häufen. Es handelt sich um vier Variationszyklen, drei Choralbearbeitungen und ein Präludium mit Fuge. Nur eines der Werke, Präludium und Fuge in Es-Dur, ist wiederum spezifisch dem Eisenacher Organisten zugeschrieben, aber gerade dieses erfuhr eine relativ breitgestreute abschriftliche Tradition überwiegend mit einer Zuweisung an J.S. Bach (siehe dazu weiter unten). Die übrigen sieben Werke sind dagegen alle lediglich als Kompositionen eines „J. C. [bzw. Joh. Chr.] Bach[s]" überliefert. Die zwei wohl bedeutendsten Stücke dieser Gruppe – beides großangelegte Variationszyklen – haben sich zudem ausschließlich in Abschriften des Ohrdrufer Johann Christoph Bach erhalten. Seit der Entdeckung dieses Sachverhalts ist deren Zuschreibung erst recht problematisch geworden. Hierzu sollen im folgenden nähere Betrachtungen angestellt werden, wobei die Diskussion dieses Werkkomplexes einige weitere unter J.S. Bachs Namen überlieferte Kompositionen einbezieht.

1. Präludium und Fuge Es-Dur

Obwohl Präludium und Fuge Es-Dur (BWV Anh. 177)[9] in der Mehrzahl der Quellen J.S. Bach zugeschrieben werden, läßt die Art der Überlieferung wenig Zweifel an der Autorschaft Johann Christoph Bachs (*13*) zu; seit Richard Buchmayers Entdeckung und Deutung der widersprüchlichen Autorenangaben[10] wurde diese Zuschreibung auch nicht mehr ernsthaft in Frage gestellt. Gleichwohl soll an dieser Stelle die merkwürdige und vergleichsweise breite Überlieferung des Werkes knapp dargestellt werden. Die insgesamt dreizehn Quellen (fünf davon überliefern die Fuge ohne Präludium) lassen sich aufgrund von Autorangaben und Zusammenstellung zu drei Gruppen ordnen:

(a) Die Zuschreibung an Johann Christoph Bach findet sich in der Sammelhandschrift D-LEm, *III. 8. 5* aus der Sammlung Becker: „Praeludium Ex dis. Signori Joh: Christoph. Bachius Org: Isenacci." Die Abschrift stammt möglicherweise von der Hand Georg Wilhelm Diedrich Saxers (um 1680?–1740).[11]

---

[9] Neuausgabe: *Johann Christoph Bach. Werke für Clavier*, hrsg. von P. Dirksen, Wiesbaden 2002, S. 6–9.

[10] R. Buchmayer, *Drei irrtümlich J.S. Bach zugeschriebene Klavier-Kompositionen*, SIMG 2 (1900/01), S. 253–278, speziell S. 254–265.

[11] *Orgelmusik der Familie Hasse*, hrsg. von M. Belotti, Stuttgart 2009, S. 54. – Von der für meine Ausgabe noch unzugänglichen Quelle B, die ich über ihre Wiedergabe bei August Gottfried Ritter (1811–1885) kannte (vgl. Ritter, *Zur Geschichte des Orgel-*

(b) J. S. Bach zugeschrieben (und zwar einheitlich in der Form „J. S. Bach") erscheint es in sechs Quellen: D-B, *P 487*; D-B, *P 799*; D-LEm, *Go. S.15* (nur Präludium); B-Bc, *15142 MSM/1*; CH-Zz, *Car XV 244 (A 54)* (verschollen); Ms. aus dem Besitz Erich Priegers (verschollen).

(c) Gleichfalls unter J. S. Bachs Namen erscheint die Fuge allein in fünf Quellen: D-B, *P 213/IV*; D-B, *P 304/II*; D-B, *Am.B. 606*; A-Sd, *MN 104/1*; A-Wgm, *SBQ 11500* (olim *VII 45327*).

In seiner separaten Überlieferung (c) ist der zweite Satz von BWV Anh. 177 in eine weitgehend geschlossene Sammlung von Fugen eingebunden (betitelt „VI Fughe per il Cembalo", o. ä.), die auf eine verschollene Stammhandschrift zurückzuführen ist.[12] Die greifbaren Abschriften stammen von Hamburger und Wiener Kopisten und ihre Entstehung ist insgesamt nicht vor dem Ende des 18. Jahrhunderts anzusetzen.[13] Textlich ist dieser Überlieferungszweig von BWV Anh. 177/2 von Gruppe (b) abhängig, die allerdings das vollständige zweiteilige Werk tradiert. Offenbar ist das Präludium zu einem bestimmten Zeitpunkt als zu altmodisch angesehen und ausgeschieden worden, und nur die „mustergültige", chromatische Fuge wurde des Weiterkopierens für Wert erachtet. Dieser Eingriff fällt um so mehr ins Gewicht, als es sich bei den übrigen Stücken der „VI Fughe" mehrheitlich um einzeln stehende Fugen J. S. Bachs handelt (BWV 539/2, 944/2, 951 und 951a, daneben noch BWV 886/2). Somit gehört Gruppe (b) – soweit aus den erhaltenen vier Handschriften ersichtlich ist – sowohl textlich als auch hinsichtlich der Werkzusammenstellung deutlich einer älteren Schicht an als (c), aber auch diese läßt

---

spiels im 14. bis 18. Jahrhundert, Band II: *Musikalische Beispiele*, Leipzig 1884, S. 172–175), konnte inzwischen das handschriftliche Original ermittelt werden. Es handelt sich hier, wie schon Ritter angibt, um eine Abschrift aus dem Besitz des Stuttgarter Musikers und Leiters des dortigen Konservatoriums Immanuel Faißt (1823–1894), die in seinem Nachlaß in den Beständen der Württembergischen Landesbibliothek Stuttgart aufbewahrt wird (ich danke Herrn Dr. Reiner Nägele und Frau Magdalene Popp-Grilli von der Württembergischen Landesbibliothek für die Lokalisierung der Handschrift in dem noch unkatalogisierten Teil des Nachlasses Emanuel Faißts und für die Übersendung einer Kopie). Es stellt sich jetzt heraus, daß es sich um eine recht zuverlässige Abschrift des Leipziger Manuskripts aus dem 19. Jahrhunderts handelt (einschließlich einer genauen Wiedergabe der Orthographie des Titels) und nicht – wie Einzelheiten in Ritters Transkription vermuten ließen – um den Zeugen eines unabhängigen Überlieferungsstrangs.

[12] Vgl. die Darstellung der Überlieferung und der Abhängigkeitsverhältnisse in NBA V/9.2 Krit. Bericht (U. Wolf, 2000), Anhang 1 (S. 334–338).

[13] Vgl. NBA IV/5–6 Krit. Bericht (D. Kilian, 1978), S. 43 (D-B, *P 213*), 68 (D-B, *P 304*), 159 (A-Wn, *SBQ 11500*) und 169 (A-Sd, *MN 104/1*); sowie NBA IV/3 Krit. Bericht (H. Klotz, 1962), S. 30 (D-B, *Am. B 606*).

sich nicht in die Zeit vor der zweiten Hälfte des 18. Jahrhunderts zurückverfolgen.[14] Die Zuschreibung von BWV Anh. 177 an J. S. Bach hat deshalb betont posthumen Charakter, während die Hauptquelle (a) eindeutig aus der ersten Hälfte des 18. Jahrhunderts stammt – nach Michael Belotti könnte die Abschrift sogar schon um 1700, also noch zu Lebzeiten Johann Christophs, entstanden sein.[15]

Textlich erweisen sich (a) und (b) als ziemlich eng verwandt. Gruppe (b) weist dabei etwas mehr Kopierfehler auf, jedoch gibt es auch einige Stellen, an denen deutlich wird, daß der Text zugunsten einer geschmeidigeren Polyphonie und Stimmführung gegenüber der von (a) gebotenen Fassung geringfügig geändert wurde.[16] Es ist vielleicht nicht abwegig, hierin die korrigierende Hand J. S. Bachs zu vermuten, dessen Abschrift dann, wovon ohnehin auszugehen war, die Grundlage für die Überlieferungsstränge (b) und (c) bildete. Jedenfalls ist die Handschrift aus der Sammlung Becker die einzige, die auf die erste Hälfte des 18. Jahrhunderts datiert werden kann. Mit Blick auf die klaren Datierungsverhältnisse und die ausführliche Autorenangabe in der ältesten Handschrift, kann kaum daran gezweifelt werden, daß der dort so ausführlich identifizierte Eisenacher Organist Johann Christoph Bach (*13*) der Urheber des Werkes ist.[17]

Die ausführliche Autorenangabe „Signori Joh: Christoph. Bachius Org: Isenacci." hat zudem einige auffallende Entsprechungen in der Überlieferung des Schaffens des Eisenacher Meisters allgemein. So wurde seine Motette „Lieber Herr Gott, wecke uns auf" in der 1672 datierten Abschrift von der Hand seines Vaters Heinrich mit der Angabe „â Joh Christoph Bach org in Eisenach" versehen,[18] das Lamento „Ach, daß ich Wassers gnug hätte" aus dem Besitz von Johann Ambrosius Bach trägt die Aufschrift „Johann: Christoph: Bach. Org: Eisenach",[19] der von Johann Sebastian geschriebene Stimmenumschlag des Hochzeitskonzerts „Meine Freundin, du bist schön" ist mit

---

[14] Für die ältesten Quellen siehe NBA V/9.2 Krit. Bericht, S. 288 (D-B, *P 487*) und S. 289 (D-LEb, *Go. S. 15*).

[15] Siehe Belotti (wie Fußnote 11), S. 54.

[16] Vgl. *J. C. Bach. Werke für Clavier* (wie Fußnote 9), S. 36 (Krit. Bericht, Praeludium T. 1, 2, 10, 20 und 26, und Fuge T. 11, 23 und 55).

[17] In NBA V/12 Krit. Bericht zu BWV Anh. 177 (F. Rempp, 2006), S. 146, wird dagegen die Autorenfrage noch offengelassen. Dort aber war die Schreiberidentifizierung der Leipziger Hauptquelle noch nicht bekannt und als Erscheinungsjahr von Fischers *Ariadne Musica* wird statt 1702 irrtümlich 1715 (= 2. Auflage) angegeben.

[18] Vgl. P. Wollny, *Alte Bach-Funde*, BJ 1998, S. 137–148, speziell S. 139.

[19] Vgl. P. Wollny, *Geistliche Musik der Vorfahren Johann Sebastian Bachs*, in: Jahrbuch SIM 2002, S. 41–59, speziell S. 57. Im Stimmensatz zum Hochzeitsstück seines Vetters „Meine Freundin, du bist schön" bezeichnet Johann Ambrosius den Autor in vergleichbarer Weise als „Johann Christoph Bach, org".

„J. C. Bach Seniore Iseñci: Organaedo" bezeichnet[20] und die sogenannten 44 Choräle tragen wiederum die fast mit (a) identische Zuweisung „Johann Christoph Bachen / Organ: in Eisenach".[21] Zweifellos geben diese Angaben Merkmale der Autographe Johann Christoph Bachs wieder; damit liefern sie ein weiteres klares Argument für die Zuschreibung des Es-Dur-Präludiums an den Eisenacher Organisten.

In kompositorischer Hinsicht gehört das Werk deutlich der thüringischen Tradition an. Die dreiteilige Anlage mit der Gliederung Präludium – Fuge – [Postludium] erinnert an das bekannte g-Moll-Präludium des aus Thüringen stammenden Georg Böhm (1661–1733), das in Mö überliefert ist, mit der es auch die manualiter-Anlage gemein hat. Jedoch ist das recht ausführliche Nachspiel, das den frei polyphonen Stil des Präludiums wieder aufgreift, mit der vorangehenden Fuge nahtlos verbunden, und da die Fuge nach dem in sich geschlossenen Präludium einen deutlichen Neuanfang darstellt (und so auch in *III. 8. 5* notiert ist), scheint es sich tatsächlich eher um ein frühes Beispiel des Gattungspaars Präludium und Fuge zu handeln. In dieser Hinsicht ist die Beobachtung David Schulenbergs von besonderem Interesse, daß der Beginn des Präludiums mit dem in der gleichen Tonart stehenden Präludium V aus Johann Caspar Ferdinand Fischers (1670–1746) *Ariadne musica* (Beispiel 1 a–b) verwandt zu sein scheint.[22] Da die erste (verschollene) Auflage dieser einflußreichen Sammlung, in der das Gattungspaar Präludium und Fuge zum ersten Mal in gedruckter Form in Erscheinung tritt, im Jahr 1702 erschien, könnte dies bedeuten, daß BWV Anh. 177 erst in Johann Christoph Bachs letztem Lebensjahr entstanden ist. Ein weiterer Zusammenhang mag mit Johann Pachelbels Fantasie in Es-Dur bestehen (Beispiel 1 d).[23] Der aus Nürnberg stammende Pachelbel war vorübergehend (1677/78) Kollege von Johann Christoph Bach am Eisenacher Hof und wechselte dann auf die Stelle des Organisten der Erfurter Predigerkirche, wo er bis 1690 blieb; vor kurzem wurde ein Dokument entdeckt, in dem Pachelbel sich sehr anerkennend über Johann Christoph Bach äußert.[24] Die chromatisch absteigende Quarte des

---

[20] Ebenda, S. 54.
[21] Vgl. R. Kaiser, *Johann Christoph Bachs „Choräle zum Präambulieren"* – Anmerkungen zu Echtheit und Überlieferung, BJ 2001, S. 185–189.
[22] D. Schulenberg, *The Keyboard Music of J. S. Bach*, London 1993, S. 410; *Johann Kaspar Ferdinand Fischer. Sämtliche Werke für Klavier und Orgel*, hrsg. von E. von Werra, Leipzig 1901 (Reprint: New York 1965), S. 80 (die zugehörige Fuge lieferte das Thema für J. S. Bachs Fuge in g-Moll BWV 861/2).
[23] Erhalten in F. Commer, *Musica sacra. Sammlung der besten Musikwerke für die Orgel*, Bd. 1, Berlin 1839, Nr. 139. Die Verwandtschaft wurde schon von H. Keller, *Die Klavierwerke Bachs*, Leipzig 1950, S. 45, festgestellt.
[24] Siehe M. Maul, *Frühe Urteile über Johann Christoph und Johann Nikolaus Bach*, BJ 2004, S. 157–168, speziell S. 158.

Themas (Beispiel 1 d) weist die Fuge als ein Lamento aus; auffallend ist die thematische Verwandtschaft mit der ersten Fuge in Nicolaus Bruhns' (1665–1697) „großem" Orgelpräludium in e-Moll (Beispiel 1 e), das in einer Tabulaturabschrift von Johann Christoph Bach (22) in Mö überliefert ist.[25]

Beispiel 1
a. Präludium in Es-Dur BWV Anh. 177/1, T. 1–3

b. J. C. F. Fischer, Präludium V in Es-Dur (1702), T. 1–2

c. J. Pachelbel, Fantasia in Es-Dur, T. 1–3

d. Thema der Fuge in Es-Dur, BWV Anh. 177/2

e. N. Bruhns, Präludium in e-Moll, Thema der ersten Fuge (T. 21 ff.)

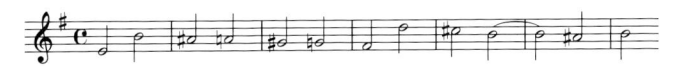

---

[25] *Nikolaus Bruhns. Sämtliche Orgelwerke*, hrsg. von H. Vogel, Wiesbaden 2008, S. 16 bis 23 (dort auch ein vollständiges Faksimile der Tabulaturquelle).

2. Aria-Variationen

Eine mit Präludium und Fuge in Es-Dur vergleichbare Verbreitung haben die Variationswerke Johann Christoph Bachs offenbar nicht erfahren. Die beiden stilistisch am engsten verwandten Reihen – die in Es-Dur und a-Moll über „Aria"-Melodien[26] – sind nur singulär, dafür aber in sehr frühen Abschriften überliefert:

– D-EIb, *Ms. 6.2.1.05* (olim *Ms. AA 1*): „Aria Eberliniana pro dormente Camillo variata â Joh. Christoph Bach. org. Mens: Mart. ao 1690" (Aria mit 15 Variationen in Es-Dur)

– CH-Zz, *Ms. Q 914*: „Aria. J: C: Bach." (Aria mit 15 Variationen in a-Moll)

Bei den beiden Quellen handelt es sich um äußerlich sehr ähnliche separate Faszikel im Quartformat von der Hand desselben Schreibers, dessen Beschriftungen zeitweilig für Autographe von Johann Christoph Bach (*13*) gehalten wurden.[27] Diese Annahme wurde erst fallengelassen, nachdem sich herausgestellt hatte, daß der Kopist der beiden Variationsreihen mit dem Hauptschreiber von Mö und ABB identisch ist.[28] Mit dessen – Hans-Joachim Schulze geglückter – Identifizierung als dem Ohrdrufer Bruder Johann Sebastians löste sich zugleich auch die Schreiberfrage der zwei Faszikel.[29] Sie stellen wohl die ältesten erhaltenen Handschriften von Johann Christoph (*22*) dar und können noch vor Mö (begonnen etwa 1704) angesetzt werden.[30] Bis in die 1880er Jahre wurden die zwei Heftchen zusammen überliefert, zuletzt in der Privatsammlung Philipp Spittas,[31] der beide Werke (zusammen mit den Sarabande-Variationen) im ersten Band seiner Bach-Biographie diskutiert.[32] Damit stellt sich aber auch die Frage, ob der namensgleiche Kopist nicht selbst für die Autorschaft der beiden Werke in Frage kommt und die beiden Heftchen somit doch wieder als Autographe angesehen werden müssen. Allerdings hat bereits Schulze auf Aspekte hingewiesen, die dieser Interpretation zu widersprechen schienen: Im Jahr 1690 (Datierung der Aria Eberli-

---

[26] Neuausgabe in *J.C. Bach. Werke für Clavier* (wie Fußnote 9), S. 10–28.

[27] Spitta I, S. 128; M. Schneider, *Thematisches Verzeichnis der musikalischen Werke der Familie Bach*, BJ 1907, S. 103–178, speziell S. 158.

[28] NBA IV/5–6 Krit. Bericht (D. Kilian, 1978/79), S. 104 f.; siehe auch Schulze Bach-Überlieferung, S. 37 (Fußnote 110).

[29] Schulze Bach-Überlieferung, S. 54.

[30] R. Hill, *The Möller Manuscript and the Andreas Bach Book: Two Keyboard Anthologies from the Circle of the Young Johann Sebastian Bach*, Diss. Harvard University 1987, S. 113–116.

[31] Schulze Bach-Überlieferung, S. 38; vgl. auch Fußnote 92.

[32] Spitta I, S. 124–129.

niana) war der Ohrdrufer Bach erst achtzehn oder neunzehn Jahre alt (gegenüber seinem damals 48jährigen Namensvetter), die Orthographie des Namens im Titel entspricht Gepflogenheiten, die wir in Unterschriften des älteren Bach finden, und mit dem ebenfalls im Titel genannten Eberlin dürfte niemand anderes gemeint sein als der bekannte Eisenacher Konzertmeister Daniel Eberlin (1647 bis um 1714), der sich nach einigen früheren Aufenthalten erneut von 1685 bis 1692 (also einschließlich 1690) als Kollege des älteren Johann Christoph Bach in Eisenach aufhielt. Schulze ließ die Frage bewußt offen: „Trotzdem sollte die Zuweisung an den älteren Johann Christoph Bach nicht als Prämisse akzeptiert werden, sondern allenfalls als Ergebnis einer Stiluntersuchung, die den 18jährigen Pachelbel-Schüler als Komponisten ausschließt und eine Übereinstimmung mit dem Stil des großen Eisenachers konstatiert".[33]

Diese Forderung läßt sich aber kaum so direkt realisieren, da es zum einen keine gesicherten Werke des jüngeren Johann Christoph gibt und zum anderen im Schaffen des älteren Johann Christoph vergleichbare Werke fehlen. Die dritte Variationsreihe von „J. C. Bach" weist ein ähnliches Überlieferungsproblem auf und ist deshalb für einen Stilvergleich ungeeignet. Zudem zeigen Präludium und Fuge in Es-Dur, daß auch der Eisenacher Johann Christoph Anregungen von Pachelbel aufnahm, ohne natürlich dessen direkter Schüler gewesen zu sein. Das einzige, was sich zu diesem Punkt feststellen läßt ist, daß die Aria Eberliniana eine ausgefeilte, meisterhafte Satztechnik aufweist, die nicht recht zum Bild eines sehr jungen, noch als Hilfsorganist angestellten Musikers passen will, dem offenbar auch in den folgenden drei Jahrzehnten seines Lebens keine kompositorische Profilierung gelang (die Überlieferung von zwei umfangreichen Sammelbänden aus seinem Besitz hätte an sich gute Chancen geboten, etwaige eigenen Kompositionen des Ohrdrufer Organisten zumindest teilweise zu erhalten). Hinzu kommt noch, daß Johann Sebastian mit seinem stark entwickelten Familienstolz sicherlich nicht über kompositorische Leistungen seines Bruders geschwiegen hätte – schon gar nicht zugunsten eines weiter entfernten Verwandten wie dem Eisenacher Johann Christoph.

Ungeachtet der relativ ungünstigen Vergleichslage gibt es doch einige weitere inhaltliche und überlieferungsgeschichtliche Aspekte, die meines Erachtens den oben angesetzten, auf Eisenach weisenden Indizienkreis zur Zuschreibung der Aria Eberliniana – und damit auch des a-Moll-Werkes – durchweg überzeugend zu schließen vermögen. Wichtig ist dabei die Berücksichtigung des großen inneren Zusammenhangs der beiden Reihen, der keinen Zweifel daran läßt, daß sie von demselben Komponisten stammen. Es ist nicht nur die gleiche Satzzahl und die identische schlichte Aria-Struktur

---

[33] Schulze, Johann Christoph Bach (wie Fußnote 2), S. 78.

(a a b b, sämtlich Viertakter) die darauf hinweist, sondern mehr noch der weitgehend vergleichbare Aufbau und die identischen Variationstechniken (Tabelle 1).

Tabelle 1. Kompositionstechniken in drei Variationsreihen von „J. C. Bach"

Technik	Aria-Variationen		Sarabande-Variationen
	Es-Dur	a-Moll	G-Dur
Satz	Aria (3stimmig)	Aria (4stimmig)	Sarabanda (4stimmig)
	Var. 15 (4stimmig)	–	Var. 12 (4stimmig)
(auftaktige) Achtel	Var. 1 (4stimmig)	Var. 1 (4stimmig)	–
laufende Achtel rechte Hand	Var. 2 (3stimmig)	Var. 2 (3- und 4stimmig)	Var. 1
Achtel linke Hand	Var. 3 (3stimmig)	Var. 3 (3stimmig)	Var. 2 (3stimmig)
„suspirans"-Sechzehntel	Var. 4 (4stimmig)	Var. 4 (4stimmig)	–
Sechzehntel rechte Hand	Var. 5 (3stimmig)	Var. 5 (2stimmig)	Var. 5
Sechzehntel linke Hand	Var. 6 (3stimmig)	Var. 6 (3stimmig)	
gebrochene Sechzehntel rechte Hand	Var. 7 (3stimmig)	Var. 10 (3stimmig)	Var. 7
gebrochene Sechzehntel linke Hand	Var. 8 (3stimmig)	Var. 11 (3stimmig)	
Chromatik	Var. 9 (4stimmig)	Var. 15 (5stimmig)	Var. 6
„Daktylus"-Rhythmus („geschnellet")	Var. 10 (3stimmig)	–	–
C. f. in einer tieferen Stimme	Var. 11 (3stimmig) (c. f. im Tenor)	Var. 12 (3stimmig) (c. f. im Baß)	–
Harpeggiando (rechte Hand) („geschnellet")	Var. 12 (2stimmig)	–	Var. 8 (2stimmig)
Sechzehntel in beiden Händen	Var. 13 (2stimmig)	Var. 14 (2stimmig)	–

Technik	Aria-Variationen		Sarabande-Variationen
	Es-Dur	a-Moll	G-Dur
Achtel in beiden Händen	–	–	Var. 11 (2stimmig)
12/8-Takt	Var. 14 (3stimmig)	Var. 9 (4stimmig)	–
Sechzehntel im Tenor	–	Var. 7 (4stimmig)	–
Sechzehntel im Alt	–	Var. 8 (4stimmig)	–
6/8-Takt	–	Var. 13 (3stimmig)	Var. 10 (3stimmig)

Wie der Übersicht zu entnehmen ist, sind bis zu Var. 6 beide Aria-Variationswerke identisch aufgebaut, danach wird die Beziehung etwas lockerer, obwohl immerhin noch sechs weitere vergleichbare Variationstechniken beziehungsweise Figurationsmodelle festgestellt werden können. Auf alle Fälle ist aber eine ganz nah verwandte Konzeption festzustellen, die in der gleichen Variationsanzahl weiter in Erscheinung tritt und von der identischen Zuschreibung bestätigt wird. Die drei Werke sind vielleicht gar als Pendants konzipiert, wobei auf einer festen Basis einer hoch entwickelten, weitgehend identischen Variationstechnik die Unterschiede sinnvoll herausgearbeitet werden. Der Dur/Moll-Kontrast scheint zudem im Tritonus-Verhältnis der Tonarten absichtlich so scharf wie möglich ausgeprägt zu sein (genau wie etwa in J. S. Bachs Clavier-Übung II). Die Aria in a-Moll ist somit wohl auch „um 1690" anzusetzen; das weiter entwickelte kompositionstechnische Niveau könnte jedoch auf eine etwas jüngere Entstehungszeit hindeuten. Das Werk kann jedenfalls der Zeitspanne 1690–1703 zugeordnet werden.

In der a-Moll-Reihe ist die gediegene kontrapunktische Anlage, die schon in der Aria Eberliniana eine feste kompositorische Basis bildet, noch weiter gesteigert. Das kommt vor allem in den Stimmzahlverhältnissen der jeweils sechzehn Sätze zum Ausdruck: Während beide Reihen jeweils zwei zweistimmige Variationen aufweisen, betont die Es-Dur-Reihe die Dreistimmigkeit (zehn Variationen gegenüber sieben in dem a-Moll-Werk), die a-Moll-Reihe dagegen die Vierstimmigkeit (sechs Variationen gegenüber vier in der Aria Eberliniana); das a-Moll-Werk weist zudem eine fünfstimmige Variation auf – eine Technik, die in der anderen Reihe fehlt. Die Variationen in a-Moll weisen zusätzlich einige kontrapunktisch komplizierte Variationstechniken auf wie die Melodiedurchführung im Baß in Var. 12 (gegenüber einer kompositionstechnisch einfacheren Durchführung im Tenor in Variation 11 der Aria Eberliniana) und die vierstimmigen Variationen 7 und 8 mit laufenden Sechzehnteln im Tenor bzw. im Alt, was in der meisterhaften fünfstimmigen chromatischen Schlußvariation kulminiert; die hier durchgeführte Idee einer harmonisch bereicherten Fassung der Eröffnungsvariation als Schlußglied findet sich auf schlichtere Weise auch in der Aria Eberliniana.

Vor allem diese kühne Schlußvariation lenkt die Aufmerksamkeit auf jene bekannte, von Carl Philipp Emanuel Bach im Nekrolog von 1754 überlieferte Aussage zum vollstimmigen Spielstil des Eisenacher Johann Christoph Bach: „Er setzte, so viel nämlich der damalige Geschmack erlaubte, sowohl galant und singend, als auch ungemein vollstimmig [...]. Auf der Orgel, und dem Claviere, [hat er] niehmahls mit weniger als mit fünf nothwendigen Stimmen gespielet [...]".[34] So übertrieben diese Charakterisierung auch sein mag, sie reflektiert doch offenbar eine bestimmte Spiel- und Kompositionsweise Johann Christoph Bachs. Räumt man eine gewisse inhaltliche Unschärfe – bedingt durch die beträchtliche zeitliche Entfernung in Kombination mit mündlicher Überlieferung sowie Carl Philipp Emanuels Familienstolz – ein, so bleibt die allgemeine Tendenz doch bestehen, und es erscheint durchaus glaubwürdig, daß Johann Christoph Bachs Clavierspiel sich durch Vollstimmigkeit und kontrapunktische Dichte ausgezeichnet hat – Züge, die vor allem in den a-Moll-Variationen (wie auch in BWV Anh. 177, das durchgehend vierstimmig konzipiert ist und zudem einige fünfstimmige Stellen [T. 8 und 19–26] aufweist) klar hervortreten. Die kontrapunktische Durcharbeitung und strenge Motivbehandlung, die als „Formelvariation" bezeichnet werden könnten, unterscheidet diese zwei Reihen von dem wichtigsten gedruckten Vergleichswerk, den sieben Aria-Variationen in Johann Pachelbels „Hexachordum Apollinis" von 1699, wo eine weniger strenge, mehr melodisch empfundene Variationstechnik vorherrscht.[35]

Weitere Indizien, die die Autorschaft Johann Christoph Bachs (*13*) für diese beiden Reihen stützen, bieten zwei aus dem 19. Jahrhundert stammende Überlieferungsspuren. Zunächst gibt es eine Johann Michael Bach (*14*), dem Bruder Johann Christophs (*13*), zugeschriebene „Aria mit 15 Veränderungen", welche lediglich in einer Bearbeitung für Harmonium von Leopold Alexander Zellner aus der 2. Hälfte des 19. Jahrhunderts erhalten geblieben sein soll. Obwohl der Verfasser die diesbezügliche Ausgabe Zellners[36] bisher noch nicht ausfindig machen konnte, hat sich die Vermutung, daß das Werk in Anbetracht der erwähnten Anzahl von Variationen etwas mit einer der beiden

---

[34] Dok III, Nr. 666 (S. 81); siehe auch Dok VII, S. 94. Das ominöse „niehmahls" hat schon C. F. Zelter in seinem Exemplar von Forkels Bach-Biographie unterstrichen und mit einem Fragezeichen versehen; siehe Dok VII, S. 148.

[35] Siehe dazu J.-C. Zehnder, *Die frühen Werke Johann Sebastian Bachs. Stil – Chronologie – Satztechnik*, Basel 2009 (Schola Cantorum Basiliensis Scripta. 1.), S. 126 und 515 f.

[36] L. A. Zellner, *Die Kunst des Harmoniumspiels*, II. Abt., Heft 1, Leipzig o. J.

Aria-Variationsreihen Johann Christoph Bachs zu tun haben könnte, doch bestätigt. Die 1941 gedruckte Studie zur Variationstechnik Johann Pachelbels von Eberhard Born enthält nämlich einen Nachweis dieser Veröffentlichung und bringt dabei die erste Zeile der Arie zum Abdruck.[37] Es handelt sich um eine nach g-Moll transponierte und ziemlich verstümmelte Version der a-Moll-Aria Johann Christoph Bachs. Wenn auch vage, deutet die – ohne Zweifel apokryphe – Überlieferung unter dem Namen Johann Michael Bachs doch stärker auf seinen Bruder, den Eisenacher Johann Christoph.

Die zweite aus dem 19. Jahrhundert stammende Spur steht in Zusammenhang mit der dokumentarisch belegten Existenz einer weiteren Variationsreihe Johann Christoph Bachs und deren Beziehung zur a-Moll-Melodie; während die Es-Dur-Variationen laut Titelaussage ein (offenbar nicht erhaltenes) weltliches Lied zur Grundlage haben,[38] ist in der Quelle zu der a-Moll-Reihe keine Vorlage genannt. Der Lexikograph Ernst Ludwig Gerber erwähnt aber 1812 eine unvollständige Abschrift einer dritten, jetzt verschollenen Reihe von Aria-Variationen Johann Christoph Bachs:[39]

Außerdem besitze ich noch von ihm die hier zu Lande bekannte Choralmelodie: Jesus, Jesus, nichts als Jesus etc. deren erste vier Noten der Melodie gleich kommen: Liebster Jesu, wir sind hier. Hier aber erscheint die Melodie als Arie, aus B dur, mit Variationen fürs Klavier, von Joh. Christoph Bach. Mst. Wie viel eigentlich der Variationen gewesen sind, kann deswegen nicht bestimmt werden, weil der Schreiber mitten in der vierten abgebrochen hat. Dem Büchelchen aber nach, was bloß dazu scheint geheftet worden zu seyn, könnte sich ihre Anzahl wohl auf 20 belaufen haben.

Hans-Joachim Schulze hat die Melodie nach Gerbers Angaben identifizieren können – es handelt sich um Zahn Nr. 3651[40]; außerdem hat er die verschollene Melodiereihe aufgrund der identischen Melodievorlage, die um 1700 offenbar mit verschiedenen geistlichen Liedtexten versehen wurde, mit einem Eintrag im Nachlaßverzeichnis Johann Nikolaus Forkels aus dem Jahr 1819 in Verbindung gebracht – eine dort J. S. Bach zugeschriebene „Ariette: Ich begehr nicht mehr zu leben etc. mit 12 Variat."[41] Da die Autorenangabe

---

[37] E. Born, *Die Variation als Grundlage handwerklicher Gestaltung im musikalischen Schaffen Johann Pachelbels*, Berlin 1941, Beilage 1, S. 2.

[38] Eine ehemals in der Sammlung Wolffheim befindliche Tabulaturhandschrift aus dem frühen 18. Jahrhundert enthielt ein Lied „Ach Camillo, willst du schlafen", dessen Melodie aber nicht mit der Aria J. C. Bachs identisch war. Siehe *Musikbibliothek Dr. Werner Wolffheim, II. Teil, Textband*, Berlin 1929, S. 37 (Los-Nr. 65).

[39] Gerber NTL, Bd. 1, Sp. 209.

[40] Vgl. J. Zahn, *Die Melodien der deutschen evangelischen Kirchenlieder*, 6 Bde., Gütersloh 1889–1893.

[41] H.-J. Schulze, *Eine verschollene Choralpartita Johann Sebastian Bachs?*, BJ 2003, S. 229–232.

sicherlich nicht ernstgenommen werden muß, handelt es sich – wie Schulze folgert – wohl um das von Gerber erwähnte Werk. Die Anzahl von zwölf Variationen (eine Korrektur der von Gerber wohl allzu großzügig spekulierten 20) weist darüber hinaus klar auf Johann Christoph Bach (*13*), sowohl allgemein wegen ihrer relativ hohen Anzahl als auch mehr spezifisch wegen ihrer Übereinstimmung mit den Sarabande-Variationen G-Dur. Das von Gerber erwähnte Textincipit zur Melodie, „Jesus, Jesus, nichts als Jesus", findet sich auffälligerweise auch in der Orgelbearbeitung dieser Liedweise von Johann Christophs Amtsnachfolger Johann Bernhard Bach (1767–1749);[42] diese Text-Melodie-Konstellation mag vielleicht einen in Eisenach gängigen Kirchengesang gebildet haben. Im Plauener Orgelbuch von 1708 hat sich eine anonyme Choralpartita über diese Melodie erhalten, jedoch in A-Dur und mit dem abweichenden Textincipit „Liebe, die du mich zum Bilde".[43] Das Werk setzt sich aus einem Choralsatz (in Generalbaßnotation) und drei Variationen zusammen. Letztere entsprechen in ihrer Technik und bestimmten Einzelheiten der Figuration sowie in ihrer Konstellation den Variationen 5–7 der Aria Eberliniana (bzw. Var. 5, 6 und 10 der a-Moll-Aria; vgl. Tabelle 1). Es könnte sich hier also durchaus um ein Fragment der bei Gerber und Forkel erwähnten umfangreicheren Reihe handeln.

Gerber wies mit Nachdruck auf den merkwürdigen Umstand hin, daß seine Quelle kein Kirchenlied zitiert, sondern daß die Melodie schlicht als „Arie" bezeichnet wird. Ganz gleich ob damit die Melodie als weltliche Weise von Johann Christoph „erfunden" worden ist und dann bald dem Kirchenlied einverleibt wurde oder nicht – Schulze neigt eher zu der letztgenannten Ansicht –, lenkt diese Merkwürdigkeit die Aufmerksamkeit auf die a-Moll-Reihe, die genauso bezeichnet ist. Die naheliegende Vermutung, hinter dieser Weise (Beispiel 2a) könnte sich ebenfalls ein (kirchliches) Lied verbergen, hat sich bisher noch nicht bestätigen lassen.[44] Jedoch weist die Melodie eine bemerkenswerte Verwandtschaft zu Melchior Francks 1652 veröffentlichtem Lied „Ach wie flüchtig, ach wie nichtig" (Beispiel 2b) auf, was auf einen „geistlichen" Hintergrund hindeuten mag. Wenn dies zutrifft stellt sich auch hier die Frage, warum die Quelle keinen (Kirchen-)Lied-Titel aufweist, ob

---

[42] D-B, *Mus. ms. 22541/1*, S. 153 (J. G. Walther).

[43] Das Plauener Orgelbuch (D-PL, *III. B. a. No: 4*), eine zwischen 1708 und etwa 1710 geschriebene mitteldeutsche Quelle mit Choralbearbeitungen, ist nur auf Film erhalten: D-B, *Fot Bü 124*. Vgl. den Hinweis auf diese Quelle bei Schulze, Eine verschollene Choralpartita (wie Fußnote 41), S. 230. Das anonyme Werk wurde aufgrund einer Bemerkung F. Dietrichs (*Geschichte des deutschen Orgelchorals im 17. Jahrhundert*, Kassel 1932, S. 78) als Werk Johann Heinrich Buttstedts ediert; siehe: *J. H. Buttstett. Sämtliche Orgelwerke*, hrsg. von K. Beckmann, Bd. 2, Meßstetten 1996, S. 100–101 (Nr. 38).

[44] Eine systematische Suche bei Zahn (wie Fußnote 40) blieb erfolglos.

es also ein Variationswerk zu einer – selbst komponierten? – weltlichen „Aria" darstellt oder etwa als Choralpartita geschaffen wurde. Wie dem auch sei, auf alle Fälle bildet diese besondere gemeinsame Eigenschaft der verschollenen Variationen und der a-Moll-Reihe einen weiteren Baustein in dem eindeutig auf Johann Christoph Bach (*13*) weisenden Indizienkreis.

Beispiel 2
a. Melodie Aria a-Moll (J. C. Bach)

b. Melodie „Ach wie flüchtig, ach wie nichtig"

Daß der Autor der beiden in enger Beziehung zueinander stehenden Variationsreihen in Es-Dur und a-Moll tatsächlich der Eisenacher und nicht der Ohrdrufer Johann Christoph Bach ist, wird letztlich auch aus Sicht des Überlieferungsbefunds deutlich. Die Handschrift der Aria Eberliniana ist keinesfalls fehlerfrei, sondern weist einige Flüchtigkeiten auf – ein Zug, der in den a-Moll-Variationen in noch größerem Umfang zu beobachten ist.[45] Ganz ähnliche Verhältnisse finden sich in den zahlreichen Abschriften Johann Christoph Bachs (*22*) in Mö und ABB. Ein anschauliches Beispiel hierfür liefert seine Kopie von J. S. Bachs Choralbearbeitung „Wie schön leuchtet der Morgenstern" BWV 739 in Mö (Nr. 43), die eindeutig nach dem erhaltenen Autograph (D-B, *P 488*) angefertigt wurde. Wie Robert Hill dargelegt hat,[46] enthält die Kopie eine Reihe von Flüchtigkeitsfehlern, die diese qualitativ deutlich vom Autograph abgrenzen. Zahlenmäßig liegen mit diesen Fehlern durchaus vergleichbare Verhältnisse vor wie bei den zwei erhaltenen Arien-Zyklen. Somit handelt es sich auch bei den beiden Arien-Quellen eindeutig um Abschriften und nicht um Reinschriften des Komponisten, dem man wohl kaum so viele Kopierfehler anlasten mag. Damit entfällt meiner Meinung nach endgültig die Möglichkeit der Identität von Komponist und Kopist – und im Zusammenhang mit den oben genannten Indizien (Eberlin, Datierung, Art der Namensnennung, Johann Michael Bach, Hintergrund des dritten „Aria"-Zyklus) schließt sich der Indizienkreis und wir können beide Werke mit weitgehender Sicherheit dem Eisenacher Johann Christoph zuweisen.

---
[45] Siehe den Krit. Bericht in *J. C. Bach. Werke für Clavier* (wie Fußnote 9), S. 36.
[46] Hill (wie Fußnote 30), S. 138–142 und 626–630; *Keyboard Music from the Andreas Bach Book and the Möller Manuscript*, hrsg. von R. Hill, Cambridge Mass. und London 1991 (Harvard Publications in Music. 16.), S. xxiv und 203.

3. Sarabande-Variationen

Eine gegenüber den Aria-Variationen anders geartete Quellenlage liegt bei der dritten „J.C. Bach" zugeschriebenen „weltlichen" Variationsreihe vor.[47] Diese ist unvollständig in einer Tabulaturabschrift überliefert, die noch zu Johann Christoph Bachs (*13*) Lebzeiten oder kurz danach entstand: das sogenannte Bornss Manuskript von 1703–1704 (nur auf Film erhalten: D-B, *Fot. Bü 124*), wo sie als „Saraband di J.C. Bachen duodecies variation. ex G" erscheint.[48] Ungeachtet des Titels enthält die Tabulatur lediglich die Sarabande sowie die Variationen 1–5. Vollständig wird die Reihe erst greifbar in einer Abschrift (D-B, *P 4/2*, S. 61–67) des Erfurter Klaviervirtuosen und Komponisten Johann Peter Theodor Nehrlich (1770–1817)[49] mit fast identischer Aufschrift: „Sarabande. duodecies variat: J.C. Bach". Wider Erwarten erweist sich die zeitgenössische Tabulaturquelle als weniger zuverlässig als die viel später entstandene Abschrift Nehrlichs. Wahrscheinlich hatte Nehrlich während seiner Schülerzeit bei C.P.E. Bach in Hamburg (1780/81–1785) Zugang zu einer (jetzt nicht mehr vorhandenen) Primärquelle aus dem „Alt-Bachischem Archiv". Weiterhin begegnet das Werk noch in einer Abschrift aus der zweiten Hälfte des 19. Jahrhunderts (B-Bc, *Ms. 15142 MSM/1*, S. 12–29), das laut Titelblatt auf einer (verschollenen) Handschrift aus dem Besitz Wilhelm Rusts basiert. Textlich ist es mit Nehrlichs Abschrift, die jedoch nicht die Vorlage gewesen sein kann, identisch. Vielmehr handelte es sich um eine wohl aus der Mitte des 18. Jahrhunderts stammende verschollene Handschrift aus dem Besitz von Wilhelm Rust.[50] Eine zuverlässige Überlieferung zeigt sich gleichfalls in dem Werktitel („Sarabande 12ies variata") und wohl auch in der Identifizierung von „Joh. Christ. Bach." als dem Eisenacher Organisten durch die Beigabe „†1703".[51] Daß der Handschrift Rusts beziehungsweise „Brüssel" einige Autorität zukommt, wird unterstützt von den Autorenbezeichnungen der Werke, die in der Brüsseler Quelle um die G-Dur-Variationen gruppiert sind: hier wird „J.B. Bach Ohrdruffiensis", also Johann Bernhard (*41*, 1700–1743), der Sohn Johann Christoph Bachs (*22*), klar abge-

---

[47] Neuausgabe in *J.C. Bach. Werke für Clavier* (wie Fußnote 9), S. 29–35.
[48] Hill (wie Fußnote 30), S. 168–170.
[49] Identifizierung des Schreibers in NBA IV/11 Krit. Bericht (P. Wollny, 2008), S. 182–184.
[50] Siehe U. Leisinger und P. Wollny, *Die Bach-Quellen der Bibliotheken in Brüssel*, Hildesheim 1997 (LBzBF 5), S. 447.
[51] In NBA V/12 Krit. Bericht (U. Bartels, 2006), S. 172, wird unvollständig „Joh. Christ. Bach / 1703" als Aufschrift der Brüsseler Quelle angegeben, was als Hinweis auf J.C. Bach (*22*) interpretiert wird, „zumal Johann Christoph Bach d. Ä. [= *13*] im Jahr 1703 starb [sic!]".

hoben von dem bekannteren „Eisenacher" Johann Bernhard (*18*, 1676–1749).[52] Die gleiche Quelle enthält eine Abschrift von Präludium und Fuge Es-Dur, die hier zwar unter dem Namen J. S. Bachs erscheint, deren Präsenz jedoch einen gewissen Überlieferungszusammenhang von Werken des Eisenacher Johann Christophs impliziert. Noch aussagekräftiger ist in dieser Hinsicht die Nehrlich-Handschrift, die nicht nur die Sarabande-Variationen enthält, sondern auch noch eine Abschrift von Johann Christoph Bachs (*13*) Motette „Der Gerechte, ob er gleich zu zeitlich stirbt", ohne Zweifel Anfang der 1780er Jahre kopiert nach Heinrich Bachs Abschrift von 1676 aus dem damals im Besitz C. P. E. Bachs befindlichen „Alt-Bachischen Archiv".

Obwohl eine ähnlich enge Verwandtschaft wie zwischen den beiden Aria-Variationen hier nicht vorhanden ist, gibt es doch verschiedene klare stilistische Berührungspunkte zwischen diesem Werkpaar und den Sarabande-Variationen, sowohl in allgemeiner Hinsicht durch die Vorherrschaft der motivisch strengen „Formelvariation", als auch mehr spezifisch, wie in Tabelle 1 angedeutet. So sind die Variationen mit fließenden beziehungsweise gebrochenen Sechzehnteln, denen in den Arien-Zyklen für jede Spielhand jeweils ein Satz gewidmet ist (also insgesamt vier Variationen), in dem Sarabande-Zyklus zu zwei Variationen zusammengefaßt (Var. 5 und 7), wobei die Hände taktweise alternieren. Die chromatische sechste Variation ist genau wie die entsprechenden Sätze in den Aria-Zyklen einer weniger „manierierten", mehr regelhaften chromatischen Schreibweise verpflichtet und beschränkt sich zudem auf die Dreistimmigkeit. Dagegen findet sich ein ganz ähnlicher Arpeggiando-Satz (Var. 8) wie in der Aria Eberliniana (Var. 12) sowie eine Variation im 6/8-Takt (Var. 10), die mit Var. 13 der a-Moll-Arie nah verwandt ist (Beispiel 3 a–b). Die Steigerung der Stimmenzahl auf vier in der Schlußvariation (die ausgeschriebenen Arpeggien der linken Hand in der Sarabande und in Var. 1 führen nur in der Notation zu vierstimmigen Sätzen) und die Einbeziehung von Chromatik (oder eher: von „fremden" Harmonien) erinnern an die Schlußvariation der a-Moll-Variationen. Zu der „Sarabande simple" des Themas und Var. 1–11 verhält diese im 3/2-Takt notierte Variation sich als „Sarabande grave" (und als solche zeigt sie offenbar Vertrautheit mit dem pathetischen Frobergerschen Sarabandentypus). All diese Variationen haben unverkennbar Spuren im Werk J. S. Bachs hinterlassen, am deutlichsten in den – in derselben Tonart stehenden – Goldberg-Variationen,[53] namentlich in der

---

[52] Wegen dieser genauen Identifizierungen, die wohl auf älteren Überlieferungen fußen, bildet die Anwesenheit von Werken Johann Bernhard Bachs (*41*) kein Argument, die G-Dur-Variationen mit seinem Vater Johann Christoph (*22*) in Beziehung zu bringen, wie das in MGG² (Personenteil, Bd. 1, Sp. 1298) geschieht.

[53] Krit. Bericht NBA V/2 (C. Wolff, 1981), S. 110; P. Williams, *Bach. The Goldberg Variations*, Cambridge 2001, S. 37 f., 43 und 54; Schulenberg (wie Fußnote 22), S. 320 und 423.

Führung des Basses in den jeweils ersten acht Takten und in der Verwendung einer Sarabande als Variationsthema. Spitta wies zudem auf eine auffallende motivische Verbindung zwischen Johann Christophs vierter und Johann Sebastians dritter Variation hin.[54] Darüber hinaus gibt es noch eine weitere Spur der Beschäftigung des späten J. S. Bach mit dieser Reihe: die chromatische sechste Variation ist in ihren ersten acht Takten auffallend verwandt mit jenem als Anhang zu den Goldberg-Variationen komponierten „Canone doppio sopr' il soggetto" BWV 1077 (beziehungsweise BWV 1087/ 11) aus dem Jahr 1747 (Beispiel 3 c–d). Diese Verbindungen bilden eine indirekte Bestätigung von Johann Christoph Bachs (*13*) Autorschaft dieser Reihe, denn J. S. Bachs korrigierende Hand findet sich – wie Peter Wollny dargelegt hat[55] – innerhalb des „Alt-Bachischen Archivs" ausschließlich in den Werken Johann Christophs, die also offenbar sein besonderes Interesse und seine besondere Zuwendung genossen.

Beispiel 3
a. Aria a-Moll, Var. 13, T. 9–11

b. Sarabande G-Dur, Var. 10, T. 9–11

c. Sarabande G-Dur, Var. 6, Anfang

---

[54] Spitta I, S. 127.
[55] Wollny, Geistliche Musik (wie Fußnote 19), S. 50 f.

d. Canon BWV 1077 bzw. 1087/11, Anfang

*

Innerhalb der Bach-Überlieferung gibt es noch eine weitere Variationsreihe über ein Sarabandenthema, die sogenannte „Sarabanda con Partitis" in C-Dur BWV 990. Das Stück ist nicht vor der zweiten Hälfte des 18. Jahrhunderts nachweisbar und die drei Quellen[56] schreiben es sämtlich J. S. Bach zu. Allerdings repräsentieren sie keine unabhängigen Überlieferungszweige, sondern stammen offenbar von einer gleichen Mutterhandschrift ab.[57] Die älteste Quelle ist eine Abschrift von Leonhard Scholz (1720–1798) mit der auffallenden, nicht leicht zu deutenden Autorenangabe „Dal mio J. S. Bach". Die Authentizität dieser Zuschreibung ist sehr unterschiedlich beurteilt worden. Hermann Keller schreibt: „Nirgends […] hören wir Bachsche Töne, – wahrscheinlich ist ein mitteldeutscher Zeitgenosse Bachs der Komponist, dessen Stück Bach einem Freunde geschenkt hat?"[58] Auch Hartwig Eichberg spricht das Stück Bach ab, findet es überdies „einseitig dem Vorbild Scheidts verpflichtet" und ordnet es „um die Mitte des 17. Jahrhunderts oder in seiner zweiten Hälfte" ein.[59] Rüdiger Wilhelm diskutiert in seiner Ausgabe verschiedene Alternativen wie Johann Heinrich Buttstett (1666–1727), Johann Gottfried Walther (1684–1748) und Jacob Adlung (1699–1762), möchte aber „letztlich Johann Sebastian Bach als Autor von BWV 990 aufgrund der Zuschreibung der Handschriften nicht gänzlich ausschließen".[60] David Schulen-

---

[56] (a) D-LEb, *Ms. Scholz 5. 10. 1*: „Sarabanda con Partitis. Da mio J. S. Bach" (2. Hälfte des 18. Jahrhunderts); (b) A-Wn, *S. m. 5012*: „Johann Sebast. Bachs / Sarabande / in / XVI Partien / mit XV Variationen" (um 1800); (c) verschollene Hs. aus der Slg. Schelble-Gleichauf, ediert in BG 42 (E. Naumann, 1894), S. 221–233 (Titel laut BG: „Sarabanda con Partitis da mio J. S. Bach"); siehe NBA V/12 Krit. Bericht (U. Bartels, 2006), S. 110–116, und die Einzelausgabe *Johann Sebastian Bach zugeschrieben. Sarabanda con Partite BWV 990*, hrsg. von R. Wilhelm, Stuttgart 2005, S. 25.
[57] Wilhelm (wie Fußnote 56). S. 2.
[58] Keller (wie Fußnote 23), S. 47.
[59] H. Eichberg, *Unechtes unter Bachs Klavierwerken*, BJ 1975, S. 7–49, speziell S. 42–47.
[60] Wilhelm (wie Fußnote 56). S. 2 f.

berg neigt mit einiger Vorsicht zu einer Restitutierung der Autorschaft J. S. Bachs,[61] eine Auffassung, die dann ohne jegliche Vorbehalte von Siegbert Rampe übernommen wird.[62]
Auf alle Fälle auszuschließen ist Eichbergs frühe Datierung; stilistisch hat das Stück kaum etwas mit Scheidt zu tun und gehört eindeutig in die Zeit um 1700. Die Zuschreibung an J. S. Bach bleibt trotz neuerer Plädoyers nach wie vor problematisch. Stilistische Bezüge zu frühen Variationswerken wie der Aria variata BWV 989 oder den Choralpartiten BWV 766, 767 und 770 – Kompositionen, die sich sowohl gut als eine relativ einheitliche wie auch schlüssig in Bachs Frühwerk einzuordnende Werkgruppe betrachten lassen – finden sich zu BWV 990 nicht. Vor allem fehlt BWV 990 eine übergreifende dynamische Werkidee, wie sie die genannten frühen Zyklen Bachs bereits aufweisen.[63] Dagegen ist diese Variationsreihe, soweit ich sehe, merkwürdigerweise bisher noch nie ernsthaft mit Johann Christoph Bach (13) in Verbindung gebracht worden, obwohl die Gesamtanlage des Werks dazu doch Anlaß gibt. Dies betrifft einerseits die ziemlich seltene, im mitteldeutschen Bereich sonst nicht anzutreffende Wahl einer Sarabande als Variationsvorlage, andererseits hat die Zahl von fünfzehn Variationen[64] bei dem Eisenacher Bach zwei sehr bedeutende Entsprechungen. Die handwerklich gediegene, zu Vollgriffigkeit und spielerischer Virtuosität neigende Satzweise von BWV 990 sowie die Tendenz zu einer erschöpfenden Ausnutzung bestimmter Figurationsmodelle stellt einen weiteren allgemeinen Bezug zum Eisenacher Johann Christoph Bach und seinen Cembalovariationen dar.
Über diese bemerkenswerte strukturelle Parallele hinaus lassen sich aber hinsichtlich der Figurationsmodelle nur wenige Übereinstimmungen feststellen, mit einer wichtigen Ausnahme: die fünfte Variation benutzt weitgespannte Akkordbrechungen in der linken Hand (Beispiel 4a), ein Satzmodell, das sich auch in den beiden „Aria"-Variationen Johann Christoph Bachs findet (Beispiel 4b–c). Einen weniger klaren Bezug stellt die kreisende Figuration der vierten Variation dar (Beispiel 4d–e).

---

[61] Schulenberg (wie Fußnote 22), S. 379 f.
[62] *Bachs Klavier- und Orgelwerke. Das Handbuch*, hrsg. von S. Rampe, Bd. I, Laaber 2007, S. 268 f.
[63] Zu diesem Aspekt der Choralpartiten siehe P. Dirksen, *J. S. Bach und die Tradition der Choralpartita*, in: Bach und die deutsche Tradition des Komponierens. Wirklichkeit und Ideologie. Festschrift Martin Geck zum 70. Geburtstag, hrsg. von R. Emans und W. Steinbeck, Dortmund 2009 (Dortmunder Bach-Forschungen. 9.), S. 39–48.
[64] In den erhaltenen Quellen ist das „Thema" immer schon als Var. 1 gezählt (die Numerierung läuft somit bis 16), was aber mit dem Titel „Sarabanda con Partite" im Widerspruch steht; hier wird die berichtete, mußmaßlich ursprüngliche Numerierung verwendet.

Zur Echtheit der J. C. Bach zugeschriebenen Clavierwerke 237

Beispiel 4
a. Sarabande C-Dur (BWV 990), Var. 5, T. 1–8

b. Aria a-Moll, Var. 11, T. 1–4

c. Aria Eberliniana Es-Dur, Var. 8, T. 1–4

d. Sarabande C-Dur (BWV 990), Var. 4, T. 1–4

e. Sarabande G-Dur, Var. 5, T. 1–4

Offenbar waren dem Verfasser von BWV 990 auch norddeutsche Cembalo-variationsreihen bekannt, wie ein Vergleich mit etwa Dietrich Buxtehudes Aria mit Variationen C-Dur BuxWV 246 veranschaulicht. Es ist vor allem der Ausklang in einer vollständige Suite (Var. 12–15; weil der Sarabande-Typus im Thema und in den Variationen 1–11 schon erschöpfend behandelt war, wird die „Sarabande"-Stelle in der Suite von einem neutralen 4/4-Satz wahrgenommen), der eine feste Beziehung zu Norddeutschland herstellt, denn das einzige greifbare Gegenstück ist Johann Adam Reinckens „Partita diverse sopra l'Aria Schweiget mir von Weiber nehmen, altrimente chiamata La Meyerin" (Var. 15–18), das seinerseits in diesem Punkt die „unvollständige" Suite am Ende von Johann Jakob Frobergers Variationsfolge über das gleiche Thema, die „Partita auff die Mayerin" von 1649, weiterentwickelt.[65] Reinckens Stück (sein wohl bedeutendstes Cembalowerk) findet sich im ABB in einer Abschrift des Ohrdrufer Johann Christoph Bachs und war somit dem Bach-Kreis bekannt. Obwohl die Autorschaft des Eisenacher Johann Christoph Bach sich keinesfalls schlüssig beweisen läßt, sollte er aber künftig doch als ernstzunehmender Kandidat bezüglich der Autorschaft der „Sarabanda con Partitis" in Betracht gezogen werden.

4. Choralbearbeitungen

Neben der Aria mit Variationen in B-Dur erwähnt Ernst Ludwig Gerber im Zusammenhang mit Johann Christoph Bach (*13*), auch noch eine angeblich aus dem Kreis der Bach-Familie stammende Handschrift, die 201 „figurirte

---

[65] Siehe die Beobachtungen zu diesem Werk in der Edition *VI Suittes, divers airs avec leurs variations et fugues pour le clavessin (Amsterdam, 1710)*, hrsg. von P. Dirksen, Utrecht 2004 (Muziek uit de Republiek. 2.), S. 8 und 18.

und fugirte Choräle für die Orgel" enthalte, wovon nur acht auf Johann Christoph zurückgingen.[66] Einige davon stellten aber wiederum Variationsreihen dar, die umfangsmäßig wohl mit der von Gerber in allgemeinerem Zusammenhang gegebenen Angabe „15 bis 20 Veränderungen" in Beziehung gestellt werden dürfen. (Denkbar ist auch, daß sich hierunter die Aria mit Variationen a-Moll befunden hat.) Dabei betont er mit Nachdruck die Qualität dieser Sammlung: „Doch zeichnen sie sich schon durch den edlen schön singenden Gang der Stimmen unter einander, und durch das Leichte, Ungezwungene bey der Führung seiner Thema's und der Modulirung seiner Fugen so aus, daß man bald den Löwen an den Klauen erkennen kann". Obwohl die Handschrift und damit auch jene acht Choräle verschollen sind, hat sich eine Sammlung von 44 Chorälen „zum Präambulieren" erhalten (D-Bhm, *Ms. 6639/1491*), die in wünschenswerter Deutlichkeit „Johann Christoph Bachen / Organ: in Eisenach" zugeschrieben sind.[67] Vorerst ungelöst bleibt die Frage, wie diese offenbar klare Zuweisung sich zu der recht primitiven Faktur der Sätze verhält. Denn die auch von Gerber hervorgehobene Satzqualität, welche sich ohne weiteres in die Vokalmusik sowie in den hier unter (1) bis (3) diskutierten Clavierwerken nachvollziehen läßt, findet in diesen kurzen, anspruchslosen und zum Teil kompositorisch unbeholfenen Sätzen keinerlei Entsprechung. Es besteht daher auch die allgemeine Tendenz, die Zuschreibung als zweifelhaft einzustufen.[68] Vielleicht stammt die Sammlung von dem gleichnamigen Sohn Johann Christoph Bachs (28, 1676–nach 1720), der bei seinem Probespiel für die Nachfolge seines Vaters im Frühjahr 1703 bezeichnenderweise durchfiel.[69]

Um einiges anspruchsvoller sind drei in der sogenannten Neumeister-Sammlung (US-NH, *LM 4708*) vorhandene Choralbearbeitungen, die aber wiederum die mehrdeutige Zuweisung „J.C. Bach" aufweisen.[70] Quellenkundlich

---

[66] Gerber NTL, Bd. 1, Sp. 208 f.
[67] Vgl. Kaiser (wie Fußnote 21). Wie dort dargestellt, läßt sich über die Provenienz der Handschrift wenig aussagen. Abdruck der Titelseite in BJ 1997, S. 163. Edition: *Johann Christoph Bach. 44 Choräle zum Präambulieren*, hrsg. von M. Fischer, Kassel 1936.
[68] Kaiser (wie Fußnote 21), S. 186; J.-C. Zehnder, *„Des seeligen Unterricht in Ohrdruf mag wohl einen Organisten zum Vorwurf gehabt haben …". Zum musikalischen Umfeld Bachs in Ohrdruf, insbesondere auf dem Gebiet des Orgelchorals*, in: Bach und die Stile. Bericht über das 2. Dortmunder Bach-Symposium 1998, hrsg. von M. Geck, Dortmund 1999 (Dortmunder Bach-Forschungen. 2.), S. 169–195, speziell S. 184.
[69] Oefner (wie Fußnote 1), S. 62.
[70] Neuausgabe in *J. M. Bach. Sämtliche Orgelchoräle mit einem Anhang (Orgelchoräle des Bach-Kreises, hauptsächlich aus der Neumeister-Sammlung)*, hrsg. von C. Wolff, Neuhausen-Stuttgart 1988, S. 70–73.

gesehen muß die Frage hier notwendigerweise offenbleiben; eine Zuschreibung an den Eisenacher Johann Christoph könnte sich dabei höchstens auf das Vorkommen einer bedeutenden Reihe von Choralbearbeitungen von seinem Bruder Johann Michael in derselben Quelle berufen,[71] doch ausschlaggebend kann dies selbstverständlich nicht sein. Jean-Claude Zehnder weist aber auf die „recht eigenwillige Physiognomie" des Choralricercars „Allein Gott in der Höh sei Ehr" (Neumeister Nr. 27) hin[72] und meint zu dem Choralsatz „An Wasserflüssen Babylon" (Neumeister Nr. 56): „die ausdrucksvolle Harmonisierung mit eingestreuten chromatischen Wendungen macht es wahrscheinlich, daß das Stück vom Eisenacher Johann Christoph Bach [...] stammt".[73] Die Qualität der beiden Stücke[74] (wie auch eines weiteren Choralsatzes, „Wer Gott vertraut, hat wohl gebaut"; Neumeister Nr. 74) könnte also als Hinweis auf den älteren Johann Christoph betrachtet werden. Rein spekulativ muß aber Zehnders Zuweisung des anonymen[75] „Heut triumphiret Gottes Sohn" (Neumeister Nr. 62) an den gleichen Meister aufgrund gewisser origineller Gestaltungszüge bleiben.[76]

Ewald Kooiman wies als erster auf eine kleine Choralpartita über „Ach Herr, mich armen Sünder" hin, die als Werk eines „Joh. Chr. Bach" in einem Druck aus der Mitte des 19. Jahrhunderts überliefert ist.[77] Auch hier könnte das Kriterium der Qualität zur Identifizierung beitragen. Das Werk besteht aus einem Choralsatz mit zwei Variationen, die sich alle durch ein ausgeprägtes Espressivo der im phrygischen Modus stehenden Melodie („Herzlich tut mich verlangen" beziehungsweise „O Haupt voll Blut und Wunden") auszeichnen. Die erste Variation im 12/8-Takt diente offenbar als Vorbild für die sechste Partita von J. S. Bachs „Sei gegrüßet, Jesu gütig" BWV 768 (Beispiel 5 a–b),[78]

---

[71] Ebenda, S. 4.

[72] Zehnder, „Des seeligen Unterricht" (wie Fußnote 68), S. 182.

[73] Ebenda, S. 174.

[74] Siehe aber die entgegengesetzte Ansicht bei A. Dürr, *Kein Meister fällt vom Himmel. Zu Johann Sebastian Bachs Orgelchorälen der Neumeister-Sammlung*, in: Musica 40 (1986), S. 312, der „Allein Gott in der Höh sei Ehr" als „kaum mehr überbietbare Monotonie" empfindet.

[75] Der einstige Besitzer der Neumeister-Handschrift, Christian Heinrich Rinck (1770–1846), schreibt es in seinem handschriftlichen Katalog der Orgelwerke seiner Sammlung (US-NH, *LM 4708*) Friedrich Wilhelm Zachow zu.

[76] Zehnder, „Des seeligen Unterricht" (wie Fußnote 68), S. 184. Edition des Stückes in *J. M. Bach. Sämtliche Orgelchoräle* (wie Fußnote 70), S. 66 f.

[77] G. W. Körner, *Der neue Organist*, Bd. 2, Erfurt o. J.; in MGG², Personenteil, Bd. 1, Sp. 1297, wird als Quelle irrtümlich die Neumeister-Sammlung genannt. Edition des Stückes in *J. M. Bach. Sämtliche Orgelchoräle* (wie Fußnote 70), S. 74–77.

[78] Das gilt auch für die erste Variation von Johann Gottfried Walthers „Jesu Leiden, Pein und Tod" (siehe *J. G. Walther. Ausgewählte Orgelwerke*, hrsg. von H. Lohmann, Bd. 1, Wiesbaden 1966, S. 101).

während das in der zweiten Variation wiederholt auftretende fallende Sequenzmodell noch weiter intensiviert im Orgelbüchlein-Choral „Da Jesu an dem Kreuze stund" BWV 621 wiederkehrt (Beispiel 5c–d). Die Satztechnik der letztgenannten Variation – dreistimmig mit dem Cantus firmus im Baß – findet sich auch in der 12. Variation der a-Moll-Aria mit ähnlich ausdrucksvoller Gestaltung, vor allem in harmonischer Hinsicht. Angesichts des bereits erwähnten Interesses J.S. Bachs an den Werken seines Onkels mögen diese eindeutigen Beziehungen einen Hinweis auf Johann Christoph Bachs (*13*) Autorschaft dieser kleinen Variationsreihe darstellen.

Beispiel 5
a. „Ach Herr, mich armen Sünder", Var. 1, Anfang

b. BWV 768, Var. 6, Anfang

c. „Ach Herr, mich armen Sünder", Var. 2, Anfang

d. BWV 621, Anfang

*

Obwohl die Choralbearbeitung „Ach Gott, vom Himmel sieh darein" BWV 741 von Hans Klotz in dem von ihm besorgten NBA-Band mit den *Einzeln überlieferten Choralbearbeitungen* (NBA IV/3, 1961; Krit. Bericht 1962) ohne weitere Bedenken aufgenommen wurde – während merkwürdigerweise kaum anzweifelbare Werke wie BWV 702, 739, 764 und 765 ausgelassen wurden –, geben sowohl der Stil als auch die Überlieferung Anlaß zu Zweifeln an der heute allgemein akzeptierten Zuschreibung an J. S. Bach. Trotz dieser Einhelligkeit hat die stilistische Einordnung dieses Werkes in J. S. Bachs Schaffen immer Schwierigkeiten bereitet, namentlich wegen der problematischen äußerst dissonanzreichen Schreibweise – jedenfalls in der Form, in der der Notentext überliefert ist. Ernst Naumann schreibt dazu: „Ein ächt Bach'sches Stück scheint allerdings vorzuliegen, aber vermuthlich war das Original schwer leserlich, und die Abschreiber haben nach und nach viel Falsches hineingetragen."[79] Hermann Keller äußert sich ähnlich: „ein Werk Bachs [...] aber [...] eine frühe, unreife, durch Abschreiber entstellte Arbeit".[80] Peter Williams zeigt gleichfalls eine gewisse Unsicherheit: „Accepting the authenticity would have important implications, since it would show the composer achieving individuality; the fantasia-like variety in the number of parts, the character of the themes and the treatment of the chorale are nevertheless combined with a sense of inventive harmony known only to the composer of the Orgelbüchlein. However, some of the 'inventive' harmonies are uncertain in the texts as left by the sources".[81] Jean-Claude Zehnder greift bei der Erklärung der Stilmerkmale von BWV 741 gar zu einer kühnen Hypothese: „[das Stück] mißachtet viele Dissonanzregeln, könnte aber die schwierigen Lebensumstände eines elternlosen jungen Menschen spiegeln".[82]

Die aktuelle Quellenlage wirft indes neues Licht auf die Zuschreibungsproblematik. Klotz' Ausgabe basierte primär auf der Sammelhandschrift D-B, *Am. B. 72a*, von der damals angenommen wurde, daß sie aus dem Besitz Johann Philipp Kirnbergers stammte. Tatsächlich jedoch wurde die Handschrift von einem Berufskopisten des Hauses Breitkopf angefertigt – einige der Vorlagen haben sich im Konvolut B-Br, *Ms. II. 3919* erhalten.[83] Darunter befindet sich auch eine Abschrift von BWV 741, deren Schreiber inzwischen

---

[79] BG 40, 1893, S. XLVII.
[80] H. Keller, *Die Orgelwerke Bachs*, Leipzig 1948, S. 175.
[81] P. Williams, *The Organ Music of J. S. Bach*, Bd. 2, Cambridge 1980, S. 291.
[82] J.-C. Zehnder, *Auf der Suche nach chronologischen Argumenten in Bachs Frühwerk (vor etwa 1707)*, in: „Die Zeit, die Tag und Jahre macht". Zur Chronologie des Schaffens von Johann Sebastian Bach, hrsg. von M. Staehelin, Göttingen 2001, S. 156.
[83] E. May, *Eine neue Quelle für J. S. Bachs einzeln überlieferte Orgelchoräle*, BJ 1974, 98–103.

als der Bach-Schüler Johann Ludwig Krebs identifiziert werden konnte.[84] Angesichts eines solchen zuverlässigen Zeugen lassen sich die irregulären Züge im kontrapunktischen Satz dieses Chorals wohl nicht mehr auf eine unzulängliche Überlieferung abwälzen. Formell gehört das Werk zur Gattung der Choralmotette beziehungsweise des Choralricercars, und wenn man die frühen gesicherten Beiträge J.S. Bachs zu dieser Gattung heranzieht – BWV 700, 719, 1097, 1099, 1111 und 1116 (vgl. auch die dem „stile antico" nahestehenden Choräle BWV 724, 737, 765) – so paßt BWV 741 einfach nicht ins Bild. Gerade in dieser Werkgruppe strebt Bach eindeutig nach einer vorbildhaften und geschmeidigen kontrapunktischen Faktur. Aber auch im weiteren Umfeld von Bachs (frühem) Schaffen findet sich kein Beispiel einer solch experimentellen Dissonanzbehandlung.[85] Auch die Anwendung des Doppelpedalspiels für die beiden letzten Choralzeilen (Engführung) läßt sich nur schwer mit der von Jean-Claude Zehnder vorgeschlagenen Einordnung auf die Zeit „um 1701"[86] vereinen, da vor Bachs Lübeck-Reise (Winter 1705/06) virtuoses Pedalspiel noch kaum vertreten ist;[87] Bachs frühester Gebrauch der Doppelpedaltechnik tritt gesichert erst im Präludium D-Dur BWV 532a auf, das „um 1708" komponiert worden sein muß.[88]

In diesem Zusammenhang erscheint bemerkenswert, daß innerhalb der ziemlich reichhaltigen Überlieferung in der 2. Hälfte des 18. Jahrhunderts BWV 741 nicht durchweg J.S. Bach zugeschrieben wird, sondern offenbar einmal auch mit der Zuschreibung an einen „J.C. Bach" in den Quellen vorhanden war. Dieses Faktum ist bisher allenfalls nebenbei vermerkt,[89] meist aber übergangen worden. Das hängt wohl mit der Tatsache zusammen, daß gerade jene Quelle, die diese alternative Autorzuweisung enthalten haben soll, verschollen ist – eine bis zum zweiten Weltkrieg in der Stadtbibliothek Danzig vorhandene Sammelhandschrift *Mus. ms. 4203/4*.[90] Alle weiteren – erhalten gebliebenen – Quellen, einschließlich der Abschrift von J.L. Krebs, schreiben

---

[84] Siehe Leisinger/Wollny (wie Fußnote 50), S. 91 und 206.
[85] Zehnder, Die frühen Werke J.S. Bachs (wie Fußnote 35), S. 525f. stellte unter dieser Rubrik einige Frühwerke bzw. Werkfragmente zusammen; neben BWV 741 sind es BWV 533, 563, 742, 912a, 1093 und 1121. Wiederum zeigt ein Vergleich wie weit die Dissonanzbehandlung von BWV 741 von dieser Gruppe gesicherter Werke entfernt ist, die von Zehnder sämtlich auf „um 1704" datiert werden, während BWV 741 als einzige Ausnahme innerhalb dieser Gruppe „um 1701" eingeordnet ist.
[86] Ebenda, S. 66f.
[87] Ebenda, S. 369–371.
[88] Ebenda, S. 282–289.
[89] So bei Williams (wie Fußnote 81), S. 290.
[90] Vgl. dazu NBA IV/2 Krit. Bericht (H. Klotz, 1957), S. 54; Williams (wie Fußnote 81), S. 290.

das Werk J. S. Bach zu.[91] So gewichtig die Zuschreibung von Krebs auch sein mag, so erscheint es doch sehr wohl möglich, daß hier ein mit Präludium und Fuge Es-Dur BWV Anh. 177 vergleichbarer Fall vorliegt, wo gleichfalls eine einzelne Zuschreibung an Johann Christoph einer vielfachen an Johann Sebastian gegenübersteht – wenn auch im Falle von BWV 741 ohne die Aussagekraft einer sehr frühen, maßgeblichen Quelle für die Zuschreibung an den älteren Meister. Wie die chromatischen Variationen der beiden Aria-Reihen zeigen, war Johann Christoph Bach durchaus bereit und imstande, einen regelwidrigen, dissonanten Satz mit „manieristischer" Chromatik zu schreiben; dies zeigt sich insbesondere in dem freien Einsatz der Septime sowohl in den einschlägigen Aria-Sätzen als auch in BWV 741. In den beiden letzten Zeilendurchführungen wird die Vierstimmigkeit durch Einführung einer zweiten Pedalstimme zur Fünfstimmigkeit gesteigert, was an die oben zitierte Aussage C. P. E. Bachs über J. C. Bachs vollgriffiges, fünfstimmiges Tastenspiel erinnert. Dagegen fehlen, soweit ich sehe, Fünfstimmigkeit und Doppelpedal in J. S. Bachs frühem Klavierwerk (bis etwa 1708) völlig. Die Doppelpedaltechnik ist sicherlich auch für Johann Christoph Bach singulär, aber das ist in seinem Fall – angesichts des sehr schmalen erhaltenen Bestandes – ein weniger aussagekräftiger Aspekt als bei der in dieser Hinsicht viel besseren Quellensituation der Werke J. S. Bachs (siehe dazu oben). Obwohl die Quellenlage von „Ach Gott, vom Himmel sieh darein" nach wie vor problematisch bleibt – aber mit einer Verlagerung des problematischen Aspektes der Textqualität auf die Autorschaftsfrage – und unmittelbar zum Vergleich geeignete Orgelwerke Johann Christoph Bachs fehlen, sollte er künftig zumindest neben seinem großen Neffen als möglicher Verfasser dieses merkwürdigen Stückes in Betracht gezogen werden.

5. Johann Christoph (*13*) und Johann Sebastian Bach

Die Überlieferung der mit dem Eisenacher Johann Christoph Bach in Beziehung stehenden Clavierwerke erscheint zu einem hohen Grade mit der Überlieferung der Claviermusik J. S. Bachs verwoben. Einerseits kursierten oder kursieren Werke des älteren Bach unter seinem Namen (BWV Anh. 177, möglicherweise auch BWV 741 und 990), andererseits entstammen die Primär-

---

[91] (a) Als Teil der sogenannten „Breitkopf"-Sammlung: B-Br, *MS. II. 3919/2*: „Ach Gott vom Himmel sieh con Pedal. di J. S. Bach" (J. L. Krebs); nach dieser „Stammhandschrift" gibt es von Berufskopisten Breitkopfs angefertigte Abschriften von BWV 741 in D-B, *Am. B. 72a*, *P 1109*, *P 1160* und D-Bhm, *Sp 1438* (verschollen).
(b) Davon unabhängige (?) Abschriften: A-Wn, *Mus. HS. 35149/13* (L. Scholz); D-B, *P 213/5* (um 1800); *P 406* (Anfang des 19. Jahrhunderts); *P 1116* (wohl A. Kühnel, um 1800).

quellen zu den drei großen Variationswerken J. C. Bachs wohl alle J. S. Bachs Besitz.[92] Das relativ gut dokumentierte und außergewöhnliche Interesse an den Vokalwerken seines großen Vorfahren erstreckte sich somit wohl auch auf dessen Claviermusik. Und ebenso wie J. S. Bach in seinen Choralpartiten BWV 766–770 darauf zielte, die unmittelbaren Vorbilder seines „Lüneburgischen Lehrmeisters" Georg Böhm zu übertreffen, so nimmt er in seiner im ABB überlieferten Aria variata BWV 989 eindeutig Bezug auf den Eisenacher J. C. Bach,[93] insbesondere auf dessen a-Moll-Variationen. Unüberhörbar ist hier das Bestreben, die weitgehend typisierte Variationstechnik des Vorbilds durch einen (wohl bei Böhm erlernten) größeren, vom norddeutschen stilus fantasticus angeregten Abwechslungsreichtum zu beleben und zu modernisieren. Überdies mag das Werk in seinen Rahmensätzen (Thema und Var. 10) die von C. P. E. Bach erwähnte vollstimmige Spielweise Johann Christophs reflektieren; die hier durchgeführte Idee einer harmonisch bereicherten Fassung der Eröffnungsvariation als Schlußglied findet sich jedenfalls auch in der Aria Eberliniana. Jean-Claude Zehnder bringt BWV 989 darüber hinaus ansatzweise mit Johann Christoph Bachs Tod im Frühling des Jahres 1703 als eine Art „in memoriam" in Verbindung.[94]

Diese These ist ebenso attraktiv wie hypothetisch. Anders steht es aber in dieser Hinsicht mit J. S. Bachs Capriccio E-Dur BWV 993. Dieses Werk trägt bekanntlich eine Widmung an einen Johann Christoph Bach (?), welcher wegen der in verschiedenen Quellen anzutreffenden Hinzufügung „Ohrdruf" oder „Ohrdruffiensis" als Bachs Bruder ausgewiesen ist. Jedoch beschränkt sich diese Ortsangabe auf einen einzelnen posthumen Überlieferungszweig.[95] Die weitaus älteste Quelle, eine Abschrift Johann Peter Kellners von 1725, weist dagegen eine Widmung ohne Ortsangabe auf: „Capriccio. In Honorem Johann Christoph Bachii. J. S. Bach".[96] Angesichts der Autorität dieser Quelle

---

[92] Als Eigentümer der bis zum Ende des 19. Jahrhunderts gemeinsam überlieferten „Aria"-Handschriften sind anzunehmen: J. S. Bach – W. F. Bach – Johann Christian Bach (77; 1743–1814, der sogenannte „Hallische Clavier-Bach") – H. Nägeli – P. Spitta.

[93] Siehe schon Spitta I, S. 126; Zehnder, Die frühen Werke J. S. Bachs (wie Fußnote 35), S. 125 f.

[94] Zehnder, Auf der Suche (wie Fußnote 82), S. 150 f.; Zehnder, Die frühen Werke J. S. Bachs (wie Fußnote 35), S. 125 und 129.

[95] Dieser Zweig wird grundsätzlich repräsentiert von D-B, *P 910* und *P 1088*, beide von unbekannten Schreibern und aus der 2. Hälfte des 18. Jahrhunderts. Vgl. dazu NBA V/10 Krit. Bericht (H. Eichberg, 1982), S. 76.

[96] D-B, *P 804/7*. Zur Datierung siehe R. Stinson, *„Ein Sammelband aus Johann Peter Kellners Besitz". Neue Forschungen zur Berliner Bach-Handschrift P 804*, BJ 1992, S. 45–64, speziell S. 51 und 62. Ein textkritisch gleichwichtiger Überlieferungszweig, greifbar in D-B, *P 1093* (G. Preller, um 1745), B-Br, *II. 4093* (unbekannter

scheint durchaus auch die Möglichkeit zu bestehen, daß hier nicht der Ohrdrufer, sondern der Eisenacher Johann Christoph gemeint ist. Auf welche Weise die späteren Quellen dann zu dem Zusatz „Ohrdruffiensis" gelangt sind, bleibt in dieser Deutung freilich zu erklären. Es gibt aber noch ein weiteres Werk, das nach einer zuverlässigen Tradition Bachs Bruder gewidmet war – die Toccata d-Moll BWV 913a. Eine verschollene Quelle enthielt die Aufschrift „In honorem delectissimi fratris Christ. B. Ohrdruffiensis".[97] Diese intimere Widmung weckt eher Vertrauen als die von BWV 993; zudem leuchtet es nicht unmittelbar ein, daß ein weiteres großes Clavierwerk in wohl nur geringer zeitlicher Entfernung demselben Bruder zugeeignet worden sein sollte. Möglicherweise ist es in jenem späten Überlieferungszweig von BWV 993 zu einer Verwechslung mit der Widmung von BWV 913a gekommen.

Tonart, Gattungstitel, Satzcharakter und das „in honorem" des E-Dur-Capriccios schließen (entgegen etwa BWV 989) eine Deutung als eine „in memoriam"-Komposition aus. Daß es sich aber bei dem E-Dur-Capriccio um ein sehr frühes Werk J. S. Bachs handelt, liegt auf der Hand, und es erscheint durchaus vorstellbar, daß es in der Zeit zwischen seiner Rückkehr nach Thüringen im Sommer (?) 1702 und dem Tod des Eisenacher J. C. Bach am 31. März 1703 entstand. Jean-Claude Zehnder ordnet BWV 993 dem Stilbereich „um 1701" zu[98] und setzt – ausgehend von dem programmatischen B-Dur-Capriccio BWV 992, das sich wohl auf die Abreise von J. S. Bachs Bruder Johann Jacob (23, 1682–1722) im Jahr 1704 bezieht – die drei frühen Widmungswerke BWV 913a, 992 und 993 hypothetisch mit den jährlichen Bachschen Familientagen in Beziehung; danach könnte – auf der Grundlage von detaillierten Beobachtungen zu Bachs stilistischer Entwicklung – BWV 992 für das Treffen im Jahr 1704, BWV 913a für 1703 und BWV 993 für 1702 entstanden sein.[99] Innerhalb dieser durchaus plausiblen Hypothese akzeptiert Zehnder ohne weiteres die Widmung von zwei Werken in zwei aufeinanderfolgenden Jahren an Johann Christoph (22); dies erscheint allerdings unlogisch. Vielmehr muß man annehmen, daß eine Dankesgabe an den so hilfreichen und nahen Ziehbruder in Form von BWV 913a – nicht zufällig das umfangreichste Werk dieser Reihe – erst erfolgte, nachdem Johann Sebastian definitiv dessen Ohr-

---

Schreiber, um 1750) und D-B, *P 409* (unbekannter Schreiber, 2. Hälfte des 18. Jahrhunderts), weist keine Widmung auf. – Zu Preller vgl. T. Synofzik, *Johann Gottlieb Preller und seine Abschriften Bachscher Clavierwerke*, in: Bach und seine mitteldeutschen Zeitgenossen, hrsg. von R. Kaiser, Eisenach 2001, S. 48; zum Brüsseler Sammelband vgl. NBA V/9.1 Krit. Bericht (P. Wollny, 1999), S. 15.

[97] Siehe Y. Kobyashi, *Franz Hauser und seine Bach-Handschriften-Sammlung*, Diss. Göttingen 1973, S. 341; sowie NBA V/9.1 Krit. Bericht, S. 78.
[98] Zehnder, Die frühen Werke J. S. Bachs (wie Fußnote 35), S. 52.
[99] Ebenda, S. 372f.

drufer Haushalt verlassen hatte,[100] also um den Jahreswechsel von 1702/1703. Auch aus dieser Perspektive gesehen war das E-Dur-Capriccio wohl eher dem hochgeschätzten und in Bachs Jugend ohne Zweifel als großes Vorbild fungierenden Eisenacher Onkel gewidmet. Dessen Nachfolge anzutreten, und damit bald über eine der größten und schönsten Orgeln Thüringens zu verfügen (der von J. C. Bach vorangetriebene große Umbau war schon sehr weit fortgeschritten, wurde aber erst 1707 abgeschlossen[101]), hat der damals in Weimar als „Laquey" angestellte Sebastian ohne Zweifel angestrebt, wenngleich die wichtige Eisenacher Stelle für den gerade erst 18jährigen wohl noch zu hoch gegriffen war (Dokumente oder Aussagen liegen hierzu allerdings nicht vor).

---

[100] Bachs Wohnort in der Zeit zwischen seiner Rückkehr nach Thüringen und bis zu seiner Anstellung als Weimarer Hofmusiker, also in der zweiten Hälfte von 1702, ist nicht bekannt, vermutlich kehrte er zeitweilig zu seinem Bruder zurück; siehe C. Wolff, *Johann Sebastian Bach*, Frankfurt/Main ²2005, S. 72. Hypothetisch könnte der in Fußnote 95 genannte Quellenzweig mit der Angabe „Ohrdruf" im Titel ursprünglich den Kompositionsort gemeint haben, der dann später irrtümlich mit der Widmung verbunden wurde.

[101] Siehe L. Edwards Butler, *Johann Christoph Bach und die von Georg Christoph Stertzing erbaute große Orgel der Georgenkirche in Eisenach*, BJ 2008, S. 229–269.

Die Claviermusik von Johann Christoph Bach (13)

	(Primär-)Quelle:
a) Echtheit weitgehend gesichert:	
Präludium und Fuge in Es-Dur BWV Anh. 177	D-LEm, *III.8.5*
Aria Eberliniana mit 15 Variationen in Es-Dur	D-EIb, *Ms. 6.2.1.05*
Aria (Kirchenlied?) mit 15 Variationen in a-Moll	CH-Zz, *Ms. Q 914*
Aria „Jesus, Jesus, nichts als Jesus" mit 12 Variationen in B-Dur	verloren; vielleicht als Fragment erhalten; siehe unter (b) „Liebe, die du mich zum Bilde"
Sarabande mit 12 Variationen in G-Dur	D-B, *P 4/2*
„Acht Choralbearbeitungen"	verloren
b) Echtheit möglich:	
„Ach Herr, mich armen Sünder" (Choral mit 2 Variationen)	Körner
„Allein Gott in der Höh"	US-NH, *LM 4708*
„An Wasserflüssen Babylons"	US-NH, *LM 4708*
„Wer Gott vertraut"	US-NH, *LM 4708*
Sarabande mit 15 Variationen in C-Dur BWV 990	D-LEb, *Ms. Scholz 5.10.1.*
„Ach Gott, vom Himmel sieh' darein" BWV 741	B-Br, *Ms. II. 3919*
„Heut triumphiret Gottes Sohn"	US-NH, *LM 4708*
„Liebe, du mich zum Bilde" (Choral mit 3 Variationen)	D-PL, *III. B. a. No: 4*
c) Echtheit stark angezweifelt:	
„44 Choräle zum Praeambulieren"	D-Bhm, *Ms. 6639/1491*

„Sie haben einen sehr guten musikalischen Magen, deßwegen erhalten Sie hierbey starke Speisen"
Johann Heinrich Grave und das Sammeln von Musikalien im späten 18. Jahrhundert

Von Barbara Wiermann (Leipzig)

Das Sammeln von Musikalien erhielt im ausgehenden 18. Jahrhundert und beginnenden 19. Jahrhundert eine neue Qualität. Waren bis dahin Musikalienbestände in erster Linie durch Berufsmusiker oder im Umfeld von Institutionen zusammengetragen worden, an denen die Musikpflege professionell verankert war, so führten die nach 1750 einsetzenden gesellschaftlichen Veränderungen im Kontext eines erstarkenden Bürgertums zu einer Zunahme von Musikaliensammlungen im privaten Bereich. Die Gründe hierfür sind vielschichtig. Eine wachsende Anzahl von Menschen musizierte und erhielt eine musikalische Ausbildung. Musikalien fanden eine weitere Verbreitung, da der Notendruck über neue technische Möglichkeiten verfügte. Der Musikalienhandel, über den Handschriften wie Drucke vertrieben wurden, erfuhr eine Professionalisierung. Neben dem Kaufhandel entstanden Leihanstalten.[1] Die Veröffentlichung von Noten wurde mittels neuartiger Pränumerations- und Subskriptionsmodelle erleichtert,[2] die nicht nur von Kollegen, sondern gerade auch von Liebhabern mitgetragen wurden und einen direkteren Kontakt zwischen Komponist und Rezipient ermöglichten. Das Musikaliengeschäft profitierte insgesamt von den vielfältigen Kommunikationswegen, die in der zweiten Hälfte des 18. Jahrhunderts geradezu revolutioniert wurden.[3] Bedingt durch eine drastisch zunehmende Zahl von Zeitungen und Zeitschriften, die sich in steigendem Maße auch kulturellen Themen widmeten, wurde ein breites Publikum informiert, das zuvor kaum zu erreichen war. Das zu Beginn des 19. Jahrhunderts erstarkende historische Interesse erhöhte zudem die Chancen, daß einmal zusammengetragene Sammlungen als Einheiten erhalten blieben – ein

---
[1] Vgl. T. Widmaier, *Der deutsche Musikalienleihhandel. Funktion, Bedeutung und Topographie einer Form gewerblicher Musikaliendistribution vom späten 18. bis zum frühen 20. Jahrhundert*, Saarbrücken 1998, insbesondere S. 18–34.
[2] K. Hortschansky, *Pränumerations- und Subskriptionslisten in Notendrucken deutscher Musiker des 18. Jahrhunderts*, in: Acta Musicologica 40 (1968), S. 154–174.
[3] Vgl. zum Beispiel die Entwicklungen der Hamburger Presse dargestellt bei B. Wiermann, *Carl Philipp Emanuel Bach. Dokumente zu Leben und Wirken aus der zeitgenössischen Hamburgischen Presse (1767–1790)*, Hildesheim 2000 (LBzBF 4), S. 9–38. Ferner U. Tadday, *Die Anfänge des Musikfeuilletons. Der kommunikative Gebrauchswert musikalischer Bildung in Deutschland um 1800*, Stuttgart 1993.

Umstand, der in den vorangehenden Jahrhunderten nur in Ausnahmefällen denkbar war. Die Überlieferung der Werke der Bach-Familie, insbesondere Carl Philipp Emanuel Bachs, hat von all diesen Veränderungen entscheidend profitiert.

Zu den besonders für die C.-P.-E.-Bach-Forschung bedeutsamen Privatsammlern des späten 18. und frühen 19. Jahrhunderts gehört der Greifswalder Advokat Johann Heinrich Grave. Unsere gleichwohl nur geringen Kenntnisse der Biographie Graves und seiner Sammeltätigkeit wollen die folgenden Mitteilungen erweitern und konkretisieren. Johann Heinrich Casimir Grave wurde um 1750 in Wotnik (Pommern) geboren. 1766 schrieb er sich an der juristischen Fakultät der Universität Greifswald ein;[4] ab 1770 studierte er dasselbe Fach an der Universität Göttingen,[5] wo er ein Kommilitone von Johann Nikolaus Forkel war. Dokumente dafür, daß die beiden Studenten gemeinsam ihren musikalischen Interessen nachgingen, fehlen ebenso wie Belege für eine Fortdauer ihres Kontakts über die Studienzeit hinaus. 1773 wurde Grave an der Universität Greifswald promoviert.[6] In den folgenden Jahren war er in der Universitätsstadt als Jurist tätig, ab 1782 als „immatriculierter Advocat des königlichen hohen Tribunals in Wismar".[7] Am 7. Februar 1786 erhielt Grave das Greifswalder Bürgerrecht;[8] ab 1803 ist er als Besitzer des Hauses Fischstraße 29 in der Greifswalder Altstadt nachweisbar.[9] Grave verstarb am 1. November 1810. Diese biographische Skizze macht deutlich, daß wir es nicht mit einem professionellen Musiker, sondern mit einem Musikliebhaber zu tun haben, dessen private Vorliebe für das Musizieren nur wenige Spuren hinterlassen haben dürfte. Einen unmittelbaren Zugang zu seinen musikalischen Aktivitäten erhalten wir über die aus seinem Besitz überlieferten Musi-

---

[4] Vgl. *Die Matrikel der Universität Greifswald und die Dekanatsbücher der theologischen, der juristischen und der philosophischen Fakultät (1700–1821)*, hrsg. von R. Schmidt und K.-H. Spieß, Bd. 1–3, Stuttgart 2004, hier Bd. 1, S. 323 und Bd. 2, S. 928.

[5] Vgl. *Die Matrikel der Georg August Universität zu Göttingen 1734–1837*, im Auftrage der Universität hrsg. von G. von Selle, Hildesheim und Leipzig 1937 (Veröffentlichungen der Historischen Kommission für Hannover, Oldenburg, Braunschweig, Schaumburg-Lippe und Bremen. IX.), S. 183.

[6] Seine Dissertationsschrift *Quaestionem iuridicam: An heres deliberans beneficio inventa* (Greifswald 1773) ist in der Bibliothek der Humboldt-Universität zu Berlin nachgewiesen sowie in zwei Exemplaren in der Universitätsbibliothek Greifswald überliefert. Das Exemplar der Staatsbibliothek zu Berlin gilt als Kriegsverlust.

[7] Vgl. *Schwedisch-Pommersch-Rügianischer Staats-Calender, auf das Jahr der Christen 1793*, Stralsund 1793. Unter „II. Der Gerichtliche Staat".

[8] Stadtarchiv Greifswald, *Rep. 3, Nr. 30*, fol. 277.

[9] Vgl. Stadtarchiv Greifswald, Grundstückschronik der Altstadt Greifswald (lose Kartei).

kalien. Diese befinden sich heute zum größten Teil in der Staatsbibliothek zu Berlin.
Einen ersten Überblick über die Musiksammlung Johann Heinrich Graves bietet das Akzessionsjournal der vormaligen Königlichen Bibliothek zu Berlin aus dem Jahr 1862. Unter den Nummern 9271–9459 sind hier, zum Teil sehr pauschal zusammengefaßt, handschriftliche und gedruckte Musikalien aufgeführt, die die Bibliothek am 20. November 1862 für 25 Reichstaler von einem „stud. theol. Budy" erwarb. Über den Verkäufer sind bisher nur wenige Daten bekannt. Hermann Johann Gottfried Budy stammte aus Brüsewitz in Pommern und war Sohn eines Predigers. Er schrieb sich zu Ostern 1862 an der Berliner Universität in der theologischen Fakultät ein,[10] wo er bis zum 5. Dezember desselben Jahres verweilte.[11] Weitere biographische Angaben fehlen.

Die im Akzessionsjournal der Königlichen Bibliothek verzeichneten Musikalien scheinen den Kernbestand der Sammlung Graves ausgemacht zu haben. Die 190 Nummern des Akzessionsjournals sind in fünf Gruppen eingeteilt:

9271–9311	pauschal verzeichnet „C. P. E. Bach Concerte, Sonaten etc. in Manuskript"
9312–9370	pauschal verzeichnet „Anon. Concerte, Sonaten u. verschiedene Comp. d. vor. Jahrh. Mscr."
9371–9427	56 Nummern einzeln verzeichnet mit Drucken und Handschriften des 18. und frühen 19. Jahrhunderts
9428–9458	pauschal verzeichnet „Lieder u. Gesänge v. Bachmann, Bornhardt, Kranz, Zumsteeg etc. sämtl. gedruckt"
9459	„Eine Sammlung von einzelnen Liedern u. Gesängen mit Klavierbegl. Geschrieben"

Die Einträge dokumentieren bereits die Schwerpunkte der Sammlung und spiegeln, wie sich noch zeigen wird, auch ihre zeitliche Entwicklung. Dabei ist davon auszugehen, daß das Zugangsbuch mehr oder weniger streng die Sortierung der Materialien bei der Übergabe wiedergibt. Eine nachträgliche Ordnung durch die Bibliothekare wäre sicher konsequenter ausgefallen.

---

[10] Vgl. *Amtliches Verzeichniss des Personals und der Studirenden auf der Königl. Friedrich-Wilhelms-Universität zu Berlin*, S. 6. Exemplar der Bibliothek der Humboldt-Universität zu Berlin, Signatur: *PA 9093/Rara* (digitale Fassung: http://edoc.hu-berlin.de/ebind/hdok/hp01_b_p-vl_sh1862/XML/; Zugriff: 31. Juli 2010).

[11] Vgl. das Konzept des Abgangszeugnisses im Archiv der Humboldt-Universität zu Berlin (Immatrikulationsnummer 793 des 52. Rektoratsjahres). Für die Angaben danke ich dem Archivleiter Dr. W. Schultze.

Die erste Quellengruppe 9271–9311 zeigt die besondere Stellung, die die Werke Carl Philipp Emanuel Bachs in Graves Sammlung einnahmen, wobei vorweggenommen sei, daß sich in dem Nummernbereich auch einige wenige Werke von Johann Christoph Friedrich und Johann Christian Bach finden. Besonders intensiv sammelte Grave ferner Klavierkonzerte und Klavierkammermusik der zweiten Hälfte des 18. Jahrhunderts, ergänzt durch einige Klaviersolowerke (Nummern 9312–9370). Die Nummern zwischen 9371 und 9426 weisen hingegen ein wenig einheitliches Repertoire auf. Hier finden sich unter anderem Klavierwerke, Klavierschulen, Kammermusik, solistisch besetzte Vokalmusik und Chorwerke. Handschriften sind mit Drucken gemischt. Es verwundert, daß diese Werke einzeln aufgenommen wurden. Gegebenenfalls lag eine Übergabeliste dieses Materials vor, denkbar wäre auch, daß sie aus einem größeren gemischten Bestand nach Vorakzession gezielt ausgewählt wurden, möglicherweise sprach man diesen Titeln auch einen hohen Gebrauchswert zu. Abschließend werden noch einmal elf gedruckte Liedersammlungen zusammengefaßt, bevor eine handschriftliche Liedersammlung den Eintrag schließt.

Eine Identifizierung der von Hermann Johann Gottfried Budy veräußerten Materialien als die Sammlung Johann Heinrich Graves ist dadurch möglich, daß die meisten der aus diesem Akzessionsnummernbereich stammenden Handschriften Possessorenvermerke tragen und zahlreiche Manuskripte auch von Grave geschrieben wurden. Nur wenige Titel sind nach Graves Tod seiner Sammlung hinzugefügt worden; dies gilt zum Beispiel für die Drucke *Avvertimenti grammaticali di musica vocale* (Rom 1823), Bernhard Rombergs *Concert per la flute* op. 30 (Leipzig, C. F. Peters, VN 1431, ca. 1818), Friedrich Schneiders Oratorium *Pharao* (Halberstadt, C. Brüggemann, VN 11, ca. 1829) und Franz Lauskas *Sonate pour le Pianoforte* (Leipzig, C. F. Peters, VN 988, ca. 1813), bei denen schon die Erscheinungsdaten eine Erwerbung durch den Greifswalder Juristen ausschließen.

Die Tatsache, daß ein großer Teil des Ankaufs pauschal verzeichnet wurde und die Werke nicht kontinuierlich auf eine Signaturenfolge eingearbeitet, sondern in unterschiedlichen Signaturengruppen breit gestreut wurden, macht eine Rekonstruktion des Bestands schwierig. Unabdingbare Hilfsmittel sind das *Internationale Quellenlexikon* (RISM, Reihe A/II)[12] sowie verschiedene Bestandskataloge, die Possessorenvermerke und Akzessionsnummern mitteilen.[13] An dieser Stelle kann es nicht um die vollständige Rekonstruktion der Samm-

---

[12] http://opac.rism.info.
[13] Vgl. auch J. Jaenecke, *Joseph und Michael Haydn: Autographe und Abschriften. Katalog,* München 1990 (Kataloge der Musikabteilung. Staatsbibliothek Preußischer Kulturbesitz. I/4.), und H.-G. Klein, *Wolfgang Amadeus Mozart. Autographe Abschriften. Katalog,* Berlin und Kassel 1982 (Kataloge der Musikabteilung. Staatsbibliothek Preußischer Kulturbesitz. I/6.).

lung in all ihren Facetten gehen. Vielmehr soll im folgenden die zeitliche Entwicklung von Graves Sammeltätigkeit grob skizziert und sodann genauer auf seinen Besitz an Werken der Bach-Familie eingegangen werden.

Die Entwicklung von Graves Sammeltätigkeit

Sieht man von den Ergänzungen nach Graves Tod ab, umfaßt seine Sammlung Musikalien aus einer Zeitspanne von etwa 70 Jahren. Die ältesten Kompositionen entstanden in den 1740er Jahren, die jüngsten entstammen dem ersten Jahrzehnt des 19. Jahrhunderts. Die Dauer von Graves Sammeltätigkeit kann mit vierzig Jahren veranschlagt werden. Über die Jahrzehnte schrieb er einen großen Teil seiner Musikalien selbst. Bei größeren Stimmensätzen ließ er sich zuweilen von anderen Schreibern unterstützen. Nur verhältnismäßig wenige Handschriften erwarb er im Musikalienhandel oder von anderen Sammlern. Diese Rahmenbedingungen erlauben es, anhand von sich ändernden Schriftformen, Titelblattgestaltungen und Possessorenvermerken zumindest eine grobe chronologische Gruppierung der Handschriften vorzunehmen, aus der sich wiederum Einblicke in die über die Jahre wechselnden Vorlieben des Sammlers und seine unterschiedlichen Beschaffungswege ergeben.

Graves Sammeltätigkeit setzte mit einem eindeutigen Schwerpunkt auf der Klaviermusik ein. Zahlreiche Werke der zweiten Gruppe des Akzessionsjournals (Nr. 9313–9370) sind einer Frühphase des Sammelns zuzuordnen. Es handelt sich um Klavierkonzerte und Klaviersonaten von Carl Friedrich Abel (D-B, *Mus. ms. 256*), Johann Joachim Agrell (*Mus. ms. 350/2*), Anton Filtz (*Mus. ms. 6225*), Carl Heinrich Graun (*Mus. ms. 8272/4*), Antoine Mahaut (*Mus. ms. 13360*), A. H. Michaelis (*Mus. ms. 14429*), Johann Schobert (*Mus. ms. 20125/1–3*) und Georg Christoph Wagenseil (*Mus. ms. 22476/3–5*). Die Quellen weisen alle den Besitzervermerk „Ex musicalibus Gravii" auf;[14] in den folgenden Jahren erscheint das Signet auf „J. H. Grave" oder „Grave" verkürzt und die Schriftzüge werden mit der Zeit deutlich schlanker.[15] Die meisten Handschriften schrieb Grave selbst; die Notenschrift ist zunächst klobig, in sich noch uneinheitlich und wirkt ungelenk. Nur wenige Kopien dieser frühen Zeit des Sammelns kamen von außen.[16]

---

[14] In verschiedenen Manuskripten wurde der Vermerk zu einem unbekannten Zeitpunkt durch eine Rasur entfernt und von fremder Hand durch den Namenszug „Grave" ersetzt. Dies gilt zum Beispiel für die Quellen *Mus. ms. 6225*, *Mus. ms. 13360*, *Mus. ms. 14429*, *Mus. ms. 20125/2–3* und *Mus. ms. 22476/4*.

[15] Nur in Ausnahmefällen lautet der Possessorenvermerk „J. K. [Johann Kasimir] Grave".

[16] Dies gilt für folgende Quellen Johann Schoberts (*Mus. ms. 20125/1-3*, *Mus. ms. 20126/3*, *Mus. ms. 20126/5–7* und *Mus. ms. 20127/1–2*). Derselbe Kopist schrieb

Graves früheste Abschriften gehen auf Drucke aus den 1750er und 1760er Jahren zurück; dies läßt sich unter anderem an der Gestaltung der Titelseiten erkennen.[17] Wo und wie Grave Gelegenheit fand, die Drucke zu kopieren, ist ungeklärt. Die Veröffentlichungsdaten in Kombination mit Graves Biographie lassen vermuten, daß diese Abschriften in den späten 1760er und frühen 1770er Jahren entstanden.

Graves vorrangiges Interesse an Klaviermusik, insbesondere an Klavierkonzerten setzte sich bis in die 1780er, abgeschwächt sogar bis in die frühen 1790er Jahre fort. In dieser Zeit erfuhren seine Beschaffungswege jedoch leichte Veränderungen. Neben den eigenen Kopien, die sich nun durch eine flüssigere, schlankere Notenschrift auszeichnen,[18] läßt sich eine steigende Anzahl externer Manuskripte nachweisen, die weitere Kontakte mit dem professionellen Musikalienhandel belegen.[19]

Zu Beginn des 19. Jahrhunderts erhielt das von Grave gesammelte Repertoire eine neue Ausrichtung. Von nun an fehlen Orchesterwerke; auch die Kammermusik geht spürbar zurück. Es dominieren Werke für Singstimme und Klavier. Grave legte zum Teil umfangreiche Liedersammlungen an, die er aus unter-

---

auch die Sonaten von Bernhard Hupfeld (*Mus. ms. 10993*), die Grave nur wenig später erworben hat. Hier zeichnet sich ab, daß Grave zeitweilig feste Ansprechpartner im Musikalienhandel hatte.

[17] Die Sonaten von Michaelis entsprechen dem Druck RISM A/II M 2643, vor 1766. Die Konzerte von Agrell (*Mus. ms. 350/1–2*) gehen zurück auf zwei Nürnberger Drucke (RISM/A/2 AA 426b und A 427; ca. 1759 und 1760). In beiden Handschriften wird entsprechend der Vorlage in der Fußzeile aller Stimmen die Verlagsnummer der Druckausgabe mitgeführt.

[18] Zum Beispiel in *Mus. ms. 1612* (Wilhelm Christoph Bernhard, *Drey Sonaten und ein Praeludium fürs Clavier*, Leipzig 1785).

[19] Im Musikalienhandel erwarb Grave die beiden Konzerte von Johann Gottfried Schwanenberger (*Mus. ms. 20508/4* und *Mus. ms. 20508*), auf deren Titelseite sich jeweils eine Preisangabe findet: „3.8" bzw. „3". Ebenso weist das Manuskript *Mus. ms. 10733/3* eine Preisangabe auf. Das hierin enthaltene Klavierkonzert Leopold Hofmanns ist in Breitkopfs Thematischem Katalog von 1769 nachgewiesen (vgl. *The Breitkopf Thematic Catalogue. The Six Parts and Sixteen Supplements 1762–1782*, hrsg. von B. S. Brook, New York 1966, Sp. 365). *Mus. ms. 10733/3* könnte wie die Handschrift *Mus. ms. 10733/2*, für die dasselbe Papier verwendet wurde, bei Breitkopf entstanden sein. Auch sie enthält ein Konzert Hofmanns, das bei dem Leipziger Musikalienhändler angeboten wurde. Als Verkaufskopien, beide von demselben Notisten angefertigt, müssen auch die Manuskripte *Mus. ms. 400* mit einem Cembalokonzert von Agte und *Mus. ms. 21930* mit einem Cembalokonzert von Carlo Guiseppe Toeschi eingestuft werden. Die Abschrift von Mozarts Klavierkonzert KV 595 (*Mus. ms. 15490/1*) von der Hand Johann Heinrich Michels kann als Verkaufskopie aus dem Hause des Hamburger Musikalienhändlers Westphal gelten.

schiedlichen Quellen zusammenstellte. Zu den Vorlagen gehörten unter anderem der *Vossische Musenalmanach* (Lauenburg, dann Hamburg, 1776–1802), das *Taschenbuch zum geselligen Vergnügen* (Leipzig 1791–1833) und die *Zeitung für die elegante Welt* (Leipzig 1801–1859). Diese Veröffentlichungen brachten regelmäßig musikalische Beilagen, die sich an eine breite Öffentlichkeit wandten. Die Werke, unter anderem von Johann Egidius Geier, Friedrich Franz, Carl Spazier, Bernhard Anselm Weber, Friedrich Buchard Beneken und Karl Friedrich Ebers haben ein gänzlich anderes Niveau und Zielpublikum als die Musikalien, die Grave bis dahin gesammelt hatte.

Auf der Grundlage des Akzessionsjournals läßt sich ein Repertoire rekonstruieren, das – sieht man von den Kompositionen Bachs ab – über 100 Einzelwerke und über 30 Liedersammlungen umfaßt. Zahlreiche Handschriften Graves, insbesondere die frühen Klavierwerke, weisen eine Numerierung auf, die offensichtlich der Ordnung der Materialien diente. Die einzelnen Nummern, die heute keine geschlossene Folge mehr bilden, reichen bis „No. 51". Die fehlenden Zahlen deuten auf erhebliche Lücken in der Sammlung hin. Gänzlich ungeklärt ist, in welchem Umfang Grave Musikdrucke besaß. Das Akzessionsjournal verzeichnet 36 Titel, die fast vollständig zu den Kriegsverlusten der Staatsbibliothek zu Berlin gehören. Es darf bezweifelt werden, daß diese 36 Titel den vollständigen Druckbestand Graves darstellten.[20] Offensichtlich wurde seine Sammlung von Budy nicht geschlossen veräußert.

Die Werke der Bach-Familie

Die vorstehenden Ausführungen machen deutlich, daß Grave keineswegs als Sammler mit einem speziellen Bach-Interesse gelten kann; seine Sammlung war vielmehr breit ausgerichtet und wies höchstens in der Besetzung eine Spezialisierung auf. Das Schaffen des Hamburger Bach nahm jedoch zumindest zeitweilig eine Vorrangstellung in Graves Sammelinteresse ein.

Das Berliner Akzessionsjournal nennt die Werke Carl Philipp Emanuel Bachs in der separaten Nummernfolge 9271–9311. Über Budy kamen damit wohl 41 Handschriften mit Kompositionen Bachs in die Bibliothek, von denen 38 heute eindeutig zu identifizieren sind (siehe Anhang).[21] Daneben lassen sich in der Staatsbibliothek zu Berlin acht Bach-Quellen aus Graves Besitz nach-

---

[20] In der Niedersächsischen Staats- und Universitätsbibliothek Göttingen findet sich ein Exemplar von J. C. F. Bachs *Leichten Klaviersonaten* (Leipzig 1785), das Graves Possessorenvermerk trägt (Signatur: *4 MUS VII, 771*). Laut dem Akzessionsjournal für 1872 (S. 163) wurde es am 16. 12. 1872 aus dem Leipziger Antiquariat Kirchhoff und Wigand erworben. Weitere Drucke aus Graves Besitz, unter anderem die von ihm pränumerierten Werke C. P. E. Bachs sind bisher nicht nachzuweisen.

[21] Nicht zu identifizieren waren bisher die Zugangsnummern 9278, 9291 und 9307.

weisen, die keine Akzessionsnummer tragen.[22] Es ist zu vermuten, daß einige Quellen ohne Zugangsnummer ursprünglich einzelne, heute fehlende Akzessionsnummern (9278, 9291 oder 9307) aufwiesen. Dennoch ist festzuhalten, daß zumindest ein Teil der Quellen über andere Wege und unabhängig vom Hauptteil der Sammlung in den Berliner Bestand gelangte.[23] Darüber hinaus lassen sich acht Manuskripte aus Graves Besitz mit Werken C.P.E. Bachs in anderen Bibliotheken belegen. Abschriften zweier Konzerte (Wq 3 und Wq 15) gelangten in den Bestand der Sing-Akademie zu Berlin (D-B, *SA 2607* und *SA 2623*), eine Sinfonie (Wq 177) und zwei weitere Konzerte (Wq 2 und Wq 29) liegen heute in der Bibliothèque publique et universitaire de Genève (CH-Gpu, *Mus. ms. 343*, *Mus. ms. 315* sowie *Mus. ms. 322*), die Fantasie für Clavier und Violine in fis-Moll Wq 80 und das Duett Wq 84 befinden sich im Institut de Musicologie de l'Université Strasbourg (F-Sim, *Rm 201* und *Rm 202*). Die Zuordnung des Konzerts Wq 31 (CH-Gpu, *Mus. ms. 314*) zu Graves Sammlung wird noch zu erläutern sein. Ein Druckexemplar der *Neuen Lieder-Melodien nebst einer Kantate* (Lübeck 1789) ist heute in der Bibliothek des Conservatoire Royale de Musique (B-Bc, *16887*) überliefert.

Unter den im Berliner Akzessionsjournal pauschal Carl Philipp Emanuel zugeschriebenen Werken finden sich fünf Kompositionen von dessen Brüdern. Das in Wirklichkeit von J.C. Bach komponierte Cembalokonzert in f-Moll (Warb. C 73) trägt auf seiner Titelseite eine Fehlzuschreibung an C.P.E. Bach. Das Konzert in A-Dur (Warb. YC 92) erhält in der Komponistenangabe eine nicht genauer datierbare Korrektur. Grave muß hier davon ausgegangen sein, Werke des zweitältesten Bach-Sohns zu besitzen.[24]

Wie das gemischte Repertoire weisen auch zahlreiche Bach-Quellen eine Numerierung von Graves Hand auf, die hier sogar konsequenter vorhanden zu sein scheint. Die Zahlen vermitteln den Eindruck, daß Grave für seinen Bach-Bestand mindestens zwei Nummernreihen verwendete: Eine Nummernfolge für Konzerte (vorhanden: 1, 2, 4, 8, 16–20, 29–31, 33) und eine weitere für Sonaten und andere Klavier- und Kammermusik (vorhanden: 1, 2, 7–9, 11, 12, 24, 29, 30, 39).[25] Mehrere Konflikte mit der allgemeinen Reihe zeigen, daß der Bach-Bestand separat aufbewahrt und gezählt wurde. Die Lücken in den Nummernfolgen deuten auch hier auf erhebliche Verluste.

---

[22] Es handelt sich um die Quellen *St 498*, *St 517*, *N. Mus. ms. 42*, *P 723*, *P 724*, *P 971* sowie *Mus. ms. 30048* und *Mus. ms. 30049*.

[23] Die Handschrift *N. Mus. ms. 42* wurde erst im Jahr 1969 erworben.

[24] Das Werk wurde 1763 bei Breitkopf in Leipzig und 1777 bei Johann Christoph Westphal in Hamburg als Komposition C.P.E. Bachs angeboten (vgl. Brook, Sp. 132; Westphal, *Verzeichnis der Musicalien 1777*).

[25] Unabhängig von den diskutierten Nummernfolgen sind die Numerierungen auf den Quellen *N. Mus. ms. 42* „N° 7" und *SA 2623* „N° 16", die beide von derselben Hand stammen, aber nicht Grave zugeordnet werden können. Sie deuten gegebenenfalls

Zur Chronologie der Bach-Sammlung

Graves Sammeltätigkeit begann, wie oben beschrieben, zunächst ohne besonderen Schwerpunkt auf den Werken der Bach-Familie. Die ersten Kompositionen Carl Philipp Emanuel und Johann Christian Bachs kopierte er im Kontext der Klavierwerke von Agrell, Hofmann, Janitsch, Schale, Schobert und Wagenseil. Hierher gehören die Konzerte Wq 14, Wq 34 und Warb. C 52.[26] Die Manuskripte weisen Graves frühe Schriftformen auf. Die Handschriften *St 516* (Wq 14) und *St 488* (Warb. C 52) tragen, wie so manches Konzert der oben genannten Komponisten, zudem den frühen Possessorenvermerk „Ex musicalibus Gravii" (siehe Abbildung 1).[27] Wie die meisten Handschriften der frühen Phase gehen auch die Abschriften zu Wq 14 und Warb. C 52 direkt oder indirekt auf Drucke (1760 und 1763/64) zurück. Lediglich das Konzert Wq 34 war allein handschriftlich verbreitet. Die frühe Einordnung dieses Manuskripts mag auf den ersten Blick ohnehin verwundern, da die Handschrift *N. Mus. ms. 42* in einem Titelumschlag von C. P. E. Bachs Hand überliefert ist, solch frühe Kontakte zwischen dem Sammler und dem Komponisten aber nicht anzunehmen sind. Der Titelumschlag trägt darüber hinaus einen schlanken – und damit späten – Possessorenvermerk. Diese Beobachtung steht im Widerspruch zum Schriftbefund der Stimmen, die durchweg die frühen Schriftzüge Graves aufweisen, einschließlich eines eigenen Titelblatts mit einem frühen Besitzervermerk.[28] Da Bachs Titelaufschrift „Concerto a Cemb[alo] conc[ertato] 2 Violini Viola e Basso da C. P. E. Bach" wenig spezifisch ist, kann mit einiger Sicherheit davon ausgegangen werden, daß das Notenmanuskript und der Titelumschlag von *N. Mus. ms. 42* nicht zusammengehören; letzterer ist somit einem anderen Konzert aus Graves Sammlung zuzuordnen.

In einer zweiten Phase, die wohl um die Mitte der 1770er Jahre angesetzt werden kann, trug Grave nun in größerem Stil insbesondere Klavierkonzerte von C. P. E. Bach zusammen. Die Materialien erwarb er zum Teil von außerhalb. Dies gilt zum Beispiel für die Werke Wq 16 (*St 499*), Wq 18 (*St 508*), Wq 35 (*St 581*) und Warb. YC 92 (*St 487*). Andere Stimmensätze fertigte er weiterhin selbst an, wobei er zum Teil von anderen Schreibern unterstützt

---

auf einen gemeinsamen Zwischenbesitzer hin. Die von Johann Heinrich Michel kopierte Abschrift von Mozarts Klavierkonzert KV 595 (*Mus. ms. 15490/1*) weist von derselben Hand eine „N° 1" auf.

[26] Wq 14 ist in der Sammlung zweimal vorhanden. Lediglich der unvollständige Stimmensatz *St 516* ist in die frühe Zeit einzuordnen. Möglicherweise gaben die fehlenden Stimmen Anlaß, das Material erneut zu beschaffen.

[27] Dieser ist bei Wq 14 (*St 516*) unter einer Rasur noch schwach zu erkennen.

[28] Er entspricht in den Schriftzügen der ersten Phase der Besitzervermerke, ist allerdings schon auf „Grave" verkürzt.

wurde. Solche gemischten Handschriften liegen für die Konzerte Wq 43/1–6 (*St 494, 503, 509, 521, 527, 537*) vor (siehe Abbildung 2). Durchweg von Graves Hand sind hingegen die Quellen zu den Konzerten Wq 3 (*St 497*) und Wq 24 (*St 505*).

In den 1780er Jahren erhielt Graves Sammlung eine neue Qualität. Mit seiner Tätigkeit als Korrespondent für Bachs Veröffentlichungen entwickelte sich eine persönliche Beziehung zwischen dem Komponisten und dem Sammler. Grave war erstmals 1781 als Kollekteur für die *Sonaten für Kenner und Liebhaber III* tätig;[29] in den folgenden Jahren engagierte er sich ebenso für die Teile IV und V.[30] Seine Bemühungen hatten nur mäßigen Erfolg: Bei den Sammlungen III und V gelang es ihm, jeweils 6 Exemplare zu vermitteln, bei der vierten Sammlung ist er mit 8 Exemplaren im Pränumerantenverzeichnis aufgeführt. *Klopstocks Morgengesang* und die *Sechste Sammlung für Kenner und Liebhaber* bezog Grave nur für sich selbst, wirkte hier aber auch nicht als Korrespondent. Unter dem Sammelort Hamburg ist er als Pränumerant mit zwei beziehungsweise drei Exemplaren erwähnt. Bei diesen Drucken war niemand in Greifswald sammelnd tätig.[31] Als Konsequenz seines Engagements für die Werke C.P.E. Bachs ist Grave auch als Kollekteur für J.C.F. Bachs *Sechs leichte Klaviersonaten* von 1785 zu finden – dieser hatte sich bei seinem Pränumerationsaufruf vom September 1783 das Korrespondentennetz seines Bruders zunutze gemacht.[32]

Auch im Falle des Bückeburger Bach brachte das Pränumerationsverfahren Grave in persönlichen Kontakt mit dem Komponisten. Dies belegt ein Brief Graves an Johann Christoph Friedrich Bach vom 21. Dezember 1784,[33] in dem sich der Kollekteur im Namen der Pränumeranten über die verzögerte Aus-

---

[29] Vgl. Wiermann (wie Fußnote 3), Nr. II/85.
[30] Ebenda, Nr. II/96. Im Pränumerationsaufruf zur fünften Sammlung benennt Bach die Kollekteure nicht mehr einzeln, sondern formuliert pauschal „Ich ersuche dahero meine Freunde … gütigst Pränumeration anzunehmen"; vgl. ebenda, Nr. II/113. Graves Kollekteurstätigkeit läßt sich jedoch durch das dem Druck vorangestellte Pränumerantenverzeichnis belegen.
[31] Bei einer stichprobenartigen Sichtung verschiedener Pränumerantenverzeichnisse des 18. Jahrhunderts fiel auf, daß Greifswald nur selten als Sammelort aufgeführt ist. Verschiedene Male wandten sich Greifswalder Interessenten an einen Kollekteur in Stralsund. Die von Grave geworbenen Pränumeranten sind in den Drucken nicht namentlich aufgeführt; die Greifswalder Bach-Liebhaber bleiben somit anonym.
[32] „Dürfte ich besonders die Freunde meines Bruders wohl ersuchen, sich auch für mich zu verwenden? Außer bemeldter Provision, würde ich ihnen unendliche Verbindlichkeit schuldig sein". Vgl. Wiermann (wie Fußnote 3), Nr. I/35. Im Pränumerantenverzeichnis ist Grave mit zwei Exemplaren verzeichnet. Für andere Komponisten konnte er bisher nicht als Korrespondent nachgewiesen werden.
[33] D-DS, ohne Signatur.

lieferung der Sonaten beschwert, die letztlich erst 1785 erschienen. Weitere Kontakte zwischen Grave und J. C. F. Bach sind nicht belegt. Mit dem Hamburger Bach entspann sich hingegen eine umfangreichere Korrespondenz, die neben geschäftlichen Dingen auch musikalische Themen betraf. Erhalten sind hiervon allerdings nur Bruchstücke – die Abschrift eines Briefes von C. P. E. Bach an Grave vom 28. April 1784 und der abschriftliche Auszug eines weiteren Briefes vom 25. Februar 1788.[34] Der Austausch zog sich also über mehrere Jahre hin, und die Tatsache, daß Bachs Witwe Johanna Maria 1790 neben dem Berliner Musikus Hering auch Grave um seine Mitwirkung als Kollekteur für das Nachlaßverzeichnis bat, deutet auf eine gewisse Vertrautheit zwischen dem Komponisten und dem Greifswalder Juristen.[35]

Durch die private Beziehung zu dem Hamburger Musikdirektor erhielt Graves Sammlung bedeutende Erweiterungen. Derzeit lassen sich elf Handschriften von Bachs Kopisten Johann Heinrich Michel und zwei weitere Manuskripte von Ludwig August Christoph Hopff identifizieren, die Grave mit großer Wahrscheinlichkeit direkt aus dem Hause Bachs erhielt. Einzelne Handschriften können mit Bachs Brief vom 28. April 1784 in Verbindung gebracht werden. Dort geht es zunächst um die Lieferung des von Grave pränumerierten Drucks *Klopstocks Morgengesang*. Danach heißt es:[36]

Sie werden doch nicht ungehalten, daß ich Ihnen jetzt 3 Concerte 1 Sonatine u. 1 Trio hierbey überschicke, ohne den Morgenges. abzuwarten? Im Porto wird der Unterschied zwischen 2 Paketen u. einem starkern glaube ich nicht gross seyn. Sie haben einen sehr guten musikal. Magen, deßwegen erhalten Sie hierbey starke Speisen. Das Concert C mol war vor diesem eines meiner Paradörs. Das Rezit. ist so ausgesetzt, wie ich es ohngefehr gespielt habe. Das Trio hat mir mehrmals bey Hofe der alte Franz Benda unnachahmlich accompagnirt. Ich erinnere mich noch hieran mit Vergnügen. Alle 5 Stücke belieben Sie für sich zu behalten.

Unter den erwähnten Werken, läßt sich eindeutig die „Sinfonia a Cembalo obligato e Violino" in D-Dur Wq 74 (*St 560* von der Hand Michels) bestimmen. Auf der Titelseite wird die Komposition wie in Bachs Brief als „Trio" bezeichnet. Bei den Konzerten könnte es sich um Wq 15 und Wq 19 handeln,

---

[34] Vgl. *Carl Philipp Emanuel Bach. Briefe und Dokumente. Kritische Gesamtausgabe*, hrsg. von E. Suchalla, Göttingen 1994 (Veröffentlichungen der Joachim Jungius-Gesellschaft der Wissenschaften. 80.), S. 1008–1010 und S. 1258. Suchalla gibt Auszüge der Briefe von der Hand C. F. Zelters wieder (heute Klassik-Stiftung Weimar, Nachlaß Zelter), wobei Zelter in einem Fall darauf hinweist, den Brief bei „Hrn. Musikdir. Ave l'allemant" kopiert zu haben. Gemeint ist vermutlich Louis Avé L'Allemant, der von 1810 bis 1823 Musikdirektor in Greifswald war. Vgl. T. Pyl, *Die Entwicklung der kirchlichen und weltlichen Musik in Greifswalds Vergangenheit*, in: Pommersche Jahrbücher 5 (1904), S. 53–74, hier S. 70.

[35] Vgl. Wiermann (wie Fußnote 3), Nr. I/53.

[36] Suchalla (wie Fußnote 34), S. 1008–1010.

die in Handschriften Michels vorliegen (*SA 2623* und *St 513*). Das erwähnte Konzert in c-Moll ist nicht mit der in Berlin erhaltenen, von Michel geschriebenen Quelle *St 523* (Wq 5) in Verbindung zu bringen. Das von Bach hervorgehobene Rezitativ befindet sich vielmehr im Konzert Wq 31. Die bereits erwähnte Genfer Quelle (*Mus. ms. 341*) enthält eine von Michel gefertigte Abschrift des Stückes. Auch wenn ein Possessorenvermerk Graves auf dem Manuskript fehlt, dürfte dessen Zuordnung zur Sammlung des Greifswalder Juristen zwingend sein. Unklar bleibt, welche Sonatine Grave von Bach erhielt.

Mit den Werken Wq 15, Wq 74 und dem c-Moll-Konzert Wq 31 erhielt Grave Kompositionen, die zu Bachs weitgehend zurückgehaltenen Schätzen gehörten. Dies korrespondiert mit Bachs dem Sammler gegenüber geäußerter Hochschätzung – „Sie haben einen sehr guten musikal. Magen" – aber auch mit seinen abschließenden Worten an Grave, „Alle fünf Stücke bleiben Sie für sich zu behalten", die dem Sammler den besonderen Stellenwert der Werke verdeutlichen sollten. Von den Kompositionen sind heute jeweils gerade drei bis fünf Handschriften überliefert. Das Autograph von Wq 31 (*P 352*) trägt zudem den Vermerk „Ist nicht sehr bekannt".

Betrachtet man die insgesamt dreizehn Quellen, von denen anzunehmen ist, daß Grave sie direkt aus dem Hause Bachs erhielt, zeichnet sich ab, wie der Sammler zum einen seinen Bestand an Konzerten weiter ergänzte (Wq 5, 15, 19, 31), zum anderen sich nun dem bis dahin weniger beachteten Bereich der Kammermusik zuwandte. Hier sind neben der Sinfonia Wq 74 und der nicht zu identifizierenden Sonatine die Werke Wq 71, 72, 78, 84, 86, 87 und H 535 zu nennen. Die Clavier-Fantasie Wq 80 ist wiederum ein sehr persönliches Werk, welches Bach zum Ende seines Lebens an Grave weitergab. Der Brief vom 28. April 1784 schließt mit einer Fuge über den Namen C. F. E. Bach (H 285), die Grave mit einer weiteren Fuge über den Namen „B.A.C.H." im Anschluß an die Sonate Wq 62/11 in die Handschrift *P 774/11* eintrug. Auf welchem Weg Grave die zweite Fuge erhielt, ist nicht bekannt.

Die zeitweilig engen Beziehungen zwischen dem Greifswalder Juristen und dem Hamburger Musikdirektor führten in einem weiteren Bereich von Graves Sammlung zu bedeutenden Ergänzungen. Zu einem nicht mehr genau bestimmbaren Zeitpunkt stellte Bach Grave ein Konvolut mit Kadenzen zu seinen Klavierkonzerten zur Verfügung, aus dem dieser sich Kopien für seinen Bestand anfertigte. Vermutlich handelte es sich um eine Sammlung, die vergleichbar ist mit der heute in Brüssel erhaltenen, von Michel geschriebenen Quelle B-Bc, *5871 MSM*. Zur selben Zeit komponierte Grave jedoch auch eigene Kadenzen zu den Konzerten Bachs, die meist schon anhand der in ihnen enthaltenen Korrekturen zu erkennen sind. Die originalen Kadenzen lassen sich durch einen Vergleich mit der Brüsseler Quelle *5871 MSM* bestimmen:

Konzert	Signatur (soweit nicht anders angegeben D-B)	Kadenzen bei Grave	Konkordanzen in B-Bc, *5871 MSM*
Wq 2	CH-Gpu, *Ms. mus. 314*	Kadenzen für alle drei Sätze	–
Wq 5	*St 523*	4 Kadenzen zum Arioso	Nr. 34
Wq 14	*St 517*	Je 2 Kadenzen zum Allegro und Adagio	Nr. 27, 68 Nr. 26, 67
Wq 15	D-Bsa, *SA 2623*	1 Kadenz zum Adagio	Nr. 40
Wq 16	*St 499*	1 Kadenz zum Adagio	–
Wq 20	CH-Gpu, *Mus. ms. 322*	1 Kadenz zum Adagio	Nr. 5
Wq 24	*St 505*	4 Kadenzen zum Largo	Nr. 4, 6, 14, 17
Wq 34	*N. Mus. ms. 42*	5 Kadenzen zum Allegro 2 Kadenzen zum Largo 2 Fermaten zum Presto	Nr. 9, 13, 25, 71 Nr. 10, 29 Nr. 11, 30
Wq 35	*St 581*	1 Kadenz zum Allegro	–
Wq 43/4	*St 527*	1 Kadenz zum Allegro assai	–

Für die Konzerte, zu denen Grave selbst Kadenzen schrieb, und für die Konzerte, die bei ihm ohne Kadenzen überliefert sind (Wq 3, Wq 4, Wq 18, Wq 19 sowie Wq 43/1–3 und 5–6), existieren auch anderweitig keine Kadenzen aus der Feder Bachs, so daß Grave offensichtlich alles erhielt, was existierte oder für eine Verbreitung freigegeben war. Nur am Rande sei bemerkt, daß für die zahlreichen anderen Klavierkonzerte aus Graves Besitz keine Kadenzen vorhanden sind, er selbst für diese Werke also auch keine Kadenzen anfertigte.

Wohl überwiegend in den 1780er Jahren, parallel zum direkten Bezug der Werke aus dem Besitz des Komponisten oder gegebenenfalls unmittelbar nach dessen Tod, ergänzte Grave seine Bach-Sammlung durch Abschriften älterer Werke nach Drucken. Hierbei handelte es sich meist um Klavierwerke aus verschiedenen Sammlungen, zum Beispiel den *Tonstücken für das Clavier* (1762; Wq 62/8, Wq 119/3), dem *Musikalischen Allerley* (1761; Wq 62/11, Wq 118/1), dem *Musikalischen Mancherley* (1763; Wq 158), dem *Musikalischen Vielerley* (1770; Wq 118/1), den verschiedenen Bänden der *Oeuvres mêlées* (1755–1765; Wq 62/4, Wq 62/5, Wq 62/9, Wq 62/21) und den *Zwey Trio* (1751; Wq 161/2). Offensichtlich gedachte Grave seine Sammlung mit diesen zum Teil über zwanzig Jahre alten Kompositionen abzurunden. Auffälligerweise blieb dabei die Gelegenheit ungenutzt, aus den Sammeldrucken Werke anderer Komponisten zu kopieren. Einzelne Lieder vorrangig aus dem *Vossischen Musenalmanach* von 1775 und 1776 kopierte Grave noch, als er wohl in den 1790er Jahren und im ersten Jahrzehnt des 19. Jahrhunderts in großem Stile gemischte Liedersammlungen anlegte. Hier dominierte nun das Interesse an der Gattung Lied und nicht mehr die Begeisterung für das Oeuvre des Hamburger Musikdirektors Bach.

Graves Sammlung in der Musikpraxis

Der Zustand der Handschriften deutet auf eine intensive Nutzung. In zahlreichen Handschriften trug Grave eigenständig Dynamikangaben, Ziffern und Verzierungen ein. In den Cembalostimmen verschiedener Konzerte ergänzte er in Tuttiabschnitten die erste Violine im oberen System. Damit war das Cembalo in diesen Abschnitten nicht länger auf die Rolle des Generalbaßinstruments beschränkt.[37] Gelegentlich liegen Streicherdubletten vor, die offensichtlich für die Praxis benötigt wurden. So ergänzte Grave im Konzert Wq 4 (*St 498*) die vier Streicherstimmen von fremder Hand um eine zusätzliche Stimme „Violono", die dem Basso Ripieno entspricht. Ebenso schrieb er eine zusätzliche Violone-Stimme für das Konzert Wq 43/1 (*St 537*). Gleich drei Baßstimmen existieren für Mozarts Klavierkonzert KV 449 (*Mus. ms. 15477/1*). Für Johann Friedrich Reichardts Cembalokonzert B-Dur (*Mus. ms. 18233/1*) finden wir neben zwei Baßstimmen zwei erste Violinen. In anderen Handschriften wurden Instrumente ausgetauscht oder hinzugefügt. Die Sinfonie Wq 178 weist anstelle der Oboen Klarinetten auf. Ebenso setzte Grave in Mozarts Konzert KV 449 anstelle der Oboen zwei Klarinetten in B ein. Für das Konzert Wq 19 liegt für den mittleren Satz eine Flötenstimme von Graves Hand vor. Schließlich weisen einige Stimmensätze Verluste auf, die zu einem späteren Zeitpunkt durch Ersatzstimmen teilweise ausgeglichen wurden. So sind zu dem Konzert Wq 14 ein früher unvollständiger Stimmensatz (*St 516*) und ein deutlich jüngerer vollständiger Satz (*St 517*) überliefert.

Der hohe Anteil an Orchesterwerken wirft die Frage auf, in welchem Kreis der Jurist Grave musiziert haben mag. Greifswald, eine Stadt mit damals 5000 Einwohnern, hatte im 18. Jahrhundert nur ein überschaubares Musikleben, das zudem kaum aktenkundig wurde. Von umso größerer Bedeutung ist ein kurzer Bericht mit dem Titel „Musiknachrichten von Greifswald" aus den *Pommerschen Mannigfaltigkeiten* von 1796.[38] Der Autor, der Greifswalder Jurist Christoph Gottfried Nicolaus Gesterding (1740–1802), gibt hier einen Abriß über das private Musizieren in der Stadt, das in den 1750er Jahren im

---

[37] Vgl. die Konzerte von Leopold Hofmann (*Mus. ms. 10733/2* und *Mus. ms. 10733/4*).
[38] *Pommersche Mannigfaltigkeiten 1796*, S. 207–212. Zuerst erwähnt bei Pyl (wie Fußnote 34), S. 68–69. Zu einer weiteren Schilderung des Greifswalder Musiklebens siehe den Nachtrag am Ende dieses Beitrags.

Umkreis der Universität einsetzte. Ab den 1770er Jahren kam es zu Musikaktivitäten im Saal der Freimaurerloge zu den Drei Greifen, in dem auch öffentliche Aufführungen stattfanden. Prägende Persönlichkeit für diese Unternehmungen war der Medizinprofessor und Freimaurer Carl Friedrich Rehfeldt (1735–1794), der sowohl Logenbrüder als auch Kollegen der Universität um sich scharte. Ab 1779 wurden regelmäßig donnerstags abends Konzerte veranstaltet. Zu den Musizierenden gehörten unter anderem der akademische Amthauptmann Hinrich Dettloff von Platen, der Fechtmeister der Universität Johann Christian Willich[39] sowie der Ratsherr Friedrich Joachim Christian Brunstein. Unter den Musizierenden befand sich ab einem nicht mehr genauer zu bestimmenden Zeitpunkt auch Johann Heinrich Grave. Es spricht nichts gegen die Annahme, daß er schon ab den frühen 1770er Jahren, also bereits gegen Ende seiner Studienzeit, in dem Zirkel aktiv war. Mit dem Tod Carl Friedrich Rehfeldts im Jahr 1794 scheint das von Gesterding so bezeichnete „musikalische Institut" auseinandergebrochen zu sein. Es ist davon auszugehen, daß Rehfeldt die überragende, alles zusammenhaltende Persönlichkeit war; der Stellenwert, den die Musik für ihn einnahm, wird in der in der Freimaurer-Loge gehaltenen Trauerrede nochmals explizit hervorgehoben.[40] Gesterding schließt seinen Bericht aus dem Jahr 1796 mit den Worten:

> Ich verlasse diese rührende Scene mit dem Wunsche des hiesigen Publicums, daß sich insonderheit der Herr Rathsverwandter Brunstein, der Herr Advocat Grave, und der Herr Fechtmeister Willich, davon jener auf der Violine, der andere auf dem Flügel, und der dritte durch sein Solospielen auf dem Violoncelle (s. hievon mein Pom. Magazin Th. 3. S. 83 und 84.) so starken als öftern Beyfall eingeerndtet haben, gefälligst anlegen seyn lassen mögen, ihr musikalisches Institut wieder in Gang zu bringen.[41]

Es liegt auf der Hand, daß Graves Musikaliensammlung in dem beschriebenen Musikerkreis eingesetzt beziehungsweise für ihn überhaupt nur zusammengestellt wurde. Grave selbst spielte hier das große Repertoire an Klavier-

---

[39] Auch der aus Göttingen gebürtige Johann Christian Willich hatte – wie Grave – um 1770 in Göttingen studiert. Vgl. *Die Matrikel der Georg August Universität zu Göttingen* (wie Fußnote 5), S. 167, Nr. 126 (Immatrikulationsdatum: 21. Mai 1767).

[40] Jacob Wallenius, *Trauerrede auf den Bruder Carl Friedrich Rehfeld, gehalten in der Freimaurer-Loge zu den drei Greifen in Greifswald am 3ten März 1794*, Greifswald 1794, S. 18–19: „Das einzige Vergnügen, die einzige Erholung die er bisweilen suchte und genoss, gewährte ihm die Tonkunst, wovon er ein grosser Kenner war, und wofür Er vielen Sinn hatte. Ein so reitzbares so sanft fühlendes Herz wie das seinige, konnte nicht anders als für die Harmonie geschaffen seyn. Er spielte mit vielem Ausdruck mehrere Instrumente, und blieb selten weg von Uebungen der Liebhaber dieser hinreissenden Kunst."

[41] S. 212. Der Verweis zu Willich bezieht sich auf ein Lobgedicht „An W ---, beym Solospielen auf der Violoncell", das sich allerdings nicht im dritten sondern im vierten Teil des *Pommerschen Magazins* (1778) befindet.

konzerten, die er ab den späten 1760er und frühen 1770er Jahren kopierte und erwarb. Mit den beiden anderen explizit erwähnten Musikliebhabern Brunstein und Willich konnten große Teile des Kammermusikrepertoires ausgeführt werden. Die gezielte Erweiterung des Repertoires um die Werke Wq 72, Wq 74, Wq 78, Wq 80, Wq 158 und H 535 scheint auf diese Musiker abgestimmt gewesen zu sein. Von Interesse wäre noch zu erfahren, wer in diesem Kreis die Flöte spielte, da eine starke Ausprägung der Sammlung im Bereich der Kompositionen mit Flöte nicht zu verkennen ist (Wq 84, Wq 86, Wq 87, Wq 146, Wq 161/2).[42] Die umfangreichen Bestände an Klaviersolowerken konnten über die Jahrzehnte von Grave allein genutzt werden.

Der Wunsch Gesterdings nach einer Reaktivierung des musikalischen Instituts ist in den 1790er Jahren offenbar nicht in Erfüllung gegangen. In dieser Zeit und dem folgenden Jahrzehnt erwarb und kopierte Grave, wie gesehen, fast nur noch Kammermusik und vor allem Liedersammlungen. Die Frage, mit wem er dieses Repertoire musiziert haben könnte, lenkt den Blick auf die familiären Verhältnisse und auf die abschließende Frage nach der Nutzung und dem Verbleib der Sammlung nach seinem Tod.

Zur Überlieferung der Sammlung

Johann Heinrich Grave heiratete am 8. Oktober 1782 Maria Liboria Brunstein, vermutlich die Schwester des Ratsherrn und Geigers Friedrich Joachim Christian Brunstein. Aus der Ehe gingen zwei Töchter hervor, Margaretha Sophia Juliana Grave und Marie Friederica Grave (verheiratete von Bonin, gest. 1825). Die Familienkonstellation legt die Annahme nahe, daß Grave die Liedersammlungen für die drei Frauen des Hauses zusammentrug und sie mit ihnen nutzte.

Der weitere Verbleib der Musikaliensammlung ist schwer zu verfolgen. Beide Töchter Graves starben kinderlos; eine direkte Weitergabe innerhalb der Familie ist also ausgeschlossen. Sophia, die unverheiratet blieb, wohnte bis zu Graves Tod bei ihrem Vater und übernahm nach 1810 das Haus Fischstraße 29. Im November desselben Jahres kam es zu einem aktenkundigen Erbstreit zwischen den Schwestern.[43] Die erhaltenen Unterlagen dokumentieren unter anderem, welche Möbel und Gegenstände im Dezember 1810 der in Strelitz wohnenden Friederica per Kutsche überbracht wurden. Obwohl die Aufstel-

---

[42] Verwiesen sei nochmals auf die ergänzte Flötenstimme für das Konzert Wq 19. Ebenso finden sich in dem Repertoire anderer Komponisten zahlreiche Werke für Flöte. Zur Person des Flötisten siehe den Nachtrag am Ende dieses Beitrags.

[43] Vgl. Stadtarchiv Greifswald, *Acta betreffend das Decimationsrecht der Stadt und besonders dessen Ausübung in einzelnen Erbschafts- und Emigrations-Fällen* (*Vol. XVIII. 1811*; *Rep. 5 126 51*).

lung sehr detailliert ist, findet die Musikaliensammlung darin keine Erwähnung. Mit großer Wahrscheinlichkeit ist also anzunehmen, daß sie in Greifswald verblieb.

Auf der Suche nach einem Bindeglied zwischen Greifswald und Berlin erhält eine kleine Anzahl von Quellen mit zusätzlichen Possessorenvermerken besondere Bedeutung. Verschiedene Handschriften weisen den – meist im Nachhinein wieder durchgestrichenen – Besitzervermerk „G. Reichardt" auf, der mehrfach durch die Ortsangabe Berlin und ein Datum ergänzt ist.[44] Hierbei handelt es sich aller Wahrscheinlichkeit nach um den Musiker Gustav Reichardt (1797–1884) aus Schmarsow (Kreis Demmin) in Pommern, der ab 1817 an der Universität Greifswald Theologie studierte und 1818 an die Universität Berlin wechselte.[45] Auch wenn sich über die Person Reichardts eine geographische Brücke zwischen Greifswald und Berlin schlagen läßt, ist bislang noch offen, in welchem Verhältnis dieser zu der Familie Grave stand; ebenso bleibt ungeklärt, welche Verbindung von Reichardt zu Hermann Johann Gottfried Budy zu ziehen ist.

Die Musikaliensammlung des Juristen Johann Heinrich Grave kann aus verschiedenen Perspektiven betrachtet werden. Für das Greifswalder Musikleben stellt der Bestand einen Schlüssel zu den musikalischen Aktivitäten des von Gesterding nur knapp beschriebenen „musikalischen Instituts" dar. Das umfangreiche Repertoire der Sammlung dokumentiert, daß im Umfeld der Universität, der Freimaurerloge und der bürgerlichen Oberschicht auf hohem Niveau musiziert wurde.

Für die Bach-Forschung zeigt die Sammlung exemplarisch, welche vielfältigen Wege Einzelpersonen nutzten, um einen Musikalienbestand aufzubauen. Sie dokumentiert ein neues Verhältnis zwischen Musiker und Musikliebhaber. Dabei ist das Subskriptionswesen nur ein Aspekt eines engeren Kontakts zwischen Komponist und Rezipient. Der Briefwechsel zwischen C. P. E. Bach und Grave und die Musikalien, die der Hamburger Musikdirektor dem Greifswalder Juristen zur Verfügung stellte, zeigen wie der „Kenner" für den Komponisten eine wesentliche Bezugsperson wird, der er seine wichtigsten Werke

---

[44] Vgl. zum Beispiel die Liedersammlung *Mus. ms. 30048*: „G. Reichardt | Berol: 1819"; Bachs Klavierwerke Wq 119/3 und 119/4 in *P 722* und *P 724* mit den Vermerken „G. [Reichardt] 1818" sowie Bachs Konzert Wq 3, „Zelter gehörig | 1821. Berlin d 28t März | Reichardt" (*SA 2607*). Reichardt ist auch für eine der späten Ergänzungen zur Sammlung verantwortlich. In dem Druck *Avvertimenti Grammaticali di Musica vocale*, Rom 1823, findet sich folgende Notiz von seiner Hand: „G. Reichardt Berlino | dono della Signora | E. Reden."

[45] Vgl. W. Schwarz, *Pommersche Musikgeschichte. Historischer Überblick und Lebensbilder*, Köln 1988 (Veröffentlichungen der Historischen Kommission für Pommern. 21.), Bd. 2, S. 162–165.

anvertraut. Die Persönlichkeit Graves und gerade die Entwicklung seiner Sammlung im späten 18. und beginnenden 19. Jahrhundert veranschaulichen aber auch eine Kontinuität in der Musikgeschichte, die aus unserer Perspektive als Bruch wahrgenommen wird. Die Tatsache, daß Graves C.-P.-E.-Bach-Quellen in einen großen Sammlungskontext eingebettet sind, stellt einen besonderen Wert des Bestands dar.

Nachtrag: Nach Abschluß des vorstehenden Textes wurde ich auf einen Bericht über das Greifswalder Musikleben in Carl Friedrich Cramers *Magazin der Musik* aufmerksam,[46] der an dieser Stelle ergänzend kurz vorgestellt sei. Ausgangspunkt für die Schilderung ist ein Konzert vom 12. Mai 1786, das der Stralsunder Musikdirektor Friedrich Gregor Kahlow mit zwei Sängerinnen in Greifswald zusammen mit den Musikliebhabern der Stadt veranstaltete. Im Anschluß an die Beschreibung des Konzerts heißt es:

Bey dieser Gelegenheit kann ich nicht unterlassen, Ihnen sogleich so wohl von unserm gewöhnlichen Winter Concert, als dem hiesigen Musikwesen überhaupt etwas zu melden. Ersteres dauert nun schon ins siebente Jahr, und hat seinen Ursprung dem unlängst verstorbenen akademischen Amtshauptmanne, Hrn. von Platen, zu verdanken. Es wird den Winter hindurch 15mal, und zwar Donnerstags in jeder Woche, von 5 bis 7 Uhr, in dem Hause des Kaufmanns und Weinhändlers, Hrn. Wilhelmi, gehalten. Die Entree kostet den ganzen Winter mehr nicht, als den mäßigen Belauf von einem Speciesthaler, womit Wärme, Beleuchtung, kurz, alle Kosten bestritten werden, und das Orchester machen, bis auf die Waldhörner und andere Blasinstrumente, wozu man im Nothfall ein Paar Leute der hiesigen, höchst elenden Stadtmusikannten nimmt, bloß Liebhaber aus. Solche waren im letzten Winter bey der ersten Violine: Hr. Kaufmann Brunstein; Hr. Candidat Quistorp; Hr. Candidat Fischer, der jüngere. Bey der zweyten Violine: Herr Kaufmann Biel; Hr. Wilcken, Hr. Rehfeld, beide Studiosi. Bey der Bratsche: Hr. Advocat Brunstein; Hr. Magister Finelius. Beym Flügel: Hr. Director Rehfeld; Hr. Doctor von Aeminga; Hr. Advocat Grave. Beym Violoncell: Hr. Fechtmeister Willich; Hr. Candidat Fischer, der ältere. Beym Contrabaß: Hr. Hube. Bey der Flöte: Hr. Professor Otto; Hr. Registrator Dittmer; Hr. Secretair Rehfeld; Hr. Odenbrecht, der jüngere.

Freylich sind diese Dilettanten nicht alle von einerley Werth; aber doch durchgängig fast brave Ripienisten. Insonderheit führt der Kaufmann, Hr. Brunstein, der außer der Violin auch noch den Flügel, die Bratsche, das Violoncell und den Fagott spielt, sein Orchester mit ersinnlichster Aufmerksamkeit und Exactitüde an. Auch executiren sowohl er, als die Herren: Quistorp, Fischer, Dittmer, Rehfeld, Willich, nebst den gesammten Flügelspielern, sehr gut, zugleich obligate Sachen, und alle mit einander verdienen nicht nur wegen ihrer ausgezeichneten Liebe zur Tonkunst, sondern auch darum,

---

[46] *Magazin der Musik*, hrsg. von C. F. Cramer, Bd. II/2, Hamburg 1786 (Reprint: Hildesheim 1971), S. 972 f. Ein Auszug des Dokuments findet sich bereits bei P. Schleuning, *Das 18. Jahrhundert: Der Bürger erhebt sich*, Reinbek 1984, S. 120.

weil sie so uneigennützig für das Vergnügen ihrer Mitbürger sorgen, Achtung und den wärmsten Dank.

Der Bericht, der zehn Jahre vor dem Text Gesterdings verfaßt wurde, bestätigt die dort beschriebene historische Entwicklung des Konzerts in Greifswald. Dabei räumt der Autor dem Amthauptmann Hinrich Dettloff von Platen eine größere Bedeutung für die Entwicklung des Orchesters ein, als es Gesterding tut, der seine Darstellung stark auf Carl Friedrich Rehfeld als Initiator und Träger der Institution konzentriert. Dies läßt sich leicht dadurch erklären, daß von Platen, der 1784 gestorben war, im Jahr 1796 den Lesern kaum noch präsent gewesen sein dürfte.

Die Benennung zahlreicher weiterer Instrumentalisten gibt einen besseren Einblick in die Größe und Bedeutung des Orchesters; sie bestätigt darüber hinaus die bisherigen Annahmen zur sozialen Herkunft der Musikliebhaber. Die Gruppe ist wesentlich geprägt von Universitätsangehörigen, wobei in Cramers *Magazin der Musik* nun auch explizit Studenten erwähnt sind, was die Vermutung untermauert, daß auch Grave bereits als Student Anfang der 1770er Jahre in dem Kreis aktiv war. Mit Johann Jacobus Finelius, dem Kantor und Lehrer an der Greifswalder Stadtschule, läßt sich nun ein Berufsmusiker unter den ständigen Mitgliedern des Orchesters nachweisen. Die Tatsache, daß die Blasinstrumente mit Ausnahme der Flöte aushilfsweise von den Stadtmusikanten übernommen wurden, deckt sich mit der Beobachtung, daß in dem Repertoire Graves kaum Werke mit obligaten Bläserstimmen vorliegen und Solokonzerte für andere Blasinstrumente als der Flöte fast gänzlich zu fehlen scheinen. Mit Bernhard Christian Otto, Professor für Naturgeschichte und Ökonomie, Vorsteher der Botanischen Gartens, kann auch der Flötist namhaft gemacht werden, für den Grave die große Zahl an Flötenwerken zusammentrug. 1788 wechselte Otto an die Universität Frankfurt/Oder, woraus sich erklärt, warum er von Gesterding nicht mehr erwähnt wird.

Anhang: Quellen mit Werken der Bach-Familie aus Johann Heinrich Graves Besitz

Werkverzeichnisnummer – Titel
Bibliothek (sofern nicht D-B), Signatur – Akzessionsnummer – Grave-Nummer
Schreiber (sofern nicht Grave selbst)
Sonstiges
Ggf. gedruckte Vorlage

Carl Philipp Emanuel Bach

Wq 2 – Concerto per il Cembalo concertato Es-Dur
CH-Gpu, *Ms. mus. 314*
3 Kadenzen von Grave

Wq 3 – Concerto per il Cembalo concertato G-Dur
St 497 – 9294 – No. 31

Wq 3 – Concerto per il Cembalo concertato G-Dur
SA 2607
unbekannter Schreiber
Possessorenvermerk von Grave durchgestrichen. Darunter Vermerk: „Zelter gehörig. | 1821. Berlin d 28ᵗ März | Reichardt"

Wq 4 – Concerto per il Cembalo concertato G-Dur
St 498 – keine Akzessionsnummer
unbekannter Schreiber und Grave

Wq 5 – Concerto per il Cembalo concertato c-Moll
St 523 – 9297
Johann Heinrich Michel
1 Kadenz von C. P. E. Bach, 3 Kadenzen von Grave

Wq 12 – Concerto per il Cembalo concertato F-Dur
St 541 – 9276
unbekannter Schreiber

Wq 14 – Concerto per il Cembalo concertato E-Dur
St 516 – 9271 – No. 4
Unvollständiges Material: Cemb, Vl 1
Concerto III (Berlin 1760)

Wq 14 – Concerto per il Cembalo concertato E-Dur
St 517 – keine Akzessionsnummer
4 Kadenzen von C. P. E. Bach
Concerto III (Berlin 1760)

Wq 15 – Concerto per il Cembalo concertato e-Moll
SA 2623 – [No. 16][47]
Johann Heinrich Michel und Grave
1 Kadenz von C. P. E. Bach

Wq 16 – Concerto per il Cembalo concertato C-Dur
St 499 – 9309 – No. 30
unbekannter Schreiber
1 Kadenz von Grave

Wq 18 – Concerto per il Cembalo concertato D-Dur
St 508 – 9303
unbekannter Schreiber

Wq 19 – Concerto per il Cembalo concertato A-Dur
St 513 – 9293
Johann Heinrich Michel, ergänzte Flötenstimme: Grave

---

[47] Nummer nicht von der Hand Graves.

Wq 20 – Concerto per il Cembalo
concertato c-Moll
CH-Gpu, *Ms. mus. 322*
1 Kadenz von C. P. E. Bach

Wq 24 – Concerto per il Cembalo
concertato C-Dur
St 505 – 9273 – No. 8
4 Kadenzen von C. P. E. Bach

Wq 31 – Concerto per il Cembalo
concertato c-Moll
Vermutlich CH-Gpu, *Ms. mus. 341*
Johann Heinrich Michel
erwähnt im Brief Bachs an Grave vom
28. April 1784

Wq 34 – Concerto per il Cembalo
concertato G-Dur
N. Mus. ms. 42 – keine Akzessionsnummer – [No. 7][48]
Titelumschlag von der Hand C. P. E.
Bachs, nicht zugehörig
7 Kadenzen von C. P. E. Bach, 1 Kadenz
von Grave

Wq 35 – Concerto per il Cembalo
concertato Es-Dur
St 581 – 9272 – No. 29
unbekannter Schreiber und Grave
1 Kadenz von Grave

Wq 43/1 – Concerto per il Cembalo
concertato F-Dur
St 537 – 9274 – No. 1
unbekannter Schreiber und Grave
Sei Concerti (Hamburg 1772)

Wq 43/2 – Concerto per il Cembalo
concertato D-Dur

St 509 – 9308 – No. 2
unbekannter Schreiber und Grave
Sei Concerti (Hamburg 1772)

Wq 43/3 – Concerto per il Cembalo
concertato Es-Dur
St 521 – 9311 – No. 17
unbekannter Schreiber und Grave
Sei Concerti (Hamburg 1772)

Wq 43/4 – Concerto per il Cembalo
concertato c-Moll
St 527 – 9277 – No. 4 / No. 18[49]
unbekannter Schreiber und Grave
1 Kadenz von Grave
Sei Concerti (Hamburg 1772)

Wq 43/5 – Concerto per il Cembalo
concertato G-Dur
St 503 – 9289 – No. 19
unbekannter Schreiber
Sei Concerti (Hamburg 1772)

Wq 43/6 – Concerto per il Cembalo
concertato C-Dur
St 494 – 9296 – No. 20
unbekannter Schreiber und Grave
Sei Concerti (Hamburg 1772)

Wq 48/5 – Clavier-Sonate C-Dur
P 789/2 – 9298 – No. 2
unbekannter Schreiber
Preußische Sonaten (Nürnberg 1742)

Wq 62/4 – Clavier-Sonate d-Moll
P 774/9 – 9306 – No. 11
Oeuvres mêlées III (Nürnberg 1755–65)

Wq 62/5 – Clavier-Sonate E-Dur
P 774/8 – 9305 – No. 12
Oeuvres mêlées IV (Nürnberg 1755–65)

---

[47] Nummer nicht von der Hand Graves.
[48] Eine Nummer befindet sich auf dem Titelumschlag, eine weitere auf der ersten Seite der Cembalostimme; möglicherweise gehörte der Umschlag zu einem anderen Konzert.

Wq 62/9 – Clavier-Sonate F-Dur
P 774/7 – 9304 – No. 7
Oeuvres mêlées I (Nürnberg 1755–1765)

Wq 62/11 – Clavier-Sonate G-Dur
P 774/11 – 9301 – No. 1
Angefügt zwei Fugen (darunter H 285)
Musikalisches Allerley (Berlin 1761)

Wq 62/21 – Clavier-Sonate a-Moll
P 774/6 – 9299 – No. 9
Oeuvres mêlées XI (Nürnberg 1755–1765)

Wq 65/32 – Clavier-Sonate A-Dur
P 789/5 – 9302 – No. 8
[*Oeuvres mêlées IX* (Nürnberg 1755–1765)][50]

Wq 71 – Sonata a Cembalo obligato e Violino D-Dur
St 562 – 9286
Ludwig August Christoph Hopff

Wq 72 – Duetto a Cembalo obligato e Violino d-Moll
St 563 – 9284
Ludwig August Christoph Hopff

Wq 74 – Sinfonia a Cembalo obligato e Violino D-Dur
St 560 – 9288
Johann Heinrich Michel

Wq 78 – Sonata a Cembalo obligato e Violino c-Moll
St 564 – 9301
Johann Heinrich Michel

Wq 80 – Clavier-Fantasie mit Begleitung einer Violine fis-Moll

F-Sim, *Rm 201*
Johann Heinrich Michel

Wq 84 – Duetto a Cembalo obligato e Flauto E-Dur
F-Sim, *Rm 202*
Johann Heinrich Michel

Wq 86 – Sonata a Cembalo obligato e Flauto G-Dur
St 574 – 9282
Johann Heinrich Michel

Wq 87 – Sonata a Cembalo obligato e Flauto C-Dur
St 565 – 9280 – No. 39
Johann Heinrich Michel und Grave

Wq 118/1 – 24 Veränderungen über das Lied: Ich schlief, da träumte mir
P 736 – 9290 – No. 24
Musikalisches Allerley (Berlin 1761–1763), *Musikalisches Vielerley* (Hamburg 1770)

Wq 119/3 – Fuga à 3 F-Dur
P 722 – 9281 – No. 29
Durchgestrichener Possessorenvermerk „G. [Reichardt] 1818"
Tonstücke für das Clavier (Berlin 1762)

Wq 119/3 – Fuga à 3 F-Dur
P 723 – keine Akzessionsnummer – No. 29
Tonstücke für das Clavier (Berlin 1762)

Wq 119/4 – Fuga à 3 A-Dur
P 724 – keine Akzessionsnummer – No. 30
Durchgestrichener Possessorenvermerk „G. [Reichardt] 1818"
Raccolta della più nuove Compositioni (Leipzig 1757)

---

[50] Aufgrund zahlreicher Varianten ist davon auszugehen, daß die Abschrift nicht auf den Druck zurückgeht. Die Handschrift gibt vielmehr eine sehr verbreitete Frühfassung des Werks wieder. Vgl. CPEB-CW I/5.2, S. 115 f.

Wq 146 – Trio a Flauto traverso, Violino e Basso
St 571 – 9285
unbekannter Schreiber

Wq 158 – Sonata a II Violini e Basso B-Dur
St 561 – 9310
Musikalisches Mancherley (Berlin 1763)

Wq 161/2 – Trio für Querflöte, Violine und Bass
St 572 – 9283
Zwey Trio (Nürnberg 1751)

Wq 178 – Sinfonia a due Corni, due Oboi, due Flauti due Violini, Violetta e Basso e-Moll
CH-Gpu, *Ms. mus. 343*
unbekannter Schreiber und Grave; anstelle der zwei Oboenstimmen liegen zwei Klarinettenstimmen (in A) vor

Wq 200 – *Neue Lieder-Melodien nebst einer Kantate* (Lübeck 1789)
B-Bc, *16887*
Druck mit Possessorenvermerk Graves

Wq 201– Der Wirth und die Gäste
St 558 – 9295
Die Stimmen von der Hand Johann Christoph Friedrich Bachs wurden vermutlich nachträglich der Klavierpartitur hinzugefügt
Berlin 1766; *Akademisches Liederbuch I* (Leipzig 1783)

Wq 202/B/1 – Das Privilegium
Mus. ms. 30048
Die Sammlung trägt den Vermerk „G. Reichardt | Berol: 1819"
Clavierstücke verschiedener Art (Berlin 1765)

Wq 202/G/1 – Die Schlummernde
Mus. ms. 30049
Vossischer Musenalmanach 1775

Wq 202/G/2 – Lyda
Mus. ms. 30049
Vossischer Musenalmanach 1775

Wq 202/I/1 – Trinklied für Freye
Mus. ms. 30049
Vossischer Musenalmanach 1776

Wq 202/I/2 – Selma
Mus. ms. 30049
Vossischer Musenalmanach 1776

Wq 232 – Phillis und Thirsis
P 783 – 9295
Ggf. stammt lediglich die Partitur aus dem Besitz Graves. Die Stimmen wurden später beigefügt.

Wq. n.v. 44 / H 771 – Der Herr ist meines Lebens Kraft
P 971 – keine Akzessionsnummer

Wq n.v. 70 / H 535 – Arioso für Cembalo und Violine A-Dur
St 573 – 9287
Johann Heinrich Michel

H 285 – Fughetta auf den Namen C. F. E. Bach
P 774/11 – keine Akzessionsnummer

Fuge auf den Namen B. A. C. H.
P 774/11 – keine Akzessionsnummer

Johann Christoph Friedrich Bach

Wf VIII/2 – Trio für Klavier und Flöte oder Violine Es-Dur
St 553 – 9279
Musikalisches Vielerley (Hamburg 1770)

Wf XI/3 – Sechs leichte Claviersonaten
(Leipzig 1785)
D-Gs, *4 MUS VII, 771*
Exemplar des Drucks mit Besitzervermerk Graves

Johann Christian Bach

Warb. C 52 – Concerto per il Cembalo
G-Dur
St 488 – 9312
Concertos op. 1 (London 1763 und Amsterdam 1764)

Warb. C 73 – Concerto per il Cembalo
f-Moll

St 483 – 9275
unbekannter Schreiber
In allen Stimmen C. P. E. Bach zugeschrieben

Warb. YA 39 – Variationen auf: Daß du mein Schätzchen bist
P 706 – 9300

Warb. YC 92 – Concerto per il Cembalo
A-Dur
St 487 – 9292 – ~~No. 28~~ No. 33
unbekannter Schreiber mit Korrekturen Graves
Zuschreibung an Johann Christian Bach zweifelhaft

Abb. 1. Johann Christian Bach, *Concerto per il Cembalo* in G-Dur (Warb. C 52), Abschrift von J. H. Grave (*St 488*, Titelseite)

Abb. 2. Carl Philipp Emanuel Bach, *Concerto per il Cembalo concertato* in Es-Dur (Wq 43/3), Abschrift von J. H. Grave (*St 521*, Titelseite)

KLEINE BEITRÄGE

Die Leipziger Pfingstkantate von 1721 – ein Werk von Johann Sebastian Bach?

Eines der geistlichen Vokalwerke, die Bach „besonders geliebt zu haben scheint",[1] ist die 1714 in Weimar entstandene Pfingstkantate „Erschallet, ihr Lieder" (BWV 172). Sie ist das dritte geistliche Vokalwerk, das Bach nach seiner Ernennung zum Konzertmeister schrieb, und das erste zu einem hohen Festtag, weshalb die Orchesterpartie entsprechend festlich ausgestaltet ist. Bach führte dieses Werk später in Leipzig mehrfach auf, zuerst schon gegen Ende seines ersten Jahrgangs zu Pfingsten 1724. Für die Wiederaufführungen arbeitete er das Werk jeweils um und paßte es den aktuellen Umständen an. So wechselt die Tonart zwischen C-Dur und D-Dur, das Instrumentarium wird erweitert, im Duett erfährt die obligate Instrumentalbegleitung eine Veränderung und die Wiederholung des Eingangschors zum Abschluß kann weggelassen werden.[2]

Der Textdichter dieser Kantate ist unbekannt. Es wird vermutet, daß es sich um Salomo Franck handelt, auch wenn dieses Libretto nicht in seinen im Druck erschienenen Dichtungen enthalten ist.[3] Bedenkt man die Situation von 1714, als Bach mit dem regelmäßigen Komponieren von Kantaten beauftragt wurde, bietet sich die Vermutung an, daß der am Weimarer Hof tätige Franck, der schon das Libretto zur Jagdkantate (BWV 208) verfaßt hatte, speziell für Bach Texte dichtete, die er freilich später nicht veröffentlichte.

Umso bedeutsamer ist es, daß von der Aufführung 1731 das Textbuch erhalten ist.[4] Allerdings gibt der Textdruck die Komposition Bachs nicht ganz korrekt wieder. Am Ende des Eingangschores fehlt der Da-capo-Vermerk, ebenso bei der Arie „O Seelen-Paradies" – eine Auslassung, die in Textdrucken anderer Kantaten ebenfalls zu beobachten ist –, wogegen er bei der ersten Arie „Heiligste Dreieinigkeit" erscheint. Bei dem Duett werden die Singstimmen mit „Anima" und „Spir. S." näher gekennzeichnet. In der ersten Strophe ist die dritte Zeile „wehe durch den Herzensgarten" ausgelassen. In Bachs Komposition spielt sie eine nicht so gewichtige Rolle, als zwar das Wehen ausführlich dargestellt, die Textzeile jedoch als einzige nie wiederholt wird. Diese Auslassung – ebenso wie die fehlenden Da-capo-Vermerke – wird man wohl als

---

[1] Dürr K, S. 298.
[2] NBA I/13 Krit. Bericht (D. Kilian, 1960), S. 35 ff.
[3] Dürr St, S. 69 ff.
[4] BT, S. 444.

Flüchtigkeit betrachten müssen, der kein weiteres Gewicht zuzumessen ist. Insgesamt ist davon auszugehen, daß, von diesen Kleinigkeiten abgesehen, der gedruckte Text die Originalgestalt des Librettos darstellt.

In seiner Vertonung drückt Bach dem Duett seinen eigenen Stempel auf. Die Dichtung besteht aus drei vierzeiligen Strophen; die jeweils ersten drei Zeilen einer Strophe sind der Anima, die vierte dem Spiritus Sanctus zugeordnet. Bach komponiert die Verse nicht sukzessiv. Er gestaltet vielmehr ein echtes Duett, das heißt die beiden Stimmen singen über weite Strecken gemeinsam ihren jeweiligen Text, der die Bitte beziehungsweise die darauf bezogene Antwort ausdrückt. Dies wird im Textdruck nicht deutlich. Es beginnt der Sopran, und der Alt antwortet, bevor der Sopran seine Bitten vollständig vorgetragen hat. Bei den ersten beiden Strophen endet der Sopran einen halben beziehungsweise einen ganzen Takt vor dem Alt, so daß die Antwort das letzte Wort behält. Etwas anders verhält es sich bei der letzten Strophe, die in der Komposition auch den breitesten Raum einnimmt. Hier enden beide Singstimmen gemeinsam. Dabei sind im Sopran ab T. 34 die Verse umgestellt, die dritte Zeile („Du hast mir das Herz genommen") ist an die Spitze gerückt, so daß die Bitte letztlich mit „höchste Liebe, komm herein!" endet. In der antwortenden Zeile „Ich bin dein und du bist mein" sind die Vershälften ab T. 37 vertauscht zu „du bist mein und ich bin dein". Auf diese Weise erreicht Bach, daß in T. 42 beide Singstimmen sich mit ihren jeweiligen Zeilen „du" zusingen, vor allem aber, daß sich die beiden abschließenden Zeilen reimen. Indem die beiden Stimmen sich textlich und musikalisch vereinigen, ist die Erfüllung der Bitte in der Komposition dargestellt, die Zusage schon Wirklichkeit geworden.

Im BJ 2008 berichtet Tatjana Schabalina von in St. Petersburg entdeckten, bisher unbekannten Textbüchern zur Leipziger Kirchenmusik.[5] Eines dieser Hefte enthält die Texte der Kantaten, die von Pfingsten bis Trinitatis 1721, also während der Amtszeit von Johann Kuhnau, aufgeführt wurden.[6] Unter diesen befindet sich der von Bach vertonte Text „Erschallet, ihr Lieder", wie gewöhnlich ohne Angabe des Komponisten. Natürlich stellt sich die Frage, wessen Komposition damals in Leipzig erklang, und der Gedanke an J. S. Bach liegt nahe, auch wenn dieser damals noch als Hofkapellmeister in Köthen tätig war.

War eine Kantatendichtung im Druck erschienen, so bot sie sich geradezu zur Vertonung an; folglich konnte es vorkommen, daß ein Text von verschiedenen Komponisten vertont wurde. Es ist kein Zufall, daß auch Bach für seine Kantaten BWV 170 und 199 auf gedruckte Texte, nämlich des Darmstädter

---

[5] T. Schabalina, *„Texte zur Music" in Sankt Petersburg. Neue Quellen zur Leipziger Musikgeschichte sowie zur Kompositions- und Aufführungspraxis Johann Sebastian Bachs*, BJ 2008, S. 33–98.

[6] Ebenda, S. 90.

Hofpoeten Lehms, zurückgriff, die schon Christoph Graupner vertont hatte. Umgekehrt wählte Telemann einen im Druck erschienenen Text von Franck, der auch Bachs Kantate „Tritt auf die Glaubensbahn" BWV 152 zugrunde liegt, für eine eigene Komposition (TVWV 1:1420). Daß aber eine nicht gedruckte Dichtung Verbreitung fand, zum Beispiel von Weimar nach Leipzig, ist nicht gerade wahrscheinlich. Dieser Umstand spräche dafür, hinter der Leipziger Pfingstkantate von 1721 Bachs Komposition zu vermuten.

Hinzu kommen weitere Beobachtungen. Schabalina erwähnt die in Köthen geschriebenen Instrumentalstimmen in D-Dur, der Tonart, in der das Werk 1724 musiziert wurde.[7] Dies könnte mit der Aufführung 1721 in Zusammenhang stehen. Ferner ist in dem Textdruck eigens die Wiederholung des Eingangschors vermerkt. Die Kantate wurde also 1721 wie in Weimar (und später 1724 in Leipzig) aufgeführt.

An zwei Stellen weichen die Textdrucke voneinander ab. Im Textdruck von 1731 wird im Eingangschor das Objekt von Gottes Handeln im Plural formuliert („die Seelen zu Tempeln"), 1721 jedoch im Singular („die Seele zum Tempel"). Der Grund für diese Abweichung läßt sich nur vermuten. Entweder liegt eine Anpassung an den Singular des folgenden Rezitativs vor oder wir haben es mit einem Anhaltspunkt für eine andere Komposition zu tun. Viel gewichtiger ist die Wiedergabe des Duetts im neu entdeckten Textbuch. Hier sind die Verse anders angeordnet. Das – wohl ursprüngliche – Reimschema a a b b ist abgewandelt zu a b b a. Der Text der zweiten Singstimme erscheint zunächst in der zweiten Zeile, dann, in den Strophen 2–3, in der dritten. Die Verse, die die erste Stimme zu singen hat, sind durch Klammern am Zeilenbeginn verknüpft, unabhängig von der Strophenzugehörigkeit, das heißt über die Strophenzäsuren hinweg. Am Ende – und das ist das Auffälligste – wird die erste Zeile der dritten Strophe noch einmal wiederholt.

Es stellt sich die Frage: Woher kommt diese eigenwillige Textaufteilung im Druck? Die plausibelste Antwort lautet: Hier spiegelt sich wieder, wie diese Strophen in der damals aufgeführten Kantate vertont waren. Nun endet auch Bachs Vertonung – abweichend von der Textvorlage – mit derselben Zeile wie der neu gefundene Textdruck. Freilich ist die jeweilige Textaufteilung insofern noch etwas anders, als Bach die Zeilen a b c umstellt zu c a b. Der Textdruck wiederholt jedoch nur die Zeile b, nicht aber auch Zeile a. Auf jeden Fall endet er genau wie Bachs Komposition mit der wiederholten Zeile. Nicht so eindeutig verhält es sich am Anfang. Bach läßt zunächst den Sopran die ersten beiden Zeilen vollständig vortragen. Dann, zur Wiederholung dieses Textes, antwortet der Alt. Im Textdruck ist die Zeile des Alts schon nach der ersten Zeile des Soprans wiedergegeben, was der Vertonung nicht genau entspricht. Man kann mithin nur sagen: Der Druck gibt wieder, daß die Antwort des Alts

---
[7] Ebenda, S. 57 (Fußnote 33).

während des Vortrags des Soprans erfolgt und nicht, wie aus dem Druck von 1731 gefolgert werden könnte, im Anschluß daran. Weshalb aber hier in der ersten Strophe die Zeile des Alts schon nach der ersten und nicht, wie in den beiden anderen Strophen, nach der zweiten abgedruckt ist, muß offenbleiben. Dies umso mehr, als Bach hier den Alt schon während der zweiten Zeile einsetzen läßt (T. 16 und 27) und nicht wie in der ersten Textstrophe erst nach dieser.

Zuletzt stellt sich die Frage, welcher Anlaß hinter der eventuellen Aufführung dieser Kantate zu Pfingsten 1721 gestanden haben könnte. Andreas Glöckner erwähnt, daß der damalige Thomaskantor Johann Kuhnau um diese Zeit erkrankt war[8] und daher vermutlich Kantaten anderer Komponisten aufgeführt werden mußten. Schabalina verweist außerdem auf die Kontakte, die Kuhnau zu Bach hatte,[9] und die gemeinsame Orgelprobe in Halle im Mai 1716 fiel in eine Zeit, in der Bach für den Weimarer Hof regelmäßig Kantaten schrieb.[10] So ist zumindest anzunehmen, daß die beiden sich über ihre Tätigkeiten an ihren jeweiligen Wirkungsorten austauschten und Kuhnau somit von Bachs Weimarer Aktivitäten erfuhr. Vielleicht war er damals auf eine dieser Kompositionen neugierig geworden. Bekanntlich prüfte Bach im Dezember 1717, kurz nach seinem Dienstantritt in Köthen, die Orgel an der Paulinerkirche zu Leipzig, und Schering vermutet, daß es Kuhnau war, der Bach für diese Aufgabe empfohlen hatte,[11] auch wenn dieser gerade erst Weimar verlassen hatte und nicht mehr als Organist tätig war. War es die Achtung vor der Kompetenz des jüngeren Kollegen, persönliche Zuneigung, oder dachte Kuhnau schon an einen eventuellen Nachfolger, den er in Leipzig ins Spiel bringen wollte?

Auch Bach könnte Interesse an einer Kantatenaufführung in Leipzig gehabt haben. Ulrich Siegele geht in seiner ausführlichen Darstellung der Umstände im Zusammenhang mit Bachs Wahl zum Thomaskantor auch auf die Momente ein, die Bach zum Weggang von Köthen bewogen.[12] Er konstatiert dabei für die Köthener Jahre eine Zäsur im Laufe des Jahres 1720 und belegt dies unter anderem mit Bachs Reisetätigkeit, die nicht mehr dienstlichen sondern privaten Charakter hatte. Hierzu zählt die Reise nach Hamburg im Zusammenhang mit der Bewerbung um die Stelle an der dortigen Jakobikirche (1720), bei der offenbar die Kantate „Ich hatte viel Bekümmernis" BWV 21

---

[8] A. Glöckner, *Johann Sebastian Bach und die Universität Leipzig. Neue Quellen (Teil 1)*, BJ 2008, S. 159–201, speziell S. 176.

[9] Schabalina (wie Fußnote 5), S. 57, dort Fußnote 31.

[10] Vgl. dazu den von Klaus Hofmann neu gestalteten Weimarer Aufführungskalender im BJ 1993, S. 27–29.

[11] A. Schering, *Musikgeschichte Leipzigs, Bd. 3: Johann Sebastian Bach und das Musikleben Leipzigs im 18. Jahrhundert*, Leipzig 1941, S. 9.

[12] U. Siegele, *Bachs Stellung in der Leipziger Kulturpolitik seiner Zeit*, BJ 1984, S. 7–43, speziell S. 23 ff.

aufgeführt wurde. Die Hoffnungen auf Hamburg zerschlugen sich,[13] aber Bach hatte zu erkennen gegeben, daß er sich wohl einen Wechsel von einem höfischen zu einem städtischen Amt, allerdings auf eine bedeutsame Stelle, denken konnte. Vielleicht erklärt dies sein Interesse, sich in Leipzig nicht nur als Orgelsachverständiger zu zeigen, sondern auch als Komponist großer Kirchenmusik. Was lag näher, als die Fühler nach Leipzig auszustrecken oder sogar einer eventuellen Bitte um eine Kantate nachzukommen, nachdem davon auszugehen war, daß in absehbarer Frist die Stelle des Thomaskantors neu zu besetzen sein würde? In Weimar hatte Bach drei Kantaten in großer Besetzung geschrieben, jeweils zu den Hauptfesten Weihnachten (BWV 63), Ostern (BWV 31) und Pfingsten (BWV 172). So könnte ihm diese Gelegenheit willkommen gewesen sein, sich mit einem solch repräsentativen Werk als versierter Kantatenkomponist auszuweisen, und diese Kantatenaufführung könnte dann einer der Gründe gewesen sein, weshalb er im Herbst 1722 wohl zur Bewerbung um das Thomaskantorat aufgefordert wurde.[14]

Dies alles sind Überlegungen, Vermutungen, Gedankenspiele, die vorläufigen Charakter haben. Vielleicht stellen sich ähnliche überraschende Funde ein, die zur Klärung der noch offenen Fragen beitragen können.

Gottfried Simpfendörfer (Lauda-Königshofen)

---

[13] J. Kremer, *Die Organistenstelle an St. Jakobi in Hamburg – eine „convenable station" für Johann Sebastian Bach?*, BJ 1993, S. 217–222.
[14] Vgl. Siegele (wie Fußnote 12), S. 17.

„… welches ich auch alles gesehen"
Ein fränkischer Adliger und Bachs Geburtstagskantate für August den Starken aus dem Jahr 1727 (BWV Anh. 9/BC G 14)*

Daß der Name von Seckendorff weit über die Grenzen Deutschlands noch heute bekannt ist, verdankt die Familie jenem Sproß, der 1655 in Gotha seinen „Teutschen Fürsten-Staat" veröffentlichte. Doch auch andere Mitglieder der weit verzweigten Familie aus späteren Generationen machten bereits zu Lebzeiten von sich reden. Zu diesen zählt Freiherr Christoph Ludwig von Seckendorff-Aberdar (1709–1781). Nach einer ersten Ausbildung am Pädagogium in Hildburghausen bezog der aus Mittelfranken stammende junge Adlige zum Wintersemester 1724/25 das Pädagogium in Glaucha bei Halle an der Saale.[1] Zwei Jahre später, zum Wintersemester 1726/27 wechselte von Seckendorff nach Leipzig, um an der dortigen Universität Philosophie und Rechtswissenschaften zu studieren.[2] Beginnend mit dem 8. Oktober 1726 berichtete er aus dem Pleiß-Athen seinem Vater regelmäßig von seinen eigenen Lebensumständen, seinen Studien sowie aktuellen Ereignissen. So erhielt der Vater unter anderem einige knappe Eindrücke vom Geschehen während der Ostermesse 1727 und von dem anwesenden kursächsischen und königlich-polnischen Hofstaat. Vor allem die Gegenwart Kurfürst Friedrich Augusts I. von Sachsen (1670–1733) sorgte bei dieser Messe für besonderen Publikumszuspruch. Noch in den Zeitraum seines Aufenthalts in Leipzig fiel der Geburtstag des Monarchen am 12. Mai. Über dieses Ereignis teilte der junge Seckendorff in einem Brief an seinen Vater, datiert „Leipzig d[en] 21. *Maÿ*. 1727.", folgendes mit:

[…] den 12. *huj*[us] wurde Jhro Maÿ[estät]. unßers Königs | Geburts-tag mit viele[n] *solennitæt*[en] hir vo[n] der *Universitæt celebri*rt. Alle *Student*[en] schloß[en] eine [über der Zeile eingefügt: doppelte] Reihe Von der Thomas-kirche bis ans *Paulinum*, durch welche alle *Professores*, 200. *Doctores*, 400. *Magistri* und *Licentia*te[n] und der

---

* Der Beitrag entstand im Rahmen des vom Bach-Archiv Leipzig durchgeführten und von der Alfried Krupp von Bohlen und Halbach-Stiftung geförderten Forschungsprojekts „Expedition Bach". – S.E. Herrn Rainer Graf von Seckendorff-Aberdar danke ich für die freundlich erteilte Erlaubnis zur Veröffentlichung der Dokumente.
[1] F. de Peyronnet-Dryden, *Christoph Ludwig von Seckendorff-Aberdar (1709–1781). Jugend und Studienjahre*, Magisterarbeit, Universität Bamberg, 1996, S. 45, 56–67. Frau Florence Comtesse de Peyronnet-Dryden, M.A. (Deutsches Historisches Institut Paris, Stiftung DGIA) danke ich für die freundlicherweise ermöglichte Einsichtnahme in ihre Magisterarbeit.
[2] Erler III, S. 385. Siehe auch de Peyronnet-Dryden (wie Fußnote 1), S. 67–78.

ganze Rath alle in ihre[m] *Ornat* vor des Königs *logis* (:in Apels hauß auf de[m] Marckt:) Vorbey Zog[en] und ins *Paulinum* sich Verfügt[en]. Alda war ein prächtiges Gerüst mit Viele[n] *stat*u[en] u[n]d des königs *Portrait* aufgerichtet, hierauf wurde eine *lat*ein[ische]. *Oratio*[n] Vo[n] Pr[ofessor]. *Rivinus* gehalte[n], und darauf das *Te Deum laudamus* unter Trompete[n] und Paucke[n] gesunge[n] und um die ganze Stadt 3. mahl 42. Stücke gelößet.
des Abends bracht[en] die *Student*[en] de[m] könig eine *Music*, die sehr schön geweß[en].[3]

Das im Brief erwähnte Paulinum war Teil der Universität. Die Paulinerkirche diente bis zu ihrer Sprengung 1968 als Universitätskirche, und die Aula im Collegium Paulinum wurde von der Universität, wie von Seckendorff schildert, für festliche Veranstaltungen genutzt. Eine noch heute in Dresden erhaltene lateinische Ode von Johann Florens Rivinus (1681–1755, seit 1726 Professor für römisches Recht) wurde nach dem Vortrag der von dem jungen Freiherrn besonders hervorgehobenen „*lat*einischen *Oration*" im Paulinum vermutlich dem Kurfürsten übergeben.[4] Für die Bach-Forschung ist speziell der letzte Satz des zitierten Abschnitts von einigem Interesse. Daß die von Studenten bei Johann Sebastian Bach in Auftrag gegebene Kantate „Entfernet euch, ihr heitern Sterne" BWV Anh. 9/BC G 14 (Text: Christian Friedrich Haupt) zum 57. Geburtstag von August dem Starken aufgeführt wurde, ist längst bekannt.[5] Über die Resonanz auf Bachs Komposition ist in dem von Christoph Ernst Sicul veröffentlichten Bericht allein vom „allergnädigsten *Contentement*", also der Zufriedenheit des Kurfürsten-Königs zu lesen.[6] Mit dem oben zitierten Briefauszug liegt nun der kennenswerte Bericht eines Zuhörers vor, der seine Eindrücke unmittelbar nach dem Ereignis zu Papier brachte.[7] Die (nicht überlieferte) Komposition des Thomaskantors beschreibt er als „sehr schön". Christoph Ludwig verfügte offenbar über zumindest grundlegende Musikkenntnisse. Dies legt die Tatsache nahe, daß er in Hild-

---

[3] *Acta Correspondenz zwischen Herrn Baron Christoph Ludwig von Seckendorff und dero gnädigen Eltern in Obernzenn betr. de Anno 1722.–1730.* (Archive der Grafen und Freiherren von Seckendorff, Blaues Schloß, Obernzenn, *Akten 121* [nicht foliiert]). Eingesehen wurden die Reproduktionen auf Mikrofilm, aufbewahrt im Bayerischen Staatsarchiv Nürnberg, *Rep. Fr 56 II*. Herrn Dr. Gerhard Rechter, Amtsleiter des Bayerischen Staatsarchivs Nürnberg, sowie den Mitarbeiterinnen und Mitarbeitern des Bayerischen Staatsarchivs Würzburg danke ich für ihre hilfreiche Unterstützung.
[4] Sächsische Landesbibliothek – Staats- und Universitätsbibliothek Dresden, Abteilung Sondersammlungen, *1. B. 8344, angeb. 19.*
[5] Dok II, Nr. 220 (S. 165–166); siehe auch BJ 1985, S. 166–168 (H.-J. Schulze) und BJ 2008, S. 85 (T. Schabalina).
[6] Wie Fußnote 5 (S. 166).
[7] Siehe auch Dok V, S. 292 (Ergänzungen zu Dok II, Nr. 219).

burghausen vom dortigen Capell-Director oder Capell-Meister Heinrich Georg Zeißing Unterricht auf der Flöte erhalten hatte.[8] Inwieweit der junge Freiherr in Leipzig seinen musikalischen Interessen – über das Anhören jener abendlichen Festmusik hinaus – weiterhin nachging, erfahren wir aus seinen Briefen leider nicht.

Abschließend sei noch zitiert, was Christoph Ludwig von Seckendorff seinem Vater in demselben Brief über die weiteren Lustbarkeiten während der Leipziger Ostermesse 1727 mitteilte. Dabei betont er am Ende mit der Bemerkung, er wäre bei allem Augenzeuge gewesen, die Zuverlässigkeit seiner Angaben:

die ganze Meße durch sind vo[n] 3. bande[n] französ[ische]. und Teutsche *Comoedie*[n] gespielet und 3. Mal vo[n] dem könig auf der börße ball gegeb[en] word[en], wo die Vornehmst[en] *Cavalliers* und *Dames* erschie[nen], welches ich auch alles gesehe[n].

Rashid-S. Pegah (Würzburg)

---

[8] *Extract. Was ich iahrl[ich]. Vor | Collegia und anderen Zu | beZahle[n] habe* (eigenhändig von C. L. v. Seckendorff-Aberdar, undatiert, vermutlich Mitte Oktober 1726) sowie eigenhändige Quittung von Heinrich Georg Zeißing, Hildburghausen, vom 29. Februar 1724 (beides wie Fußnote 3).

Zwei unbekannte Bach-Handschriften aus dem Besitz Felix Mendelssohn Bartholdys

Ein guter Teil der Bach-Quellen aus dem Besitz Felix Mendelssohn Bartholdys – vor allem Abschriften aus dem 19. Jahrhundert – sind bis in die Gegenwart erhalten und werden heute in der Mehrheit im Bestand der M. Deneke Mendelssohn Collection in der Bodleian Library zu Oxford aufbewahrt.[1] In Oxford sind jüngst zwei weitere Bach-Handschriften aufgetaucht, die ebenfalls einst zu Mendelssohns Bibliothek gehört haben. Sie sind Teil einer kleinen Gruppe von Handschriften, die in der Bibliothek der Faculty of Music aufbewahrt wurden, bevor sie 1995 in die Bodleian Library überführt wurden. Zu diesem Zeitpunkt gab es für die Handschriften nur jeweils einen kurzen maschinenschriftlichen Eintrag, und die Katalogisierung in der Bodleian wurde erst im Laufe der nächsten Jahre schrittweise vorgenommen. Keine der beiden immer noch original gebundenen Handschriften mit Werken Bachs trägt Mendelssohns Besitzvermerk, der sich in vielen, aber keinesfalls allen seinen Bänden befindet. Stattdessen findet sich der Unterschriftsstempel von Ernest Walker. Walker (1870–1949) besuchte das Balliol College in Oxford, wo er später Leiter der berühmten Balliol Concerts wurde. Er wirkte sein ganzes Leben in der Stadt, als Komponist, Dozent, Pianist und Musikschriftsteller; sein Hauptwerk ist *A History of Music in England* (1907), das viele Jahre lang als Standardwerk geschätzt wurde. Trotz seiner vielseitigen Betätigungen – unter anderem unterrichtete er auch an der Universität – hatte er nie eine offizielle akademische Position inne. Er war allerdings mit Margaret Deneke befreundet – um die Mitte des 20. Jahrhunderts eine wichtige Persönlichkeit im Oxforder Musikleben. Deneke hegte große Bewunderung für Walker, der seine letzten Lebensjahre in dem Haus in North Oxford verbrachte, das sie mit ihrer Schwester Helena teilte. Nach seinem Tod schrieb Margaret seine Biographie.[2] Margaret Deneke war es auch, der Mendelssohns Enkel Paul Benecke (ein Fellow des Magdalen College) seinen Anteil des Mendelssohn-Nachlasses anvertraut hatte, der sämtliche Bachiana umfaßte (darunter insbesondere Partitur und Stimmen der Matthäus-Passion). 1973 schließlich wurde die Sammlung der Bodleian Library vermacht.[3] Obwohl Margaret Deneke sich als gute Kuratorin der Sammlung erwiesen hat, ist bekannt, daß sie gelegentlich Einzelstücke an besonders enge musikliebende Freunde verschenkte. Es

---

[1] Siehe M. Crum, *Catalogue of the Mendelssohn Papers in the Bodleian Library, Oxford*, Bd. II: *Music and Papers*, Tutzing 1983 (Musikbibliographische Arbeiten. 8.), S. 25–40.
[2] M. Deneke, *Ernest Walker*, Oxford 1951.
[3] Die Geschichte der Sammlung ist beschrieben bei M. Crum, *The Deneke Mendelssohn Collection*, in: Bodleian Library Record 12/4 (April 1987), S. 298–320.

hat den Anschein, als hätten die beiden hier vorgestellten Bach-Bände einen ähnlichen Umweg genommen. Wie und wann die beiden Bände später in die Bibliothek der Faculty of Music kamen (wahrscheinlich nach Walkers Tod), ist nicht bekannt.[4]

Obwohl die beiden Bände nicht Mendelssohns Besitzvermerk tragen, ist die Verbindung zu ihm leicht zu erkennen. Bei dem ersten Band handelt es sich um eine Abschrift des Musikalischen Opfers von Eduard Ritz (1802–1832), dem Geigenlehrer des jungen Mendelssohn, der auch anderweitig als Kopist in Erscheinung getreten ist (unter anderem schrieb er einige der Stimmen zur Matthäus-Passion). Eine Aufstellung der Musikbibliothek der Mendelssohns aus den 1820er Jahren vermerkt unter den Bach-Erwerbungen für das Jahr 1826 „Musikalisches Opfer, mit einer Zueignung an den König. Handschrift u. Geschenk v. Ritz".[5] Hierbei handelt es sich eindeutig um den vorliegenden Band. Die Handschrift erscheint auch in der von Mendelssohn 1844 angelegten Aufstellung seiner Musikalien, in der sie als „Mus. Opfer v. Ritz geschrieben" vermerkt ist.[6] Ritz kopierte das Werk offensichtlich nach der Ausgabe von 1747, einschließlich der Widmung; die Handschrift ist ein ausgesprochen schönes Beispiel seiner ausgezeichneten Noten- und Textkalligraphie. Allerdings fehlen die „Canones diversi" und die Sonate, woraus sich schließen läßt, daß das von Ritz herangezogene Exemplar unvollständig war – die Ausgabe von 1747 erschien in Form von ungebundenen Doppelblättern.[7] Der mit türkisem Papier bedeckte Pappeinband stammt aus Mendelssohns Zeit; die Signatur lautet *MS. M. Deneke Mendelssohn c. 102*.

Der zweite Band ist der bedeutendere; er enthält sechs Orgelwerke (beziehungsweise fünf, wenn man die beiden Teile von BWV 542 als ein Werk zählt), die von drei verschiedenen Schreibern auf unterschiedliche Papiersorten geschrieben wurden; zwei der Stücke wurden von Mendelssohns Schwester

---

[4] Einige von Walkers eigenen Kompositionshandschriften wurden ebenfalls der Bodleian vermacht, während die Balliol College Library andere Schriften erhielt. Der Rest von Walkers Kompositionshandschriften gingen in den Besitz von Ivor Keys über, einem weiteren engen Freund von Margaret Deneke und späteren Professor für Musik (1968–1986) an der Birmingham University; diese wurden nach Keys' Tod 1996 von der Bodleian erworben. Möglicherweise hat Keys (der ebenfalls sein Studium in Oxford absolvierte) die Bach-Bände der Fakultätsbibliothek überantwortet.

[5] R. Elvers und P. Ward Jones, *Das Musikalienverzeichnis von Fanny und Felix Mendelssohn Bartholdy*, in: Mendelssohn-Studien 8 (1993), S. 85–103, speziell S. 90.

[6] P. Ward Jones, *Catalogue of the Mendelssohn Papers in the Bodleian Library, Oxford*, Bd. III: *Printed Music and Books*, Tutzing 1989 (Musikbibliographische Arbeiten. 9.), S. 286.

[7] Siehe die Faksimile-Ausgabe des Musikalischen Opfers, hrsg. von C. Wolff (Leipzig 1977), die den originalen ungebundenen Zustand des Drucks wiedergibt.

Fanny kopiert. Die Sammlung entspricht wahrscheinlich den „Orgelstücken v. Ritz geschrieben" in Mendelssohns Liste von 1844.[8] Die ersten vier Einträge erscheinen auch in der Liste aus den 1820er Jahren[9] – zu der Zeit waren sie noch nicht gebunden. Dieser Liste zufolge kann ihre Kopienahme auf etwa 1823–1825 datiert werden. Der vollständige Inhalt lautet wie folgt:

a. (Bl. 1–6) Toccata in d-Moll BWV 565. Titelseite: „Toccata | di Giov: Seb. Bach". Geschrieben von Eduard Ritz. Im *Musikalienverzeichnis* als „Tokkata für die Orgel. (Manuscript u. Geschenk v. E. Ritz)", mit Akzessionsdatum 1823 (vielleicht irrtümlich statt 1824 oder 1825).

b. (Bl. 7–14) Passacaglia in c-Moll BWV 582. Kopftitel: „Passacalia | J. S. Bach". Geschrieben von Fanny Hensel. Im *Musikalienverzeichnis* als „Passacaglia c moll. Handschr.", mit Akzessionsdatum 1825.

c. (Bl. 15–18) Fantasia in g-Moll BWV 542/1. Titelseite: „Fantasia | di | Giov: Seb: Bach". Geschrieben von Eduard Ritz. Im *Musikalienverzeichnis* als „Fantasie für die Orgel. (Manuscript u. Geschenk v. Ritz)", mit Akzessionsdatum 1824.

d. (Bl. 19–24) Fuge in g-Moll BWV 542/2. Titelseite: „Fuga | di | Giov: Seb: Bach". Geschrieben von Eduard Ritz. Im *Musikalienverzeichnis* als „Fuge für d. Orgel g moll. Handschr. u. Geschenk v. Ritz", mit Akzessionsdatum 1825.

e. (Bl. 25–29) Pièce d'orgue BWV 572. Titelseite: „Piece d'Orgue | Composee par | Mr Jean Sebast: Bach". Geschrieben von Johann August Patzig (1738–1816).[10]

f. (Bl. 30–36) Toccata in F-Dur BWV 540/1. Kopftitel: „Preludio". Geschrieben von Fanny Hensel. Zwei kleine Korrekturen mit Rötel auf Bl. 36 wurden vermutlich von Mendelssohn eingetragen.

Der Pappeinband ist mit marmoriertem schwarzem Papier überzogen; die Signatur lautet *MS. M. Deneke Mendelssohn c. 103*. Sämtliche Werke wurden anscheinend von in Berlin zugänglichen Quellen kopiert und vermutlich um 1830 für Mendelssohn eingebunden. Abgesehen von den beiden im letzten Faszikel bemerkten Korrekturen gibt es keinerlei Anzeichen weiterer Einträge

---

[8] Siehe Ward Jones (wie Fußnote 6). Die dort geäußerte Vermutung, daß diese Beschreibung auf *MS. M. Deneke Mendelssohn c. 70* passen könnte, ist damit überholt. Ms. c. 70 enthält zwar ebenfalls einige Werke von Ritz' Hand, beginnt aber nicht mit diesen, wie es der vorliegende Band tut.

[9] Vgl. Fußnote 5.

[10] Ich danke Peter Wollny für die Identifizierung von Patzigs Hand. Patzig, ein Berliner Geiger und Dirigent, war ein enger Freund von Carl Friedrich Zelter und ist als wichtiger Kopist von Bachs Werken bekannt.

Mendelssohns, die auf mögliche Aufführungen hinweisen könnten; dies entspricht dem Befund in ähnlichen Handschriften in der Bodleian-Sammlung. In Mendelssohns Bibliothek scheinen sich keine weiteren Abschriften dieser Werke befunden zu haben, obwohl er die Passacaglia bereits 1823 kannte, als er im Mai des Jahres seine eigene Orgel-Passacaglia in c-Moll komponierte. In gleicher Weise könnte auch das Fragment einer Fantasie in g-Moll vom August 1823 zu BWV 542 in Beziehung stehen.[11]

Peter Ward Jones (Oxford)

---

[11] *Felix Mendelssohn Bartholdy. Orgelwerke II: Kompositionen ohne Opuszahlen von 1820 bis 1841*, hrsg. von C. M. Schmidt, Leipzig 2004 (Leipziger Ausgabe der Werke von Felix Mendelssohn Bartholdy. IV/7.), S. 17–23 und 94–97.

Ein 16'-Cembalo mit Pedalcembalo von Zacharias Hildebrandt

Vor etwa zwanzig Jahren wurden zwei, 1770[1] und 1775[2] in den Leipziger Zeitungen erschienene Verkaufsanzeigen veröffentlicht, die dasselbe außergewöhnliche, mit fünf Registern versehene Cembalo beschreiben. Im ersten Dokument wird dieses Instrument gemeinsam mit einem ebenfalls mit fünf Registern ausgestatteten darunterliegenden Pedalcembalo zum Verkauf angeboten, im späteren einzeln. Das Pedalcembalo war anscheinend in der Zwischenzeit separat veräußert worden.[3] Die nachstehenden Überlegungen versuchen, eine – beim jetzigen Stand der Ermittlungen (noch) nicht nachgewiesene – Beziehung zwischen diesem ganz besonderen Instrumentenpaar und Johann Sebastian Bach wahrscheinlich zu machen.

Beide Instrumente befanden sich 1770 im Garten des Leipziger Cafétiers Enoch Richter. Richter führte seit spätestens 1732 das Kaffeehaus am Markt. Zu einem späteren, nicht mehr genau bestimmbaren Zeitpunkt zwischen Juni 1741 und 1746 übernahm er nach dem Tod des Konkurrenten Zimmermann die Geschäftsführung von dessen Lokal in der Katharinenstraße, im sogenannten Örtelischen Haus, wo das von Bach und Gerlach geleitete *Collegium musicum* während der Wintermonate musizierte. Der in der Anzeige erwähnte Garten lag in der Hinter-Gasse „vor dem Grimmischen Thore", während der nicht weit entfernte Sommergarten „am Grimmischen Stein-Wege" nach dem Tod Zimmermanns weiter unter der Führung von dessen Witwe verblieb.[4]

Der Verfasser möchte sich bei Anton Holzapfel (Wien) für die Korrekturen und Verbesserungen des deutschen Textes herzlich bedanken.

[1] H. Heyde, *Der Instrumentenbau in Leipzig zur Zeit Johann Sebastian Bachs*, in: 300 Jahre Johann Sebastian Bach, Tutzing 1985, S. 76.

[2] C. Ahrens, *„Welche Klangvielfalt in diesem Instrument …". Niedergang und Wiederentdeckung des Cembalos*, in: Rabenkiel und Büffelleder – Cembali des 18. Jahrhunderts. Eine Musikinstrumentenausstellung der Stadt Herne, Herne 1990, S. 61.

[3] Ob mit dem „sehr schönen Clavecin […], nebst dazu gehörigen 16 füssigen Pedal, mit zwei Clavieren, die Claves von Elfenbein und äusserlich schön fournieret", das in einer Annonce im *Leipziger Intelligenzblatt* vom 9. Juli 1763 angezeigt wird (wo auch eine Beschreibung von einem „Lauden-Calvecin" Hildebrandts zu finden ist; siehe Heyde, wie Fußnote 1, S. 74 f.), dasselbe Instrument gemeint ist, bleibt eine offene Frage.

[4] W. Neumann, *Das „Bachische Collegium Musicum"*, BJ 1960, S. 5–27, hier S. 22 und 26.

Die zwei Cembali waren Werke von Zacharias Hildebrandt, dem aus Schlesien stammenden Orgel- und Tasteninstrumentenbauer. Sein Verhältnis zu Johann Sebastian Bach war so eng, daß er Anfang der 1730er Jahre nach Leipzig umzog – nicht nur, um nach der gerichtlichen Auseinandersetzung mit seinem ehemaligen Meister Gottfried Silbermann dort seinen Betrieb weiterzuführen, sondern wahrscheinlich auch, um in größerer Nähe zu dem städtischen *Director Musices* arbeiten zu können. Bach war für Hildebrandt beratend tätig, erteilte detaillierte Anweisungen und verschuf ihm mehrere Aufträge und Bestellungen.[5] Die Zusammenarbeit zwischen den beiden erreichte mit dem Meisterwerk von Hildebrandt in der Naumburger Wenzelskirche einen Höhepunkt[6]: Bach hatte selbst das Instrument abgenommen und möglicherweise auch dessen Registerdisposition geplant. Außerdem hatte der schlesische Meister ein Lautenclavicymbel und sehr wahrscheinlich die Registerdispositionen von einigen seit der zweiten Hälfte der 1720er Jahre erbauten (und seltene Besonderheiten aufweisenden) Orgeln nach Bachs Vorgaben realisiert; vielleicht stammt von ihm auch der niemals verwirklichte Entwurf für Kopenhagen. Von Bachs Studenten (darunter Carl Gotthelf Gerlach) wurden ferner einige Clavichorde, Spinette und Kielflügel erworben – ein weiterer Beweis für die Hochachtung, die Bach dem Orgelbauer entgegenbrachte. In diesem Zusammenhang gewinnt die von Hildebrandt selbst verfaßte *Specificatio* der während der Naumburger Feierabendstunden zwischen 1744 und 1745 verfertigten besaiteten Clavier-Instrumente große Bedeutung, findet sich doch dort ein wohl nicht allzu großes, für Enoch Richter hergestelltes Cembalo.[7] Um die Einmaligkeit der beiden untersuchten Instrumente – des zweimanualigen Cembalos sowie des Pedalinstruments – zu verstehen, ist es nützlich, den gesamten Inhalt der beiden Verkaufsanzeigen wiederzugeben, die einander ergänzen und uns – in Kenntnis des damaligen mitteldeutschen Cembalobaus – ein ziemlich klares Bild ihrer Struktur vermitteln.

Leipziger Zeitungen, 29. Mai 1770:
Denen Freunden und Kennern musikalischer Instrumente wird hierdurch bekannt gemacht, daß bey Hrn. Enoch Richter im Garten ein Hildebrandischer *Contra* F Flügel mit 2 Clavieren, und ein Flügel-Pedal von Contra A bis D von eben demselben Meister

---

[5] U. Dähnert, *Der Orgel- und Instrumentenbauer Zacharias Hildebrandt. Sein Verhältnis zu Gottfried Silbermann und Johann Sebastian Bach*, Leipzig 1962, besonders S. 77 ff.

[6] Ders., *Johann Sebastian Bach's Ideal Organ*, in: The Organ Yearbook 1 (1970), S. 20–37.

[7] Dähnert (wie Fußnote 5), S. 106–107 und Fußnote 510. Diese Liste ist auch wiedergegeben bei G. B. Stauffer, *J. S. Bach's harpsichords*, in: Festa Musicologica. Essays in Honor of George J. Buelow, Stuyvesant/New York 1995 (Festschrift Series. 14.), S. 302.

zum Verkauf steht, und ein ieder zu allen Zeiten diese Instrumente in Augenschein nehmen kann. Beyde Instrumente sind wohl conservirt. Der Flügel, welcher einer der ersten Größe, ist sauber mit Nussbaum fournirt, nebst Gestelle, hat 5 Registerzüge, als *Principal* 16 Fuß, *Octavo* 8 Fuß, *Octavo* 4 Fuß, *Spinet* 8 Fuß durch das halbe Clavier, Baß und *Cornet* 8 Fuß. Das Pedal, welches, wie man sagt, das einzige ist, welches dieser Meister verfertigt, hat 5 Register, als 2 *Principal* 16 Fuß, 2 *Principal* 8 Fuß und *Quinta* 8 Fuß. Wie dann der bloße Name eines Zacharias Hildebrand, dieses so bekannten Künstlers, die größte Anpreisung beyder Instrumente ohne andere Lobsprüche seyn kann, und haben auswärtige Liebhaber sich an gedachten Hrn. Enoch Richter zu addreßiren.

Gnädigst privilegirtes Leipziger Intelligenz-Blatt, 4. Oktober 1775:
Es stehet ein vierchörichter schön mit Nußbaum fournirter Flügel von Zacharias Hildebrand zum Verkauf. Selbiger hat 2 Claviere von contra F bis dreygestrichen F. Im Unterclaviere ist Principal 16 Fuß und Principal 8 Fuß. Auf dem obern ist Cornet 8 Fuß und Octava 4 Fuß. Zur Verstärkung der Bässe ist Spinet 8 Fuß in 2 Octaven von Cornet entlehnet. Hierzu sind 5 Register, mit welchen beym Gebrauche der Kuppel sehr viel Veränderungen gemacht werden.

Ähnlich dem Gottfried Silbermann zugeschriebenen, auf Schloß Pillnitz zu Dresden erhaltenen Kielflügel[8] war das Manualcembalo elegant mit Nußbaum furniert. Aus dem zweiten Text ist die genaue Disposition des Instruments zu erschließen, das zwei Tastaturen mit fünf-oktavigem Umfang (FF bis f''') , vier Saitenchöre und folgende Register hatte: einen 16' und einen Prinzipal-8' auf der unteren Klaviatur, einen weiteren 8' und die *Octava* 4' auf der oberen. Außerdem gab es ein *Spinet* 8' „zur Verstärkung der Bässe" auf dem zweiten Manual. Dieses war sicherlich ein Nasalregister, das durch eine dem Stimmstocksteg sehr nahe Springerreihe dieselben Saiten des oberen 8' zupfte, und von der unteren Hälfte der Klaviatur aus zum Klingen gebracht wurde (nach der jüngeren Anzeige nur von den tieferen zwei Oktaven aus). Sowohl die Bezeichnung *Cornet* für den oberen 8'[9] – der wegen des Vorhandenseins eines 16'-Registers wahrscheinlich noch näher am Stimmstocksteg als beim üblichen dreifachen Saitenbezug die Saiten zupfte, also an einer Stelle, die die Terz- und Quint-Obertöne hervorhob, und folglich an das gleichnamige gemischte Orgelregister erinnerte – als auch die Benennung *Spinet* für das so

---

[8] Kunstgewerbemuseum Dresden, Schloß Pillnitz, *Inv.-Nr. 37413*. Siehe M.-C. Schmidt, *Wiederentdeckt: Cembali von Silbermann und Mietke?*, in: Concerto 135 (1998), S. 34–42, hier S. 39–42.

[9] Vgl. etwa J. S. Petri, *Anleitung zur praktischen Musik*, 2. Auflage, Leipzig 1782 (Reprint: München 1969), S. 369: „Da der Flügel aus mehreren Chören Saiten besteht, so muß man die übrigen Züge abziehn, und erst ein Prinzipal rein abstimmen, nach welchem man hernach das andre Prinzipal oder Kornet nachstimmen will."

genannte Nasalregister[10] – das aber von einigen Autoren, im Gegensatz zu unseren Dokumenten, *Cornet* benannt wird[11] – sind in zeitgenössischen mitteldeutschen Quellen zu finden.[12]

Das darunter liegende Pedalcembalo hatte einen nicht ganz orgelmäßigen Umfang (AA bis d)[13] und bestand aller Wahrscheinlichkeit nach ebenso wie das darauf positionierte Cembalo aus vier Saitenbezügen, zweimal 16' und zweimal 8' neben einer fünften nasalen, gewiss den Quint-Oberton hervorhebenden Springerreihe, daher *Quinta 8 Fuß* genannt.

Bezüglich des (durchaus häufigen) Vorhandenseins eines 16' im nord- und mitteldeutschen Cembalobau aus dem 18. Jahrhundert sind die organologischen Forschungen von Christian Ahrens und Martin-Christian Schmidt von Bedeutung.[14] Ohne hier allzusehr ins Detail zu gehen, sei die Vermutung gestattet, dass die mit der Realisierung des 16'-Registers bei einem zweimanualigen Cembalo verbundenen Schwierigkeiten von Hildebrandt durch die Einführung eines dritten, auf dem gemeinsamen Resonanzboden stehenden Stegs überwunden wurde, indem die 8'-Saiten die Löcher auf dem 16'-Resonanz-

---

[10] F. Hubbard, *Three Centuries of Harpsichord Making*, Cambridge/Mass. 1965, S. 266.

[11] Siehe zum Beispiel J. S. Halle, *Werkstätte der heutigen Künste, oder die neue Kunsthistorie*, Bd. 3, Berlin 1764, S. 359. Siehe auch J. H. van der Meer, *Geschichte der Zupfklaviere bis 1800. Ein Überblick*, in: Kielklaviere, Cembali, Spinette, Virginale, hrsg. vom Staatlichen Institut für Musikforschung Preußischer Kulturbesitz, Berlin 1991, S. 21.

[12] Zum Beispiel in Carl Philipp Emanuel Bachs Sonate in d-moll Wq 68 (Berlin 1747), in der die folgenden Registrieranweisungen zu finden sind: *Flöte, Octave, Spinet* und *Cornet*.

[13] Auch der mehr als ein Jahrhundert später von Bösendorfer erbaute Hammer-Pedalflügel (heute erhalten in der Musikinstrumentensammlung der Gesellschaft der Musikfreunde in Wien) hat als tiefste Pedaltaste ein AA.

[14] C. Ahrens, *Das Cembalo in Deutschland – Daten und Fakten*, in: Das deutsche Cembalo – Symposium im Rahmen der 24. Tage Alter Musik in Herne 1999, Herne 2000, S. 9–24; ders., *Zum Bau und zur Nutzung von 16'-Registern und von Pedalen bei Cembali und Clavichorden*, in: Cöthener Bach-Hefte 8 (1998), S. 57–71; M.-C. Schmidt, *Der deutsche Cembalobau und das 16'-Register – Möglichkeiten und Grenzen der Realisierung*, in: Das deutsche Cembalo, S. 53–67; K. Restle, *Einflüsse des Orgelbaus auf den deutschen Cembalobau*, ebd., S. 44–52; G. Wagner, *Die Besonderheit des 16'-Fuß-Registers* in: Das Berliner „Bach-Cembalo" – Ein Mythos und seine Folgen, hrsg. vom Staatlichen Institut für Musikforschung Preußischer Kulturbesitz, Berlin 1995, S. 41–54; ders., *Der gravitätische Klang – Pedalcembali und 16-Fuß-Register*, in: Cöthener Bach Hefte 8 (1998), S. 111–119; D. Krickeberg, *Einige Nachrichten über Musikinstrumente und Instrumentenbauer aus den Berliner Intelligenzblättern der Jahre 1729 bis 1786*, in: Festschrift Arno Forchert zum 60. Geburtstag, Kassel 1986, S. 123–126.

bodensteg durchquerten. Hildebrandt übernahm also weder das norddeutsche, von der Familie Hass meisterhaft entwickelte System, wonach ein separater hinterer Resonanzbodenabschnitt für den 16'-Steg verfertigt wurde, noch das von Adlung[15] beschriebene (vielleicht eine umsponnene Saiten nutzende Verlegenheitslösung), das beim sogenannten (der Thüringer Familie Harrass aus Breitenbach zugeschriebenen) Berliner Bach-Cembalo[16] zu finden ist, in dem es für die 8'- und 16'-Saiten einen gemeinsamen Resonanzbodensteg gibt (mit der Folge, daß der 16'-Saitenbezug zu kurz ist, um gut zu klingen, und zu viel Druck auf den einzigen Resonanzbodensteg ausübt, dies wiederum mit unglücklichen Auswirkungen auf den 8'-Klang). Auf das Berliner Cembalo ist später nochmals einzugehen. Die heute noch erhaltenen, wenn auch späteren Beispiele der Realisierung eines 16'-Registers durch den Elsässer Joachim Swanen[17] (der die 16'-Cembali Johann Heinrich Silbermanns – seinerseits wie Hildebrandt Schüler seines Onkels Gottfried – gekannt haben mag) und durch Johann Andreas Stein[18] (Schüler von Johann Heinrich Silbermann zu Straßburg) könnten also von einer gemeinsamen sächsischen, in der Folgezeit im Elsaß angewandten Bautypologie stammen. Außerdem verfügten die Hildebrandt-Cembali höchstwahrscheinlich über eckige kurze Baßwände, also nicht über doppelt gebogene – wie sie in Norddeutschland und Skandinavien, aber nicht in Sachsen[19] verbreitet waren (was man im Leipziger Raum unter anderem einer Cembalo-Darstellung entnehmen kann, die in der

---

[15] Sowohl in der *Anleitung zu der musikalischen Gelahrtheit*, Erfurt 1758 (Reprint: Kassel 1953), S. 554, als auch in *Musica mechanica organoedi*, Berlin 1768 (Reprint: Kassel 1961), Bd. 2, S. 110.

[16] Musikinstrumentenmuseum des Staatlichen Instituts für Musikforschung Preußischer Kulturbesitz in Berlin, *Kat.-Nr. 316*. Der Autor ist in Gegensatz zu dem, was mehrere Organologen behauptet haben, der Meinung, daß sowohl das Sondershäuser als auch das Berliner Cembalo (deren Zuschreibung an die Thüringer Cembalobau-Dynastie jedoch nicht als endgültig zu betrachten ist) wegen des Klaviaturumfangs und anderer baulicher Besonderheiten eher jüngeren Mitgliedern der Familie Harraß zuzuschreiben sind; statt Johann Heinrich Harraß (1665–1714) kommen eher Johann Matthias Harraß (1671–1746) oder (wie K. Restle in *Versuch einer historischen Einordnung des „Bach-Cembalo"*, in: Das Berliner „Bach-Cembalo", wie Fußnote 14, S. 40, vorschlägt) an Johann Heinrich Harraß junior (1707–1778) in Frage.

[17] Conservatoire des Arts et Métiers, Paris, *Inv.-Nr. 6615*.

[18] 1777 erbauter Vis-à-vis-Kiel-Hammerflügel, Museo Civico di Castelvecchio, Verona.

[19] Daß die heute erhaltenen Hammerflügel Gottfried Silbermanns eine doppelt gebogene Seitenwand aufweisen, könnte nach Meinung des Verfassers dadurch begründet werden, daß sie für den Berliner Hof erbaut wurden. Silbermann wollte sich offenbar der Berliner Cembalobautradition anpassen. Das schon erwähnte, in Pillnitz erhaltene und Gottfried Silbermann zugeschriebene Cembalo verfügt tatsächlich

TABULA MUSICORUM der löbl. großen Concert-Gesellschafft 1746–1748[20] enthalten ist).

Siegbert Rampe[21] hat überzeugend die begründete Annahme diskutiert, daß das Instrumentenpaar eigentlich erbaut wurde, um während der wöchentlichen Aufführungen des Bachschen *Collegium Musicum* in den Lokalen Zimmermanns – dessen winterliches Kaffee-Haus, wie oben erwähnt, nach seinem Tod von Enoch Richter erworben wurde – verwendet zu werden, und daß eine solche komplexe und seltene, ganz auf die Verstärkung der Gravität zielende Registerdisposition (und Planung), die sowohl für das Generalbaß- als auch das Solospiel geeignet ist, nichts anderes sein dürfte als der Ursprung der äußerst raffinierten und einzigartigen Klangästhetik Johann Sebastian Bachs.

Zu berücksichtigen ist hier aber ein nicht unwesentlicher Aspekt, den Rampe wohl übersehen hat, weil er die Verkaufsanzeige von 1775[22] außer acht gelassen hat, die, wie oben gesagt, die Registerdisposition des zweimanualigen Cembalos – besonders die Anordnung der *Octava* 4' – genauer spezifiziert. Tatsächlich ist die Anordnung des 4'-Saitenbezugs auf dem oberen Manual meines Erachtens ein weiteres Verbindungselement zwischen diesem Instrument und dem Klangideal sowie den Anforderungen Bachs. Das einzige Beispiel von einem auf dem Obermanual angeordneten 4'-Register bei einem mitteldeutschen Cembalo,[23] abgesehen von dem nur in Dokumenten überlieferten Hildebrandt-Kielflügel, ist bei dem oben genannten Berliner Bach-Cembalo zu finden. Die jüngsten Studien über dieses Instrument deuten darauf

---

über die sonst üblichen eckigen kurzen Baßwände, wie die anderen noch erhaltenen sächsischen Cembali Gräbners und Hartmanns.

[20] Wiedergegeben unter anderem bei A. Parrott, *The essential Bach Choir*, Woodbridge 2000, S. 120.

[21] S. Rampe, *Kompositionen für Saitenclaviere mit obligatem Pedal unter Johann Sebastian Bachs Clavier- und Orgelwerken* in: Cöthener Bach Hefte 8 (1998), S. 143–185, hier S. 151ff.

[22] Siehe Rampe (wie Fußnote 21) und darüber hinaus S. Rampe und D. Sackmann, *Bachs Orchestermusik. Entstehung – Klangwelt – Interpretation. Ein Handbuch*, Kassel 2000, S. 308, sowie S. Rampe, *Allgemeines zur Klaviermusik*, in: Bach Handbuch, hrsg. von K. Küster, Kassel 1999, S. 736.

[23] Ein einziges weiteres erhaltenes Beispiel von einem auf dem Obermanual vorhandenen 4'-Register kann man in dem – nachfolgend zum Fortepiano umgebauten – Hass-Cembalo von 1721 finden, dessen Urdisposition nach der Forschung von Martin-Christian Schmidt die folgende war: Untermanual 16', 8', 4'; Obermanual 8', 4'. Bemerkenswert ist, daß dieses in Göteborg aufbewahrte Instrument der einzige bekannte Fall eines doppelten 4' darstellt. Vgl. Schmidt, Der deutsche Cembalobau, wie Fußnote 14, S. 60–63. Das in Kopenhagen erhaltene Hass-Cembalo von 1723 ist mit einer abgesetzten 4'-Springerreihe versehen, daher kann man das 4'-Register auch vom Obermanual spielen.

hin, daß dessen Erweiterung – durch die Hinzufügung des 16'-Saitenchores und die möglicherweise gleichzeitige Verlegung des 4' in das obere Manual – noch in die erste Hälfte des 18. Jahrhunderts zurückreicht. Sie bringen das Cembalo mit Wilhelm Friedemann Bach in Verbindung, der es vom Vater anläßlich seines Wechsels nach Dresden 1733 als Geschenk erhalten haben könnte oder es von diesem erbte.[24] Der Vorteil eines 4'-Registers im Obermanual – das bei den erhaltenen nord- und mitteldeutschen Cembali von Silbermann, Gräbner, Hartmann, Harraß und Hass gewöhnlich in der tiefen Lage viel längere und „realere" Saitenlängen hat als beim franko-flämischen Cembalobau – ist leicht verständlich, wenn man beispielsweise an die verfügbaren Möglichkeiten bei einer *Forte*-Aussetzung des Generalbasses denkt (wo die Baßlinie auf dem unteren Manual mit 16' + 8'[25] und eine „starke" Aussetzung auf dem oberen mit 8' + 4' ausgeführt werden kann), oder an die Möglichkeit, mit den beiden Hildebrandt-Cembali die Trios „à 2 Clav. et Pedal" mit der linken Hand eine Oktave tiefer auf Basis der Octava 4' und mit der rechten mit dem unteren Principal 8' – nach der zeitgenössischen orgelmäßigen Praxis – bequem vorzutragen, oder endlich an andere, außergewöhnliche Registermischungen, auch „beym Gebrauche der Kuppel". Ferner gewinnt man durch diese Registerzusammenstellung mit je zwei Saitenchören pro Manual ein größeres klangliches Gleichgewicht, was für Bach von nicht unerheblicher Bedeutung gewesen sein mag, sollte das Instrumentenpaar direkt mit ihm verbunden sein, zumindest was die Planung und den Entwurf der Registerdisposition betrifft.

---

[24] Siehe D. Krickeberg, *Über die Herkunft des Berliner „Bach-Cembalos"* in: Das Berliner „Bach-Cembalo" (wie Fußnote 14), S. 9–15.

[25] In dieser Beziehung ist kennenswert, was Adlung in seiner *Anleitung zu der musikalischen Gelahrtheit* (wie Fußnote 15), S. 488, über die Verwendung des 16'-Registers beim Generalbaßspiel an der Orgel schreibt: „Im Pedal ziehet man so viel, als zum Fundamente nöthig [...] Wenn die Baßnoten von der Beschaffenheit sind, daß sie füglicher auf dem Hauptmanual mit der linken Hand gespielt werden, ist mehrentheils die Quintatön 16 F. oder der gleichgrosse Bordun gebräuchlich, welche Stimme man verstärkt bald durch Principal 8 F. bald durch eine Octave, zumal wenn man staccato spielet, wobey aber eine stille 8füßige Stimme billig den weiten Raum, sonderlich zwischen 16 und 2 F. ausfüllen soll. Es kann aber die 16füßige Stimme auch bisweilen mit schwächern registern begleitet werden, und hat man zu sehen sonderlich auf die Stärke oder Schwäche der Sänger, auch der Instrumentisten, damit nicht die Orgel allein gehört, vom übrigen aber nichts vernommen werde." Weiter auf Seite 657: „Man redete sonst auch viel vom getheilten Spielen; das ist, wenn die Mittelstimmen zum Theil mit der linken Hand gegriffen werden. Es ist dieses gar wohl thunlich, wenn die Noten durch das Pedal können ausgedruckt werden, daß beyde Hände auf einem Claviere bleiben. Aber bey geschwinden Bässen, so auf 2 Clavieren am besten vorzustellen, fällt diese Art zu spielen in die Brüche."

Die Funktion des Pedalclavichords als sehr raffiniertes Haus- und Übungsinstrument für die Ausbildung zukünftiger Organisten ist weithin erforscht.[26] Hinzuzufügen wäre, daß Bach, obwohl er wahrscheinlich kein (damals wie heute sehr teures) Pedalcembalo, sondern nur ein (aus dem Nachlaß[27] erschließbares) Doppelclavichord mit Pedalclavichord besaß, an einigen Orten, an denen er öffentlich musizierte, schon aus Gründen der Lautstärke sicherlich einen Pedalflügel zur Verfügung hatte: Bereits in Köthen wurde am 30. Oktober 1722 ein von Christian Joachim erbautes Pedalcembalo angekauft.[28] Nach jüngeren Forschungen soll außerdem das von Bach für den Köthener Hof erworbene „große Clavecin" von Mietke ein zweimanualiges 16'-Instrument[29] gewesen sein.

Daher scheint die Behauptung begründet, daß die Rolle des sowohl manualiter (mit 16'-Verwendung) als auch pedaliter (also noch gravitätischer) gespielten Cembalos Bach bei öffentlichen Aufführungen besonders wichtig war. Zum anderen war die Pedalverwendung beim Generalbaßspiel eine sehr verbreitete Aufführungspraxis, die in verschiedenen Abhandlungen aus der Zeit und dem Umfeld Bachs – unter anderem von Niedt, C. P. E. Bach, Petri und Türk[30] – belegt ist.

Wenn die hier geäußerten Hypothesen berechtigt sind, wird gleichzeitig auch die gelegentlich bestrittene[31] Authentizität der folgenden Stelle Forkels[32] bestätigt, welche Bachs außerordentliche Erfindungsgabe beim improvisierten Continuospiel sowohl auf dem Doppelclavichord mit Pedalclavichord als auch auf dem zweimanualigen Cembalo mit Pedalcembalo betrifft:

Er konnte ferner aus einer ihm vorgelegten, oft schlecht bezifferten einzelnen Baßstimme augenblicklich ein Trio oder Quartett abspielen; ja er ging sogar bisweilen so weit, wenn er gerade fröhlicher Laune und im vollen Gefühl seiner Kraft war, zu 3 einzelnen Stimmen sogleich eine vierte zu extemporiren, also aus einem Trio ein Quartett zu machen. Zu solchen Künsten bediente er sich zweyer Claviere und des Pedals, oder eines mit einem Pedal versehenen Doppelflügels.

---

[26] Unter anderem bei J. Speerstra, *Bach and the Pedal Clavichord: An Organist's Guide*, Rochester/NY 2004.

[27] Dok II, Nr. 628 (S. 504).

[28] G. Hoppe, *Zu musikalisch-kulturellen Befindlichkeiten des anhalt-köthnischen Hofes zwischen 1710 und 1730*, in: Cöthener Bach Hefte 8, S. 9–50, hier S. 22 und 24.

[29] J. Ammer, *Zwei Cembali aus Thüringen*, in: Das deutsche Cembalo (wie Fußnote 14), S. 103; D. Krickeberg, *Michael Mietke – ein Cembalobauer aus dem Umkreis von Johann Sebastian Bach*, in: Cöthener Bach-Hefte 3 (1985), S. 47–56, speziell Fußnote 28.

[30] B. Billeter, *Hypothesen zum Pedalgebrauch beim Generalbaßspiel*, in: Cöthener Bach Hefte 8 (1998), S. 121–131.

[31] H. T. David, A. Mendel, C. Wolff, *The New Bach Reader. A Life of Johann Sebastian Bach in Letters and Documents*, New York 1998, S. 435, Fußnote 11.

[32] J. N. Forkel, *Ueber Johann Sebastian Bachs Leben, Kunst und Kunstwerke*, Leipzig 1802 (Reprint: Frankfurt/M. 1950), S. 17 (Dok VII, S. 29).

Man stelle sich schließlich den Klangteppich vor, den Werke wie die Cembalokonzerte, die oben erwähnten Sonaten „à 2 Clav. et Pedal" oder vielleicht einige Präludien und Fugen pedaliter während der Konzertabende im Kaffeehaus auf einem solchen mit einem 16'-Manualregister und mit einem so riesigen Pedal versehenen Kielflügel-Paar haben erzeugen können. (Man soll nicht vergessen, daß auch Mozart sein Pedal-Fortepiano während der öffentlichen Wiener Aufführungen eigener Klavierkonzerte gerne heranzog[33]). Die Verwendung des manualiter und pedaliter 16'-Saitenbezugs war wohl gewiss ein beständiges Erfordernis des Klanggeschmacks der Zeit, der viel mehr auf die Verstärkung der Bässe gerichtet war, als wir heute gewöhnlich glauben. Carl Philipp Emanuel schrieb in der Vorrede seiner Ausgabe von Johann Sebastians vierstimmigen Choralsätzen (1765) hinsichtlich der Tenor- und Baßstimmkreuzungen: „Der seelige Verfasser hat wegen des letzteren Umstandes auf ein sechzehnfüßiges bassirendes Instrument, welches diese Lieder allezeit mitgespielt hat, gesehen".[34]

Wie bei der großen Naumburger Orgel könnte Hildebrandt sich als derjenige herausstellen, der die Bauideale des anspruchsvollen Thomaskantors realisiert hat, in diesem Fall eben beim Cembalobau.

Eine letzte Annahme sei zur Diskussion hinzugefügt: Die Ankündigung eines am 17. Juni 1733 vom Collegium Musicum unter Bachs Leitung veranstalteten Konzerts weist auf die Verwendung eines „neuen Clavicymbel, dergleichen allhier noch nicht gehöret worden" hin.[35] Man hat vermutet, daß das Instrument ein Fortepiano gewesen sei;[36] angesichts des vorstehend Gesagten ist jedoch keineswegs auszuschließen, daß es sich in Wirklichkeit aber um das phänomenale Hildebrandt-Cembalopaar gehandelt hat.[37]

Matteo Messori (Bologna)

---

[33] O. E. Deutsch, *Mozart und seine Welt in zeitgenössischen Bildern*, Kassel 1961, S. 186.

[34] Dok III, Nr. 723 (S. 180).

[35] Dok II, Nr. 331 (S. 238).

[36] H. Henkel, *Bach und das Hammerklavier*, in: BzBF 2 (1983), S. 56–63; E. Badura-Skoda, *Komponierte J. S. Bach „Hammerklavier-Konzerte"?*, BJ 1991, S. 157–171; C. Wolff, *Bach und das Pianoforte*, in: Bach und die italienische Musik. Bach e la musica italiana, Venedig 1987, S. 197–210, hier S. 202. – Stauffer (wie Fußnote 7, S. 298–300) bestreitet solche Annahmen mit durchaus nachvollziehbaren Argumenten und behauptet, daß dieses Instrument möglicherweise ein 16'-Cembalo war. Der Verfasser stimmt mit Stauffer aber darin nicht überein, daß das 16'-Register in diesem Fall mit umsponnenen Saiten, also nach der von Adlung belegten Art (siehe oben), ausgestattet gewesen wäre.

[37] Unser Instrumentenpaar taucht in der oben erwähnten *Specificatio* Hildebrandts nicht auf. Man könnte folglich annehmen, daß diese aus der Zeit vor den Naumburger Bauarbeiten datieren und nicht aus dem nachfolgenden begrenzten Zeitraum, in dem Hildebrandt in Leipzig tätig war.

NEUE BACHGESELLSCHAFT e.V., SITZ LEIPZIG

Mitglieder der leitenden Gremien

VORSTAND

Prof. Dr. Martin Petzoldt – Leipzig
Vorsitzender

Dr. Dirk Hewig – München
Stellvertretender Vorsitzender

Eberhard Lorenz – Leipzig
Geschäftsführendes Vorstandsmitglied

RA Franz O. Hansen – Eisenach
Stellvertretendes Geschäftsführendes Vorstandsmitglied

Prof. Dr. Johann Trummer – Graz
Beisitzer

DIREKTORIUM

Thomaskantor Prof. Georg Christoph Biller – Leipzig
Reimar Bluth – Berlin
KMD Prof. Dr. Dr. h. c. Christfried Brödel – Dresden
Prof. Dr. Daniel Chorzempa – Florenz
Ingeborg Danz – Frechen
Dr. Jörg Hansen – Eisenach
Prof. Dr. Hans Hirsch – Hamburg
Rudolf Klemm – Saint Cloud
Prof. Dr. Ulrich Konrad – Würzburg
Prof. Edgar Krapp – München
Kreuzkantor KMD Roderich Kreile – Dresden
Dr. Michael Maul – Leipzig
Dr. Martina Rebmann – Berlin
KMD Prof. D. Dr. h. c. mult. Helmuth Rilling – Stuttgart
Dipl. phil. Michael Rosenthal – Leipzig
Sibylla Rubens – Tübingen
Dr. Lotte Thaler – Baden-Baden
Rosemarie Trautmann – Stuttgart
Prof. Gerhard Weinberger – Detmold
Doz. Jens Philipp Wilhelm – Mannheim
Pfarrer Christian Wolff – Leipzig
Prof. Dr. Dr. h. c. mult. Christoph Wolff – Cambridge, MA
Priv.-Doz. Dr. Peter Wollny – Leipzig

EHRENMITGLIEDER

Dr. Dr. h. c. mult. Alfred Dürr – Göttingen
Prof. Dr. Wolfgang Rehm – Hallein (Salzburg)
Prof. Zuzana Růžičková – Prag
Dr. h. c. William Scheide – Princeton, NJ
Prof. Dr. Hans-Joachim Schulze – Leipzig
Prof. Adele Stolte – Potsdam

GESCHÄFTSFÜHRUNG

Wolfgang Schmidt M.A. – Leipzig

Mitglieder der Neuen Bachgesellschaft e.V. erhalten neben anderen Vergünstigungen das Bach-Jahrbuch als regelmäßige Mitgliedsgabe. Der jährliche Mitgliedsbeitrag beträgt nach dem Stand vom 1. Januar 2007:

Einzelmitglieder	€ 40,–
Ehepaare	€ 50,–
Schüler/Studenten	€ 20,–
Korporativmitglieder	€ 50,–

Beitrittserklärungen – formlos mit Angaben zur Person oder auf einer Kopie des untenstehenden Formulars – richten Sie bitte an die Geschäftsstelle der Neuen Bachgesellschaft, Postfach 10 07 27, D-04007 Leipzig (Hausadresse: Burgstraße 1–5, Haus der Kirche, D-04109 Leipzig, Telefon bzw. Telefax 03 41-9 60 14 63 bzw. -2 24 81 82, e-Mail: info@neue-bachgesellschaft.de).

Mitglieder der Neuen Bachgesellschaft können zurückliegende Jahrgänge des Bach-Jahrbuchs (soweit vorrätig) zu einem Sonderpreis erwerben. Anfragen richten Sie bitte an die Geschäftsstelle.

Beitrittserklärung:

Ich/Wir möchte/n Mitglied/er der NBG werden:

Vor- und Zuname: _____

Geburtsdatum: _____

Beruf: _____

Straße: _____

PLZ – Ort: _____

Telefon/Telefax: _____

Gleichzeitig zahle/n ich/wir € _____

als ersten Jahresbeitrag sowie € _____

als Spende auf das Konto Nr. 672 27-908
bei der Postbank Leipzig (BLZ 860 100 90) ein.

_____ _____
Ort, Datum   Unterschrift

Einzugsermächtigung

Ich/Wir erkläre/n mich/uns damit einverstanden, daß mein/unser Mitgliedsbeitrag von meinem/unserem

Konto Nr. _____

bei der _____
(Bank/Sparkasse)

_____

BLZ _____

bis zum schriftlichen Widerruf abgebucht wird.

_____
Datum/Unterschrift